当雄年鉴

འདམ་གཞུང་གི་ལོ་རིམ་མེ་ལོང་།

2023

（总第12卷）

当雄县藏语文工作委员会办公室（编译局） 编

方志出版社
Publishing House of Local Records

图书在版编目（CIP）数据

当雄年鉴. 2023 / 当雄县藏语文工作委员会办公室（编译局）编.—北京:方志出版社, 2023.9
ISBN 978-7-5144-5792-6

Ⅰ. ①当… Ⅱ. ①当… Ⅲ. ①当雄县－2023－年鉴
Ⅳ. ①Z527.54

中国国家版本馆CIP数据核字（2023）第183100号

责任编辑：王娜
责任校对：张玉霞
责任印制：梅中英
出 版 者：方志出版社
地　　址：北京市朝阳区潘家园东里 9 号（国家方志馆4层）
邮　　编：100021
网　　址：http://www.zgfzcb.cn
发　　行：方志出版社图书营销中心（010–67110500）
印　　刷：河南金宝丽印刷科技有限公司
开　　本：889毫米×1194毫米　1/16
印　　张：15.75
字　　数：460千字
版　　次：2023年9月第1版
印　　次：2023年9月第1次印刷
定　　价：350.00元

· 版权所有　侵权必究 ·
（如有印装质量问题，请与我社图书营销中心联系）

2022年3月21日，西藏自治区党委副书记、主席严金海（后排中）一行到当雄县羊八井镇甲玛村开展领导干部下基层大接访办实事活动

2022年4月19日，西藏自治区党委常委、拉萨市委书记普布顿珠（前排右一）一行到当雄县格达乡调研

2022年2月19日，西藏自治区教育厅党组副书记、厅长尼玛次仁（左二）一行到当雄县调研公塘乡中心小学移址搬迁打造牧区功能齐全的现代化智慧校园

2022年5月23日，西藏自治区水利厅厅长孙献忠（右二）一行到当雄县调研高海拔农牧民季节性缺水问题

2022年3月18日，拉萨市政协党组书记、主席尼玛（左七）到当雄县当曲卡镇人民政府主持“下基层大接访办实事”活动，并召开群众反映问题集中解决督办座谈会

2022年1月6日，西藏自治区生态环境厅副厅长周光树（前排左三）一行到当雄县调研生态环境保护工作

2022年3月4日，西藏自治区纪委常委，拉萨市委常委、纪委书记、监委主任王洪勇（前排右二）一行到龙仁乡开展“为民办实事”活动

2022年4月27日，西藏自治区党委宣传部副部长周黎明（前排右三）一行到当雄县调研指导融媒体中心建设工作

2022年6月21日，西藏自治区党委宣传部副部长，自治区广播电视局党组书记、副局长德吉卓嘎（中）一行到当雄县调研广电安全播出工作

2022年1月6日，拉萨市委常委、常务副市长占堆（前排中）一行到当雄县调研2022年固定资产投资项目建设工作

2022年1月26日，拉萨市2022年“三下乡”暨“新春走基层”活动在当雄县启动，拉萨市委常委、宣传部部长王慧（左五）出席活动

2022年7月6日，拉萨市委常委、秘书长、当雄县工作专班组长张春阳（右三）一行到当雄县当曲卡镇当曲卡社区居委会开展领导干部常态化“四联四包”“大宣讲大调研大排查大落实”活动

2022年7月6日，拉萨市政府党组成员、副市长陆从福（中）一行到宁中乡开展“四联四包”工作

2022年3月16日，拉萨市经济和信息化局党组书记索群（左二）一行到当雄县格达乡开展大宣讲和入户走访活动

2022年5月19日，拉萨市工商联党组副书记、主席黄前敏（前排左二）出席当雄县工商业联合会（商会）第三次代表大会全体会议

2022年3月4日，县委书记姚俊亮（中）到公塘乡看望慰问坚守工作岗位的干部职工

2022年2月1日，县委副书记、县长图登佩杰（前排右一）看望慰问春节期间坚守在工作岗位上的干部职工

2022年1月20日，当雄县第十三届人民代表大会第三次会议第一次全体会议召开

2022年1月20日，中国人民政治协商会议第三届当雄县委员会第二次会议召开

2022年3月25日，中国共产党当雄县第十届纪律检查委员会第二次全体会议第一次会议召开

2022年3月25日，当雄县迎接第二轮中央生态环境保护督察工作动员部署会召开

2022年4月14日，当雄县农牧民施工合作社座谈会召开

2022年5月24日，当雄县着力创建全国民族团结进步模范区动员部署会召开

2022年6月2日，当雄县宗教界深入开展“国家意识　公民意识　法治意识”教育动员部署会召开

2022年6月16日，当雄县慈善协会成立大会召开

2022年7月5日，当雄县推行领导干部常态化“四联四包”工作机制暨“大宣讲大调研大排查大落实”活动动员部署会召开

2022年7月20日，当雄县2022年高校毕业生就业创业工作年中专题会议召开

2022年8月1日，当雄县双拥工作推进会召开

当雄县疫情防控
工作推进会

2022年8月10日，当雄县疫情防控工作推进会召开

2022年8月31日，当雄县召开新冠疫情防控调度会，各乡镇视频连线参加会议

2022年12月15日，当雄县残疾人联合会第一次代表大会第一次全体会议召开

2022年12月28日，当雄县第十三届人民代表大会第四次会议召开

2022年12月28日，中国人民政治协商会议第三届当雄县委员会第三次会议召开

2022年1月27日，当雄县举办新时代文明实践活动文艺演出暨2022年新春团拜会

2022年3月17日，生态环境部西南督察局一行到当雄县检查中央生态环境保护督察反馈问题和中央环保督察举报转办案件整改落实情况

2022年3月18日，拉萨市卫健委组织北京市医疗援藏队到当雄县公塘乡开展义诊活动

2022年3月28日，当雄县组织干部职工、退休干部代表、群众代表、学生代表参观新旧西藏对比图片展

2022年3月30日，当雄县举行城市更新市政管网改造升级工程建设听证会

①2022年4月7日，当雄县举行2022年固定资产投资项目集中开（复）工仪式

②2022年5月18日，当雄县教育系统喜迎中共二十大——首届校园文化艺术月启动仪式举行

③2022年5月19日，当雄县人民政府与农行拉萨分行、西藏财信融资担保有限公司签订巩固拓展脱贫攻坚成果暨服务乡村振兴战略合作协议

仪式

忘初心
牢记使命
人民有信仰

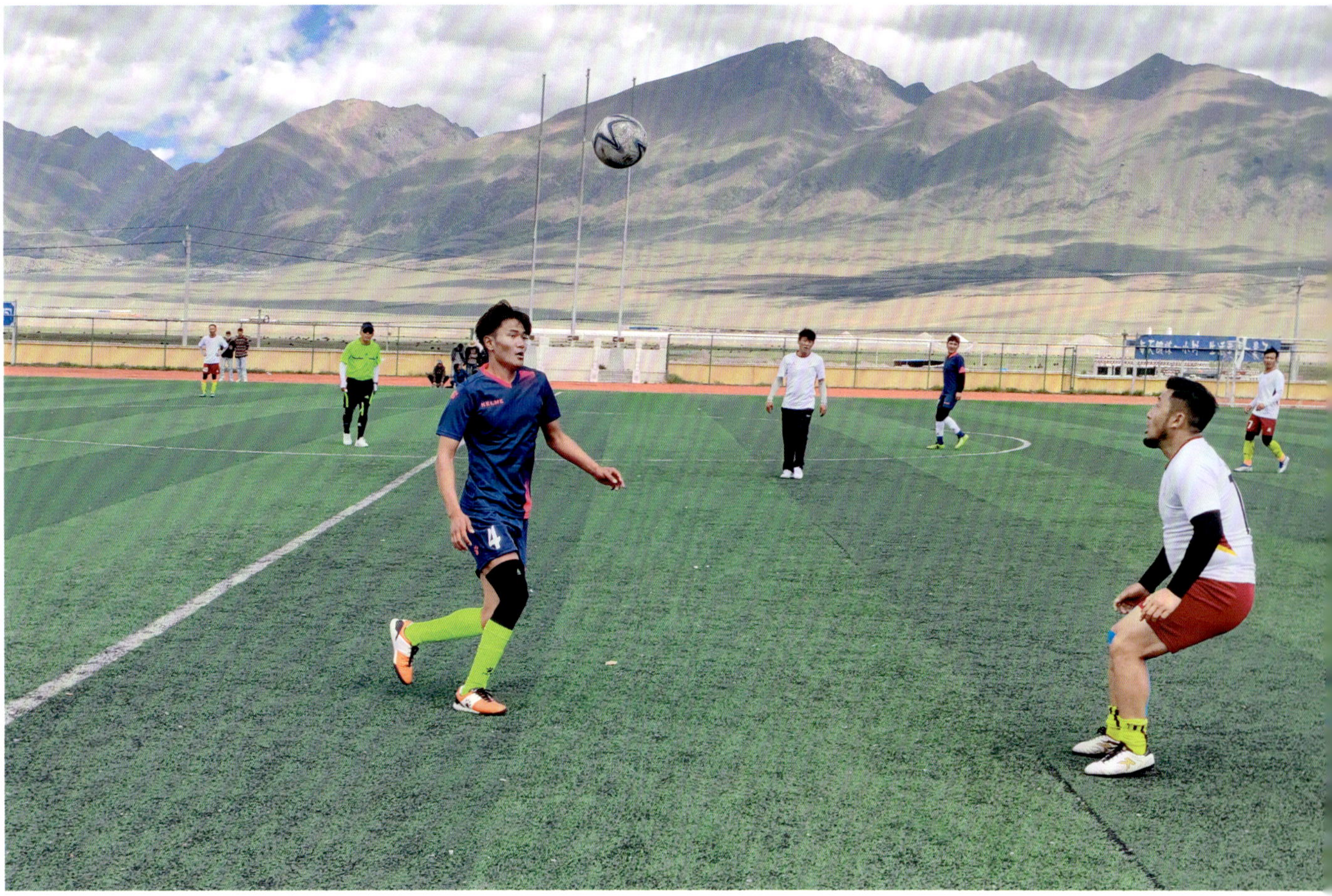

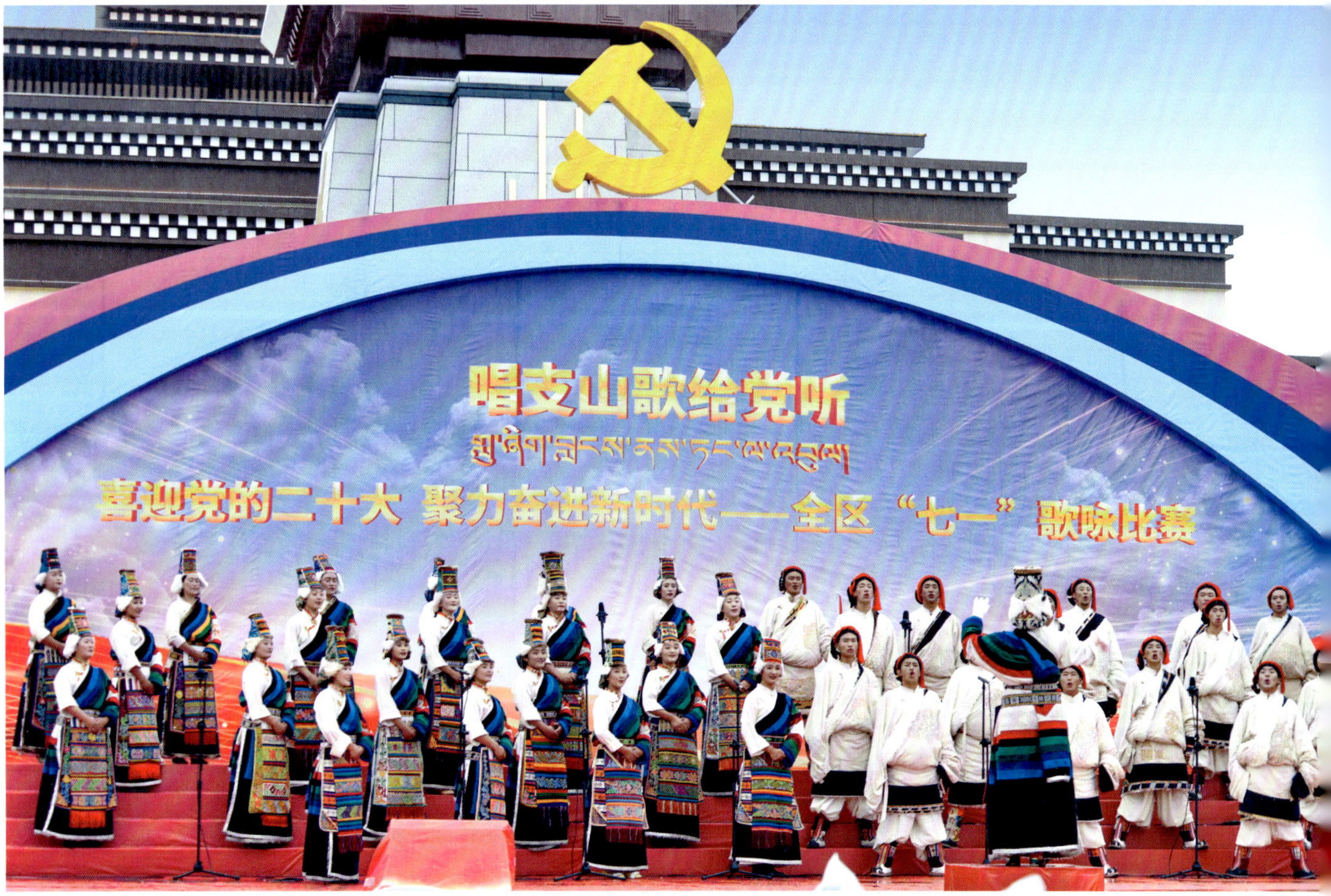
唱支山歌给党听
喜迎党的二十大 聚力奋进新时代——全区“七一”歌咏比赛

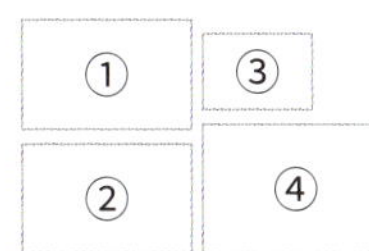

①2022年6月21日，当雄县举办第十一届草原杯足球赛

②2022年7月1日，当雄县代表拉萨市参加全区"七一"歌咏比赛

③2022年7月1日，当雄县庆"七一"暨"国家意识　公民意识　法治意识"群众性宣传教育活动举行

④2022年7月1日，当雄县举行庆祝建党101周年纪念大会暨"光荣在党50年"纪念章颁发仪式

①2022年7月18日，北京地铁运营有限公司与拉萨市当雄县人民政府合作协议签约、物资捐赠仪式举行

②2022年8月14日，“极净当雄齐欢腾·喜迎中共二十大”2022年当吉仁赛马节龙仁乡分会场文艺演出

③2022年8月12日，当雄县消防救援大队在县城内开展全面消杀

④2022年8月22日，当雄县城区开展全面消杀工作，筑牢疫情防控安全屏障

展现首都国企担当 助力拉萨当雄抗
感谢京城机电公司支援拉萨当雄县防疫物资

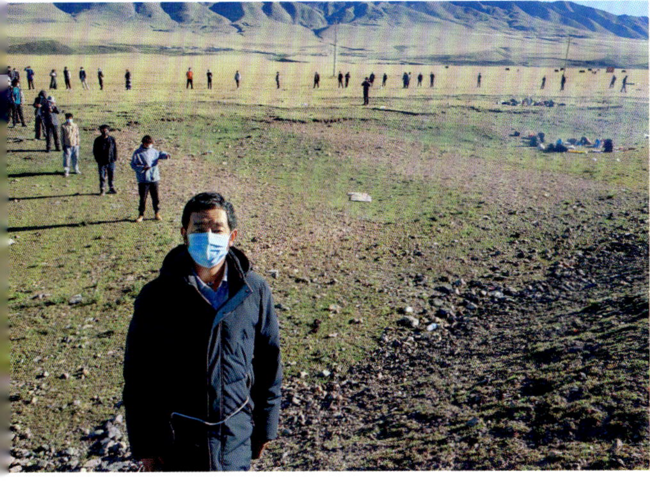

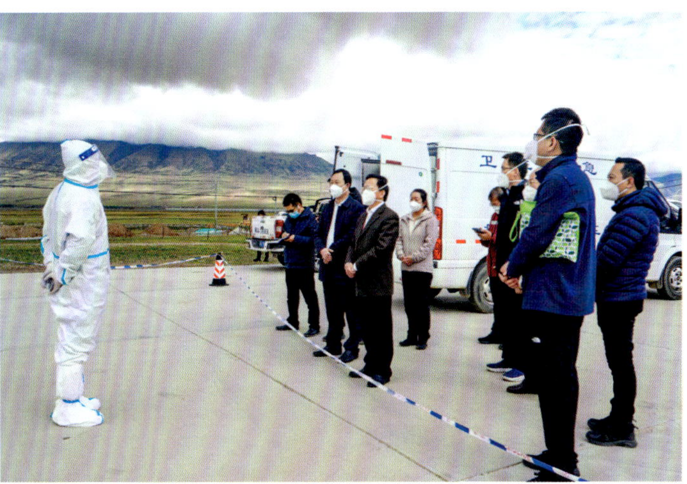

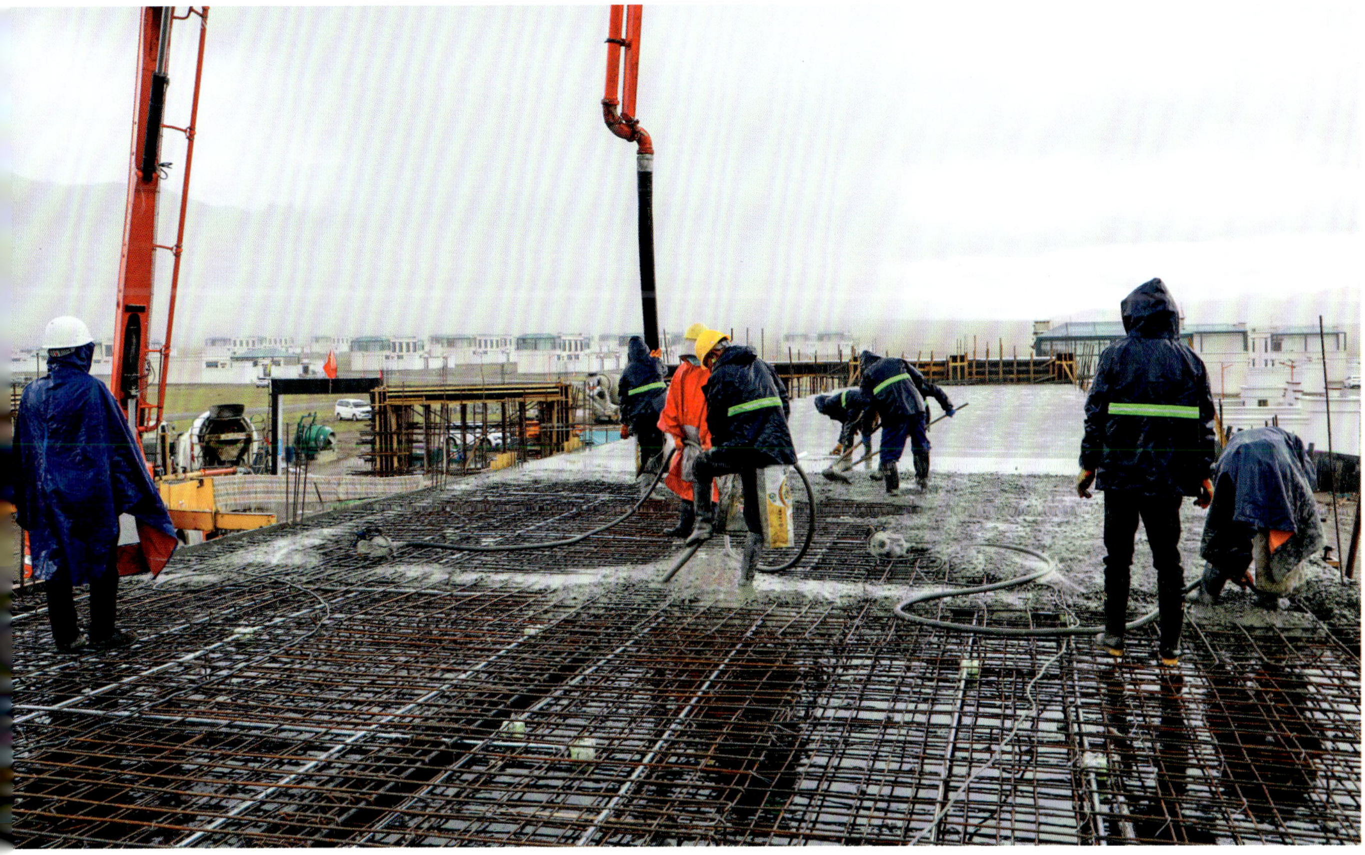

① ② ③ ④
⑤ ⑥

①2022年8月28日，北京京城机电公司捐赠防疫物资顺利抵达当雄县
②2022年8月29日，当雄县“爱心蔬菜包”分发装货
③2022年9月5日，当雄县有序组织农牧民在草原上开展核酸检测
④2022年9月8日，国务院联防联控机制工作组一行到当雄县指导新冠疫情防控工作
⑤2022年9月20日，当雄县秋收割草季拉开序幕
⑥2022年9月22日，当雄县各项目工地有序复工复产

①

②

①姆蓝雪山
②纳木错

①阿热湿地
②2022年10月20日，当雄县净土牧场饲养牦牛
③藏北羌塘草原
④2022年7月8日，岷山康玛温泉酒店接待游客

羊八井蓝色天国温泉

《当雄年鉴》编纂委员会

主　　任：图登佩杰

副 主 任：宋　赟

委　　员：王　胜　韦祥余　钱立坤　严学理　韩健聪
冯　瑶　索朗多吉　杨光富　普布扎西（财政局）
泽仁顿珠　曲　扎　卓　嘎　才　达　德吉白珍
嘎松达吉　白玛措姆　次仁曲珍　罗布桑珠　洛松新巴
德　吉　拉巴顿珠　杰　布　谭铁亮　索朗曲旦
左世成　黄兴勇　米　玛　范国林
旦增克珠（编译局）　杨成光　姚东平　吕海滨
拉巴次仁　益西多吉　邱学彦　遵　追　次仁平措
陈　彬　刘　源　云丹加措　高辉东　阿　南
扎西多吉　桑　珠　索朗次仁　多　吉　德庆曲珍
李文书　旦增克珠（巡察办）　次仁卓嘎　达瓦次仁
边巴卓嘎　格桑德吉　边　琼　国　吉　杨　剑
赤列罗布　陈　敏　小洛布　邓　浪　索朗多吉

《当雄年鉴》编辑部

主　　编：宋　赟

副 主 编：钱立坤

编　　辑：旦增克珠　普布措吉　次旦卓玛

编辑说明

一、《当雄年鉴》以马克思列宁主义、毛泽东思想、邓小平理论、“三个代表”重要思想、科学发展观、习近平新时代中国特色社会主义思想为指导，坚持辩证唯物主义和历史唯物主义的立场、观点和方法，始终坚持“实事求是、质量第一、存史资政、服务大众”的办鉴宗旨，旨在全面、系统、翔实地记述当雄县上一年度政治、经济、文化、社会等各项事业的基本情况，为社会各界人士了解和研究当雄县提供翔实资料。

二、《当雄年鉴（2023）》分为正文与彩页两部分。正文采取分类编辑法，以类目、分目、条目为主要框架，条目为主要记事单元。

三、《当雄年鉴（2023）》设有特载、大事记、县情概览、中国共产党当雄县委员会、当雄县人民代表大会、当雄县人民政府、中国人民政治协商会议当雄县委员会、纪检·监察、人民团体、军事、法治、经济管理、农业农村、城市建设·环保、社会事业、交通·通信、金融、乡镇、国有企业、附录、索引等。

四、《当雄年鉴（2023）》统计数据使用法定计量单位，价值指标绝对数凡未注明的，按2022年价格计算。计量单位一律以《量和单位》（GB 3100~3102—93）为准，个别常用成习且不便换算的用市制，如农田单位“亩”；简化字以全国文字改革委员会、文化部、教育部公布的《简化字总表》为准，标点符号以2011年发布的《标点符号用法》（GB/T 15834—2011）为准，数字以2011年发布的《出版物上数字用法》（GB/T 15835—2011）为准。

五、《当雄年鉴（2023）》入鉴资料、图片均由各撰稿单位提供，并经主要负责人审核。部分资料由编辑部收集，主要数据和统计资料由统计局提供，部分数据由各相关部门提供。由于统计口径等原因，相关部分的个别数据与统计资料不一致的，以统计资料为准。

目 录

特 载

大事记

县情概览

中国共产党当雄县委员会

综述

办公室工作

组织工作

宣传工作

统一战线

巡察工作

党校工作

当雄县人民代表大会

综述

办公室工作

当雄县人民政府

综述

办公室工作

应急管理

妇联

军　事

人民武装

法　治

政法委及综治

公安

检察

法院

司法行政

经济管理

发展和改革

财政

自然资源管理

统计

审计

城市建设·环保

住房和城乡建设(城市管理)

生态环境保护

社会事业

民政

人力资源和社会保障

卫生健康

当雄县人民医院

市场监督管理

文化和旅游

医疗保障

广播电视

退役军人事务

教育体育

当雄县中学

西藏自治区广播电视局当雄中波转播台

当雄县牦牛冻精站

交通·通信

交通运输

邮政

电信

移动

联通

金 融

中国农业银行股份有限公司当雄县支行

乡 镇

当曲卡镇

羊八井镇

宁中乡

乌玛塘乡

国有企业

西藏雄迈控股有限公司

当雄县城投建设开发有限公司

当雄县富民国有矿业有限公司

附 录

特 载

在中国共产党当雄县第十届委员会第五次全体会议上的讲话

中共当雄县委书记 姚俊亮

（2022 年 12 月 16 日）

一、深入领会党的二十大重大意义和精神实质，切实把思想和行动统一到党的二十大精神上来

学习宣传贯彻党的二十大精神，是当前和今后一个时期全县上下的首要政治任务。全县各级党组织和广大党员干部要迅速行动起来，按照《中共中央关于认真学习贯彻党的二十大精神的决定》中关于学习宣传工作“七个聚焦”要求，以高度的思想自觉、政治自觉和行动自觉抓好学习宣传贯彻工作，不断推动党的二十大精神往深里走、往心里走、往实里走，在全县上下营造浓厚的学习宣传贯彻氛围。

（一）要坚持以上率下，逐级深学细悟。各级领导干部要以身作则、率先垂范，先学一步、学深一层，带头开展学习研讨、撰写体会文章，做到学习领会更深刻、掌握精神更全面、贯彻落实更坚决，以“关键少数”带动“绝大多数”。广大党员干部要切实发挥先锋模范作用，带动全社会学习贯彻工作。各基层党组织要针对机关党员、企事业单位党员、牧民党员等不同领域不同群体的特点，分类施策组织学习，并注重抓好离退休人员、新经济组织和新社会组织从业人员、流动人口中党员的学习。在组织学习中，要引导广大干部群众紧密联系党的十八大以来党和国家事业取得的历史性成就、发生的历史性变革，联系新时代 10 年来走过的极不寻常、极不平凡的历程，联系深化改革开放、推动高质量发展、有效应对重大风险挑战的具体实践，联系国际环境深刻变化，深刻领悟党的二十大关于党和国家事业发展大政方针和战略部署的历史逻辑、理论逻辑、实践逻辑。

（二）要用好各类载体，深化研讨培训。紧密结合党中央即将在全党开展的主题教育，面向全体党员开展多形式、分层次、全覆盖的全员培训，组织广大党员干部认真学习党的二十大精神。各党委（党组）要把学习党的二十大精神作为理论学习中心组学习的重要内容，县委理论学习中心组要作出专门安排，提出明确要求，开展专题学习。各级领导干部学习研讨要以学习贯彻党的二十大精神为重点，紧密联系实际深入领会、加深理解、谋划工作。要

把学习党的二十大精神作为干部教育培训的主要内容，分期分批对党员干部进行集中轮训。要把学习党的二十大精神作为党校教育培训的必修课，作为学校思想政治教育和课堂教学的重要内容，推动党的二十大精神进教材、进课堂、进头脑。要在学习培训中，运用好《党的二十大报告辅导读本》《党的二十大报告学习辅导百问》等辅导材料，切实增强学习实效。

（三）要深入基层一线，抓实集中宣讲。按照党中央统一部署和区市党委工作要求，在全县范围内深入开展党的二十大、区党委十届三次全会、市委十届四次全会精神宣讲活动。各级领导干部要结合“四联四包”工作机制，带头开展宣讲，深入所分管的行业领域，联系的乡（镇）、村（社区）、宗教活动场所宣传解读党的二十大精神。要抽调政治素质好、理论水平高、宣讲能力强的领导干部、理论工作者组成宣讲团，深入企业、乡镇、机关、校园、社区进行宣讲。要组织开展面向党外人士的宣讲工作，进一步深化党外人士对党的二十大精神的认知认同。要充分用好网络新媒体平台开展宣讲，通过网络直播、网络视频、网上交流等形式，做到全网跟进，积极回应网民关切。

（四）要精心宣传报道，营造浓厚氛围。精心组织新闻宣传，县委宣传部、县融媒体中心要精心策划、集中报道，在重要传播平台开设专题专栏，及时刊发一批有分量有深度的评论言论和重点理论文章，集中开展主题采访活动，宣传我县学习贯彻的具体举措和实际行动，反映基层干部群众学习贯彻的典型事迹和良好风貌。精心组织网络宣传，充分发挥新媒体的宣传优势，通过“两微一端”等平台，采用系列报道、领导访谈、专家解读、专题链接等方式，增强网络宣传的实效性和影响力。

二、紧密联系工作实际，以党的二十大精神统领当雄长治久安和高质量发展

2023年是全面贯彻落实党的二十大精神开局之年，我们要坚持以习近平新时代中国特色社会主义思想为指导，全面贯彻落实党的二十大和二十届一中全会精神，深入贯彻落实习近平总书记关于西藏工作的重要指示和新时代党的治藏方略，深入贯彻落实区党委十届三次全会、市委十届四次全会精神，学习贯彻普布顿珠书记对当雄工作的指示要求，忠诚捍卫“两个确立”、增强“四个意识”、坚定“四个自信”、做到“两个维护”，弘扬伟大建党精神和“两路”精神、老西藏精神，立足新发展阶段，完整、准确、全面贯彻新发展理念，服务融入新发展格局，锚定“四件大事”“四个确保”，聚力“四个创建”“四个走在前列”和“当好七个排头兵”工作要求，围绕“1+7”“强中心”战略和县委“125”发展思路，改进作风、狠抓落实，不断开创当雄长治久安和高质量发展新局面，推动中国式现代化在当雄大地落地生根。

（一）要切实提高政治站位，忠诚捍卫“两个确立”、坚决做到“两个维护”。要全面落实党的二十大关于坚持和加强党中央集中统一领导的各项要求，深刻领悟“两个确立”的决定性意义，增强“四个意识”、坚定“四个自信”、做到“两个维护”，深入贯彻落实习近平新时代中国特色社会主义思想，贯彻落实习近平总书记关于西藏工作的重要指示和新时代党的治藏方略，贯彻落实王君正书记对拉萨工作的指示要求，在武装头脑、指导实践、推动工作中不断提高政治判断力、政治领悟力、政治执行力，自觉在政治立场、政治方向、政治原则、政治道路上同以习近平同志为核心的党中央保持高度一致。要以加强党的政治建设为统领，严明政治纪律和政治规矩，严格执行党章党规党纪，在任何时候、任何情况下都要坚决贯彻落实以习近平同志为核心的党中央的决策部署，一切工作都从政治上考量、在大局下行事，都按规律办事、按规矩办事。

（二）要坚持警钟长鸣、警惕常在，坚决维护社会和谐稳定，推进实现长治久安。要全面落实党的二十大关于坚决维护国家安全和社会稳定的重大决策部署，坚决防范苗头隐患起势成事，以万全准备确保万无一失。要把重点方向、守重点部位、除重点隐患，持之以恒“强认识、查隐患、补短板、夯根基”。要把维稳工作做在日常、做到基层，汲取以往涉稳事件教训，不断完善网格化管理、精细化服务、信息化支撑的基层治理体系，全面提高基层社会治理能力和治理水平。要坚持既管肚子更管脑子，着

力构建大意识形态格局，融合推进高效能治理、高质量发展、高品质生活，持续让非法组织没有藏身空间、错误思潮没有滋生土壤、有害信息没有传播途径。

（三）要坚持以铸牢中华民族共同体意识为主线，深入推进全国民族团结进步模范县创建工作。要全面落实党的二十大关于坚持和完善民族区域自治制度，加强和改进党的民族工作，全面推进民族团结进步事业的重大决策部署，严格落实党的民族政策，依法管理民族事务，不断提升民族工作法治化水平。要坚持以铸牢中华民族共同体意识为主线，深入开展“九进”活动，不断提升民族工作规范化水平。深入开展示范创建，培育一批民族团结家庭致富带头人、打造一批民族团结“双创”企业集群，发展一批民族团结特色文化产业，系统谋划民族事务治理能力提升、中华民族视觉形象工程等重点工程。要聚焦深度交融，加强经济、文化、人员等方面的双向交流，引导各族群众共居共学共业。要聚焦共同富裕，不断丰富民族团结在城市发展、乡村振兴中的场景，把民族团结进步示范创建的成效体现到促进共同富裕、提高生活品质上。力争2023年创建成为全国民族团结进步模范县。要完整准确全面贯彻党的宗教工作基本方针，积极引导藏传佛教与社会主义社会相适应，严守“三个不增加”底线，依法加强宗教事务管理，持续推动寺庙向管得好转变。要完整准确全面贯彻党的宗教信仰自由政策，既保护信教群众宗教信仰自由权利，也保护群众不信仰宗教的权利，最大限度团结信教群众，加大导的力度，深刻理解藏传佛教活佛转世管理办法要求。

（四）要坚持“三个赋予一个有利于”，深入推进经济高质量发展。要全面落实党的二十大关于加快构建新发展格局、着力推动高质量发展的重大决策部署，根据县域生态空间、牧业空间和城镇空间的总体布局，坚持外融格局与内强支撑并重，主动服务和融入拉萨市重大战略布局，围绕“125”发展思路，彻底厘清蓝色天国、高原蓝、纳木错景区等产权关系和效益分配，盘活重大产业项目，推动经济社会高质量发展。要加快推进国家现代农业产业园建设，不断提升县冻精站（种业创新基地）基础设施，深入推进种质提升工程，加快推进牦牛绒分梳厂建设，研究附产品综合利用，不断提升产品附加值。要持续加大牲畜出栏力度，让群众见效益、促增收。要加大对太阳能、地热、风能等清洁能源开发利用的政策争取力度，争取地热、光伏和风能发电项目落地，为科学有序推动实现碳达峰、碳中和目标和建设现代化经济体系提供保障。要重点打造5100、7100天然饮用水品牌，将当雄建设成为西藏好水的重要生产基地。要持续放大“国家全域旅游示范区”的品牌影响力，依托文化底蕴和丰富的旅游资源，盘活得天独厚的旅游资源，促进形成点、线、面、环的景点布局，打造集文化旅游、休闲度假、特色体验于一体的旅游发展升级版，推动旅游产业由“门票经济”向“产业经济”转变。要以县区和传统小集镇为载体，全面建成覆盖城乡的综合物流服务基础设施网络，推进城乡物流配送网络一体化，推动商贸流通体系向偏远乡村延伸。要依托县城整体改造提升为契机，不断提升旅游服务水平，提升旅游城市形象。

要坚持改善民生、凝聚人心，坚持把人民放在心中最高位置，持续推动就业增收、打牢民生工作基石，办好各项民生实事，积极回应群众关切、解决民生热点问题，实现好、维护好、发展好最广大人民根本利益，最大限度地调动各方面的积极性，最大限度地凝聚人心，不断扩大和巩固党在当雄的执政根基。要多渠道提高牧民群众工资性、经营性、转移性和财政性收入，实施低收入群众动态监测和精准帮扶行动，拓宽中低收入群众增收渠道，扩大中等收入群体。要总结推广就业帮扶经验，确保高校毕业生就业率保持在95%以上。要加快推进以人为核心的新型城镇化，补齐城市基础设施和公共服务短板。要统筹推进教育、医疗、社会保障、文化等各项社会事业发展，以更多细微“小切口”撬动更高品质“大民生”。要提前谋划好、认真举办好2023年“当吉仁”赛马节，丰富牧民群众精神文化生活。要持续巩固脱贫攻坚成果，大力实施乡村振兴战略，持之以恒推动牧区宜居宜业、牧业高质高效、牧民富裕富足。要用心用情解决好群众的操心事、烦心事、揪心事，以领导干部“下基层大接访办实事”活动为载体，深入调研解决好群众所想所需所盼。要坚决贯彻落实习近平总书记“疫情要防住、经济要稳住、发展要安全”的重要指示，高效统筹推进疫情防控和经济社会发展，进一步加强科学防疫、精准防控，因时因势及时调整优化防控措施，加快推进60岁以上人群疫苗接种工作，坚决做到防大规模反弹、防重症防死亡、防医务人员大面积感染、防医疗资源大量挤兑，最大限度保护人民生命安全和身体健康。

（五）要坚定不移走生态优先、绿色发展之路，持续巩固生态文明建设示范县成果。要全面落实党的二十大关于推动绿色发展、促进人与自然和谐共生的重大决策部署，积极探索“绿水青山就是金山银山”当雄路径、当雄模式和当雄经验，全力打造国家生态文明高地当雄典型案例。要坚持经济发展与生态保护并重。要严守生态保护底线、红线、高压线。要严格落实生态环境保护责任制度、生态环境损害责任终身追究制度和河湖长制、林长制。要注重山水林田湖草沙冰一体化保护和系统治理，大力实施国土绿化、生态修复、污染防治、节能降碳等重大工程。大力实施生态富民工程，大力挖掘生态补偿、生态产业、生态组织、生态就业潜力。在持续抓好中央环保督察转办督办问题整改工作的基础上，坚持举一反三，健全长效机制，确保防治在先。

（六）要坚持“全区一盘棋”，主动服务边防巩固和边境安全。要全面落实党的二十大关于推进国家安全体系和能力现代化的重大决策部署，牢固树立总体国家安全观和“全区一盘棋”的观念，加大对军队保障服务和工作协调力度。要加快推进国防动员体制改革，积极推进国防动员信息和指挥系统建设，加强新质民兵组建和训练工作。要持续做好退役军人就业创业、教育培训、优抚帮扶、政策咨询、信息登记、权益维护等工作，巩固国家级双拥模范县创建成果。

（七）要坚决扛起从严治党主体责任，全面加强党的建设。要全面落实党的二十大关于坚定不移全面从严治党，深入推进新时代党的建设新的伟大工程的重大决策部署，牢记“三个务必”，增强斗争意识、提高斗争本领，自觉站在党和国家事业发展全局上，勇于同各种损害党的利益的行为、损害人民利益的行为作坚决斗争。要坚持严的基调不动摇，着力加强干部队伍建设，扎实推进基层党组织建设，持续加强作风建设，一体推进不敢腐、不能腐、不想腐，压紧压实全面从严治党主体责任。要落实新时代党的建设总要求，始终保持自我革命的清醒和坚定，增强全面从严治党永远在路上的政治自觉，努力把全县各级党组织建设得更加坚强有力。要持之以恒抓好中央八项规定及其实施细则的贯彻落实工作，持续深入开展“四查四问”，扎实改进作风狠抓落实。要加强新时代廉洁文化建设，广泛开展党性教育、廉政教育、警示教育，引导广大党员干部积极培养廉洁自律的道德操守。要落实好容错纠错机制，落实“三个区分开来”，激励干部敢于担当、积极作为。要抓住后继有人这个根本大计，坚持凭能力用干部、以实绩论英雄，健全培养选拔优秀年轻干部常态化工作机制。

三、切实抓好贯彻落实，以实干、实绩、实效推动党的二十大精神落地见效

学习贯彻党的二十大精神关键在落实。抓落实就要知行合一、言行一致。知行合一、言行一致，是“做实”的具体要求和体现，是确保党的十九大精神落地生根的重要保证。习近平总书记在二十届中共中央政治局第一次集体学习时强调：空谈误国、实干兴邦，一分部署、九分落实。不注重抓落实，不认真抓好落实，再好的规划和部署都会沦为空中楼阁。实践证明，但凡抓落实态度坚决、行动迅速、力度大的地方、部门、单位的工作成效就比较显著；反之，则工作进展缓慢、成效不佳，甚至可能出现这样那样一些问题，这也是王君正书记在多个会议上反复讲的一句话。全县各级各部门、广大党员干部要反对空谈、强调实干、注重落实，争当崇尚实干、狠抓落实的标杆和典范。

一是要提高政治站位抓落实。要把忠诚捍卫“两个确立”、坚决做到“两个维护”作为第一位的政治要求，作为最根本的政治纪律和政治规矩，始终在思想上政治上行动上同以习近平同志为核心的

党中央保持高度一致，确保当雄工作始终沿着习近平总书记指引的方向前进。要自觉践行区党委“八个必须”“六个表率”，主动向习近平总书记重要指示和党中央决策看齐，主动向区市党委安排部署对标，确保做到第一时间组织学习、第一步骤谋划工作、第一要求推动落实、第一内容督查考核，项目化、方案化、清单化推动落实。要构建“研究部署、狠抓落实、督促检查、及时报告、跟踪问效”闭环体系，确保党中央决策部署和区市党委工作要求落地见效。

二是要紧扣战略目标抓落实。全县各级党组织和广大党员干部，要紧扣战略目标抓执行，保持战略定力、把握战略主动、落实战略任务，以“不畏浮云遮望眼”的定力办好当雄的事，以“功成不必在我”的胸襟落实好使命任务，一步一个脚印把党的二十大作出的决策部署付诸行动、见诸成效，不断推动现代化新当雄建设迈出新步伐。

三是要强化责任担当抓落实。要始终坚持问题导向，进一步梳理找准制约我县经济社会发展的紧迫矛盾和突出问题，多问一问为什么，多想一想怎么办。面对艰难险阻，要敢于担当作为，面对矛盾困难，要敢于正视、积极应对，决不能“绕着走”“踢皮球”，影响工作、贻误发展。

四是要树立鲜明导向抓落实。要进一步鲜明选人用人导向，持续在全县上下形成“能者上、庸者下、以实绩论英雄”的干事创业氛围。要进一步鲜明实干导向，多到基层一线去识别、培养、提拔干部，让关键时候讲政治、敢担当、善作为、能做成的同志有平台、有机会。要把那些任劳任怨、扛重活、打硬仗的干部，把那些面对重大困难攻得破、守得住的干部及时提拔重用起来，为他们施展才华、建功立业提供广阔的平台。要进一步鲜明激励导向，正向激励、容错纠错，关心关爱干部，保障干部的正常待遇，落实好体检、休假等制度，调动广大干部干事创业积极性，激励广大干部在新时代展现新担当、实现新作为。要进一步鲜明问责导向，对那些工作不落实、庸懒散浮拖的，要发现一起、处理一起，对那些作风不正、干事不廉的，要严肃查处、决不姑息。

五是要提高工作能力抓落实。天下之事，虑之贵详，行之贵力。广大党员干部特别是领导干部要进一步提高政治能力、调查研究能力、科学决策能力、群众工作能力、担当作为能力、狠抓落实能力、廉洁自律能力，不断提升工作执行力和落实力。基层干部要善于在“吃劲”岗位磨炼自我，敢于挑重担、啃硬骨头、接烫手山芋，努力练就狠抓落实的基本功。要做到雷厉风行与久久为功相结合，以“马上就办”的态度解决好群众急难愁盼的问题，以“钉钉子”的精神持续推进打基础、管长远的重点任务，做到真抓、敢抓、善抓、常抓，积极打通服务群众的“最后一公里”。

各位委员、同志们，让我们更加紧密地团结在以习近平同志为核心的党中央周围，高举中国特色社会主义伟大旗帜，坚持以习近平新时代中国特色社会主义思想为指导，以更加严实有力的举措，更加务实高效的作风，更加自觉主动的担当，踔厉奋发、勇毅前行，奋力推进当雄长治久安和高质量发展，全面建设社会主义现代化新当雄，谱写好以中国式现代化全面推进中华民族伟大复兴的当雄篇章。

当雄县第十三届人民代表大会常务委员会工作报告

——在当雄县第十三届人民代表大会第四次会议上

当雄县人大常委会主任 边巴扎西

（2022 年 12 月 28 日）

2022 年工作回顾

2022 年，是极不平凡的一年。一年来，当雄县人大常委会始终坚持高举中国特色社会主义伟大旗帜，深入学习宣传贯彻习近平新时代中国特色社会主义思想，中央第七次西藏工作座谈会精神，深入贯彻落实党的十九大、十九届历次全会和党的二十大精神，深入贯彻落实中央、区市党委人大工作会议精神，区、市委十届三次党代会精神。学深悟透做实习近平法治思想、习近平总书记关于坚持和完善人民代表大会制度的重要思想，不断提高政治判断力、政治领悟力、政治执行力，增强“四个意识”、坚定“四个自信”、做到“两个维护”、捍卫“两个确立”。

按照习近平总书记“四个必须”基本要求，在县委坚强领导下，围绕县委“125”发展思路，锚定“四件大事”“四个确保”，聚力“四个创建”“四个走在前列”和当好“七个排头兵”的工作要求，充分发挥代表联系群众优势，全面履行法定职责，为经济社会平稳有序发展建言献策；积极配合、主动参与新冠疫情防控；坚持制度管人，做强理论武装，推动人大自身建设，不断迈出人大工作高质量发展的坚实步伐。

一、提高政治站位，坚定不移捍卫“两个确立”，做到“两个维护”

（一）坚持理论武装不动摇，推进意识形态领域建设。围绕学习宣传贯彻党的二十大精神这个中心任务，制定并认真落实人大党组理论学习中心组学习计划，实施 12 个主题和专题学习，开展集中学习 9 次，党组成员以普通党员身份参加人大常委会机关党支部集中学习 11 次，组织大学习大研讨活动 1 次，党组成员“上讲台”宣讲 8 次，撰写心得体会 14 篇。

（二）坚持服务大局不动摇，坚决落实县委决策部署。3 月，全体党组成员开展大接访办实事活动，分别蹲点当曲卡镇、宁中乡、龙仁乡、乌玛塘乡，了解掌握疫情防控、维稳值班、疫苗接种、矛盾纠纷隐患排查等，人均蹲点 26 天，宣讲 82 场次，参加群众 6000 余人次，共收集群众关心关注急需办理的实事 64 件，撰写反映民生民情调研报告 5 篇；深入开展“四联四包”和“四大活动”，党组成员深入包联乡镇蹲点开展大宣讲大调研大排查大落实活动累计 34 天，开展入户宣讲调研排查 800 余户，撰写总体调研报告 1 篇，村级情况报告 4 篇；紧密配合市、县新冠疫情防控，人大系统干部职工、人大代表坚守防控一线，除正常休假人员以外，均参与志愿服务，累计参与志愿服务队伍 3 批次，党组成员带头全程参与，累计近 2 万人次各级人大代表参与疫情防控，县、乡人大系统干部职工为全县打赢打好疫情防控攻坚战,做出了积极努力和大量工作。

二、提高履职本领,坚定不移彰显全过程人民民主的政治优势

习近平总书记在中央人大工作会议上对全过程人民民主重大理念和实践要求作出系统精辟的阐述。党的十九届六中全会通过的《中共中央关于党的百年奋斗重大成就和历史经验的决议》,把“发展全过程人民民主”作为习近平新时代中国特色社会主义思想的重要内容纳入“十个明确”之中。县人大常委会将全过程人民民主的政治优势充分体现在人大各项工作中,积极推进民主政治建设。

(一)组织开展执法检查活动。共开展环境保护法执法检查2次,针对人大代表反映强烈的环境整治问题,组织区市县乡四级人大代表40余人,监督县城及周边、宁中乡环境整治。

(二)组织代表视察调研。针对群众反映强烈的供电用电情况,县人大常委会办公室牵头,各乡镇人大主席团、各职能部门联合开展了为期1个月的专题调研,举办专题座谈会5次,抽样调查2乡镇、4个职能部门,发现线路老化、电价收费、技术服务等问题;组织各级代表视察调研学校食品安全1次,21名代表参加,开展专项询问活动1次。

(三)审议“一府一委两院”工作报告。1月20至21日,成功举办了当雄县十三届人民代表大会第三次会议,听取和审议了县人大、政府、计划、财政、法院、检察院工作报告,并形成决议,圆满完成了各项会议议程;11月9日,召开当雄县十三届人大常委会第9次会议,听取审议“一府一委两院”、环保部门半年工作报告。

(四)依法行使人事任免权。本年度,共依法接受7名县级人大代表、4名人大常委会委员辞去原职务的申请,免去人大、政府、监委、法院直属部门负责人职务19名,任命政府副县长3名,任命人大、政府、监委、法院直属部门负责人17名,举行宪法宣誓2次,充分体现了县委的人事安排意图。

三、坚持制度约束,坚定不移履行全面从严治党和党风廉政建设责任制,加强人大自身建设

(一)积极谋划重点工作。坚持以县委第十次党代会精神为导向,紧紧围绕“125”发展思路,紧密结合加强和改进基层人大工作的具体实践,确定县人大常委会全年工作重点,研究制定了“十个一”工作模式,细化工作措施,明确代表视察、执法检查、专项询问等重点办法,在依法履行职责中,全力维护社会和谐稳定。

(二)狠抓作风建设。根据地方组织法的规定,共召开人大党组会议7次、人大常委会议6次、主任会议12次,指导县人大机关党支部理论武装事项,安排主题党日活动等,共开展主题党日活动4次,党组书记讲党课2次,专题民主生活会1次,机关党支部组织生活会1次。按照县委的工作部署和要求,深入推进“改进作风、狠抓落实”工作,切实做到边学习边研讨、边学习边落实。围绕“四查四问”和“八个抓落实”要求,对标对表县委“四查四问负面清单”,逐条查摆不足,查找工作短板,发现存在问题88条,已梳理并制定整改措施,目前,各问题已整改完毕。

(三)指导乡(镇)人大工作。一是指导各乡镇、村居“人大代表之家”日常工作,继续实施三种模式:组织机构实施“1+663”模式,确定人员分工和职责;管理运作实施“1+3”模式,畅通县、乡对接沟通渠道;制度建设实施“975”模式,精简办事流程,提高办事效率。

二是指导乡镇、村居“人大代表之家”提档升级,做好迎检验收工作。2月15日至16日,县人大常委会党组成员赴各自联系乡镇,指导人大主席团交叉验收两级“人大代表之家”提档升级工作,指出了存在问题和改进措施,提出了工作要求,指明了整改方向。

三是邀请非人大常委会委员的乡(镇)人大主席团主席,列席县人大常委会2次;用好党组成员“上讲台”、“四联四包”和“四大活动”、蹲点督导等机会,现场交流指导乡镇人大主席团工作。

(四)推进人大换届“回头看”。6月8日至14日,人大党组成员赴乌玛塘乡郝如村、龙仁乡龙仁村、公塘乡甲根村和拉根村、宁中乡麦灵村,与村“两委”班子成员、驻村干部、下沉干部、党员代表及群众代表谈心谈话,了解掌握村居新换届班子运行情

况，群众的意见建议、村集体经济发展等情况，掌握各村居存在的困难和问题，提出符合村居实际的意见建议，做好换届“回头看”工作。

（五）加强党风廉政建设。组织全体党员干部职工观看反腐倡廉宣传片《零容忍》，撰写心得体会7篇，收看《问政拉萨》栏目8期，自学区、市、县党委改进作风狠抓落实工作会议上的讲话精神，以及王君正书记在拉萨调研时的讲话精神等，开展党组书记、党支部书记谈心谈话2次，覆盖全体党员。

今年，县人大常委会在县委的坚强领导下，动员人大系统党员干部职工、各级人大代表，主动作为、主动担当，为深入贯彻执行“125”发展思路，实现经济发展“平稳有序”目标，促进民族团结，打赢打好疫情防控攻坚战，做出了不懈努力和积极贡献，但依然存在一些短板和薄弱环节：一是工作中用新思想新理念解决新问题的能力不够；二是人大系统工作人员和各级人大代表“能力恐慌”现象突出，业务能力和法律知识培训力度有所减弱，综合能力跟不上时代发展的需要，开展人大监督工作水平有待提高。

2023年工作计划

2023年，是贯彻落实党的二十大精神，抢抓改进和深化基层人大工作空前机遇的重要之年。县人大常委会将始终坚持在县委坚强领导下，深入学习贯彻区党委十届三次全会和市委十届四次全会精神、市人大十二届三次会议精神，县委十届五次全会精神，立足当雄实际，理清工作思路，调动各级人大代表履职积极性，围绕推动当雄长治久安和高质量发展，应对新冠疫情冲击，建良言、献良策。

（一）坚持“改进作风”，进一步加强人大自身建设。一是严格执行重大问题、重大事项请示报告制度，落实常委会党组向县委汇报工作的要求，依法决定重大事项、进行人事任免，确保党的决策部署在人大工作中落地生根、开花结果。二是按照“四个机关”建设要求，不断提高人大工作的质量和水平。以政治机关建设为统领，发挥常委会党组的政治领导作用，举办理论中心组集体学习、党组成员“上讲台”活动，深入学习贯彻习近平新时代中国特色社会主义思想和党的二十大精神；围绕县委工作大局谋划推进人大工作，加强机关作风建设，确保机关党建工作走深走实。三是落实区市党委人大工作会议精神，继续推进“一室三委”、人大预算监督联网建设。

（二）坚持“高效监督”，在实践中不断探索和完善全过程人民民主。一是坚持正确监督、有效监督、依法监督，推动县委重大决策部署落地执行。围绕县委十届五次全会确定的目标任务，以及“四个创建”、民族团结、乡村振兴、普法宣传、基础教育、高质量发展，做好民生项目、食品安全、教育体制改革等落实情况专项监督调研。开展执法检查，对未成年人保护法、自治区生态文明高地建设条例等法律法规进行重点检查。二是健全完善讨论决定重大事项制度，健全工作协调机制，研究制定《当雄县人民代表大会议事规则》，推进讨论决定重大事项常态化规范化。加快完善备案审查制度，明确备案范围，规范审查程序，做到有件必备、有备必审、有错必纠。三是加强对重大事项决议决定贯彻实施情况的跟踪检查，落实“一府一委两院”执行人大及其常委会决议决定工作的书面报告制度，推动决议决定落地见效。

（三）坚持“民生为本”，提高人大代表履职能动性。一是多层面培训代表履职能力。搭建学习交流平台，重点抓好县级人大常委会党组成员和工作人员，乡镇人大主席团成员，高中及以上文化水平代表“三个层面”的人员培训，培养优秀人才的基础上，推动实施“传帮带”和结对帮扶，手把手带动其他代表能力提升。二是拓宽代表建言献策渠道。用好线上线下平台，常态化普及县域经济社会发展思路，引导人大代表提高建言献策的站位和高度，把群众急难愁盼问题与发展主线有机结合起来，实现同频共振，增强代表意见建议的针对性。三是完善激励机制。强化代表履职活动的跟踪问效，改进代表调研视察活动组织工作，更加注重结果运用，更加注重树立、宣推、奖励人大代表中“建良言、献良策”榜样和标杆，推动代表反映的意见建议转化为促发展、惠民生的实际举措。寓支持于监督之中，切实提高监督的科学性、精准性，增强监督刚性和实效，强化监督成果的转化运用。

各位代表，新的一年，我们必须把深入学习贯彻党的二十大精神和发展全过程人民民主结合起来，要深入学习贯彻习近平总书记关于全过程人民民主的重要论述精神，坚持人民立场、体现人民意志、保障人民权益，激发人民创造活力，强化使命担当，加强全过程人民民主制度建设，为全面建设团结富裕文明和谐美丽的社会主义现代化新当雄而努力奋斗。

政府工作报告

——在当雄县第十三届人民代表大会第四次会议上

当雄县人民政府县长 图登佩杰

（2022 年 12 月 28 日）

一、2022 年工作回顾

刚刚过去的 2022 年，举世瞩目、极不平凡。一年来，在县委的坚强领导下，全县各族人民迎盛会、战疫情、保稳定、促发展、护生态，在极不寻常的条件下，保持了经济社会平稳有序发展。

——同心向党迎盛会。以喜迎党的二十大为主线，严格落实"四联四包"工作机制，深入开展"大宣讲大调研大排查大落实"活动，推出非凡十年、当雄县经济发展成就系列篇章，认真组织开展宣传宣讲，广泛开展学报告、谈感悟、话未来活动，切实在学懂弄通做实党的二十大精神上下功夫。

——携手打赢防疫战。疫情发生以来，我们坚决贯彻落实区市党委、政府决策部署和工作要求，坚持"人民至上、生命至上"的工作理念，全县上下尽锐出战，拧成一股绳，历时 33 天实现本土病例零新增。600 余名医护人员、党员干部和志愿者驰援拉萨市区抗击疫情、奋战一线，得到各方充分肯定。

——共克时艰稳经济。强化经济工作专班力量，积极应对经济增长面临的挑战，认真落实"疫情要防住、经济要稳住、发展要安全"的要求，稳经济措施落地见效，发放一次性生活补贴、救助金 220.13 万元，全面有序推动复工复产，最大限度降低疫情对经济社会的影响。年内，受新冠疫情影响实现地区生产总值 24.99 亿元，全社会固定资产投资完成 3.82 亿元，社会消费品零售总额达 17.04 亿元，一般预算收入达 1400 万元，农牧民人均可支配收入 25050 元。一年来，我们主要做了以下工作。

（一）社会局势和谐稳定。常态化开展违法犯罪活动，扎实开展"八五"普法宣传教育，宗教事务"三个不增加"持续落实，深入开展道路交通、矿山、建筑施工、食品药品等领域排查整治和执法检查立案 5 起，行政处罚 62.8 万元；查处各类交通违法行为 5798 起，罚款 96.35 万元；矛盾纠纷有效化解，调处成功率 95%。安全生产形势持续稳固，群众安全感满意度持续提升。

（二）群众福祉明显增进。认真落实区市党委"十大民生工程"，兜牢民生底线，不断补齐民生短板，持续增进民生福祉。资助在校大学生 1583 人，发放资金 678.83 万元，九年义务教育巩固率达 97.39% 以上，教育"五个 100%"目标全面实现。城乡居民基本医疗保险参保率保持在 95% 以上，贫困人口参保率达到 100%，基本养老保险参保率达到 100%。应届高校毕业生就业率达到 99.02% 以上。投入 415.25 万元解决全县 8 个乡（镇）10 件民生实事。成立了当雄县慈善协会，接收 25 个单位社会各界爱心企业（人士）捐款捐物，共计 175.77 万元；发放临时救助等政策资金 1078.15 万元。严格落实退役军人优抚政策，兑现各项抚恤优待资金 123.21 万元。疫情期间为拉萨市保供牦牛肉 25 万千克，实现群众增收 3100 余万元。

（三）基础设施持续完善。全年推进实施 500 万元以上新（续）建项目 62 个，县医院传染病、各中小学职工周转房建设项目、高海拔供氧项目、县城管网升级改造等民生工程有序推进。老年人日间照料中心建成并投入使用。累计投入173.5万元对27处农饮点进行维修养护和水质检测。累计投入8468.5万元修建防洪堤及灌溉渠。新建通信基站24个,全县基础设施不断完善。

(四)乡村振兴全面推进。制定防止返贫动态监测和帮扶机制方案,精准识别"三类人员"监测对象66户300人。实施推进乡村振兴补助资金项目14个、总投资1.67亿元。开展发展壮大集体经济攻坚行动,全县所有村(社区)集体经济收入均达10万元以上,达50万元以上8个。推进农牧民转移就业1.04万人次,转移就业劳务创收1.08亿元。乌玛塘乡巴嘎村、羊八井镇桑巴萨居委会"美丽乡村·幸福家园"建设项目已完成总工程量的65%。向全县脱贫群众和监测户及时兑现"十三五"时期产业分红资金3359万元。旅游景区及酒店宾馆共吸纳农牧民就业1659人次,实现农牧民增收770.9万元。

(五)发展潜力持续释放。三次产业结构持续优化,以畜牧业为主的一产总产值逐年增长,以旅游服务业为主的三产占比提升至46%。研究出台当雄县招商引资"12条"激励政策,出台旅游招商激励办法。国有企业改革全面发力,推动实行集团化运作,剥离不良资产,减小行政岗位比重,增加营销前端力量,国有经济布局优化和结构调整取得实质性进展。完成生态保护红线保护研究等6个专题研究和县域规划主体成果数据库建设,清理县域闲置土地,分区进行规划,做好项目建设土地筹备,国土空间规划进一步增强。

(六)生态环境持续向好。全面落实河(湖)长制,整治了河湖"四乱"等问题;全县已成功创建自治区生态文明建设示范县、乡、村18个,完成剩余5个乡(镇)的自治区生态文明建设示范乡(镇);完成中央第二轮生态环境保护督察转办案件12件及自治区、拉萨市专项督察整改问题14条,整改率100%;完成植树造林1.3万余株,地表水达标率、空气质量优良率均达到100%。全面推行林(草)长制,完成三级林长设置,实现全县8个乡(镇)28个村(居)包联全覆盖,落实林(草)长制改革资金100万元。

(七)法治政府稳步推进。扎实开展"八五"普法宣传教育的规划制定工作。实施审计项目17个,提出审计建议176条,追缴资金128.14万元,挽回损失1160多万元,规范国有资产管理,涉及资金3579.36万元,向纪委监委和相关部门移交相关线索3条。加大统计法治建设,认真完成国家统计督察反馈问题整改,坚定不移防范和惩治统计造假弄虚作假,切实提高统计数据质量。自觉接受县人大及其常委会的法律监督、县政协的民主监督、社会监督和舆论监督。办理人大代表建议104件,办结率100%;协委员全年收集提案21件,立案20件,提案办复率100%,委员对提案办理情况满意或基本满意率达100%。加大"四风"整治力度,切实为基层降压减负,县政府发文数量减少15%,政府作风建设和廉政建设进一步加强。

各位代表!

过去一年,县公安局等5家单位获得自治区级民族团结进步模范单位,龙仁乡曲登羊阁村获得第九批全国民主法治示范村(社区),中共当雄县公塘乡委员会、公塘乡人民政府获得自治区民族团结进步模范单位。此外,我们密切联系工会、共青团、妇联、工商联等群团组织。统计、邮政、通信、保密、档案、双拥、气象、地方志、机构编制、融媒体中心等工作取得新成效。

过去一年,疫情防控任务和经济发展压力之重之急前所未有。这些成绩的取得,离不开习近平总书记的把舵定向、特殊关爱,离不开区市县党委的坚强领导和北京的无私支援,离不开人大代表、政协委员的监督支持,离不开各位老同志、老朋友关心帮助,离不开党政军警兵民的忠诚坚守。在此,我代表当雄县人民政府,向所有扎根基层、奋战在经济社会发展和疫情防控一线的干部群众、长期关心和支持我县社会发展的各界人士,表示衷心的感谢并致以崇高的敬意!

在此,也向各位代表说明:今年正值投资建设的黄金期和旅游高峰期,遭遇突如其来的疫情,致使部分建设项目和消费一度停滞,导致地方一般预算收入、固定资产投资、社会消费品零售总额等既定目标未能如期完成。

在肯定成绩的同时，我们也清醒地看到：过去一年，财政收入大幅下滑，支出稳定增长，财政在紧平衡下负重前行，区位优势发挥还不明显，招商引资能力不足导致税收情况堪忧，一般预算收入受政策收紧影响明显。持续促进群众增收的措施还不够多，特别是监测户、边缘户的收入不高，增收办法不多。产业发展质量还不高，畜牧业、饮用水、清洁能源等优势产业短板明显，产业链没有形成，抗风险能力比较弱。县域基础设施系统化建设滞后，实体企业"规模小、技术创新不足、竞争力不强"、现有资产和资源闲置低效、国有企业的发展质量和发展效益亟须提升，个别干部担当意识不强，能力素质跟不上新时代发展需要，作风建设必须持续改进等问题。对此，我们要采取有效措施狠抓落实，集中智慧和力量逐步推动解决。

二、2023 年重点工作

2023 年是全面贯彻落实党的二十大精神开局之年，是实施"十四五"规划承上启下的重要之年，更是当雄县后疫情时代重整行装，深入推进高质量发展的关键一年。新的一年，我们仍然面临着经济下行压力的考验，全县发展站在了"不进则退、慢进亦是退"的关键阶段。全县上下要进一步坚定信心、振奋精神，主动作为、真抓实干，努力推动经济社会高质量发展开创新局面、再上新台阶。

按照县委决策部署，立足县委十届五次全会精神，聚焦"四件大事"、锚定"四个创建、四个走在前列"，围绕实施"强中心"战略为抓手，以"当好七个排头兵"和县委"125"发展思路为根本方向。今年全县经济社会发展的主要预期目标是：地区生产总值增长 10%以上；一般公共预算收入平稳增长；社会消费品零售总额增长 10%以上；规模以上工业增加值增长 8%以上；农牧民人均可支配收入增长 13%以上。重点抓好以下七个方面的工作：

（一）提高政治站位，做到忠诚干净担当。坚持党的全面领导是做好一切工作的根本保证，推动全面从严治党走深走实。筑牢思想之基。把深入学习贯彻党的二十大精神作为一项根本任务，坚决拥护"两个确立"、增强"四个意识"、坚定"四个自信"、做到"两个维护"，始终在思想上政治上行动上同以习近平同志为核心的党中央保持高度一致，胸怀"两个大局"，牢记"国之大者"，持续深入改进作风、狠抓落实，不折不扣落实上级党委、政府各项决策部署，做到党委有号召、政府有行动，党委有要求、政府有落实。弘扬廉洁之风。严格落实中央八项规定及其实施细则精神，压实全面从严治党主体责任，认真落实"一岗双责"，纵深推进政府系统党风廉政建设和反腐败斗争，加大审计监督。严格预算执行，严控一般性支出和"三公"经费，全部推行预算绩效管理，从严从紧抓好预算执行，扎紧政府花钱的口子，放宽助企惠民的路子，以政府"紧日子"换取群众"富日子"、当雄"好日子"。建设有为政府。要坚持有效市场、有为政府的工作原则，坚持市场化、法治化。切实做好依法决策，依法审批，依法工程招投标，依法监督和审计，按规律办事，按规矩办事。坚决纠正不担当、不作为，坚决克服懒政、怠政，坚决惩处失职、渎职。鼓励干部迎难而上，攻坚克难，向棘手的难题下手，向难拔的钉子下手，下决心解决发展中面临的痛点、难点和堵塞点。

（二）推进产业升级，蓄足高质量发展动力。围绕"三个百廊"建设，坚持项目是点、产业是线、经济是面协同发力，谋划县域产业布局，扎实做好第五次全国经济普查，全力以赴推动高质量发展。做精做细特色产业。持续推动牧业转型升级，完成当雄县牦牛产业园区建设，纵深布局从饲料配套 + 良种孕育 + 短期育肥 + 集采统购 + 中央厨房 + 冷链包装 + 市区仓储 + 分销体验 + 品牌营销的全产业链现代化畜牧产业计划，力争两年内初步实现。适度扩大大棚种植、养殖规模，探索高原特色种植业。加快推进绿色工业。加快水产业布局，以天然饮用水品牌为引领，持续推进纳木错实业有限公司与紫荆文化集团的合作事宜，加快品牌建设和产能扩充，优化援藏资源优势，不断拓宽销售渠道，进一步增强当雄品牌、当雄特色市场效应。加快清洁能源基地建设。牢牢抓住清洁能源产业进入快速发展新时期和市委、市政府鼎力支持的重要契机，探索发展碳汇经济，做强光伏、地热、风力、储能等清洁能源产业。推进羊八井地热发电项目，打造当雄县新能源利用、地热能产业示范基地，协同推进日喀则至拉萨主电网加强工程，壮大清洁能源产业群。推动特色旅游全域发展。着力打造高原文化生态旅游融合发展的样板区，整合纳木错旅游资源，改造升级拉北精品旅游路线，办好办强"当吉仁"赛马节，持续推动"极净当雄"虫草文化旅游节、纳木错徒步大会、冬游西藏、温泉疗养等精品活动，促进生态观光、文化体验、运动康养、体育赛事等文化、旅游、体育融合发展。理清与布达拉文旅集团关于纳木错景区的产权和利益分配关系，强化属地权益。积极推动纳木错景区创建国家 AAAAA 级旅游景区。依托市场要素，对接专业领域，力争盘活"行者"文旅系列和姆蓝雪山资源，推广并实现轻资产运营。

（三）聚力美丽乡村建设，塑造牧区发展新样板。以"四强联动"为引领，紧抓脱贫攻坚同乡村振兴有效衔接，扎实有效推进乡村全面振兴。筑牢防止返贫底线。严格落实"四个不摘"要求，继续把巩固拓展脱贫攻坚成果同乡村振兴有效衔接工作摆在头等重要位置，进一步健全完善各类体制机制，坚决守住防止发生规模性返贫底线，加大对产业、生态、转移就业以及技能培训等各类帮扶与增收举措的拓宽力度，稳步推进各类衔接工作。推进美丽乡村建设。编制完成全部 28 个村庄规划，持续改善乡村环境，深入推进乡村厕所革命和农村生活污水处理，普及推广农村卫生厕所，推进农村生活污水处理点建设，持续完善供水、供电等基础设施，争取更多的村组道路建设。在推进"美丽乡村 · 幸福家园"建设的同时，统筹做好县域乡村振兴示范村创建工作，按照先易后难的原则，逐步完成县域所有村（社区）整村推进或乡村振兴示范村创建工作。推进乡风文明建设。在做好意识形态领域工作的同时注重提升牧民群众综合素质，继续依托新时代文明实践中心（所）平台，深入开展五大文明、道德模范创建工作，点亮"产业乡、拥军乡、生态旅游乡、文化示范乡、科技村、国旗村、无烟村、宜居村、团结村、改革村"等特色品牌。

（四）构建新发展格局，增强改革发展能力。聚焦"一心三城、四门相映"城镇空间新格局，发展牧文旅贸一体通道门户经济。深化城镇化改革。以藏北环线为支撑，以县城驻地当曲卡镇为中心强县城，争取实施县城风貌整体提升改造。依托铁路沿线物流运输优势，推动建设一批集仓储、分拣、加工、包装等功能为一体的城际仓储基地，打造藏北地区重要的商贸物流业发展中心。加快交通、水利、通信、电力、能源、环保等基础设施建设和提档升级，重点推进县城滨河环线，不断推进新型城镇化发展，完善综合运输大通道、综合交通枢纽和物流网络，构建"两纵三横"公路网，实现与骨干交通网络的高效互通。一体推进强县城、强府镇、强乡村，构建产业协同产城融合、城乡一体的全域城乡高效联动发展网。加大招商引资力度。充分利用招商引资 12 条激励政策优势，加快推进招商引资服务中心建设，组建一支强有力且专业的运营团队主攻招商工作。集聚招商力量、收集招商信息、优化招商服务，重点围绕特色产业开展招商，引导鼓励现有企业积极开展扩产增效。深化以商引商、以企引企，进一步深化"放管服"改革，提升招商服务效率，形成全民招商意识及县级领导招商项目包保合力，引荐更多优质企业入驻当雄，更多投资项目落户当雄。加大项目管理。探索成立政府投资项目管理中心，健全代建管理制度，从群众利益出发，加强项目谋划和储备，推动全过程代建、全项目代建，不断支持壮大本地合作社，促进本地企业健康发展。严把前期工程概算审核，加大项目过程监管力度，健全项目绩效制度。强化国企改革。巩固 3 年国企改革成果，将城投公司中城市建设投资、城市管理经营等业务全盘移交富民公司，集成矿产业、绒制品、人力资源服务、商贸物流、建筑建材等 5 大业务板块，成立富民集团，力争做大做强。优化雄迈公司结构，降本提效，市场化对接文旅板块，实现羌旅轻资产化运营。支持发展净土健康产业，投入更多资源资产，实现做精做强。

（五）改善民生福祉，满足群众新期待。坚持"三个赋予一个有利于"，持续推进自治区"十大民生工程"，在发展中保障和改善民生，多措并举促进牧民增收。不断实现群众对美好生活的向往。兜牢民生底线。认真落实鼓励和扶持高校毕业生就业创业政策措施，确保应届高校毕业生就业率达95%以上。推进住房保障，投入使用公租房244套、周转房54套，加快推进县城集中供暖(二期)工程建设、乡镇供氧项目。健全社保体系、进一步提高城乡居民基本医疗保险参保率、加大民生兜底、持续做好抚恤优待工作、积极探索解决高海拔季节性缺水新办法、新举措、逐步解决高海拔季节性缺水问题。办好人民满意教育。巩固义务教育“控辍保学”工作成效，严格落实“双减”政策，不断加大对教育基础设施和保障服务投入力度，加快出台学校中层管理者及教师的考评、奖励机制，进一步推动促进强化教师队伍及管理者的担当及使命感，有计划、有举措地提升教育教学质量，全面贯彻党的教育方针，落实立德树人根本任务，办好人民满意的教育。建设健康当雄。做好常态化疫情防控，扎实推进疫苗接种，落实分级诊疗措施，加强发热门诊设置和管理，开展爱国卫生运动，筑牢全民防疫大格局。发挥“组团式”医疗援藏优势，积极筹备县医院创甲工作；加快推进“三医”联动改革和“智慧医疗”建设，持续推进羊八井区域医疗分中心规范化建设，实施藏医药服务能力提升和适宜技术推广项目，加快推进疾控中心和传染病房建设，提升突发公共卫生事件应急处理能力。

(六)提升治理能力，夯实社会治理根基。始终坚持把维护稳定放在首位，坚定不移贯彻总体国家安全观，坚持警钟长鸣、警惕常在，把维稳工作做在日常、做到基层，切实守好拉萨北大门。坚定维护社会稳定，健全反分裂反渗透斗争预案体系和力量布局，持续开展“三个意识”群众性宣传教育。深化国家通用语言文字普及。加强寺庙管理，坚持“五个有利于”标准，促进藏传佛教与社会主义社会相适应。持续深入开展“四讲四爱”群众教育实践活动和“遵行四条标准、争做先进僧尼”教育实践活动，大力培育和践行社会主义核心价值观。健全基层治理体系。持续推动“7+1”维稳防控模式，扎实开展“八五”普法宣传教育，全力推进“雪亮工程”，持续深化开展“四联四包”工作，下大决心、下大力气着力解决一批历史遗留和信访事项，积极创建全国信访工作示范县。深入实施民族团结进步模范创建“四大工程”“六项行动”，夯实党的群众基础、提高组织能力基础，推进民族团结模范创建工作。力争2023年创建成为全国民族团结进步模范县。织密社会安全网络。突出抓好突发事件应急处置能力建设，持续深入开展安全生产大检查专项行动，坚决遏制较大以上生产安全事故发生。继续抓好食品药品安全。依法严厉打击各类违法犯罪活动，大力整治道路交通违法行为、系统治理网络诈骗、“直播灰色地带”等，力保人民群众生命财产安全。

(七)聚力推进生态保护，建设生态文明高地。牢固树立和践行绿水青山就是金山银山的理念，坚定不移走生态优先、绿色发展之路。持续推进污染防治。坚持生态优先、保护第一，在着力创建国家生态文明高地上当好排头兵，持续巩固生态文明建设示范县成果。科学划定并严守生态保护红线，进一步实现特色产业与生态保护结合发展。继续实行最严格生态保护政策，坚持“两高”企业和项目零审批、零引进，深入打好污染防治攻坚战。推进生态保护工程。积极实施生态文明建设规划及村(居)生态文明建设实施方案，推进生态文明高地建设规划落实。统筹推进山水林田湖草沙冰整体保护、系统修复、综合治理，实施一批生态环境综合治理、水土流失治理、防沙治沙、湿地保护、生物多样性保护等重点工程建设。深入开展乡村“四旁”植树。探索生态价值转换。牢牢抓住清洁能源进入快速发展新时代的重要契机，统筹做好“双控”“双碳”工作，努力寻求绿色资源价值转换方式，努力实现光伏、地热、风能经济效益质和量双提升。全面启动当雄县“两山”实践创新基地建设，积极探索“绿水青山就是金山银山”当雄路径、当雄模式和当雄经验，全力打造国家生态文明高地当雄典范案例。

各位代表！我们要坚持全面从严治党，加强政府自身建设，自觉接受人大、政协、监委和社会各界监督，改进作风，狠抓落实，主动听取工商联、无党派人士、各人民团体和基层各方意见，凝聚全县人民智慧，实现新的更好的发展。

各位代表！新征程新使命催人奋进。让我们更加紧密地团结在以习近平同志为核心的党中央周围，坚持以习近平新时代中国特色社会主义思想为指导，在区市县委坚强领导下，全面学习贯彻党的二十大精神，凝心聚力、攻坚克难、踔厉奋发、勇毅前行，为全面建设团结富裕文明和谐美丽的社会主义现代化新当雄而努力奋斗。

名词解释

1.“四联四包”：联县包乡、联乡包村、联村包组、联组包户。

2. 宗教事务“三个不增加”：不增加宗教场所、不增加寺庙僧尼编制、不增加佛事活动。

3. 十大民生工程：扶贫解困、就业促进、教育助学、社会保障、百姓安居、基础设施、环境提升、文化体育、医疗卫生、社会管理。

4. 教育“五个100%”：中小学藏语和汉语教育普及率100%，小学数学课程开课率100%，中学数理化生课程教学计划完成率100%，中学理化生实验课程开出率100%，职业技术学校国家目录规定课程开出率100%。

5.“美丽乡村·幸福家园”：乡风民风美，人居环境美，文化生活美的美丽乡村和干净整洁，民风淳朴，“宜居、宜业、宜游”的幸福家园。

6. 河湖“四乱”：乱占、乱采、乱堆、乱建。

7.“四风”：形式主义、官僚主义、享乐主义和奢靡之风。

8.“四件大事”：稳定、发展、生态、强边。

9.“四个创建”：创建全国民族团结进步模范区、高原经济高质量发展先行区、国家生态文明高地、国家固边兴边富民行动示范区。

10.“四个走在前列”：民族团结进步走在全国前列、高原经济高质量发展走在全国前列、生态文明建设走在全国前列、固边兴边富民行动走在全国前列。

11.“强中心”战略：是中共拉萨市十届四次全会提出的，是贯彻落实党的二十大、自治区党委十届三次全会精神的重要抓手，是做大做强区域核心能级、充分发挥中心城市功能的重要决策，是把握历史发展大势、赢得主动赢得未来的重要选择，也是加快推进长治久安和高质量发展、全面建设社会主义现代化新拉萨的重要引擎。

12.“当好七个排头兵”：在坚定捍卫“两个确立”、坚定做到“两个维护”上当好排头兵、在维护社会和谐稳定、实现长治久安上当好排头兵、在着力创建全国民族团结进步模范区上当好排头兵、在着力创建高原经济高质量发展先行区上当好排头兵、在着力创建国家生态文明高地上当好排头兵、在着力创建国家固边兴边富民行动示范区上当好排头兵、在全面加强党的建设上当好排头兵。

13.“125”发展思路：一个理念：贯彻新发展理念；两个突出：突出项目建设、突出招商引资；五大产业：畜牧业、文化旅游业、绿色工业、清洁能源产业、现代服务业。

14.“两个确立”：确立习近平同志党中央的核心、全党的核心地位，确立习近平新时代中国特色社会主义思想的指导地位。

15.“四个意识”：政治意识、大局意识、核心意识、看齐意。

16.“四个自信”：中国特色社会主义道路自信、理论自信、制度自信、文化自信。

17.“两个维护”：坚决维护习近平总书记党中央的核心、全党的核心地位，坚决维护党中央权威和集中统一领导。

18.“两个大局”：一个是中华民族伟大复兴的战略全局，一个是世界百年未有之大变局。

19.“一岗双责”：一个单位的领导干部应当对这个单位的业务工作和党风廉政建设负双重责任。

20.“四个不摘”：摘帽不摘责任、摘帽不摘政策、摘帽不摘帮扶和摘帽不摘监。

21.“三个赋予一个有利于”：所有发展都要赋予民族团结进步的意义，都要赋予维护统一、反对分裂的意义，都要赋予改善民生、凝聚人心的意义，都要有利于提升各族群众获得感、幸福感、安全感。

政协第三届当雄县委员会常务委员会工作报告

——在政协第三届当雄县委员会第三次会议上

当雄县政协主席 刘 刚

（2022 年 12 月 28 日）

2022 年工作回顾

一年来，在县委的坚强领导下，县政协常委会坚持以习近平新时代中国特色社会主义思想为指导，全面贯彻落实党的十九大和十九届历次全会精神、中央第七次西藏工作座谈会精神，贯彻落实习近平总书记关于加强和改进人民政协工作的重要思想、关于西藏工作的重要论述和新时代党的治藏方略，贯彻落实区市第十次党代会精神、县委十届三次全会精神，以喜迎和宣传贯彻党的二十大为工作主线，坚持团结和民主两大主题，聚焦“四件大事”“四个创建”当好“七个排头兵”和“125”发展思路，认真履行政治协商、民主监督、参政议政职能，推动建言资政和凝聚共识双向发力，助力战胜新冠肺炎疫情，为全面建设团结富裕文明和谐美丽的社会主义现代化新当雄贡献了政协智慧和力量。

一、加强政治建设，把准履职方向

常委会始终把政治建设摆在首位，不断加强理论学习，提高政治站位，把党的领导落实到各方面、全过程，确保人民政协事业始终沿着正确方向前进。

切实强化理论学习。系统学习习近平新时代中国特色社会主义思想，把学习宣传贯彻党的二十大精神作为首要政治任务，采取政协党组、机关党支部学习会、委员学习微信群等形式，利用线上线下同步推进的方式，组织广大政协委员和机关党员干部原文学习习近平总书记代表第十九届中央委员会所作的报告，深刻领会“两个确立”的决定性意义，增强“四个意识”、坚定“四个自信”、做到“两个维护”，提升政治判断力、政治领悟力、政治执行力，夯实团结奋斗共同思想政治基础，始终在政治立场、政治方向、政治原则、政治道路上同以习近平同志为核心的党中央保持高度一致。

全面加强党的建设。县政协党组严格落实主体责任，专题研究党风廉政建设、意识形态等工作。严格执行请示报告制度，重要会议、重大事项、重要情况及时向县委报告，切实落实县委对政协工作的各项要求，确保与县委目标同向、行动同步。

二、投入疫情防控，彰显责任担当

常委会迅速动员全体委员和县政协各参加单位参与抗击疫情斗争，与全县人民共同直面挑战、分担压力。

同心战疫，冲锋在前。根据疫情防控督导分工，县政协班子成员第一时间赶赴包乡包村联系点，参与和指导检查疫情防控。36 名政协机关党员干部、政协委员，立足本岗，奔赴基层，坚守抗疫一线、开展志愿服务工作。

捐款捐物，暖心付出。工商经济界委员带动各驻县企业向抗疫一线，捐赠口罩、防护服等价值 45 万元防疫物资，发放蔬菜、水果、方便面、矿泉水等

价值16万余元生活物资，充分彰显了政协委员勇担社会责任的委员风采。

三、聚焦中心工作，积极建言资政

常委会始终坚持把政协工作放在全县经济社会发展的大局中谋划和开展，主动在服务大局中找准定位、担当作为，着力提高建言献策的精准度和实效性，为全县经济社会高质量发展汇智聚力。

深入开展协商议政。认真开展好全会协商，积极组织广大委员围绕“一府两院”工作报告和全县经济社会发展重大问题，深入开展协商讨论，提出意见建议，推动了县委、县政府决策部署的民主化、科学化、精准化。围绕群众关心的热点难点，组织广大委员参加政府专项工作听证会，听取当雄县城市更新市政管网改造升级建设项目情况报告等，现场建言献策，助力政府项目科学规划和顺利实施。

认真落实提案办理。广泛征集提案线索，围绕县委、县政府中心工作，整理印发提案参考选题，引导广大委员提出高质量提案。严把审查立案关，进一步规范提案办理，切实提高提案的合规合法性、公众普惠性、真实可靠性和现实可操作性。强化重点提案示范带动，通过完善重点提案督办机制，发挥重点提案带动引领作用，一批社会关注、群众关心的民生热点问题得到有效的解决和落实。全年收集提案21件，立案20件，交办承办单位11个，提案办复率100%。

积极抓好调研视察。充分发挥政协人才荟萃、智力密集的优势，紧扣县委“125”发展思路，围绕乡村振兴战略、基础设施建设、产业发展等内容，开展调研视察。

四、坚持团结民主，共促和谐稳定

常委会坚持把维护社会未定作为履职首要政治任务，充分发挥政协独特优势作用，勇于担当、靠前履职，为促进社会和谐稳定凝聚共识、增添助力。坚决贯彻区、市、县党委各项维稳措施，在重大节庆期间和重大节点，县政协党组成员进驻联系乡（镇）、社（村）和寺庙，大力开展解疑释惑、化解矛盾、凝聚人心、增进团结的工作，督导维稳工作。注重发挥宗教界委员的桥梁纽带作用，加强界别群众团结教育服务引导，开展“国家意识、公民意识、法治意识”教育，大力践行“遵行四条标准”的要求，铸牢中华民族共同体意识，确保了宗教和顺、社会和谐、民族和睦。

五、加强自身建设，提升综合能力

常委会坚持改进作风、狠抓落实，把作风建设贯穿政协工作全过程，促进政协机关工作提质增效。

扎实推进政协机关建设。按照区市县党委关于常态化推进改进作风狠抓落实工作的相关要求，开展领导干部“下基层大接访办实事”“作风怎么看、当雄怎么干、自身怎么办”大讨论等活动，组织党员干部认真对照“四查四问”梳理负面清单，以提案工作、会风会纪、公文办理等日常工作为切入点，突出标准化、规范化建设，切实转变机关工作作风，3月下沉期间，政协班子成员为民办实事53件。自觉接受县委巡察，针对巡察反馈的“三个聚焦”方面9个问题，逐一开展讨论，认真剖析问题原因，制定整改措施22条，目前，已完成全部整改，并建立长效机制。强化党风廉政建设，及时传达学习区市县党委相关文件精神，深刻汲取洛桑桑旦严重违纪违法问题等教训，切实引以为戒，做到警钟长鸣。

扎实推进委员队伍建设。加强委员履职服务和管理，实施从严考勤、从严考核、从严管理，委员履职活力显著增强。坚持常委会县情通报制度，为委员知情明政、履职尽责创造条件，引导大家当好“责任委员”、做优“委员作业”。组织委员和政协班子成员参加区、市政协组织举办的基层政协干部贯彻落实“三个重要”、政协委员履职能力等培训15人次，切实提升了委员和政协干部履职能力和水平。

扎实推进对外交流合作。圆满完成全国政协副主席巴特尔率全国政协调研组25人赴当开展“草原生态环境保护”等调研课题的接待工作。全年，配合自治区、市政协做好来县履职活动，接待贵州、内蒙古、广西等外省市政协来县考察共6批次、34人次，拓宽了交流面，扩大了“朋友圈”。

各位委员，过去一年县政协工作取得的成绩，是习近平新时代中国特色社会主义思想科学指引的结果，是县委坚强领导、县人民政府大力支持、社会各界积极配合的结果，凝聚了全体政协委员的智慧和汗水。在此，我代表县政协常委会表示衷心的感谢和崇高的敬意！

同时，工作中还存在一些不足：委员主体意识不够强，协商议政水平不够高，履职成果转化不够精准等。对此，我们将高度重视，认真研究，努力解决。

2023 年工作安排

2023 年是全面贯彻落实党的二十大精神的开局之年。县政协要坚持以习近平新时代中国特色社会主义思想为指导，全面贯彻落实党的二十大精神，贯彻落实习近平总书记关于加强和改进人民政协工作的重要思想、关于西藏工作的重要论述和新时代党的治藏方略，贯彻落实自治区党委十届三次全会、市委十届四次全会、县委十届五次全会精神，贯彻落实普布顿珠书记对当雄工作的指示要求，突出团结民主两大主题，锚定“四件大事”“四个确保”，聚力“四个创建”“四个走在前列”和当好“七个排头兵”工作要求，围绕“1+7”“强中心”战略和县委“125”发展思路，坚持建言资政、凝聚共识双向发力，为全面建设团结富裕文明和谐美丽的社会主义现代化新当雄贡献力量。

一、提高政治站位，在思想政治引领上取得新成效

认真学习贯彻习近平新时代中国特色社会主义思想及习近平总书记最新重要讲话和指示批示精神，牢牢把握全面贯彻落实党的二十大精神这条主线，把学习宣传贯彻党的二十大精神作为当前和今后一个时期的首要政治任务，引导广大委员深刻领会“两个确立”的决定性意义，增强“四个意识”、坚定“四个自信”、做到“两个维护”，不断增强政治自觉和政治定力，始终保持正确的政治方向。坚持抓好党组理论中心组学习、常委会集中学习、全体委员学习培训，增强与中央和区、市、县党委保持一致的思想和行动自觉，把各方面智慧和力量凝聚到同心同德为全面建设社会主义现代化新当雄的目标上来。

二、坚持党的领导，在推进政协党的建设上取得新进展

以党的政治建设为统领，落实党的领导制度，充分发挥政协党组作用，自觉在县委领导下谋划和推进工作，做到重要工作及时报告、重大事项及时请示、重要议题及时沟通。进一步加强新时代政协党的建设，加强机关党支部建设，创新党建形式，更好地发挥基层党组织的战斗堡垒作用和党员的先锋模范作用。建立健全党员委员与非党员委员结对子，充分发挥党员委员先锋模范作用。认真落实全面从严治党要求，加强廉政建设，从严教育、从严要求、从严管理、从严监督。

三、发挥专门协商机构作用，在建言资政服务大局上做出新贡献

坚持围绕中心、服务大局，引导委员和各族各界人士，坚持以人民为中心的发展思想，围绕高质量发展中的重大问题和群众广泛关注的问题，积极建言献策。围绕推进净土健康产业、大力开发绿色清洁能源、推进县域改造和“美丽乡村·幸福家园”建设、生态文明建设等课题，组织委员开展调研视察，履职尽责。加强提案办理协商，用好提案双向评价机制。要把凝聚共识融入视察考察、调查研究、协商议政等各项活动中，在建言成果、思想收获上一体设计、一体落实，通过日常履职工作听取意见、释疑增信、汇聚共识。

四、发挥统一战线组织作用，在增进团结联合上彰显新作为

积极发挥爱国统一战线组织的优势，通过开展座谈交流，加强与宗教界委员、界别群众增进感情、凝聚共识，不断增强中国共产党领导的多党合作和政治协商制度的坚定信念。持续开展“三个意识”教育，引导委员在事关国家统一、民族团结、社会稳定等重大原则问题上，积极正面发声，旗帜鲜明斗争。进一步发挥界别作用，活跃界别联组活动。建立健全委员联系界别群众机制，组织政协委员进村居进牧区，倾听群众呼声，做好协调关系、化解矛盾、促进和谐的工作。

五、提升履职能力，在强化担当作为上展现新风采

坚持把学习作为首要任务，大力推进“书香政协”建设，开展常态化读书活动。抓好委员队伍建设，完善委员监督管理办法，搞好委员培训，适时走访委员，引导委员以立场坚定、模范履职的实际行动践行责任委员的要求。进一步改进机关作风，加强机关干部业务培训，苦练服务、协调、落实“三种本领”，规范办文、办会、办事流程，大力提升工作质量和效果，提高政协干部理论素养和专业化水平。

各位委员、同志们，新征程承载新使命，新目标赋予新任务。让我们更加紧密地团结在以习近平同志为核心的党中央周围，在县委的坚强领导下，以更加强烈的担当意识建言献策，以更加务实的工作作风履行职能，以更加严谨的履职态度攻坚克难，为当雄长治久安和高质量发展，全面建设社会主义现代化新当雄，谱写好以中国式现代化全面推进中华民族伟大复兴当雄篇章做出新贡献。

大事记

1月

4 日 当雄县政协副主席、农业农村局局长索朗多吉带领防抗灾负责人及相关成员单位负责人，到纳木湖乡统筹开展道路疏通及防抗灾保畜工作。

5 日 当雄县乌玛塘乡新时代文明实践所到郭尼村开展学习贯彻中共十九届六中全会，区、市第十次党代会精神暨“理论＋文艺”宣讲志愿服务活动。

6 日 当雄县妇联组织 8 个乡（镇）妇联主席召开县、乡妇联工作总结述职会议。

7 日 当雄县乌玛塘乡党委召开年度理论学习中心组学习第一次（扩大）会议。

10 日 当雄县召开扶贫产业项目调度工作专题会议。

同日 当雄县公安局党委理论学习中心组召开第一次集中学习（扩大）会议，当雄县公安局党委在岗班子成员和各部门主要负责人参加学习会。

12 日 当雄县人民武装部组织召开 2022 年度国防动员部署会。

14 日 当雄县乌玛塘乡新时代文明实践所组织召开自治区基层宣讲员培训暨“三个会议”精神宣讲工作推进会。

17 日 当雄县召开人大常委会第六次会议。

18 日 当雄县当曲卡镇新时代文明实践所组织召开基层宣讲员培训会暨“四史”集中备课会。

19 日 宁中乡各村组织开展全会精神宣讲活动。

20 日 当雄县第十三届人民代表大会第三次会议召开预备会议。

同日 中国人民政治协商会议第三届当雄县委员会第二次会议开幕。

21 日 西藏自治区水利厅副厅长时毅军、长江委专家组一行，到当雄县对农村饮水安全冬季供水保障工作进行检查指导。

同日 中国人民政治协商会议第三届当雄县委员会第二次会议完成所有会议议程。

24 日 当雄县委召开进一步改进作风狠抓落实工作专题会。

25 日 当雄县召开党史学习教育总结会议。

26 日 当雄县政协党组召开 2021 年度党史学习教育专题民主生活会。

同日 当雄县人大常委会党组召开 2021 年度党史学习教育专题民主生活会。

同日 由拉萨市委宣传部主办、当雄县委宣传部承办的拉萨市 2022 年“三下乡”暨“新春走基层”活动启动仪式在当雄县新时代文明实践中心举行。

同日 当雄县政协党组召开 2021 年度党史学习教育专题民主生活会。

27 日 当雄县开展节前文物建筑单位安全隐患大排查。

28 日 当雄县召开节前廉洁部署会。

同日 当雄县召开新冠疫情防控工作会。

30 日 当雄县持续推进改进作风狠抓落实工作。

2月

7日　当雄县纳木湖乡持续开展道路铲雪保通工作。

8日　当雄县政协召开专题民主生活情况通报会。

同日　西藏拉萨当雄墓地入围候选项目。

10日　当雄县召开贯彻落实区党委第一督导组座谈会精神暨自查自纠问题通报会。

11日　当雄县当曲卡镇开展“疫情防控、春运暖程”志愿活动。

15日　当雄县举办“我们的节日·元宵节”联欢晚会。

17日　当雄县宁中乡曲才村举行2021年度村集体经济收入分红仪式。

同日　拉萨市民委调研组一行到当雄县调研新时代民族工作开展情况。

18日　当雄县气象局开展春节前危化场所防雷安全专项大检查。

21日　当雄县纪委监委学习拉萨市纪委十届二次全会精神。

22日　当雄县总工会在“职工之家”开展节前慰问困难职工活动。

25日　当雄县在年货销售市场开展宣传教育引导活动。

同日　当雄县召开退休干部座谈会。

26日　拉萨市生态环境保护督察组到当雄县开展生态环境保护督察问题“回头看”工作。

27日　当雄县时代建筑施工专业合作社慰问低收入群众。

3月

1日　当雄县召开“领导干部下基层大接访办实事”动员部署会。

2日　拉萨市委常委、纪委书记、监委主任王洪勇到当雄县开展“下基层大接访办实事”活动。

同日　拉萨市政府国资委副书记、副主任何黎到当雄县格达乡央热村开展领导干部“下基层大接访办实事”活动，帮助格达乡央热村群众解决急难愁盼事项。

5日　当雄县商务局检查重要场所新冠疫情防控工作开展情况。

同日　当雄县开展区、市生态环境保护督察反馈及本级环保督察排查问题整改情况检查。

10日　当雄县“领导干部下基层大接访办实事”动员部署会召开后，当雄县各包联乡（镇）领导全部进驻到各个乡（镇），开始到重要点位开展“下基层大接访办实事”活动。

同日　拉萨市政协党组书记、主席尼玛到当雄县开展“下基层大接访办实事”活动。

11日　当雄县文旅局组织开展娱乐场所联合大检查。

13日　当雄县委书记姚俊亮一行到宁中乡曲才村调研。

同日　当雄县召开2022年上半年征兵定兵工作会议。

15日　当雄县卫健委举办“三公”流调队伍疫情防控培训会。

同日　当雄县结合“学雷锋月”开展志愿服务活动。

同日　当雄县召开“雪亮工程”建设工作推进会。

16日　县委副书记、县长图登佩杰检查指导中央、区市生态环境督察反馈问题整改落实情况。

17日　当雄县委书记姚俊亮到牦牛精冻站检查指导工作。

同日　生态环境部西南督察局一行到当雄县调研。

18日　拉萨市卫健委组织北京市医疗援藏队开展公益系列实践活动。

20日　拉萨市司法局党组书记拉穷次仁到当雄县宁中乡堆灵村调研。

21日　西藏自治区党委副书记、自治区主席、拉萨市委书记严金海到当雄县调研。

同日　当雄县委书记姚俊亮到乡镇指导检查新冠疫苗接种工作。

22 日 当雄县司法局远程视频会见系统正式启用。

24 日 当雄县纪委召开第十届纪律检查委员会第二次全体会议预备会。

25 日 当雄县召开 2021 年度述责述廉评议质询会。

同日 当雄县交通运输综合行政执法队开展联合执法。

26 日 拉萨市生态环境局当雄县分局检查指导汽修厂危废管理情况。

同日 当雄县委常委、纪委书记、监委主任普布，县委常委、组织部部长蒋宏亮到纳木湖乡，对维稳值班、新冠疫情防控、社情民意、基层党建等近期重点工作开展检查调研。

27 日 当雄县委副书记、县长图登佩杰参加中央环保督察组转办案件协调会议。

28 日 西藏自治区宣讲团一行到当雄县召开纪念西藏民主改革 63 周年专题宣讲报告会。

29 日 当雄县文旅局联合当雄县纳木错—念青唐古拉山风景名胜区管理局到纳木错景区、牵牛拉马合作社就第一轮中央环保督察反馈问题整改情况进行检查。

30 日 当雄县举行城市更新市政管网改造升级工程建设听证会。

31 日 当雄县召开 2022 年第一次援藏项目工作推进会。

同日 当雄县召开挂职干部座谈会。

4 月

1 日 当雄县开展清明节“2022 · 奋进 · 网上祭英烈”网上祭扫活动。

5 日 拉萨市副市长赵世东一行到当雄县调研生态环境保护工作。

7 日 当雄县召开财务知识专题培训会。

同日 当雄县委书记姚俊亮先后到乌玛塘公安一级检查站、羊八井公安一级检查站，对检查站疫情防控工作进行安排部署。

7—8 日 当雄县对 8 所“复兴少年宫”建设工作推进情况进行实地调研。

8 日 当雄县开展拉萨市整改督办组转办案件核查工作。

同日 2022 年拉萨市优质牦牛冻精推广技术培训班暨牦牛高效繁育技术培训班在当雄县开班。

12 日 当雄县多部门联合开展义务植树活动。

同日 拉萨市委政法委常务副书记达瓦一行到当雄县督导市域社会治理现代化试点工作。

13 日 拉萨市应急管理局党组书记米玛次仁一行到当雄县督导检查安全生产大检查工作进展情况。

14 日 拉萨市林草局工作人员到当雄县彩渠塘村调研。

同日 当雄县在公安局召开 2022 年当雄县平安建设工作会议暨市域社会治理现代化试点工作推进会。

15 日 拉萨市文化局调研组一行到当雄调研重点文旅企业发展情况。

同日 当雄县召开 2022 年春季重大动物疫病防控工作动员部署暨培训会。

同日 当雄县开展“4 · 15”全民国家安全教育日宣传活动。

同日 当雄县召开市政基础设施领域疫情防控工作会议。

17 日 当雄县文化和旅游局工作人员到纳木错景区开展旅游市场环境安全检查。

18 日 当雄县召开农牧民施工合作社座谈会。

20 日 当雄县发改委组织召开 2022 年第二次援藏项目工作推进会。

21 日 当雄县委书记姚俊亮主持召开县委常委会会议。

22 日 当雄县召开全县重点工作月调度会议。

25 日 当雄县召开 2022 年城乡居民基本养老保险征缴工作安排部署会。

26 日 当雄县召开 2022 年县委农村工作会议。

同日 当雄县召开 2022 年度教育工作会议。

27 日 西藏自治区党委宣传部副部长周黎明一行到当雄县调研指导县级融媒体中心建设工作。

28日　当雄县召开县委党的建设(基层组织建设)工作领导小组2022年第一次会议暨全县基层党建工作任务推进会。

同日　当雄县开展“喜迎二十大、永远跟党走、奋进新征程”系列活动。

29日　当雄县召开维稳工作部署会。

同日　当雄县召开十届县委第二轮巡察动员部署会暨进驻动员会。

同日　当雄县组织召开“五一”国际劳动节前文化市场、安全生产和疫情防控检查。

5月

5日　县委书记姚俊亮调研林草项目工程建设工作。

6日　当雄县召开2022年河(湖)长制工作推进会。

10日　拉萨市政协党组成员、副主席、市总工会主席宋留柱一行到当雄县调研基层工会组织建设工作。

11日　当雄县委副书记、县长图登佩杰到西藏纳木错实业有限公司开展退税减税专题调研活动。

17日　拉萨市委宣传部调研组一行到当雄县调研指导工作。

同日　西藏自治区验收组一行到当雄县开展融媒体中心验收评估工作。

17—19日　拉萨市乡村振兴领域监督检查组一行到当雄县检查指导工作。

19日　当雄县召开工商业联合会(商会)第三次代表大会全体会议。

22—23日　西藏自治区水利厅厅长孙献忠一行到当雄县调研高海拔地区农牧民季节性缺水问题工作。

23日　当雄县召开拉萨市委组织部送任当雄县驻村工作总领队见面会。

23—26日　当雄县开展2022年第二次环境保护专项督查。

24日　当雄县召开着力创建全国民族团结进步模范区动员部署会。

25日　当雄县在县中学举行地震应急疏散演练。

27日　当雄县召开干部任免大会。

同日　当雄县退役军人服务中心以“三到位”切实做好退役军人优待证审办工作。

30日　当雄县司法局开展“法律进企业”专题宣讲活动。

31日　西藏自治区纪委常委,拉萨市委常委、纪委书记、监委主任王洪勇到当雄县乌玛塘乡郝如村拉龙草场和郭尼村虫草采挖交易点开展“领导干部下基层大接访办实事”活动,并就生态环境保护、矛盾纠纷排查等进行实地调研。

同日　拉萨市农业农村局党组书记、拉萨市委农办(乡村振兴办)主任崔勇刚一行到当雄县开展“美丽乡村·幸福家园”工作调研。

6月

1日　当雄县委书记姚俊亮到乌玛塘乡了解虫草采挖等情况。

2日　当雄县召开新冠疫情防控工作安排部署会议。

同日　当雄县召开宗教界“国家意识、公民意识、法治意识”教育动员部署会。

5日　当雄县开展“6·5”环境宣讲暨自治区生态文明建设示范区创建工作培训会。

6日　当雄县委理论学习中心组召开第七次集中学习会。

9日　当雄县委书记姚俊亮在县委党校为全县党员干部讲廉政党课。

同日　当雄县到各村(社区)开展驻村工作全覆盖摸底调研。

同日　西藏自治区、拉萨市乡村振兴局调研组一行到当雄县检查指导工作。

13日　当雄县开展“推进家庭美德、弘扬时代新风尚”专题讲座。

14日　当雄县举办“加强民族团结、展现职工风采、喜迎二十大、奋进新征程、永远跟党走”第十一届草原杯球赛。

15日 当雄县召开第二轮中央生态环保督察整改工作部署会。

17日 当雄县召开2022年资产投资统计专题会。

同日 当雄县召开第二轮中央生态环境保护督察整改工作动员部署会。

20日 当雄县委书记姚俊亮一行到驻点巡察组指导巡察工作。

21日 西藏自治区安全播出检查组一行到当雄县开展安全播出大检查。

同日 当雄县对企业安全生产开展专项督导检查。

同日 拉萨市“三个意识”教育宣讲团一行到当雄县宣讲。

24日 当雄县召开2022年第二季度信访工作联席会议。

27日 当雄县召开干部任免大会。

同日 当雄县2022年驻村干部培训班开班。

同日 当雄县委理论学习中心组召开2022年第八次集中学习研讨（扩大）会。

29日 当雄县开展“送体育、下基层”活动。

30日 当雄县召开2022年林长会议。

同日 西藏自治区信访局调研组一行到当雄县调研指导“全国信访工作示范县（区）创建工作”。

同日 当雄县举办宗教界“三个意识”教育宣讲员培训会。

7月

1日 当雄县召开庆祝中国共产党成立101周年大会暨“光荣在党50年”纪念章颁发仪式。

同日 当雄县举行庆“七一”暨“三个意识”群众性宣传教育活动文艺会演。

5日 当雄县召开推行领导干部常态化“四联四包”工作机制暨“大宣讲大调研大排查大落实”活动动员部署会。

同日 当雄县2022年基层卫生人才能力提升培训班开班。

同日 当雄县开展“精准帮困、助力乡村振兴”系列志愿服务。

6日 当雄县委书记姚俊亮到龙仁乡开展“大宣讲大调研大排查大落实”活动。

同日 拉萨市政府党组成员、副市长陆从福一行到当雄县宁中乡开展“四联四包”工作。

7日 西藏自治区“三个意识”教育宣讲团拉萨分团一行到当雄县开展专题宣讲报告会。

同日 拉萨市示范高等专科学校党委副书记、校长杨继军到当雄县公塘乡开展“四联四包”工作暨“大宣讲大调研大排查大落实”活动。

同日 西藏自治区宗教局党组副书记、局长拉巴次仁一行到当雄县4座寺庙（康玛寺、嘎洛寺、羊井寺、多吉林寺）调研指导寺庙重点工作。

同日 当雄县委书记姚俊亮督导乌玛塘乡“四联四包”暨“大宣讲大调研大排查大落实”活动。

同日 当雄县举办2022年退役军人保障法暨法律政策专题培训班。

10日 当雄县委书记姚俊亮主持召开十届县委巡察工作领导小组第八次会议。

13日 当雄县财政局举行财务一体化系统培训。

14日 当雄县委统战部组织开展民族团结进步模范区创建进校园活动。

同日 当雄县公路养护路段组织道路应急抢险队伍开展汛期抢险保通应急演练。

同日 拉萨“四大活动”专班办公室一行到当雄县开展专项督导调研。

同日 当雄县召开2022年“当吉仁”赛马节各乡镇分会场安排部署会。

15日 当雄县召开2022年自治区生态文明建设示范乡（镇）、村（社区）创建工作推进会。

18日 当雄县召开2022年教育系统暑期工作安排暨秋季开学工作部署会。

同日 拉萨市委党校工作人员到当雄县当曲卡镇曲登居委会开展“四联四包”大宣讲活动。

同日 当雄县优质牦牛冻精推广技术培训班开班。

19日 当雄县召开第九批援藏干部人才欢送座谈会。

20日 当雄县召开2022年高校毕业生就业创业工作年中专题会议。

同日 当雄县开展2022年公务用车驾驶员安全教育培训。

同日 拉萨市应急管理局一行到当雄县督导检查非煤矿山安全生产工作。

21日 当雄县组织召开县委监督检查工作见面沟通会。

同日 当雄县开展山洪灾害防御应急演练。

22日 当雄县开展2022年生态文明建设工作专题培训会。

25日 当雄县召开第十批干部人才欢迎座谈会。

同日 当雄县召开2022上半年安全生产工作会议。

26日 拉萨市"三个意识"教育宣讲团一行到当雄县开展宣讲活动。

27日 当雄县召开十届县委第二轮巡察集中反馈会暨巡察整改督办会。

同日 当雄县开展文化旅游领域安全隐患大排查。

28日 当雄县委理论学习中心组召开2022年第九次集中学习研讨(扩大)会。

同日 当雄县对县域内旅游客运运输市场开展专项执法整治行动。

29日 当雄县招商引资专班开展"进企业、促落地"系列活动。

31日 当雄县委副书记、县长图登佩杰一行到羊八井镇调研。

8月

1日 当雄县召开2022年双拥工作推进会。

同日 当雄县第一家律师事务所举行揭牌仪式。

4日 当雄县举行宗教界推进"三个意识"教育国家通用语言演讲比赛。

同日 当雄县督导检查旅游安全专项整治工作情况。

同日 当雄县开展"社会主义核心价值观和藏传佛教中国化"专题集中宣讲会。

5日 当雄县新时代文明实践志愿服务总队开展文明实践志愿服务活动。

8日 当雄县召开疫情防控工作专题会议。

同日 当雄县召开疫情防控安排部署会。

同日 当雄县开展全县全员核酸检测工作。

10日 当雄县召开疫情防控工作推进会。

同日 当雄县委书记姚俊亮到乌玛塘乡督导疫情防控工作。

13日 当雄县委副书记何杰到宁中乡指导检查第四轮全员核酸采样工作。

14日 当雄县委书记姚俊亮主持召开全县新冠疫情防控工作视频调度会。

15日 当雄县中小学正式启动线上教学工作。

16日 县委常务副书记、政府常务副县长闫涛一行到当雄县雄迈公司督导新冠疫情防控工作。

19日 当雄县委书记姚俊亮,县委副书记、县长图登佩杰一行对当雄县防疫生活物资储备情况进行随机督导检查。

23日 当雄县委书记姚俊亮主持召开新冠疫情防控指挥部推进会议。

26日 当雄县委书记姚俊亮主持召开疫情防控工作视频调度会议。

27日 县委常务副书记、政府常务副县长闫涛,县委常委、副县长尹正岷一行到当雄县雄迈公司检查防疫物资保供情况。

29日 当雄县医废处置监督执法组强化防疫医废监督,阻断病毒传播途径。

30日 当雄县鲁登罗桑商砼专业合作社为全县抗击疫情捐赠价值50.7万元的防疫医疗物资和生活物资。

31日 当雄县委书记姚俊亮主持召开疫情防控工作视频调度会。

9月

1日 国务院联防联控机制综合组西藏工作组一行到当雄县督导调研新冠疫情防控工作。

同日 当雄县疾控中心对高风险地区进行消毒消杀。

3日 当雄县委书记姚俊亮到乌玛塘乡调研指导疫情防控工作。

4日 当雄县委书记姚俊亮主持召开疫情防控工作视频调度会暨动态清零部署视频会议。

7日 当雄县委书记姚俊亮，县委副书记、县长图登佩杰到各乡（镇）指导疫情防控工作，了解动态清零后存在的实际困难和问题。

8日 当雄县有序推进复工复产。

同日 国家卫健委、疾控局工作组贺青华一行到当雄县指导新冠疫情防控工作。

同日 当雄县疫情防控指挥部为群众发放4万余盒连花清瘟胶囊。

同日 当雄县对唐冰湖周边山体实地开展地质检测工作。

9日 当雄县开展疫情防控期间民生必需品价格监管。

10日 当雄县委书记姚俊亮主持召开全县新冠疫情防控工作视频调度会。

14日 当雄县委书记姚俊亮一行到县城主街道检查指导复商复市及疫情防控工作。

17日 当雄县发布《关于有序开展秋季割草工作的公告》。

19—21日 当雄县医废处置组持续开展上门服务，就医疗废物、废水规范处置等进行现场检查指导。

21日 当雄县强化“停课不停学”教学管理，确保线上教学质量。

22日 当雄县宗教领域以多种形式推动“三个意识”教育工作。

23日 当雄县委书记姚俊亮一行到格达乡检查指导疫情防控工作。

24日 当雄县召开安全生产工作视频会议。

27日 当雄县委书记姚俊亮主持召开疫情防控调度暨近期重点工作视频会议。

30日 当雄县顺利完成2021—2022学年一类脱贫家庭户、二类困难户、三类农户在校大学生资助金核发工作，切实做到应助尽助。

10月

6日 当雄县羊八井G6京藏高速拉萨至羊八井路段，羊八井镇高速服务区加油站东站正常营业。

同日 当雄县全面完成羊痘免疫工作，免疫羊共计178897只。

7日 当雄县宗教领域陆续开展消防安全演练活动。

8日 当雄县召开统筹疫情防控和维护社会稳定工作调度会。

9日 当雄县委书记姚俊亮，县委副书记、县长图登佩杰等一行看望慰问坚守防疫一线岗位的工作人员，并送去慰问物资。

同日 当雄县教育局督导组一行到各学校进行督导检查。

11日 当雄县安委办聚焦公共领域安全，持续推进“1+4”专项整治，对辖区相关进行重点检查。

13日 当雄县委副书记、驻村工作总领队五金多吉到各村（社区）督导检查疫情防控、中共二十大氛围营造和驻村（社区）“五项重点任务”落实等情况，并看望一线驻村（社区）工作队员。

14日 当雄县爱卫办牵头组织开展卫生大扫除活动。

同日 当雄县召开2022年秋季重大动物疫病防控工作动员部署会。

16日 当雄县广大干部群众通过多种方式收听收看中共二十大开幕会。

同日 当雄县中波台、当雄广播电视台完成中共二十大开幕式安全播出保障任务。

18日 当雄县委常务副书记、常务副县长闫涛，县委常委、副县长戴然到宁中乡走访慰问困难群体。

同日 当雄县召开第五次稳经济工作调度会。

21日 当雄县召开援藏项目工作调度会。

22日 西藏自治区“平安护航二十大”安全生产第一督导组组长、住建厅副厅长李新昌一行到当雄县督导检查工作。

24日　当雄县开展食品、特种设备安全专项检查。

同日　当雄县公布关于稳定经济若干临时性措施服务热线电话。

同日　当雄县发布稳定经济若干临时性措施城乡居民类，农民工类，中小微企业、个体商户类，高校毕业生类。

25日　当雄县公安局定制400本《中国共产党第二十次全国代表大会工作报告学习手册》口袋书并发放至辅警手中，在公安系统掀起学习热潮。

26日　当雄县设分会场在线收听看西藏自治区学习贯彻中共二十大精神领导干部大会。

27日　当雄县召开迎接自治区稳经济督导工作动员会。

同日　当雄县加强复商复市日常监督检查工作。

28日　当雄县开展秋季动物疫病防控工作，采取抽查的方式，对8个乡（镇）进行督导检查。

同日　当雄县召开十届县委第三十七次常委会（扩大）会议暨学习贯彻中共二十大精神领导干部大会。

同日　当雄县召开招商引资领导小组工作调度会。

30日　拉萨市委副书记、常务副市长、江苏省对口支援拉萨市前方指挥部总指挥陈静一行到当雄县，检查指导复工复产、复商复市及疫情防控工作情况。

31日　当雄县宗教领域举行“国家意识、公民意识、法治意识”教育知识测试。

同日　当雄县分阶段有序恢复全县客运班车运营，切实满足群众出行需求。

11月

1日　当雄县招商引资工作领导小组走访辖区企业、宣讲激励政策。

3日　当雄县召开2022年度县委理论学习中心组第十次集体学习会暨中共二十大精神专题辅导会。

同日　当雄县召开稳经济政策宣讲会。

4日　当雄县委副书记、县长图登佩杰一行到羊八井镇调研产业项目发展情况。

5日　当雄县宗教领域开展“一对一”宣讲，助推中共二十大学习“声”入人心。

6日　拉萨市农业农村局局长郭万军一行到当雄县格达乡检查指导农业农村相关工作。

7日　当雄县开展“防疫抗灾”物资储备工作。

8日　当雄县对康玛寺、江热寺等文物保护单位开展消防安全知识培训。

同日　当雄县对5家县域市场主体开展调研，深化复商复市有序推进。

同日　当雄县开展中小学复学评估检查工作。

9日　当雄县委常务副书记、常务副县长闫涛一行到县属国有企业，就复工复产及企业发展情况进行调研。

10日　当雄县召开稳经济若干临时性措施专题培训会。

同日　当雄县召开2022年增收工作安排部署会。

11日　当雄县委书记姚俊亮，县委副书记、县长图登佩杰一行调研县城公租房、中小学新校区项目建设工作。

12日　拉萨市市场监督管理局一行对复商复市甜茶馆进行专项检查。

14日　拉萨市应急管理局党委书记米玛次仁一行到当雄县督导检查安全生产工作。

15日　当雄县委书记姚俊亮，县委副书记、县长图登佩杰一行督导检查复学复课及疫情防控工作。

16日　当雄县委书记姚俊亮以普通党员身份参加县委办支部中共二十大精神专题学习会。

同日　当雄县餐饮经营单位有序恢复堂食。

17日　当雄县开展2022年“九小”场所消防安全演练活动。

20日　当雄县开展巩固拓展脱贫攻坚成果同乡村振兴有效衔接考核迎检自查验收工作。

21日　当雄县委常委、宣传部部长拉姆卓玛到纳木湖乡检查指导中共二十大精神学习宣传情况及意识形态领域工作开展情况。

22 日 当雄县召开森林草原防火工作会议。

23 日 当雄县委书记姚俊亮到龙仁乡郭庆村宣讲中共二十大精神。

同日 当雄县召开新任职干部集体谈话会,县委书记姚俊亮出席并与新任职干部进行集体谈话。

同日 当雄县召开市场主体调研座谈会暨产业布局研讨会,县委副书记、县长图登佩杰出席会议并讲话。

24 日 当雄县召开县委党的建设(基层党组织建设)工作领导小组 2022 年第三次会议暨抓党建促乡村振兴推进会。

25 日 当雄县召开巩固拓展脱贫攻坚成果同乡村振兴有效衔接考核评估迎检部署会。

28 日 拉萨市商务局党组成员、副局长孙光耀一行到当雄县调研招商引资工作。

同日 当雄县开展“医保政策进机关”专题宣讲活动。

29 日 当雄县宗教领域开展消防安全知识培训等系列活动。

30 日 当雄县举办中共二十大精神基层宣讲员培训会。

12 月

1 日 当雄县召开 11 月驻村工作调度会。

同日 当雄县召开生态环境保护工作专题会议。

同日 当雄县落实 2022 年“联户增收”经营试点扶持资金发放。

2 日 当雄县召开新“两规”编制征求意见推进会。

5 日 当雄县召开 2022 年度巩固拓展脱贫攻坚成果同乡村振兴有效衔接专题学习会。

同日 当雄县委常务副书记、常务副县长闫涛一行到格达乡检查项目基础设施配套建设进度。

同日 当雄县召开碳排放合作洽谈交流会。

同日 当雄县举办农牧民国家通用语言文字演讲比赛。

9 日 当雄县开展文化娱乐市场复工复产前验收检查工作。

10 日 当雄县召开全县疫情防控工作安排部署会。

12 日 当雄县开展危化品领域岁末年初安全检查工作。

14 日 拉萨市信访局一行到当雄县调研指导信访工作。

15 日 当雄县残疾人联合会第一次代表大会举行。

同日 当雄县召开关于 2022 年度巩固拓展脱贫攻坚成果同乡村振兴有效衔接市级考核反馈会。

16 日 当雄县—北京市交往交流交融援藏项目专题培训班成功举办。

同日 西藏自治区农业农村厅党组成员、副厅长刘志国一行到当雄县纳木湖乡恰嘎村督导检查高海拔农牧区试点推广热炕供暖项目。

17 日 拉萨市委常委、秘书长张春阳到当雄县当曲卡镇宣讲中共二十大和区市党委全会精神。

28 日 当雄县第十三届人民代表大会第四次会议开幕。

同日 中国人民政治协商会议第三届当雄县委员会第三次会议开幕。

同日 当雄县委书记姚俊亮,县人大常委会党组书记、主任边巴扎西一行看望出席县两会的代表和委员。

29 日 中国人民政治协商会议第三届当雄县委员会第三次会议闭幕。

同日 当雄县第十三届人民代表大会第四次会议闭幕。

县情概览

【概况】 当雄县下辖6个乡、2个镇、29个村(居)委会,172个村民小组,全县总人口55163人。在职干部职工1302人,退休干部职工371人。全县共有基层党组织337个,基层党支部271个,党员4940人,其中牧民党员3249人。有中学1所,在校生2479人,教职员工191人;小学9所,在校生5637人,教职员工386人;幼儿园30所,在园幼儿2001人,教职工98人;有"牧家书屋"29个、"寺庙书屋"4个、文化站9所(含县文化活动中心)、文艺演出团体30个。县中心医院1所,医务人员76人;乡镇卫生院8所,医务人员110人;防疫站1所,专职人员17人。特困人员80人,享受城镇最低生活保障235户、329人,享受农村最低生活保障487户、1707人。

【地理位置】 当雄藏语意为"天选牧场",地处西藏自治区中部,位于拉萨北部,东与那曲市嘉黎县相连,西南与尼木县交界,南与林周县、堆龙德庆区接壤,北与班戈县、那曲市色尼区毗邻,是拉萨唯一一个纯牧业县,也是拉萨市"北大门",距拉萨市170千米,青藏公路(国道G109线)由东向西横贯全境。东北至西南长185千米,西北至东南宽约65千米,其中最窄处约34千米。辖区面积1.23万平方千米,平均海拔4300米。地理坐标为北纬29°31′—31°04′,东经90°45′—91°31′。

【经济发展】 2022年实现地区生产总值24.99亿元,同比下降0.6%。全社会固定资产投资完成3.82亿元,同比下降72.5%。社会消费品零售总额17.04亿元,同比下降12.6%。一般公共预算收入1400万元,同比下降93.07%。农牧民人均可支配收入25050元,同比增长7.6%。

【文化与旅游】 依托青藏铁路、青藏公路穿境而过的交通区位优势,立足"极净当雄"这一区域公共品牌,努力把丰富的人文景观和自然景观、高原特有的民俗文化等资源转化为经济优势、资源优势,持续做好"全域旅游"大文章,加快推进文化旅游的深度融合,不断完善城乡旅游发展布局和基础设施,全面盘活县域内的旅游资源,完善旅游配套设施建设,培育壮大特色文旅产业,高质量推动文旅产业的可持续发展。

【气候】 受大气环流和地形影响,当雄县气候的主要特点:冬季寒冷、干燥,夏季温暖湿润,雨热同期,干湿季分明,天气变化大。2022年年均气温1.7℃,年均降水量459.6毫米,年均蒸发量1891.4毫米,年均日照时数2837.9小时,年均太阳辐射总量78.65焦耳/平方厘米,年均0℃以上积温1800℃,无霜期62天,牧草生长期仅90—120天。地表平均温度为4.8℃,从11月至翌年4月有6个月的土地冻结期,全年8级以上风力天数平均达17.8天,多发生在12月至翌年3月之间。大雪、冰雹、霜冻、干旱、大风等自然灾害频繁。

【地貌】 当雄地貌类型复杂。念青唐古拉山脉沿县域西北横穿全境，海拔7111米的主峰位于县辖宁中乡境内，第十一届亚运会圣火取自念青唐古拉山主峰下。总地势由西北向东南倾斜，东北部为高原平原，西北部和东南半壁皆为高峻山地，其间夹着近同念青唐古拉山走向的山间构造宽谷盆地，呈现岭谷平行相间的较有规则的条状地形。盆地海拔都在4200米以上，山地海拔最高为念青唐古拉主峰7111米，相对高差3000米左右。在北部高原平原上，有西藏第二大湖——纳木错。地貌分为4个地貌单元，西北部冰蚀高山、极高山，东部高寒中山，北部高原湖盆地和中部洪积宽谷盆地。

【水文】 当雄县水域面积19.61万亩，冰川积雪面积19.05万亩。地表径流量年平均23.9亿立方米。湖泊面积7.61万公顷。纳木错储水量228.09亿立方米。永久积雪储量252.2亿立方米。河流总长度1152180米，平均水面宽度10.1米，水系密度115.6米/平方千米。境内河流有桑曲、布曲、当曲、拉曲、尼木玛曲等，均为拉萨河的主要支流和发源地，也是当雄—羊八井盆地、沼泽、草甸地带的水源所在，北部纳木错湖区为内流水系，水流注入纳木错。全县水资源丰富，水利开发有极大的优势。

【水资源】 由地表水和地下水构成。地表水系河流与山川相倚，呈支状分布。以念青唐古拉山为分水岭，分别注入纳木错和汇入拉萨河，注入雅鲁藏布江。主要河流以降水补给为主，冰雪融水地下水补给为辅。地下水资源丰富，埋藏浅，水质好，可供人畜饮用。热泉资源比较突出，羊八井地热温泉涌水量为1000米^3/秒。当雄县山沟溪水密布，水源丰富。当雄县草场灌溉引用秀古河、雄嘎姆沟、罗荣沟、白朵沟等水源挖灌，这些水源是典型的以雨雪水补给为主、地下水补给为辅的溪流，水质优良，为重碳酸盐类钙组水，属软水，适宜农牧业用水和人畜饮水。

【矿产资源】 当雄县境内矿产资源有砂锡、铅锌、玉石、高岭土、石膏、火山灰、石灰石、水晶石、硫黄、泥炭等，其中以羊八井热田和羊易热田最为著名。已探明并开采的矿产资源有乌玛乡的石膏矿，储量1亿吨，还有高岭土、火山灰、铝锡、铅锌矿和以铜矿为主的稀有金属矿，均有相当的储量和品质。

【旅游资源】 当雄县主要名胜古迹和旅游景点有世界海拔最高的咸水湖——纳木错、冲嘎固始汗夏宫遗址、享有盛名的藏传佛教噶当派创始人仲敦巴旧址、藏北八塔、嘎洛寺（噶举派）、羊井寺（噶举派）、康玛寺（格鲁派）、多吉林寺（噶举派）。羊八井镇拥有驰名中外的地热电站；海拔4718米的纳木错是西藏著名的佛教圣地之一，是全国第三大咸水湖，享有“圣湖”的美誉；与纳木错遥遥相对的是念青唐古拉山，主峰下是1990年第十一届亚运会圣火采集点，同时也是牧民从事宗教活动及赛马、赛歌的好地方。当雄县宁中度假村借用天然的温泉资源，配以相应的设施，是一个旅游休养的绝佳之地。

【土地资源】 当雄自然资源丰富，境内草场广阔，天然草场总面积691500公顷，林地90398.29公顷，年鲜草可利用量为629336.95吨。当雄天然草场分为4个草场类、6个草场亚类、15个草场组、33个草场型。优良草场占全县可利用草场的68%，质量中等的占29%。2011年草原生态保护补助奖励机制核定：草畜平衡理论载畜量为87.0399万只绵羊单位的牲畜。当雄土地资源特点：山地冰川、河谷多，高山寒漠土、粗骨土、草甸土、高山草原土、亚高山草原土、草甸土和沼泽土，高山草甸土是当雄分布最大、面积最大、最主要的土壤类型，占当雄土壤总面积的51.85%，人工草场32000公顷，灌溉面积6000公顷。

【野生动物资源】 野生动物资源有野兔、盘羊、黄羊、野驴、土拨鼠、石羊、高原鼠兔、狐狸、黄鼠狼、狼、豹、猞猁、麻雀、乌鸦、雪鸡、山鸡、水鸭、黄鸭、大雁、白天鹅、黑颈鹤、秃鹫和鹰等。

【经济药用植物】 经济药用植物有冬虫夏草、藏贝母、藏雪莲、单子麻黄、红景天、龙胆、甘遂、云南黄芪等。

（德西措）

中国共产党当雄县委员会

综述

【概况】 2022年，当雄县以迎接中共二十大胜利召开为主线，以学习宣传贯彻落实中共二十大精神为首要任务，统筹疫情防控和经济社会发展，坚持稳中求进工作总基调，按照党中央决策部署和区市党委工作要求，锚定“四件大事”、聚力“四个创建”“四个走在前列”和当好“七个排头兵”的工作要求，坚定坚决落实疫情防控各项工作举措，疫情防控取得显著成效，经济社会平稳有序发展。

年内，全县上下认真学习宣传贯彻落实习近平总书记系列重要讲话、指示批示精神，特别是中共十九大和中共十九届历次全会、中共二十大精神及中央第七次西藏工作座谈会精神，认真贯彻落实党中央和区、市党委决策部署，增强“四个意识”、坚定“四个自信”、做到“两个维护”，艰苦奋斗，扎实工作，统筹疫情防控和经济社会发展，经济工作总体稳中向好。

2022年7月2日，县委书记姚俊亮（前排左一）一行查看县城综合管网项目进展情况

【社会发展】 2022年，及时摸排并发放一次性生活补贴资金、一次性救助金等各项补贴资金220.13万元。落实小微企业和个体工商户用电“欠费不停供”政策，缓缴电费155.1万元。落实金融支持疫情的信贷政策，实施贷款展期和续贷2544万元，延期2078.43万元。

年内，实施优质牦牛冻精推广示范项目，有序推进野血牦牛冻精生产及推广，当雄县现代农业产业园通过创建绩效中期评估，完成“当雄牦牛”地理标志保护产品认证和郭庆牧场畜禽养殖有机转换认证、高原蓝公司有机加工产品认证。先后建成当雄净土牧场郭庆场试验田、当雄高原蓝牦牛产业基地，设立“有身份证”的牦牛肉销售点和体验店，与多个电商平台合作，实现线上线下销售，形成完备的“育—产—

销”产业链条。依托水资源优势，在提升企业竞争力上持续用力，“7100”天然饮用水品牌影响力持续扩大。在现有国有企业的基础上进一步做大做强优势产业，做精做细特色产业。

年内，成功申报县级非遗项目“格萨尔卓舞”、羊八井寺“酥油花”、“朵玛”为第六批拉萨市级非遗项目。依托纳木错、念青唐古拉山、羊八井地热温泉等著名景区景点的天然优势，建成当雄县游客集散中心、康玛温泉度假村、行者·黑帐篷系列。截至年底，景区门票及各项营收共计880.44万元，接待区内外游客57610人次。旅游景区及酒店宾馆共吸纳农牧民就业1515人次，实现农牧民增收691.96万元。

年内，根据自治区及拉萨市相关政策，研究出台当雄县招商引资12条激励政策，进一步加大招商引资工作力度，优化营商环境，更好发挥招商引资对当雄县经济社会发展的促进作用，吸引和鼓励外来投资者到当雄县投资兴业，推动当雄县经济社会高质量发展，进一步围绕当雄县五大主导产业，聚焦企业税源建设，通过招商引资政策加码，吸引优质企业落户。

年内，实行集团化运作，剥离不良资产，降低行政岗位比重，增加营销前端力量。国有经济布局优化和结构调整取得实质性进展，整体功能和配置效率持续提升，国有经济竞争力、创新力、控制力、影响力、抗风险能力显著增强。全年完成地方生产总值24.99亿元，地方一般公共预算收入完成0.14亿元。

2022年7月1日，县委书记姚俊亮（右一）到公塘乡冲嘎村牧户家中发放“光荣在党50年”纪念章

【保障民生】 2022年，多措并举促进群众就业，城镇新增就业682人，农牧民转移就业10430人。发放困难家庭大学生资助金1583人678.84万元，全方位服务好515名应届毕业生就业创业，兑现高校毕业生就业创业补助金503万元，就业率达到99.02%。投入415万元，解决群众关心关注的热点难点问题10个。教研教改工作稳步推进，学前教育有力发展，“防流控辍”持续深化。29个村（社区）公共卫生委员会揭牌成立。基层公共文化队伍建设不断加强，牧民群众的文化生活需求进一步丰富。严格落实城乡居民医保“三重保障”制度，积极开展“一站式”结算服务。县医院传染病房建设项目、各中小学职工周转房建设项目、高海拔供氧项目、县城管网升级改造工程有序推进。老年人日间照料中心建成并投入使用。投入资金163.55万元，维修27处农饮点。投入8000余万元有序推进饲草料基地灌溉、防洪工程建设。新建通信基站24个，全县基础设施不断完善。坚持盘活资产、激活资源、用活资金，开展壮大集体经济攻坚行动，全县29个村集体经济均达10万元以上。全年农牧民人均可支配收入25050元，同比增长7.6%。

【生态保护】 2022年，始终立足生态环境脆弱实际，坚持以习近平生态文明思想为指导，严格落实领导包案制度，从快从实做好中央环境督察组反馈案件和区市环保督察反馈问题的整改工作，开展日常督查及现场督办50余次，下达检查记录单31份。投入122万元，完成当雄县“十四五”环境保护规划及当雄县生态文明建设规划编制。投入100万元，开展全县8个乡（镇）生态文明建设规划及29个村(居)生态文明建设实施方案的编制工作，完成剩余5个乡(镇)、15个村(居)的自治区生态文明建设示范乡(镇)、村(居)创建申报工作。

深入开展“清废”行动，无害化处理各类垃圾24850吨，处理废旧机油3吨，处置疫情防控医疗废物119.2吨，全县危废处置率达到100%。持续推进净土保卫战，核定92个固定资产投资建设项目环境影响评价。投入700余万元加强环境整治能力建设，完成县城垃圾填埋场等3家重点企业的土壤监测。持续深入推进河湖长制、林长制各项工作，生态文明示范县成果得到巩固拓展。截至年底，兑现生态岗位补助资金877.1万元。

【服务强边】 年内，始终坚持把当雄工作摆进兴边固边强边大局统筹谋划，积极支持配合“31121”工程、格拉油气管线建设，大力协调军队保障服务工作。多形式开展国防宣传普及，加强国防教育宣传引导，加快推进当雄县民兵训练基地建设。严格落实退役军人优抚政策，多措并举促进退役军人就业创业。

【党的建设】 年内，始终坚持全面从严治党永远在路上，深入推进新时代党的建设，不断夯实执政根基。管党治党责任全面落实，按照新一届中央政治局工作要求，坚决落实全面从严治党主体责任，持续深化纠治“四风”，形成常态、常抓不懈、保持长效。全面

2022年7月10日，县委书记姚俊亮（左二）到龙仁乡曲登羊阁村开展“四联四包”工作

开展村级组织班子成员掌握国家通用语言文字精准识别、精准培训工作，增强村干部学习国家通用语言文字主动性和实效性。全县各级党组织举办党员政治教育培训班31期，教育引导党员干部增强斗争精神和斗争本领，提高政治判断力、政治领悟力和政治执行力。以基层党组织书记为重点，组织开展基层干部主题培训16班次，涉及党员干部1200余人次。加大年轻干部培养，深入实施“四个一百”年轻干部选育工程。实施干部素质能力提升工程，探索开展“火石讲堂”，促进提升干部政治素质和履职能力。

年内，在“三大节日”期间开展老党员、困难党员等群体走访慰问活动。基层党员干部主动请缨、冲在疫情防控第一线、担当作为，以实际行动践行“党有号召、我有行动”。创新“1456”“六抓六确保”“1+1+1+N”等工作方式，常态化推进全县上下改进作风狠抓落实工作，进一步加强作风建设。狠抓5项措施，坚决激励激发干部职工担当作为。在全县范围内抽选61名政治过硬、原则性强、素质较高的干部列入巡察人才库，配强巡察力量。创新监督方式，着力在提质上下功夫，开展公务接待中吃公款问题专项整治、“私车公养”专项整治“回头看”，紧盯疫情防控、疫苗接种，紧盯学生餐领域“微腐败”，紧盯粮食购销领域“微腐败”，紧盯中央环保督察反馈问题，紧盯国有企业监督，紧盯乡村振兴过渡期，处置问题线索42件，收缴违纪资金61万余元，不敢腐、不能腐、不想腐一体推进。

（丹增美朵）

【机构领导】

县委书记

姚 俊 亮

县委副书记、县长

图登佩杰(藏族)

县委常务副书记、常务副县长

黄子民(北京援藏,7月免)

闫 涛(北京援藏,7月任)

县委副书记

胡思义

何 杰

五金多吉(藏族,5月挂职,任驻村工作总领队)

县委常委

毕海涛(5月免)

王光祥(5月任)

县委常委、副县长

宁洪海(北京援藏,7月免)

尹正岷

县委常委、县委办主任、县委国安办主任

杨传志

县委常委、统战部部长

格 琼(藏族)

县委常委、副县长

戴 然(北京援藏,7月任)

县委常委、政法委书记

扎西江措(藏族)

县委常委、副县长

多吉平措(藏族)

县委常委、纪委书记、监委主任

普 布(藏族)

县委常委、组织部部长

蒋宏亮

县委常委、宣传部部长

拉姆卓玛(女,藏族)

办公室工作

【概况】 2022年,当雄县委办公室始终坚持学习贯彻落实习近平新时代中国特色社会主义思想,紧紧围绕县委中心工作,以中共十九大和中共十九届历次全会、中共二十大精神为指导,全面认真贯彻落实新时代党的治藏方略,大胆解放思想,创新工作方式,真抓实干,创先争优,充分发挥县委参谋助手职能,加强队伍建设,提升服务水平,狠抓工作落实,完成全年各项工作任务,促进全县各项工作高效运转。

【思想建设】 年内,县委办始终坚持把学习教育作为首要任务,根据工作实际,把深入学习贯彻落实中共二十大会议精神作为当前和今后一个时期的重要政治任务,学习领会中共二十大报告的丰富内涵和精神实质,积极组织开展原原本本学、深入思考学、结合实际学,力争先学一步,学深一层。深刻领悟“两个确立”的决定性意义,增强“四个意识”、坚定“四个自信”、做到“两个维护”,坚定坚决做习近平新时代中国特色社会主义思想的坚定信仰者和忠实践行者,把党的创新理论转化为改造客观世界的强大物质力量,用党的先进理论武装头脑、指导实践、推动工作。充分发挥县委办公室中枢作用,切实发挥参谋助手、组织协调、督促检查等职能作用,切实提升“三办”“三服务”能力和水平,推动县委决策部署落地落实,全面推进各项工作高质高效运转。

【精心办文】 年内,严把起草关,认真起草调研报告、会议材料、领导讲话、上下行文等,严格要求文件格式、内容,精益求精,力求精准到位。严把审核关,文件起草后由办公室干部校对、副主任审核后再履行签发程序,确保文件准确无误。

截至年底,共起草撰写各类文件材料190余份,及时准确安排部署县委各项工作任务。严把收发关,专人负责上级文件传阅管理,及时签收批办,严格执行保

2022年3月29日,县委常委、县委办主任杨传志(左一)到公塘乡冲嘎村督导检查新冠疫情防控和值班带班工作

2022年10月4日，县委常委、县委办主任杨传志（中左二）到恰嘎村检查指导工作

存管理，共传阅上级文件413份。

【严格办会】 年内，认真贯彻落实中央及区市党委关于为基层减负工作的相关要求，实行会议报批制度，不开无明确目的、无实质任务的会，不开例行公事、不解决问题的会，切实减少会议数量。

进一步规范会议内容，严格控制会议规模，能在小范围内传达的坚决不召开全局性会议，能合并开的坚决不单独开，能开电视电话会的坚决不现场开。年内，高质量办好县委全会、县委常委会等各类会议29次，完成年初精减计划。

【综合协调】 年内，积极主动同全县其他单位沟通思想，交流情况，综合协调县委、人大、政府、政协"四大班子"，周密安排日常事务，科学调度各方力量，建立健全机关公文运转、会务管理、接待管理、财务管理、车辆管理等制度，进一步做好综合服务，做到环环相扣、上下衔接，有力推进全县各级各部门工作高效运转，密切县委与广大干部群众的联系。

【信息服务】 年内，充分发挥收集整理上报反馈工作职能，紧紧围绕县委中心工作，捕捉亮点、剖析难点、关注热点、突出重点，确保各类信息的超前性、苗头性、综合性、指导性。准确全面收集全县各乡镇、各单位各行业工作成效和典型经验，及时真实反馈上报。

年内，《当雄信息》共发刊信息1806条、专报60余篇，约稿76篇。为领导超前谋划、提前决策提供参考，为县委、县政府了解全县情况、制定决策、指导工作、部署落实提供支持。

【档案建设】 年内，不断完善档案服务机制，着力提升档案工作服务大局、服务发展、服务社会的职能，切实履行"为党管档、为国守史、为民服务"岗位职责。检查指导全县各乡镇、各单位精准扶贫档案和各单位2015—2017年档案归档工作，全县档案归档管理进一步规范化和制度化。

年内，接待档案查阅利用106人次，利用档案118卷（件）次，满足各单位档案信息利用需求。

【督导检查】 年内，认真履行督促检查职能，在保障政令畅通、狠抓部署落实、协调沟通和为基层减负上下功夫。不断增强工作的实效性，把抓落实、见实效作为督查工作的出发点和落脚点，把握工作落实进度、追踪工作落实轨迹、反映工作落实情况，确保督查工作质量。紧紧围绕上级部门安排部署和县委、县政府中心工作，细致制订督查计划，科学分解工作任务，认真督办落实情况，完成各级党委政府决定事项、领导批示指示交办事项、各级人大建议和政协提案的督查办理工作。

认真贯彻落实党中央、区市党委和县委关于为基层减负的决策部署和工作要求，按照标准不下降、力度不减的要求，持续用力、层层把控，落细落实为基层减负各项工作要求，持续狠抓精文减会，统筹规范督减考等重点任务，有效整治"层层加码"、证明事项过多、微信工作群泛滥等突出问题，有力推动全县基层减负工作走深走实。

（丹增美朵）

2022年7月28日，县委办组织召开廉政教育提醒会

【机构领导】

县委常委、县委办主任
　　杨传志
常务副主任
　　王　胜
副主任
　　詹万里（3月挂职）
　　胡石磊
副主任、督查室负责人
　　拉　措（女，藏族，5月任）

组织工作

【概况】 2022年，当雄县委组织部坚持以习近平新时代中国特色社会主义思想为指导，全面贯彻新时代党的建设总要求和新时代党的组织路线，牢记“三个务必”、捍卫“两个确立”、增强“四个意识”、坚定“四个自信”、做到“两个维护”，聚焦“四件大事”，锚定“四个创建、四个走在前列”，当好“七个排头兵”，紧扣县委“125”发展思路，建强组织、配好班子、管好队伍，不断夯实党在基层的执政根基。

2022年，全县共有编制1832名，干部职工1994人。其中，公务员757人，事业1151人，工勤86人。共有基层党组织324个，其中党委31个，党总支9个，党支部284个；党员4987名，其中牧民党员3249名；村“两委”班子成员206人，“三老”人员267人。

【基层党组织建设】 年内，坚持“控制总量、优化结构、提高质量、发挥作用”，2022年发展党员128名。加强党员教育监督管理，对4名考试未合格的党员暂缓培养。

年内，开展村（社区）党组织书记乡村振兴暨使用国家通用语言文字“擂台比武”，提升村（社区）党组织书记抓乡村振兴的责任感和使命感。坚持盘活资产、激活资源、用活资金，开展壮大集体经济攻坚行动，全县29个村集体经济均达10万元以上。其中，达100万元以上的5个，50万—100万元以上的7个。管好用好村级组织活动场所，制定《当雄县提升村级组织活动场所利用率攻坚行动方案》，提升“六个基本”标准化建设质量，发挥村级组织活动场所凝聚人心的主阵地作用。制定出台《当雄县村（社区）各类组织向党组织报告述职工作办法（试行）》，加强党在农牧区的领导作用。

年内，在持续开展县直单位与村级党组织结对共建活动的基础上，在各领域择优推选14个党组织打造全县基层党建示范点，按照“马路经济带”“全域旅游区”格局，重点打造村（社区）基层党组织党建示范点，发挥先进典型的示范带动作用。

年内，及时调整县“两新”工委成员单位，完善党建指导员制度，调整优化“两新”党组织9个。开展“双强六好”党组织创建工作。召开“两新”工委专题会议2次。开展述职评议，进一步加强对“两新”党组织的监督管理。

年内，以创建模范机关为重点，持续推动机关党建与业务工作深度融合，排查机关软弱涣散党组织1个，着力解决“灯下黑”“两张皮”问题。结合县域医共体改革，加强党对公立医院的领导；调整学校党组织18个，建立健全党组织领导的校长负责制；结合当雄县国有企业制度改革，制定《关于加强县属国有企业监督的实施意见（试行）》，在完善公司治理中加强党的领导；推进寺管会党组织标准化建设。

年内，深入开展乡（镇）、村

（社区）换届回头看，对换届后空缺的5名村“两委”班子成员予以补选，推动2名乡村振兴专干、1名未就业高校毕业生新进村“两委”班子，撤换1名履职不力的村务监督委员会委员。此外，县委每年投入500万元用于为民办实事；完善党组织和党员社情民意收集报送制度，帮助基层党员群众解决急难愁盼问题900余件。在疫情防控中充分发挥党组织战斗堡垒作用和党员先锋模范作用，全县352个基层党组织、4900余名党员积极投身疫情防控，化身“采样员”“保供员”“宣传员”“生产员”，涌现出“巾帼牛倌”“镰刀突击队”等先进典型。

【干部队伍建设】 年内，坚持凭能力用干部、以实绩论英雄，大力选拔优秀年轻干部。全年提拔调整干部5批次518人，其中调整使用在维稳一线、乡村振兴、疫情防控等工作中表现优秀的干部239名。将26名乡镇年轻干部调整至县直单位任职，进一步优化干部成长路径。加大年轻干部培养力度，深入实施“四个一百”年轻干部选育工程，新提拔进一步使用“90后”正科级干部4名，“95后”副科级干部11名，推荐4名符合提任正科级“90后”干部交流使用至市直单位，将60名干部纳入优秀年轻干部库，实行导师培养制。

年内，实施干部素质能力提升工程，探索开展“火石讲堂”，提升干部政治素质和履职能力。深入开展干部借（抽）调、清理整顿工作，清理区市借（抽）调干部8人、县直单位借（抽）调干部11人，对清理工作中敷衍了事的4名单位主要负责人进行约谈。

年内，落实公务员职务职级并行和公安执法勤务、警员职务序列改革等政策，184人晋升上一职级。

【老干部工作】 年内，县委老干部局立足实际，扎实做好当雄县老干部职工服务和管理工作。落实“四必访”制度，即老干部生病住院必访、家庭变故必访、事项产生问题必访、电话预约必访。坚持落实慰问制度，每年“三大节日”、“七一”建党节、重阳节等重要节点，开展班子成员走访、视频电话等方式关怀慰问，解决生活中的实际困难，让老干部始终感受到党组织的温暖。采取老少结对的方式，“一对一”、分片联系服务离退休干部，对一些行动不便、年老体弱的老党员不定时开展送教上门服务，了解老干部的思想状态、身体状况，关心关爱老干部生活，同时宣传好党的政策理论。县财政投入资金60.96万元，在重要节点慰问老干部671人次；投入资金4.97万元，慰问住院老干部及去世老干部家属83人次。在全面落实党员离退休党员党费95%返还制度的基础上为各党支部班子成员争取工作补贴10万元。

5月，老干部局完成5个党支部换届。举行2期离退休党组织领域培训，参训率达85%以上。制订支部学习计划和主题党日计划表，明确每月30日为党委学习活动日，每月7日、10日、12日、22日、30日为各党支部主题党日。全年征订报刊书籍和发放《习近平谈治国理政》《习近平七年知青岁月》《西藏老干部》等各类学习资料350余册，丰富老干部学习资料；每年投入3万余元完善老干部活动场所相关设施，提供多样化、个性化学习选择，让老干部们

2022年8月25日，县委常委、组织部部长蒋宏亮（前排左二）到乌玛塘乡巴嘎村检查指导新冠疫情防控工作

安心舒心开展相关活动。新冠疫情以来，老干部第一时间组织捐款捐物，为当雄县疫情防控工作爱心捐款11.74万余元。

【机构改革和编制工作】 年内，县委编办紧紧把握“瘦身”与“健身”相结合，充分发挥机构职能作用，不断加强和创新机构编制管理，为当雄长治久安和高质量发展提供机制编制保障。县委编办根据人员变动情况，每月及时上报实名制变更台账，为确保机构和人员信息的真实性、完整性，组织开展机构编制清查和建档工作，确保做到全县各单位机构清、编制清、领导职数清和实有人员清，建立各单位机构和编制相关情况档案。

年内，共整理机构编制相关文件75件，装订基础档案2卷。2022年当雄县减少干部64人，其中，行政40人（辞职2人、退休7人、开除1人、干部交流任职7人、提任6人，调出区外1人、调出区内12人、易地搬迁随迁干部划转调出4人），事业24人（提任1人、辞职1人、去世1人、退休12人、调出9人）；增加干部39人，其中行政14人（专招2人、调入3人、2022年西藏自治区公开考录公务员4人、2022年西藏自治区公安院校公开考录4人、机要定向生1人），事业25人（调入2人、部队定向生4人、专招生2人、2022年西藏自治区事业单位公开考录17人）。

【创先争优强基础惠民生活动】 年内，当雄县驻村（社区）29个工作队137名驻村干部始终坚持贯彻落实习近平总书记关于西藏工作的重要指示和新时代党的治藏方略，按照区市县三级党委、政府关于驻村工作的决策部署要求，在区、市驻村办的大力指导和帮助下，驻村工作聚焦落实“四件大事”“四个确保”，聚力“四个创建”“四个走在前列”，全面统筹推进乡村振兴、社会治理和疫情防控工作，着力推进驻村工作向纵深发展，为当雄长治久安和高质量发展做出积极贡献。

2022年11月30日，当雄县干部民主推荐大会召开

年内，在中共二十大胜利闭幕后，第一时间传达学习中共二十大精神，并以中共二十大精神为指引对驻村阶段性工作进行安排部署和强调。聚焦驻村工作统筹的“三类群体”（驻村干部、村社区“两委”、农牧民群众），科学制定《当雄县驻村（社区）工作贯彻落实二十大精神学习计划》，全年累计开展中共二十大精神学习375次，受教育群众42314人次。

年内，县驻村办及时转发区市有关通知文件、汇总上报基层工作情况，及时梳理分析研判基层工作特点，阶段性部署一线防疫工作，不断推进当雄县驻村（社区）工作高质量开展。全年累计下发各类通知或工作提醒400余条，上报综合性简报183期，收集上报社情民意60余条，帮助驻村干部改善居住条件、生活物资、生活用水、交通出行等各类困难500余个，真正发挥驻村工作“上情下达、下情上报、协调左右、对接各方”的枢纽作用。

年内，认真开展“我为群众办实事”实践活动，加强对困难人群的关心关爱服务，及时发现并协调多方力量解决群众急难愁盼问题111个，看望慰问困难群众170人，发放慰问金35200元，为困难群众捐款捐物价值550414元，受益群众49733人次；发挥村级活动场所平台作用，协助做好“一站式服务”“一门式办理”工作，推

2022年8月18日，当雄县委组织部工作人员支援羊八井镇新冠疫情防控工作

动村(社区)为民服务全程代办，开展线上线下代缴代办代理等便民服务；协助相关部门在农牧民群众中宣传“厕所革命”“两降一升”和结核病、肝炎、风湿病、大骨节病等地方病综合防治工作，帮助协调农牧民群众解决看病问题80个；宣传免费教育政策和就业创业优惠政策70场次，涉及1562人次，协助和动员农牧区高校毕业生积极参与大众创业、万众创新，帮助毕业大学生解决就业。

(王　进)

【机构领导】

县委常委、组织部部长

　　蒋宏亮

常务副部长

　　杨成光(5月免)

　　冯　瑶(5月任)

副部长、机构编制委员会办公室主任、老干部局局长

　　扎西卓玛(女，藏族，5月任机构编制委员会办公室主任)

副部长

　　冯　瑶(5月免)

　　韩宏霞(女，5月任)

宣传工作

【概况】 2022年，县委宣传部紧紧围绕举旗帜、聚民心、育新人、兴文化、展形象的使命任务，坚持以习近平新时代中国特色社会主义思想为指导，以迎接中共二十大、学习宣传贯彻中共二十大精神为主线，以巩固中国化时代化马克思主义在意识形态领域的指导地位、牢牢掌握意识形态工作主动权、保障意识形态领域绝对安全为目标，制定印发《中共当雄县委宣传部2022年意识形态和宣传思想文化工作要点》《当雄县关于加强和改进新时代思想政治工作的实施方案》等文件，开展意识形态和宣传思想工作，深入推进理论武装、新闻宣传、群众教育、文化文艺、精神文明建设等工作。

【理论武装】 年内，牢牢抓住县委常委会班子这一“关键少数”，分专题、分版块系统开展县委理论学习中心组专题学习研讨，突出理论学习向工作实际的转化应用，结合改进作风狠抓落实、维护稳定等主题，广泛开展具有当雄特色、突出实践导向的“作风怎么看、工作怎么干、当雄怎么办”及“如果维稳事件发生在我身边，我会怎么办”等大讨论活动，确保做到学有所得、学有所成。

截至年底，县委理论中心组集中学习13次，其中中共二十大专题学习会4次，常委班子带头交流研讨62人次，领导干部带头开展理论测试143人次，参加市委理论中心组视频会议6次，引领带动各乡(镇)党委开展理论中心组学习107场次。持续发挥理论学习中心组列席旁听机制作用。

12月5日，派出县委理论学习中心组列席旁听领导小组到各乡(镇)开展列席旁听工作，通过全程听会、现场点评指导，开展知识测试等方式进一步检验各乡(镇)党委学习中共二十大精神的实际成效；在干部群众中广泛推广使用“珠峰云”“理论学习面对面”“学习强国”等学习宣传平台载体，推进理论学习常态化。

【宣传工作】 年内，认真落实区市有关新闻宣传要求，围绕县委县政府中心工作，深入组织主题宣传、典型宣传、形势宣传、成就

宣传等，不断巩固壮大主流思想舆论，凝聚团结奋进的磅礴力量。当雄县融媒平台正式入驻“珠峰云”平台，开通“当雄县融媒体中心”新闻号和“极净当雄”视听号，制作推送“珠峰云”上线视频，全面整合县融媒中心资源力量，不断提升融媒中心服务大局、开拓新局的综合实力，融媒中心运作更加规范。围绕迎接中共二十大、学习宣传中共二十大精神，大力开展主题宣传。在新媒体平台先后开设“二十大时光学报告谈感悟话未来”等11个专栏，反映全方位报道全县各族干部群众喜迎中共二十大的热切期盼、当雄新时代十年的重大变革和取得的重大成就、对中共二十大胜利召开的强烈反响、各级各部门深入学习贯彻中共二十大精神的坚定决心和实际举措、全县开展“中共二十大精神进当雄千家万户”大宣讲活动的火热场景以及系统化领学。

新冠疫情防控期间，充分发挥宣传工作的主流引领作用，综合运用县属各类新媒体平台，设置各项工作专栏策划推出《当雄“疫”线 抗疫者的“疫”日》栏目。及时发布县委、县政府有关疫情防控的最新政策和取得的阶段成果，将各级疫情防控指挥部发布的公告通过本地方言进行二次编辑，发布到各新媒体平台，将各类防疫常识、资讯和政策录制成藏语音频分时段通过应急广播系统滚动播发，实现最新资讯第一时间入村入组入户，实现社会面舆论的正向引导。将新闻视角对准县委、县政府、县疫情防控指挥部和各级党组织，实时刊播各级“战时中枢”守土有责、守土尽责的强烈担当与科学决断；转向医护人员、公安干警、村(居)干部、党员先锋队、一线志愿者等群体，采写抗疫一线的好人好事、感人瞬间、工作举措，及时报道各领域、各战线冲在疫线、守护群众生命安全和身体健康的“勇士”，主动请缨、支援一线的党员干部，众志成城、团结一心的紧密党群、干群。此外，结合作风建设、生态环保、安全生产、文明实践等工作，广泛深入报道当雄县各时段各项重点，并实时刊发、刊播县委、县政府各个时期重点部署，真正发挥新闻宣传工作的导向引领作用。

2022年11月2日，当雄县委宣传部组织宣传系统干部、职工召开学习党的二十大精神会议

【群众思想教育】 年内，围绕学习宣传中共二十大精神、中共十九届六中全会精神、区市县第十次党代会及十届历次全会精神，结合“四讲四爱”“三个意识”群众性教育，大力开展群众思想政治教育。依托新时代文明实践中心(所、站)，在全县广泛开展“奋进新征程、建功新时代”主题活动，制定下发“3·28”西藏百万农奴解放纪念日活动的通知，在堆龙德庆区东嘎街道祥和苑社区举办“庆祝西藏百万农奴解放63周年纪念日”文艺演出活动，全县各级各部门及干部职工、学校学生、企业职工、基层群众、寺庙僧尼等各类群体，广泛通过升国旗唱国歌、新旧西藏对比图片展、文艺表演、知识竞赛、唱红歌、举办座谈会、爱国卫生运动等多种形式进行庆祝，开展各类文艺活动共计40余场次，参与群众达3.5万余人。

【理论宣讲】 年内，全县宣讲工作已经形成以自治区级基层宣讲员为宣讲骨干，领导干部带头讲、区市宣讲团示范讲、县级宣讲团巡回讲、乡(镇)宣讲团广泛讲的全方位宣讲模式。

年内，围绕纪念西藏民主改革63周年，县委书记姚俊亮带头宣讲，26名县级领导到基层开展宣讲，主动邀请区市宣讲团开展2场专题宣讲，组织理论政策宣讲志愿服务队分赴各乡（镇）开展“歌颂新时代、珍惜新生活”主题巡回宣讲5场，各乡（镇）组建本级宣讲团开展相关宣讲29场次，全县累计开展相关宣讲130余场次，受众2万余人次；动员组织当雄县各级宣讲员，围绕中共十九届六中全会精神、区市县第十次党代会精神等深入开展宣讲，发放各类宣讲提纲800余份，开展巡回宣讲活动300余场次，受惠群众达2.5万余人次；围绕学习宣传中共二十大精神和区市十届三次全会精神，县委高位部署学习宣传贯彻中共二十大精神系列工作，系统安排部署当前和今后一个时期学习宣传贯彻中共二十大精神的各项工作，对宣讲工作做进一步的细化安排，形成宣讲工作的“时间表”“路线图”，成立以县委书记姚俊亮为团长的县宣讲团，宣讲团下设由县委常委、宣传部部长任团长的1个县巡回宣讲团、“四联四包”联系点领导任团长的8个乡镇宣讲分团和各分管领导任团长的5个行业系统宣讲分团，宣讲团吸纳领导干部、退休干部、相关部门骨干力量、党校讲师和自治区优秀基层宣讲员充分参与。县巡回宣讲团除党员干部外还吸纳11名优秀自治区级基层宣讲员，通过交叉方式开展异地宣讲，促进相互取经。同时，将宣讲工作作为学习宣传贯彻中共二十大精神的基础性工作，认真落实。突出“三个注重”，抓好大宣讲大培训。注重分类，开展全员培训。举办“当雄县中共二十大精神基层宣讲员培训班”，对宣讲员开展宣讲培训，进一步提高广大宣讲员宣讲能力水平。印发宣讲资料。积极发放《党的二十大精神宣讲提纲》（党员干部版）（基层群众办）等辅助宣讲资料，并下发各类辅导学习资料300余本。

2022年5月24日，当雄县召开新时代文明实践工作推进会议

根据疫情防控形势，统筹线上线下同推进，邀请专家线上授课1次，组织各领域参加上级线上授课5次，发动“多重力量”开展理论大宣讲。领导干部示范讲。结合“四联四包”工作机制，落实县级领导包点宣讲责任和各级党组织书记带头宣讲责任。

县巡回宣讲团和各分团到乡（镇）、村（居）、寺庙、企业和机关单位开展集中宣讲。各行业系统和广大基层宣讲员全面深入基层、面向职工、面向群众，开展分众化、对象化、互动化宣讲，用接地气、有温度、大白话的形式把中共二十大精神送到群众身边。网络媒体互动讲。积极在县融媒平台上刊播、推送中共二十大精神宣讲提纲（藏语和汉语）微音频；县委宣传部和县融媒体中心创新推出短平快音视频宣讲作品，大力开展中共二十大精神网上宣传宣讲。

【文化活动】 年内，当雄县文明委深入贯彻落实党中央关于弘扬中华传统文化、建设中华民族共有精神家园的战略部署，依托新时代文明实践中心（所、站），充分发挥县艺术团、各建制村文艺演出队积极作用，以“文艺＋宣传”的形式，将社会主义核心价值观注入群众生产生活，进一步铸牢中华民族共同体意识。以弘扬传统文化，丰富群众文化生活，淡化宗教消极影响为出发点，将引导群众牢固树立社会主义核心价值观作为努力方向，全年各级文艺演出队围绕“喜迎二十大文艺下乡”“文化惠民”等各类主题，组织文艺演出活动220场，受惠群众6.8万余人次，组织群众代表66人参加“盛世中国、幸福西藏”合唱比赛并取得三等奖，组织《格桑花开》特别节目在当雄片区的海选工作，放映农牧区电影194场。

【意识形态工作】 年内，制定印发当雄县“扫黄打非”行动方案，进行统筹安排，利用“3·28”西藏百万农奴解放纪念日、清明节、“五一”国际劳动节等节点，围绕“扫黄打非”制度建设、文化经营规范等深入组织专项检查、联合检查。同时，加强网上舆情管理，设立举报电话，严格实行24小时值班制度，及时发现和处置各类违法违规有害信息，严厉打击相关谣言，澄清事实，以正视听。

【新时代文明实践】 年内，依托新时代文明实践中心（所、站）平台，以专题宣讲、座谈交流、“五下乡·四进社区”“文化惠民进万家”等活动，生动诠释社会主义核心价值观的深刻内涵，引导广大干部群众自觉践行社会主义核心价值观。在春节藏历新年、“3·28”西藏百万农奴解放纪念日等重大节点，组织开展文艺演出、主题宣讲、爱心慰问、先进表彰、趣味竞赛、升国旗、唱国歌等系列活动，让广大干部群众深刻明白惠在何处、惠从何来，坚定广大干部群众跟党走的信心和决心。发挥先进典型的引领作用，评选获得全国五好家庭1户、自治区五好文明家庭1户、自治区最美民族团结家庭1户、拉萨市新时代好少年1名、拉萨市级绿色家庭4户。

2022年11月30日，当雄县党的二十大精神基层宣讲员培训班开班仪式举行

充分发挥学校在未成年人思想道德建设中的主渠道、主阵地、主课堂作用，在全县各中小学校开展“做一个有道德的人”、“童心向党”、“老西藏精神”、学习先进人物等主题活动，注重广大青少年思想教育，深化立德树人工作，不断提升全县广大青少年爱国、爱党意识。根据自治区、拉萨市有关建设标准，加强乡村“复兴少年宫”建设的指导调研，举办当雄县乡村“复兴少年宫”揭授牌仪式并向辖区9所小学发放乡村“复兴少年宫”标识牌。

积极协调团县委、妇联、工会及民政等部门，充分调动志愿服务总队和各分队积极投身志愿服务活动。坚持每月向各乡（镇）、各单位制定印发本月新时代文明实践工作方案，进行工作提示，就志愿服务关爱行动、学雷锋全民志愿服务行动等制定专项工作方案，深入推动“老、中、小”等专项志愿服务工作，着力打造“文明实践在当雄”“心暖夕阳红”等志愿服务品牌。着力加强制度机制建设，在建立文明实践中心基本工作制度的基础上，进一步探索建立群众点单及评价反馈等工作制度。

（格松娜措）

【机构领导】

县委常委、宣传部部长

拉姆卓玛（女，藏族）

常务副部长

李　文　书

副部长

边　　贵（藏族，4月免）

格松娜措（女，藏族，5月任）

网评中心主任

琼　　琼（女，藏族，5月任）

统一战线

【概况】 2022年，为贯彻落实中央和区市县党委关于统一战线和民族宗教工作的各项决策部署，高举爱国主义和社会主义旗帜，坚持问题导向，着眼长治久安，着力在消除宗教消极影响上下功夫，以扎实举措推动宗教与社会主义社会相适应。

【"三个意识"教育活动】 年内，为深入贯彻落实区、市、县党委在宗教界深入开展"国家意识、公民意识、法治意识"教育动员部署会精神，帮助宣讲员更好地理顺工作思路、把握宣讲要求、提升理论水平，确保当雄县宗教界深入开展"三个意识"教育高起点谋划、高标准推动、高质量落实，通过培训进一步掌握宣讲重点、宣讲技能及要领和方法。结合宣讲实践高质量完成宣讲任务，确保全县宗教界"三个意识"教育宣讲工作有力、有序、有效深入开展。

当雄县根据寺庙区域分布情况，由县级宣讲员10名、干部宣讲员21名、宗教界宣讲员10名，组建2个宣讲组，各小组组长由县级领导担任，对每位成员进行明确的分工。当雄县宗教领域紧紧围绕增强宗教界人士的国家意识、公民意识、法治意识和"政治上靠得住、宗教上有造诣、品德上能服众、关键时起作用"的标准，紧紧围绕十一项重点任务，深入开展宣讲教育，进一步加强思想政治引领，教育引导宗教界人士切实增强国家意识、公民意识、法治意识，牢固树立"国大于教、国法大于教规、教民首先是公民"的观念。

当雄县宗教界开展线下集中宣讲75场次，其中自治区4场次，拉萨市9场次，当雄县21场次，各寺庙机构43场次，受众7680人次；开展线上宣讲24场次，受众2880人次；累计谈心谈话（寺管会僧尼成员）256人次。

【宗教事务管理】 年内，当雄县宗教领域以纵深推进"三个意识"教育和常态化开展"遵行四条标准、争做先进僧尼"教育实践活动为有效载体，因寺制宜、因人施教，贴近寺庙、贴近僧尼，以僧众喜闻乐见的方式，组织动员涉宗领域各党组织认真学习"三个意识"教育十一项专题内容、中共二十大精神、习近平总书记关于统战民族宗教工作重要论述、中央第七次西藏工作座谈会精神、党的宗教工作方针政策。积极参加上级部门及县级组织的各项培训班及宣讲会，进一步提高涉宗干部综合素质。截至年底，当雄县宗教界开展线下集中宣讲74场次，其中自治区4场次、拉萨市8场次、当雄县20场次、各寺庙机构42场次，受众7680人次；开展线上宣讲24场次，受众2880人次；开展累计谈心谈话（寺管会僧尼成员）256人次。

年内，严格按照宗教领域"三不增加"要求、自治区"五个实施意见"，管理县域宗教活动场所修缮、新吸收僧尼、宗教佛事活动，全年未发生一起寺庙未批先建、超额吸收僧尼、违法举办宗教活动事件。严守政策底线，确保自身部门不滥建乱招乱办。持续推进藏传佛教中国化方向，全面贯彻落实党的宗教工作基本方针、政策，建立健全寺庙管理长效机制，积极引导藏传佛教与社会主义社会相适应。

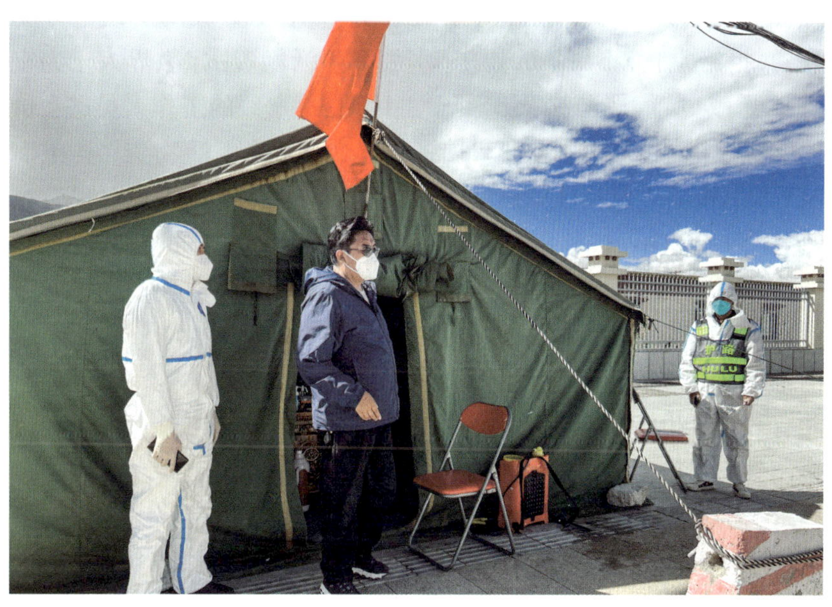

2022年8月24日，县委常委、统战部部长格琼（中）督导检查新冠疫情防控工作

【新冠疫情防控】 年内，全县宗教领域严格按照区市县党委、政府应对新冠疫情防控工作统一安排，切实扛起全县宗教领域疫情防控责任，坚决打赢疫情防控歼灭战。

当雄县宗教领域在县委、县政府坚强领导下，迅速进入战时状态，全面落实“外防输入、内防反弹”总策略和“动态清零”总方针，结合当雄县宗教领域实际制订应急预案。当雄县迅速成立当雄县宗教领域新冠疫情防控应急工作领导小组。下设办公室、应急处置组、僧尼教育引导组、督导检查组等小组，全面压实“四方责任”，加强落实宗教领域疫情防控责任。全县涉宗干部和寺庙僧尼齐心协力，众志成城，取得当前全县宗教领域“无疫寺庙”的重大成果，为下一步实现全县动态清零、疫情防控阻击战、歼灭战的完胜奠定了坚实基础。严格落实“三个暂停”措施，严格执行“足不出户”，错峰取餐，拒绝堂食，不聚集的要求，科学佩戴口罩，严防聚集，严防扎堆管控措施。继续严防“外防输入”总策略。坚持区外就地不回，区内原地不放，从源头阻断疫情，严防“输入性”隐患。加强物资供应和储备，粮油菜肉蛋等生活物资货源充裕、价格稳定，能有效满足生活需求。同时积极协调县物资保障组及时发放防疫物资，为这场防控阻击战提供充足的生活和防疫物资；涉宗干部坚持每日对寺庙大殿、经堂、食堂、僧舍、文物区域、公共厕所等重点区域加强消杀消毒力度。严格执行24小时值班带班制度。

2022年8月4日，当雄县宗教领域举行以“喜迎中共二十大 争做新时代四好僧尼，牢固树立‘三个意识’，奋力争创全国民族团结进步示范县”为主题的国家通用语言演讲比赛

广大人民群众、社会各界爱心人士、爱心企业纷纷伸出援手，以同舟共济、共克时艰的家国情怀，支援防疫物资，用爱心架起疫情防控的“连心桥”。当雄县康玛寺通过僧人募捐和寺庙筹集为县8个乡镇、16个部门的一线防疫人员和辖区牧民群众，捐赠价值18万元的防疫医疗物资和生活物资；宗教界人士为宁中乡奋战一线的工作人员送去价值4200元的生活物资；县工商联号召各会员企业及全县民营企业积极投入疫情防控工作当中。截至年底，共计捐款捐物120万余元。

【民族团结创建工作】 年内，依据《西藏自治区民族团结进步模范区创建规划（2021—2025年）》，制定《当雄县贯彻落实〈西藏自治区民族团结进步模范区创建规划（2021—2025年）〉的实施方案》，申请创建工作经费100万元，用于民族团结创建各项工作。组织召开2022年当雄县民族团结进步表彰大会，表彰三年来各行各业各条战线涌现出来的7家模范集体、8个模范个人、1户模范家庭。

年内，当雄县宗教领域结合“三个意识”教育活动以“喜迎党的二十大 争做新时代四好僧尼，牢固树立‘三个意识’，奋力争创全国民族团结进步示范县”为主题，开展国家通用语言演讲比赛。通过此次活动，进一步增强了僧尼爱国意识，进一步明白普及国家通用语言的重要性；组织骨干宣讲员到当雄县中学开展“民族团结进步模范区创建进校园”活动。

【党外人士思想政治教育】 年内，紧密结合分管工作，教育引导、搭建平台、创新载体、找准抓手，加强对广大统一战线人士的宣传教育，不断壮大当雄县党外

2022年5月19日，当雄县工商联召开第三届执行委员会第一次会议

人士队伍，切实把他们的智慧和力量凝聚到当雄县各项工作任务上来，形成强大合力，发挥统一战线重要法宝作用。

【工商联工作】 年内，3 名党员转正、吸收积极分子 8 名；各党支部组织开展党史专题学习 16 场次、书记讲党课 8 次，重温入党誓词 4 场次、西藏时代实业有限公司党支部、西藏冰川矿泉水有限公司党支部、当雄县小个专党支部等部分会员企业党支部，组织党员参观林周县党员党性教育基地；6 名党员参加区市业务部门举办的理想信念教育活动；34 名党员职工收看中共二十大开幕盛况，撰写心得体会 20 余篇，开展集中宣讲中共二十大精神报告会议 1 场，54 人参加。

进一步优化营商环境，畅通诉求渠道，打通政商沟通对接“最后一公里”。县民营经济领导小组召开专题会议，听取民营经济发展情况、存在的困难，梳理问题清单，安排职能部门做好对接，形成解决方案，及时帮助解决企业发展面临的困难。

年内，在县乡两级换届中，推荐 3 名民营经济人士为中共当雄县第十次代表大会代表，1 名民营经济人士为当雄县第十三届人大代表，9 名民营经济人士为政协第三届当雄县委员会委员。

年内，当雄县各企业家始终秉持“致富思源、富而思进”理念，积极参与社会公益、扶贫济困、捐资助学、慈善事业等，主动为群众办一批看得见、摸得着的实事、好事，为构建和谐社会贡献力量。按照党中央关于实现“共同富裕”的要求，截至年底，西藏时代建筑实业有限公司与当曲卡镇签订“万企兴万村”行动的相关协议，为巩固拓展全县脱贫攻坚成果，有效衔接乡村振兴战略贡献力量。截至年底，西藏时代建筑实业有限公司解决就业岗位 23 人，帮扶慰问 151685 元。自疫情发生以来，当雄县各民营经济人士积极投入疫情防控一线，进行志愿服务和捐资捐赠，为打赢抗疫做出积极的贡献。

年内，按照思想品质优、社会贡献大、公众形象好、参政议政能力强的要求，大力加强民营私有制经济代表人士队伍建设，尤其是对年轻一代企业家的教育培养，为全县统一战线事业发展奠定更加坚实的人才基础。依法选举产生新一届执行委员会委员，召开当雄县工商联（商会）三届一次执委会，选举产生当雄县工商联三届一次执委会主席、副主席、商会会长、副会长、秘书长，各项工作依法推进，代表依法履职，符合法定程序。认真开展“不忘初心、牢记使命”主题教育和“三新”大学习、大讨论活动及党史主题教育，改进作风狠抓落实工作等重要教育活动，驻会班子成员联系商会和企业家副主席（副会长）制度，有力促进工商联工作标准化、制度化、规范化建设。

（格　曲）

【机构领导】

县委常委、统战部部长

格　琼（藏族）

常务副部长

拉巴顿珠（藏族，6 月任）

县工商联主席

普　琼（藏族）

巡察工作

【概况】 2022 年，县委巡察工作

始终以习近平新时代中国特色社会主义思想为指导，全面贯彻落实中共十九大和中共二十大精神，贯彻落实习近平总书记关于巡视工作的重要论述和中央巡视工作方针，贯彻落实自治区党委和拉萨市委关于巡视巡察工作的新部署新要求新精神，围绕“三个聚焦”，不断深化政治巡察，认真发挥政治巡察党内综合监督作用，推动全面从严治党向纵深发展。

【坚守政治担当】 年内，县委坚持提高政治站位和政治觉悟，深刻领悟“两个确立”决定性意义，增强“四个意识”、坚定“四个自信”、做到“两个维护”，不断提高政治判断力、政治领悟力、政治执行力，坚定坚决维护党中央权威和集中统一领导。全面准确深入贯彻落实中共十九大和中共二十大精神，贯彻落实中央第七次西藏工作座谈会精神，深入贯彻落实区市县第十次党代会精神，聚焦“四件大事”，特别是“四个创建”、“四个走在前列”、当好“七个排头兵”重点工作任务，围绕“三个聚焦”，以政治巡察的实际成效，着力推动以整改促发展、实现自我革新，一体构建不敢腐、不能腐、不想腐的体制机制，不断厚植党在当雄的执政基础，增强人民群众获得感、幸福感、安全感。

【组织推动】 年内，坚持把巡察工作放在心上、抓在手上、扛在肩上，将巡察工作纳入党委重要议事日程，与各项工作同安排、同部署、同落实、同检查。年初研究制定《中共当雄县委员会巡察工作规划(2022—2026年)》，对十届县委巡察工作绘好“规划图”，制好“时间表”，为完成一届党委任期内巡察全覆盖奠定坚实基础；研究制定《中共当雄县委员会2022年巡察工作计划》，在与自治区党委巡视和市委巡察保持统一安排部署下，做到精准施策及步调一致，扎实推动县委巡察工作稳步前进。

【严格责任落实】 年内，县委严格落实巡察工作主体责任，始终将巡察工作作为一项重要政治任务来完成，不断健全巡察机构、配齐巡察人员、解决巡察经费、完善巡察机制工作。

年内，将巡视巡察内容作为重点进行专题学习，先后对重要巡视巡察文件作出指示批示11次，召开3次书记专题会、2次县委理论学习中心组学习会、7次县委常委会会议、9次县委巡察工作领导小组会议，全面深入学习贯彻党中央和区市党委关于巡视巡察工作的新部署新要求新精神，及时了解掌握中央和区市党委关于巡视巡察工作重要决策部署，扎实学出成效、学出质效，做到学以致用。复印《巡视巡察参考》《西藏巡视巡察》等刊物200余份，发放至全县巡察干部，不断扩大巡察学习覆盖面，着力提升巡察干部业务综合能力素质。

年内，县委书记坚持严格履行巡察工作“第一责任人”责任，安排部署、审签方案、听取巡察报告，对十届县委第二轮巡察工作开展情况进行实地调研摸底，提出明确工作要求及任务指令。县委巡察工作领导小组严格落实巡察工作组织实施责任，不断加强对巡察工作组织领导，修订完善《县委巡察工作领导小组职责分工》，巡察工作领导小组成员累计5次下沉巡察一线指导调研巡

2022年5月17日，县委书记、巡察工作领导小组组长姚俊亮（右二）到巡察一组指导工作

2022年6月8日，十届县委巡察工作领导小组第七次会议召开

察工作。县委巡察机构5次向市委巡察工作领导小组请示汇报工作，3次向县委常委会提交巡察工作议题，坚持认真贯彻书记专题会议决策部署，严格履行统筹协调、指导督导、服务保障职责。

年内，县委充分考虑巡察实际，增加巡察专项经费预算，决定每年为巡察工作提供36万元专项经费，为巡察办配备驾驶员和公车。

【政治巡察】 5月5日，全面启动十届县委第二轮巡察，组建3个巡察组，分别对县人大办、县政协办、县农业农村局、县自然资源局、县经济和信息化局、县市场监督管理局、县退役军人事务局、团县委、县总工会、县妇联、县纳念管理局等11家单位党组织开展常规巡察，发现"三个聚焦"方面问题共149个，发现立行立改问题29个，发现上轮巡察未整改问题3个，发现问题线索2件2人。

8月，组建2个监督检查组对县公安局、教育局、医保局、发改委、文旅局、交通局、水利局、民政局、人社局、应急管理局、司法局、卫健委等12个县政府重点单位开展监督检查，坚持以本行业领域工作为监督重点，采取查阅资料、谈心谈话、实地查看等方式开展监督检查。

【巡察整改监督】 年内，坚持做实巡察"后半篇文章"，把巡察整改融入日常工作，以巡察工作开展推动以巡促改、以巡促建、以巡促治。

十届县委第二轮巡察结束，县委巡察组在向被巡察单位党组织反馈巡察意见的同时，同步以书面形式将反馈意见抄送分管县级领导、纪委监委、组织部及行业主管部门，明确整改的政治要求、时限规定、工作任务、工作方法和责任传递，推动日常监督部门和行业主管部门履行好监督职责，构建合力抓整改的工作格局。

建立纪检监察、组织部门和行业相关部门对巡察整改情况定期督查督办制度，把督促巡察整改落实作为纪检监察、组织部门和行业相关部门日常监督的重要内容，交接好巡察整改监督的"接力棒"。年内，纪委监委、组织部门多次对十届县委第二轮巡察整改进行定期督查督办，巡察围绕"三个聚焦"方面内容共反馈问题149条，截至检查组入驻，共完成整改115条。

坚持落实巡察整改书记专题会督办机制，明确整改主体责任和监督责任，将"多股绳"拧成"一股劲"，抓好整改合力。对巡察发现的问题进行全面研究、分类施策，充分发挥各级党组织、各职能部门巡察整改合力作用，推动问题整改不走过场，督促被巡察单位和相关部门建立健全机制。

【健全规章制度】 年内，县委及巡察工作领导小组始终把巡察基础建设作为一项长期任务抓，把规范化发展作为推动县级巡察高质量发展的关键环节，在硬件保障、制度机制、巡察队伍上下足功夫，着力补短板、强弱项、提质量，把建立、运用、完善制度作为制度建设的基本工作路线，做好组织建设制度的"立、改、废、释"文章，从工作规则、日常管理、业务流程、巡察方式等方面认真研究和分析工作中存在的难点和困难。

年内，制定出台中共当雄县委员会《关于进一步加强和规范抽调优秀干部参加巡察工作的方案》《当雄县委巡察整改监督检查操作指引》等2项规章制度，让

2022年7月10日，十届县委巡察工作领导小组第八次会议召开

优秀干部在巡察工作中得到实践锻炼。

【干部队伍建设】 年内，建立完善巡察组长库和巡察干部人才库。按照忠诚干净担当要求，从各乡（镇）和县直单位甄选出一批政治过硬、原则性强、素质较高的干部列入巡察人才库，其中巡察组长库7人，其中提拔重用1人，调整岗位3人；巡察干部人才库55人，其中提拔任用37人，为推进巡察队伍专职化提供坚实的后备保障。先后选派2人参加自治区、拉萨市巡视巡察机构培训和跟岗学习，不断提高巡察干部的综合素质。

坚持集中统一培训，先后2次举办巡察干部集中培训，累计受训干部30余人。始终教育和引导巡察干部按照“打铁必须自身硬”要求，将严守政治纪律和政治规矩摆在首位，将“守纪律、讲规矩”意识入脑入心，严格遵守中央八项规定精神及其实施细则规定，驰而不息纠治“四风”。

（赵晨旭）

【机构领导】

县委巡察办主任
　　旦增克珠（藏族）
县委巡察办副主任
　　赵　晨　旭
县委巡察一组组长
　　赵　江　波
县委巡察二组组长
　　李　磊　磊

党校工作

【概况】 中共当雄县委党校成立于2015年7月，县委直属正科级事业单位。有教职工7人，其中中级职称1人，初级职称5人，员级职称1人。

2022年，县委党校完善校区各项功能，各项制度逐步上墙落实，县委党校可同时容纳340人上课、200人就餐、100人住宿。学校现存各类图书1万余册。搬入新校区以来县委党校认真贯彻落实区市县党委、政府的决策部署，围绕中心工作、服务全县大局，完成各项培训工作。

【党员干部教育培训】 年内，共举办19个班次培训，参训学员1424人次。培训涉及乡（镇）及县直机关科级干部490余人次、环保专干40余人次、发展对象130余人次、驻村工作队90余人次、村（社区）干部180余人次、全县党员干部460余人次。以流动党校“送教下乡”形式到各乡（镇）、村（社区）宣讲中共二十大精神8次，涉及群众1000余人次。

6月7日，当雄县在学习贯彻中共十九届六中全会和区、市第十次党代会精神第六期培训班上县委书记姚俊亮进行授课，由县委副书记、党校校长胡思义主持。此外，先后邀请上级党校教师和上级单位专家20人次，邀请县直单位负责人、业务骨干政策熟悉者、先进典型，以及县委党校教师参与讲课60人次，充分利用既有资源，与县委组织部联合举办第一期“火石讲堂”，转变培训方式、强化培训效果，努力探索高质量的培训模式，实现培训量逐年增加、培训效果更佳的目的。

【自身建设】 年内，贯彻落实《中国共产党党校（行政学院）工作条例》，县委党校坚持党校姓党原则，加强党建工作。5月，改选支部书记，支部书记履新后，6月1日一经收悉县直机关工委同意改

2022年4月19日，当雄县学习贯彻中共十九届六中全会和区、市第十次党代会精神第二期培训班开班

选党校支部书记的批复，党校支部立即召开党员大会选举支部书记。常态化、制度化、规范化开展“三会一课”和主题党日等活动；坚持民主集中的组织原则，多次召开校务会，集思广益决策党校食堂承包、办公室采购等多个议题事项；多次召开党员大会开展支部学习，民主选举党代表，培养积极分子2名等。

年内，在科研资政方面持续发力，“当雄县生态环境保护研究”“流动党员管理和教育研究”2项课题成功申报拉萨市委党校的课题，不断提升党校整体办学水平。

年内，聚焦疫情防控，积极动员选派教职工9人参加一线抗疫，其中3人到拉萨参加抗疫，6人在县城参加抗疫，充分发挥党员先锋模范作用；积极响应县疫情办统筹安排，2次将党校作为疫情期间隔离点使用，全力配合县疫情防控工作。

（赤列朗杰）

【机构领导】

县委副书记、党校校长

胡思义

副校长

刘　明（5月免）

边巴卓嘎（女，藏族，5月任）

当雄县人民代表大会

综述

【概况】 2022年，当雄县人大常委会始终坚持高举中国特色社会主义伟大旗帜，深入学习贯彻习近平新时代中国特色社会主义思想、中央第七次西藏工作座谈会精神，深入贯彻落实中共十九大、十九届历次全会和中共二十大精神，深入贯彻落实中央、区市党委人大工作会议精神，区、市委十届三次党代会精神。学深悟透做实习近平法治思想、习近平总书记关于坚持和完善人民代表大会制度的重要思想，不断提高政治判断力、政治领悟力、政治执行力，增强"四个意识"、坚定"四个自信"、做到"两个维护"、捍卫"两个确立"。

按照习近平总书记"四个必须"基本要求，围绕县委"125"发展思路，锚定"四件大事""四个确保"，聚力"四个创建""四个走在前列"和当好"七个排头兵"的工作要求，充分发挥代表联系群众优势，全面履行法定职责，为经济社会平稳有序发展建言献策；积极配合、主动参与新冠疫情防控；坚持制度管人，做强理论武装，推动人大自身建设，不断迈出人大工作高质量发展的坚实步伐。

2022年，全县有乡级人大代表378人，县十三届人民代表大会代表141人，拉萨市第十二届人民代表大会代表31人，自治区第十二届人民代表大会代表4人。

【县十三届人大四次会议】 12月28—29日，当雄县第十三届人民代表大会第四次会议召开。会议应出席代表141人，实出席103人，符合法定人数。会议听取和审议当雄县人民政府工作报告，审查和批准当雄县人民政府关于2022年国民经济和社会发展计划执行情况与2023年国民经济和社会发展计划草案的报告；审查和审批当雄县人民政府关于2022年财政预算执行情况与2023年财政预算草案的报告；听取和审议当雄县人民代表大会常务委员会工作报告、当雄县人民法院工

2022年7月20日，当雄县十三届人大第八次常委会上新任命人员进行宪法宣誓

2022年5月9日，拉萨市人大调研组一行到当雄县调研人大工作开展情况

作报告、当雄县人民检察院工作报告，会议选举当雄县第十三届人大常委会委员4人。

会议经表决，通过《当雄县第十三届人民代表大会第四次会议关于政府工作报告的决议》《当雄县第十三届人民代表大会第四次会议关于当雄县2022年国民经济和社会发展计划执行情况与2023年国民经济和社会发展计划的决议》《当雄县第十三届人民代表大会第四次会议关于当雄县2022年财政预算执行情况和2023年财政预算的决议》《当雄县第十三届人民代表大会第四次会议关于当雄县人民代表大会常务委员会工作报告的决议》《当雄县第十三届人民代表大会第四次会议关于当雄县人民法院工作报告的决议》《当雄县第十三届人民代表大会第四次会议关于当雄县人民检察院工作报告的决议》。

【理论武装】 年内，围绕学习宣传贯彻中共二十大精神这个中心任务，制订并认真落实人大常委会党组理论学习中心组学习计划，实施12个主题和专题学习，开展集中学习9次，党组成员以普通党员身份参加人大常委会机关党支部集中学习11次，组织大学习大研讨活动1次，党组成员“上讲台”宣讲8次，撰写心得体会14篇。

【落实县委决策部署】 3月，全体党组成员开展大接访办实事活动，分别蹲点当曲卡镇、宁中乡、龙仁乡、乌玛塘乡，了解掌握新冠疫情防控、维稳值班、疫苗接种、矛盾纠纷隐患排查等，人均蹲点26天，宣讲82场次，参加群众6000余人次，共收集群众关心关注急需办理的实事64件，撰写反映民生民情调研报告5篇；深入开展“四联四包”和“四大活动”，党组成员到包联乡镇蹲点开展大宣讲大调研大排查大落实活动累计34天，到800余户开展入户宣讲调研排查，撰写总体调研报告1篇、村级情况报告4篇。

【新冠疫情防控】 年内，紧密配合市、县新冠疫情防控，人大系统干部职工、人大代表坚守防控一线，除正常休假人员以外，均参与志愿服务，累计参与志愿服务队伍3批次，党组成员带头全程参与，累计近2万人次参与疫情防控，县、乡人大系统干部职工为全县打赢打好疫情防控攻坚战，做出了积极努力。

【执法检查】 年内，共开展环境保护法执法检查2次，针对人大代表反映强烈的环境整治问题，组织区市县乡四级人大代表40余人，监督县城及周边、宁中乡环境整治。

【组织代表视察调研】 年内，针对群众反映强烈的供电用电情况，县人大常委会办公室牵头，各乡镇人大主席团、各职能部门联合开展为期1个月专题调研，举办专题座谈会5次，抽样调查2个乡镇、4个职能部门，发现线路老化、电价收费、技术服务等问题；组织各级代表视察调研学校食品安全1次，21名代表参加，开展专项咨询活动1次。

【审议专项工作报告】 年内，召开当雄县十三届人民代表大会第三次会议，听取和审议县人大、政府、计划、财政、法院、检察院工作报告，并形成决议，完成各项会议议程。

11月9日，召开当雄县十三届人大常委会第9次会议，听取审议“一府一委两院”、环保部门半年工作报告。

【依法行使人事任免权】 年内，共依法接受7名县级人大代表、4名人大常委会委员辞去原职务的申请，免去人大、政府、监委、法院直属部门负责人职务19名，任命政府副县长3名，任命人大、政府、监委、法院直属部门负责人17名，举行宪法宣誓2次，充分体现县委的人事安排意图。

【作风建设】 年内，根据地方组织法的规定，共召开人大常委会党组会议7次、人大常委会会议6次、主任会议12次，指导县人大常委会机关党支部理论武装事项，安排主题党日活动等，共开展主题党日活动4次、党组书记讲党课2次、专题民主生活会1次、机关党支部组织生活会1次。按照县委的工作部署和要求，深入推进“改进作风、狠抓落实”工作，切实做到边学习边研讨、边学习边落实。围绕“四查四问”和“八个抓落实”要求，按照县委“四查四问负面清单”，逐条查摆不足，查找工作短板，发现存在问题88条，已梳理并制定整改措施。截至年底，各问题已整改完毕。

【指导乡(镇)人大工作】 年内，指导各乡镇、村(居)“人大代表之家”日常工作，继续实施三种模式：组织机构实施“1+663”模式[即县、乡“人大代表之家”和村(居)“人大之家”均安排1名主要负责人负总责，县、乡“人大代表之家”安排了6名人大代表担任“六员”，村(居)“人大之家”安排3名人大代表统筹履行“六员”职责]，确定人员分工和职责；实施“1+3”模式[“1”为县人大常委会负总责；“3”分别为县人大常委会办公室抓指导、乡(镇)人大主席团抓落实、村居“人大之家”抓联络]，畅通县、乡对接沟通渠道；实施“975”模式[“9”为县“人大代表之家”除了已列出的管理制度、学习制度、接访(接待)制度、述职评议制度、走访联系制度等基本制度以外，新增加人大常委会党组成员结对联系制度、人大常委会党组成员“上讲台”制度、人大常委会委员接待选民制度、人大常委会委员联系乡镇制度；“7”为乡镇除已列出的“六项”制度以外，新增加人大主席团及成员联系村(居)制度；“5”为村居把“六项”基本制度中“接访制度”和“接待日制度”，整合为一项制度，调整为“接访制度”]，精简办事流程，提高办事效率。

2022年12月6日，当雄县人大常委会组织代表调研环保工作

【“代表之家”提档升级】 2月15—16日，县人大常委会党组成员到各自联系乡镇，指导人大主席团交叉验收两级“人大代表之家”提档升级工作，指出存在问题，提出改进措施，提出工作要求，指明整改方向。

【党风廉政建设】 年内，组织全体党员干部职工观看反腐倡廉宣传片《零容忍》，撰写心得体会7篇，收看《问政拉萨》栏目8期，自学区、市、县党委改进作风狠抓落实工作会议上的讲话精神以及自治区党委书记王君正在拉萨调研时的讲话精神等，开展党组书记、党支部书记谈心谈话2次，覆盖全体党员。

(韦祥余)

【机构领导】

党组书记、主任

边巴扎西(藏族)

副主任

张道顺

朗　嘎(藏族)

仁　青(藏族)

米玛旺堆(藏族)

办公室工作

【概况】 2022年，当雄县人大常委会办公室始终坚持高举中国特色社会主义伟大旗帜，深入学习贯彻习近平新时代中国特色社会主义思想，深入贯彻落实中共二十大精神，全面履行法定职责，积极参与新冠疫情防控。扎实履行服务发展、服务决策、服务落实的工作职责，完成既定的目标任务，有力保障县人大及其常委会依法履职。

【理论学习】 年内，根据县人大常委会党组理论学习中心组学习总体规划，制订并认真落实机关党支部学习计划，实施12个主题和专题学习，开展集中学习11次，党组党员以普通党员身份参加人大常委会机关党支部集中学习11次，组织大学习大研讨活动1次，支部成员宣讲8次，撰写心得体会14篇。

【谋划重点工作】 年内，坚持以县委第十次党代会精神为导向，紧紧围绕“125”发展思路，紧密结合加强和改进基层人大工作的具体实践，确定县人大常委会办公室全年工作重点，研究制定“十个一”工作模式，细化工作措施，明确代表视察、执法检查、专项询问等重点办法，在依法履行职责中，全力维护社会和谐稳定。

【人大换届“回头看”】 6月8—14日，人大常委会党组成员到乌玛塘乡郝如村、龙仁乡龙仁村、公塘乡甲根村和拉根村、宁中乡麦灵村，与村“两委”班子成员、驻村干部、下沉干部、党员代表及群众代表谈心谈话，了解掌握村（居）新换届班子运行情况、群众的意见建议、村集体经济发展等情况，掌握各村居存在的困难和问题，提出符合村居实际的意见建议，做好换届“回头看”工作。

2022年9月2日，当雄县人大常委会党组成员、副主任米玛旺堆（右一）到公塘乡甲根村慰问困难党员

【服务群众】 3月，按照县委、县人大常委会党组的安排，办公室成员到各乡（镇）开展大接访办实事活动，分别进驻蹲点当曲卡镇、宁中乡、龙仁乡、乌玛塘乡，了解掌握疫情防控、维稳值班、疫苗接种、矛盾纠纷隐患排查等，宣讲各类会议精神82场次，参加群众6000余人次，收集群众关心关注急需办理的实事64件，撰写反映民生民情调研报告5篇。

【“四联四包”】 年内，开展“四联四包”和“四大活动”。支部成员到各乡（镇）、村（居）开展大宣讲大调研大排查大落实活动，人均累计34天，开展入户宣讲调研排查800余户，撰写总体调研报告1篇、村级情况报告4篇。

【作风建设】 年内，不断改进作风狠抓落实，按照县委“四查四问负面清单”，逐条查摆不足，查找工作短板，切实做到边学习边研讨、边学习边落实。共发现存在问题88条，已梳理并制定整改措施。截至年底，各问题已整改完毕。

【“三会一课”】 年内，根据地方组织法的规定，配合县人大常委会各项工作，部分支部成员参加人大常委会党组会议7次，全体支部成员参与人大常委会会议5次、主任会议11次。截至年底，共开展主题党日活动4次、党支部书记讲党课2次、机关党支部组织生活会1次。

2022年11月25日，当雄县人大常委会办公室学习贯彻中共二十大精神专题研讨会召开

【新冠疫情防控】 年内，紧密配合市、县新冠疫情防控，人大系统干部职工均参与志愿服务，累计参与志愿服务队伍3批次，党组成员带头全程参与，累计近2万人次参与疫情防控，县、乡人大系统干部职工为全县打赢打好疫情防控攻坚战，做出了积极努力和大量工作。

【廉洁从政】 年内，组织办公室成员观看反腐倡廉宣传片《零容忍》，撰写心得体会7篇，收看《问政拉萨》栏目8期，开展党组书记、党支部书记谈心谈话2次，覆盖全体党员。

（韦祥余）

【机构领导】

主 任

刘光毅（9月免）

韦祥余（9月任）

副主任

央 宗（女，藏族）

当雄县人民政府

综述

【概况】 2022年，坚持以习近平新时代中国特色社会主义思想为指导，全面贯彻落实中共二十大和中央历次全会、中央第七次西藏工作座谈会精神，深入贯彻落实习近平总书记关于西藏工作的重要论述和新时代党的治藏方略，深入贯彻落实习近平总书记视察西藏重要讲话精神，认真贯彻落实自治区第十次党代会和区党委十届三次全会精神，认真贯彻落实拉萨市第十次党代会和市委十届四次全会精神，坚持稳中求进工作总基调，立足新发展阶段，完整准确全面贯彻新发展理念，主动服务和融入新发展格局，当雄县经济发展稳中有进、持续向好、民生事业持续改善、社会大局和谐稳定。

【新冠疫情防控】 年内，坚决贯彻落实区市党委、政府决策部署和工作要求，坚持“人民至上、生命至上”的工作理念，把疫情防控工作放在首位，本级财政共计投入1734.87万元，全力保障疫情防控工作，历时33天实现本土病例零新增。637名医护人员、党员干部和志愿者驰援拉萨市区抗击疫情、奋战一线，得到各方充分肯定。

【共克时艰稳经济】 年内，在疫情防控期间，组建稳经济工作专班，依靠专班力量积极高效应对经济增长面临的挑战，认真落实“疫情要防住、经济要稳住、发展要安全”的要求，稳经济措施落地见效，共发放一次性生活补贴、救助金220.13万元，全面有序推动复工复产，最大限度降低疫情对经济社会的影响。

【社会治理】 年内，常态化开展打击各类违法犯罪活动，开展“八五”普法宣传教育，宗教事务“三个不增加”持续落实，深入开展道路交通、矿山、建筑施工、食

2022年11月11日，县委书记姚俊亮（左四），县委副书记、县长图登佩杰（右三）一行到县公租房调研

2022年10月9日，县委副书记、县长图登佩杰（右五）一行看望慰问养护中心工作人员

品药品等领域排查整治和执法检查立案5起；查处各类交通违法行为5798起；矛盾纠纷有效化解，调处成功率95%。

【民生保障】 年内，认真落实区市党委"十大民生工程"，兜牢民生底线，不断补齐民生短板，持续增进民生福祉。资助在校大学生1583人，发放资金678.83万元，九年义务教育巩固率达97.39%以上，教育"五个100%"目标全面实现。城乡居民基本医疗保险参保率保持在95%以上，贫困人口参保率达到100%，基本养老保险参保率达到100%。应届高校毕业生就业率达99.02%以上。投入415.25万元解决全县8个乡（镇）10件民生实事。成立当雄县慈善协会，接收25个单位社会各界爱心企业（人士）捐款捐物175.77万元；发放临时救助等政策资金1078.15万元。严格落实退役军人优抚政策，兑现各项抚恤优待资金123.21万元。疫情期间为拉萨市保供牦牛肉25万千克，实现群众增收3100万余元。

【基础设施】 年内，推进实施500万元以上新（续）建项目62个，县医院传染病、各中小学职工周转房建设项目、高海拔供氧项目、县城管网升级改造等民生工程有序推进；老年人日间照料中心建成并投入使用；累计投入173.5万元，对27处农饮点进行维修养护和水质检测；累计投入165.6万元实施纳木湖乡高海拔农牧区试点推广热炕供暖项目；累计投入8468.5万元，修建防洪堤及灌溉渠；新建通信基站24个，全县基础设施不断完善。

【乡村振兴】 年内，制定防止返贫动态监测和帮扶机制方案，精准识别"三类人员"监测对象66户300人。实施推进乡村振兴补助资金项目14个，总投资1.67亿元。发展壮大集体经济攻坚行动，全县所有村（社区）集体经济收入均达10万元以上，达50万元以上8个，达100万元以上的5个。推进农牧民转移就业1.04万人次，转移就业劳务创收1.08亿元。乌玛塘乡巴嘎村、羊八井镇桑巴萨居委会"美丽乡村·幸福家园"建设项目已完成总工程量的65%。及时给全县脱贫群众和监测户兑现"十三五"时期产业分红资金3359万元。旅游景区及酒店宾馆共吸纳农牧民就业1659人次，实现农牧民增收770.9万元。

【发展潜力】 三次产业结构持续优化，以畜牧业为主的一产总产值逐年增长，以旅游服务业为主的三产占比提升至46%。研究出台当雄县招商引资"12条"激励政策，出台旅游招商激励办法。国有企业改革全面发力，推动实行集团化运作，剥离不良资产，减小行政岗位比重，增加营销前端力量，国有经济布局优化和结构调整取得实质性进展。完成生态红线保护研究等6个专题研究和县域规划主体成果数据库建设，清理县域闲置土地，分区进行规划，做好项目建设土地筹备，国土空间规划进一步增强。

【产业发展】 年内，产业发展有力推进，先后建成当雄净土牧场郭庆场试验田，当雄高原蓝牦牛产业基地，在区内外设立"有身份证"的牦牛肉销售点和体验店，与多个电商平台合作，实现线上线下销售,形成“育—产—销”完备的产业链条。依托水资源优势,在提升企业竞争力上持续用力,“7100”天然饮用水品牌影响力持续扩大,依托纳木错、念青唐古拉山、羊八井地热温泉等著名景区景点的天然优势,建成当雄县游客集散中心、康玛温泉度假村、行者·黑帐篷系列。在国有企业的基础上进一步做大做强优势产业,做精做细特色产业。

【文化旅游业】 成功申报县级非遗项目“格萨尔卓舞”、羊八井寺“酥油花”、“朵玛”为第六批拉萨市级非遗项目。县艺术团《啦啦·致富之路》荣获首届民间舞蹈大赛群星奖一等奖以及青稞飘香拉萨赛区总冠军、青稞飘香全区二等奖,《感党恩》荣获自治区小戏小品三等奖,为当雄县文化产业增光添色。截至年底,旅游收入共计880.44万元,接待区内外游客57661人次。旅游景区及酒店宾馆共吸纳农牧民就业1659人次,实现农牧民增收770.9万元。

【生态环境】 年内,全面落实河(湖)长制,整治河湖“四乱”等问题;全县已成功创建自治区生态文明建设示范县、乡、村18个,完成剩余5个乡(镇)的自治区生态文明建设示范乡(镇);完成中央第二轮生态环境保护督察转办案件12件及自治区、拉萨市专项督察整改问题14条,整改率100%;完成植树造林1.3万余株,地表水达标率、空气质量优良率均达到100%。全面推行林(草)长制,完成三级林长设置,实现全县8个乡(镇)28个村(居)包联全覆盖,落实林(草)长制改革资金100万元。

2022年1月28日,当雄县召开新冠肺炎疫情防控工作会议

【法治政府】 年内,完成“八五”普法宣传教育的规划制订工作。实施审计项目17个,提出审计建议176条,追缴资金128.14万元,挽回损失1160万余元,规范国有资产管理,涉及资金3579.36万元,向纪委监委和相关部门移交相关线索3条。加强统计法治建设,认真完成国家统计督察反馈问题整改,坚定不移防范和惩治统计造假、弄虚作假行为,切实提高统计数据质量。

自觉接受县人大及其常委会的法律监督、县政协的民主监督、社会监督和舆论监督。办理人大代表建议104件,办结率100%;政协委员全年收集提案21件,立案20件,提案办复率100%,委员对提案办理情况满意或基本满意率达100%。加大“四风”整治力度,切实为基层降压减负,县政府发文数量减少15%,政府作风建设和廉政建设进一步加强。

【党风廉政建设】 年内,始终把理想信念作为“总开关”,把政治立场作为“主心骨”,增强“四个意识”、坚定“四个自信”、做到“两个维护”。认真落实中央八项规定及其实施细则精神,严格执行党风廉政建设各项规定,持之以恒正风肃纪,毫不动摇拒腐反腐,一体推进不敢腐、不能腐、不想腐,全力营造清正廉洁、守戒有为的良好政治生态。

(德西措)

【机构领导】

县委副书记、县长

图登佩杰(藏族)

县委常务副书记、常务副县长

黄 子 民(北京援藏,8月免)

闫 涛(北京援藏,8月任)

县委常委、副县长

尹 正 岷

宁洪海（北京援藏，8月免）
戴 然（北京援藏，8月任）
多吉平措（藏族）

副县长

王庆国
陈 斌
扎西桑珠（藏族）
宋 赟
洛桑坚材（藏族）

办公室工作

【概况】 2022年，当雄县人民政府办公室坚持以习近平新时代中国特色社会主义思想为指导，以全面贯彻中共二十大精神和中央第七次西藏工作座谈会精神为主线，紧紧围绕县委、县政府中心工作，紧扣“125”发展思路，自觉服从和服务于全县经济社会发展大局，积极履行参谋助手职责，加强服务，改进作风，狠抓落实，保证政府工作的优质高效运转，为全县经济社会高质量发展发挥积极作用。

【参谋助手】 年内，紧扣县委、县政府工作重点，围绕影响经济社会发展的重大问题、社会热点难点，积极履行办公室中枢神经作用。

年内，参与各类经济、民生社会类调研15次，提出对策建议20余条，形成调研报告5份。持续优化办公室公文处理制度，进一步提高办文工作规范化、制度化、科学化水平。2022年向市政府提交各类报告10余份，含政府工作报告类、季度工作总结等。通过OA（办公自动化）系统上报拉萨市政务信息525期。全年共收文595份，办公室名义下发文件55份，严格公文印发，提高公文质量，发文数量稳中有降。全面推行办公OA系统，逐步实现无纸化办公。认真筹备，高水平组织各项会议的服务保障工作，2022年召开县政府党组会议、县政府专题会议、县政府常务会共计57次。整理起草县政府党组会议纪要15期、县政府专题会议纪要25期、县政府常务会纪要17期。

【新冠疫情防控】 年内，严格按照县委、县政府决策部署和工作要求，政府办公室（含行审局、信访办）前后有20余名志愿者驰援拉萨市、当雄县抗击疫情、奋战一线。在疫情防控期间，为全面贯彻落实区、市关于稳经济若干临时性措施工作，按照县委、县政府要求，政府办牵头组建稳经济工作专班，加强专班力量，积极高效应对经济增长面临的挑战，多次召开稳经济工作调度会议，走访市场主体、广泛调研，形成相关调研报告与全县产业发展导图，全面督促各部门发放一次性生活补贴、救助金220.13万元，稳经济各项措施落地见效。

【协调服务】 年内，对重大工作部署、阶段性中心工作、重点项目建设、重大活动认真组织，加强调度，多方协调，抓好落实，促进各方面工作相互衔接，形成合力。完成政府常务会议、县长办公会、专题会等各种会议服务工作。注重协调好领导班子与领导之间、领导与领导之间的关系，处理好政府与县委、人大、政协的关系，重视与县委办、人大办、政协办的沟通协调。充分发挥办公室的桥梁纽带作用，注重建立和培养工作协作关系，注重协调处理好县直部门之间、部门与乡（镇）、乡（镇）与乡（镇）间的关系。

【政务服务】 年内，为高效推动政

2022年4月10日，当雄县政府办党支部开展作风建设大讨论活动

务服务水平，持续推动平台一体化、服务标准化、办理便民化“三化”，当雄县开设38个窗口，有8个部门已进驻服务大厅，政务服务大厅入驻事项有907项，按照“应进必进”的要求，加大部门入驻率。

建立乡（镇）便民服务大厅和村级党群服务中心，政务外网覆盖率达100%。年内，县、乡、村三级政务中心共受理行政审批事项374151件，按时办结率100%；受理便民服务事项3027件，办结率100%。积极引导企业和群众通过一体化政务服务网注册办理事项，西藏自治区政务服务网累计注册用户67000余人，同时推进平台办件和电子证照签发，2022年电子证照累计平台数据录入165952条，已签发存档43596条。

年内，当雄县“12345”热线平台共受理274个工单，办结率达到100%。

【信访接待】 年内，坚持和落实县级领导干部接访制度，加强信访督办事件分析研判，深入排查化解矛盾纠纷，从源头预防和减少重大信访案件。

截至年底，共登记受理群众来信来访网上投诉事项80批（件）108人次，化解49批（件）76人次，未化解31批（件）32人次，办结率62%。涉及“双拖欠”类信访事项70件（批）93人次，涉及1154人，涉及资金2256.05万元。全年组织各单位、属地乡镇开展矛盾纠纷排查50余次，排查出矛盾纠纷问题16起，化解15起。在全县范围内开展领导干部“下基层大接访办实事”活动，全县32名县级领导干部累计下访384次，入户、宣讲、看望慰问及接待群众576批（件），并把矛盾化解在基层。

2022年6月7日，当雄县政府办公室与县经济和信息化局开展“比学赶帮超”共建结对帮扶活动

【后勤保障】 年内，加强后勤保障，政府办严格执行国家制定的公务接待标准，不铺张浪费，认真遵守有关规定，对公务用车严格管理，对食堂用餐严格规范，对后勤财务严格审批把关，公务运行成本大大降低。在疫情时期，县政府机关食堂积极参与疫情一线的食堂保供任务，历经5个月保供10万余人次。增强办公室及后勤工作人员的服务意识，变被动服务为主动服务，不断提高服务能力和水平，后勤保障服务工作再上新台阶。

【理论学习】 年内，始终把学习作为办公室素质提升的重要途径，根据办公室工作实际，制订年度学习计划，进一步健全完善办公室日常学习制度，严格执行支部学习制度，鼓励党员以自学为主、集中学习为辅的形式开展学习，充分运用“学习强国”学习平台、各类微信公众号等载体，切实加强党员干部学习教育。坚持开展集中学习与自学相结合的理论、业务学习，有效提高干部的业务和理论水平。

【党风廉政建设】 年内，认真贯彻落实《关于新形势下党内政治生活的若干准则》，坚持“三会一课”、组织生活会等组织生活制度，规范记录组织生活会开展情况，每名党员积极主动在“中国农业银行”App上交纳党费。班子成员以身作则，把纪律挺在前面，责任放在肩上，严格遵守干部廉洁自律各项规定，着力增强党内政治生活的政治性、时代性、原则性和战斗性。干部职工始终坚持自重、自省、自警、自励，从严规范自身言行，时刻与党的纪律要求保持一致。注重自身形象，严守党的纪律，严格依法办事，着力打造清正廉洁的干部队伍。

（德西措）

【机构领导】

主　任

钱 立 坤

副主任

次仁德吉（女，藏族）

丁 正 策（9月任）

德 西 措（女，藏族，5月任）

应急管理

【概况】 2022年，当雄县应急管理局行政编制6人（科级干部6人），有在职人员8人、党员7人，其中，行政干部6人（四级调研员1人、正科1人、副科2人、四级主任科员2人），工人2人。

【事故情况】 年内，全县共发生各类事故338起（336起道路交通事故、1起非煤矿山事故、1起建筑施工事故），其中死亡事故5起，死亡5人，造成经济损失274.3万元；伤人事故14起（适用简易程序10起、一般程序4起），造成经济损失38.63万元；简易事故319起，造成经济损失124.43万元。

【党建工作】 年内，切实做到党建工作与业务工作、党风廉政建设工作、意识形态工作同计划、同部署，要求支部学习和个人学习必须严格按照学习计划的目标任务完成，切实做到年初有安排；年中，通过个人学习笔记、读书笔记检查，交心、谈心等多种形式，对党建工作落实情况进行检查，支部督促个人，个人监督支部，切实做到年中有检查；年末，通过专门召开支部党员大会等，对本年度党建工作开展情况进行回顾，查找存在的问题并讨论今后党建工作的具体措施，切实做到年末有总结。

【理论学习】 年内，组织开展12次理论学习中心组学习会进行集中学习，开展党员志愿服务活动11次，讲革命故事课1次，专题学习中共二十大精神4场次，撰写心得体会3次。同时依托“学习强国”学习平台，明确全局党员每日在“学习强国”学习平台开展自学，不断巩固学习效果，切实提高自身政治素养，坚定理想信念，厘清工作思路。

【党风廉政建设】 年内，当雄县应急管理局领导班子坚持把党风党纪教育和警示教育作为干部教育的一项重要内容，列入局党委理论学习中心组学习内容进行落实。定期组织干部职工学习上级关于党风廉政建设和反腐败的文件和规定。2022年观看反腐倡廉宣教片3场次，通过警示教育，提高思想认识，加强纪律执行，让反腐倡廉入心入脑，时刻筑牢全体干部职工拒腐防变能力。

【落实安全生产责任】 年内，政府主要领导主持召开全县安全生产工作会议4次，对全县安全生产工作进行安排部署。印发《当雄县安全生产大检查工作方案》等一系列方案和通知，并在全县范围内组织开展安全生产大检查、安全生产集中整治、县域安全生产督导等活动；组织相关成员部门及有关企业参加专题视频会议共23次，认真学习领会国务院、

2022年11月14日，拉萨市应急管理局党委书记米玛次仁（左一）一行到当雄县督导检查安全生产工作

2022年5月29日，当雄县召开2022年安全生产月活动启动会

区市关于安全生产方面的各项决策部署。

【安全生产集中整治】 年内，制定下发《当雄县关于再次开展中共二十大期间安全隐患大排查大整治工作的通知》，其间累计排查各类场所930余家次，发现隐患210余处，立行立改170余处，限期整改40余处。

深入推进《当雄县安全生产专项整治三年行动计划》，严格按照《当雄县安全生产专项整治三年行动计划》任务清单和完成时限开展各项工作，并建立问题隐患和制度措施“两个清单”。

【疫情防控期间物资调拨】 年内，先后向8个乡镇、各单位、各卡点紧急调拨物资数量总计达4694个，调拨物资种类18项，共下发调拨指令47个，保障全县各单位的抗疫物资需求。

【迎接国务院工作考核】 年内，组织召开当雄县迎接国务院安委会2021年度安全生产和消防工作考核巡查暨防灭火工作部署会，对迎考准备工作进行再安排、再部署。严格按照“考核细则”要求，先后开展台账资料审核、归档、建目录工作3次，督促重点行业主管部门资料审核4次。

【安全生产宣教活动】 年内，以“安全生产月和安全生产当雄行”“防灾减灾宣传周”“国际减灾日”等活动为契机，开展安全生产、应急管理相关宣传工作，全县共开展集中宣讲20次，设立咨询台32处，接受群众咨询和讲解1.2万余人次，发放宣传资料3.5万余份、宣传袋子1.2万余个、各种宣传物件6000余件，悬挂电子及实物横幅127处，开展专题应急演练9次，深入广泛宣传安全生产和消防知识，进一步提升全民安全防范和应急处置能力。

【安全生产日常检查】 年内，全县各领域共开展安全生产检查1939场（家）次，出动执法人员3701人次，发现隐患1349处，已整改1349处，下发执法文书1008份，行政处罚172.8万余元；道路交通方面出动警力9100人次，警车3200辆次，检查车辆10.54万辆次，查处各类交通违法行为5798起，罚款72.63万元。

【严格执法】 年内，共处理4起安全生产违法行为案件，对西藏圣峰矿业开发有限公司“未按规定开展安全生产教育和培训”违法行为，处6万元罚款；对西藏冰川矿泉水有限公司“安全生产许可证期满未办理延期手续，继续生产”行为处9.5万元罚款；对“6·6”建筑施工死亡瞒报事故进行事故调查，对事故发生单位罚款100万元，对企业负责人罚款7.2万元；对西藏华钰矿业股份有限公司拉屋分公司“7·26”机械伤害事故进行事故调查，对事故发生单位罚款30万元，对相关负责人给予撤职及8.3万元罚款。

（卫 东）

【机构领导】

局 长

高辉东

副局长

洛桑益西（藏族）

李 兵

消防救援

【概况】 2022年，当雄县消防救援大队深入开展“喜迎二十大，全力保安全”“牢记领袖训词，永做忠诚卫士”主题教育，带领全体指战员以强烈的责任感和使命感，狠抓思想政治教育、严格队伍管理、认真排查火灾风险隐患、加大消防宣传力度。

当雄县消防救援大队有指战员23人（干部6人、消防员12人、专职队员5人），消防车4辆，8吨泡沫水罐消防车1辆，12吨水罐泡沫消防车1辆、抢险救援车2辆，行政车2辆，多功能勤务保障车1辆，生活保障皮卡车1辆。

【灭火、救援情况】 年内，当雄县消防救援大队共接警灭火抢险救援任务30起，出动25次，出动消防车50辆次，消防人员240人次，抢救被困人员15人，疏散人员120人，抢救财产价值70余万元。

【思想政治教育】 年内，当雄县消防救援大队深入开展“喜迎二十大，全力保安全”“牢记领袖训词，永做忠诚卫士”主题教育，坚持以习近平新时代中国特色社会主义思想为指导，全面贯彻中共十九大和十九届历次全会精神、习近平总书记重要训词精神铸魂育人这个根本，紧贴核心职能和中共二十大召开、北京冬奥会和残奥会举办、队伍深化改革整合等重点任务，加强政治引领，深化理论武装，突出实践要求，教育激励消防救援人员坚定理想信念，弘扬伟大建党精神，坚决做到“对党忠诚、纪律严明、赴汤蹈火、竭诚为民”，进一步砥砺传承“忠诚奉献、志博高原，艰苦创业、顽强奋斗，勠力同心、勇攀高峰”的西藏消防精神品质，有效履行维护人民群众生命财产安全和社会稳定的职责使命，主题教育从5个专题、5个阶段开展，配套开展“六个一”思想政治工作摸底、文化作品展示、安保誓师大会、新时代爱国主义教育、“我为群众办实事”等活动。

【消防安全保卫任务】 年内，当雄县消防救援大队开展岗位练兵活动，完善各类预案20余份，组织、指导各类演练和拉动25次，开展道路水源和重点单位“六熟悉演练”（熟悉辖区交通道路、消防水源情况，熟悉消防安全重点单位数量、分类和分布情况，熟悉消防安全重点单位建筑物结构和使用情况，熟悉消防安全重点单位重点部位情况，熟悉消防安全重点单位内部消防设施和消防组织情况，熟悉辖区主要灾害事故类型和处置对策、基本程序）120次。

年内，当雄县消防救援大队在“两节”、两会、萨噶达瓦节、拉萨雪顿节等消防安全保卫任务期间，完成安保执勤任务，赢得县委、县政府的高度肯定。

【消防安全检查】 年内，当雄县消防救援大队按照支队及县委、县政府的统一部署，全力排查整治火灾隐患，严厉打击消防违法行为，切实提升社会面火灾防控能力。当雄县消防救援大队攻坚推动专项整治三年行动“巩固提升年”收尾。紧盯寺庙文物、易燃易爆、仓储物流、疫情防控等关系民生民安场所，落实属事、属地消防监管职责，实行分类化排查、差异化监管。集中开展“仓储物流”“村民自建房”“消防安全大检查”等专项整治行动。进一步推动辖区寺庙“七种新措施”活动，指导乡镇建立基层消防工作所，并建立常态化全员消防培训制度，落实入职必训、定期培训、转岗轮训等要求，增强火灾防范意识。进一步压实公安机关将消防工作纳入

2022年5月11日，当雄县消防救援大队指战员到县中心幼儿园开展消防培训

2022年11月17日，当雄县消防救援大队组织开展“119”九小场所消防安全演练

公安派出所日常工作及考评内容，实现对辖区所有公安派出所的消防业务指导全覆盖。截至年底，当雄县消防救援大队共检查单位850家次，其中大队与县各职能部门开展联合检查20余次。发现火灾隐患948处，督促整改火灾隐患948处，下发《责令改正通知书》723份。

【消防宣传】 年内，当雄县消防救援大队加大消防宣传力度，多次组织宣传人员到各乡镇、学校、寺庙、企业等场所进行消防常识宣传；利用“119”消防安全宣传月、“110”宣传日、防灾减灾月、安全生产月等活动时机，对当雄县展开全覆盖的消防安全宣传培训工作，共计开展消防安全宣传及培训68次，发放宣传资料4000余份，受训人员达5000人。

【后勤装备】 年内，当雄县消防救援大队争取装备建设经费41万余元，主要用于大队救援器材装备的采购及维护保养，为全年大队开展各项勤务及救援提供强有力的装备保障。

（吴九龙）

【机构领导】

大队长

达瓦次仁（藏族）

中国人民政治协商会议当雄县委员会

综述

【概况】 政协当雄县委员会成立于2012年5月7日，并于5月8日挂牌成立中国人民政治协商会议西藏自治区当雄县委员会，选举产生政协当雄县第一届委员会主席1名、副主席2名，选举产生常务委员11名。是中国人民政治协商会议的地方组织，在中共当雄县委员会领导下开展工作。政协当雄县委员会自成立以来，牢牢把握团结和民主两大主题，把坚持和发展中国特色社会主义作为巩固共同思想政治基础的主轴，完善协商议政格局，强化民主监督职责，广泛凝聚思想共识，在服务大局中主动融入，在推动发展中积极作为，在促进和谐中发挥优势，彰显中国特色社会主义制度的特色和优势，为当雄县长治久安和高质量发展做出积极贡献。

2022年，政协当雄县委员会委员名额100名(实有委员90名，机动名额10名)，共设6个界别：中共界、群团界、教体文卫界、工商界、农牧科技界、民族宗教界。其中主席1名，副主席4名(1名党外委员)，常务委员10名。

【政协三届三次全会】 12月26—28日，中国人民政治协商会议第三届当雄县委员会第三次会议召开。会议应到委员90人，实到57人，符合政协章程。会议听取和审议政协第三届当雄县委员会第三次会议常务委员会工作报告；听取和审议政协第三届当雄县委员会常务委员会关于三届二次会议以来提案工作情况的报告；列席当雄县人大十三届四次会议，听取讨论政府工作报告、“两院”报告及其他相关报告；审议通过政协第三届当雄县委员会提案委员会关于政协三届三次会议提案审查情况的报告；审议通过政协第三届当雄县委员会第三次会议关于常务委员会工作报告的决议；审议通过政协第三届当雄县

2022年7月14日，县政协党组书记、主席刘刚（中）到纳木湖乡纳木湖村检查指导“四联四包”工作

2022年9月3日，当雄县政协组织委员督查提案办理情况

委员会第三次会议政治决议；书面传达中共二十大精神，市委十届四次全会精神、市两会精神、县委十届五次全会精神。

【常务委员会】 12月20日，当雄县政协主席刘刚主持召开三届县政协常务委员会第四次会议。会议传达中共二十大精神、市委十届四次全会精神、市两会精神、县委十届五次全会精神。

12月25日，当雄县政协主席刘刚主持召开三届县政协常务委员会第五次会议，会议审议通过政协第三届当雄县委员会第三次会议常务委员会工作报告（草案）及报告人，审议通过政协第三届当雄县委员会常务委员会关于三届二次会议以来提案工作情况的报告（草案）及报告人，审议通过政协第三届当雄县委员会第三次会议议程、日程（草案），审议通过关于召开政协第三届当雄县委员会第三次会议的决议（草案）。

【新冠疫情防控】 年内，根据疫情防控督导分工，县政协班子成员第一时间赶赴包乡包村联系点，参与和指导检查疫情防控。36名政协机关党员干部、政协委员，立足本岗，奔赴基层，坚守抗疫一线、开展志愿服务工作。

工商经济界委员带动各驻县企业向抗疫一线捐赠口罩、防护服等价值45万元的防疫物资，发放蔬菜、水果、方便面、矿泉水等价值16万余元的生活物资，充分彰显政协委员勇担社会责任的风采。

【交流交往】 截至年底，共接待全国政协、区市政协、甘肃省政协、四川省政协等区内外政协考察交流团5批次、120余人次，进一步扩大县政协对外交流合作。组织委员参加区市政协工作经验交流会8人次，参加市政协提案撰写培训、外出观摩考察36人次。通过交流学习，开阔政协干部、委员视野，提高服务水平和能力。

【调研视察、培训】 年内，充分发挥政协人才荟萃、智力密集的优势，选准课题，精心组织，以全面建成小康社会的短板问题、经济社会发展的重要问题、人民群众普遍关心的实际问题作为重点调研、视察课题。注重调研视察过程，深入一线，沉到基层，采取实地查看、座谈讨论、文件查阅等方法，提出了有价值的建议，形成了

2022年12月28日，当雄县农牧科技界委员讨论提案工作报告

有分量的调研报告，为促进当雄县发展发挥了积极作用。

【三届三次会议提案工作情况报告摘要】 县政协将协商民主理念和协商工作方式贯穿于提案工作全过程。三届二次会议以来，共提出提案21件。及时召开提案交办会，按照归口管理、分级负责的原则，将21件提案，分别交给各个相关部门和单位归口承办。县政协提案委联合县综合督察室及有关提案人，采取多种方式进行提案督办，形成各承办单位积极承办提案的整体合力，确保办理工作落实落地，做到让政协委员满意、让人民群众受益。

截至年底，所有提案均向政协委员书面答复完毕，答复率100%，委员对提案办理情况满意或基本满意率达100%，提案落实率55.2%。提案工作呈现出“党委重视、政府支持、政协主动、部门配合”的良好氛围。

（索朗德吉）

【机构领导】

党组书记、主席

刘　　刚

党组副书记

格　　琼（藏族）

党组成员、副主席

李　　军

达瓦次仁（藏族）

索朗多吉（藏族）

副主席

洛桑塔克（藏族）

办公室工作

【概况】 当雄县政协办公室为正科级建制，编制3个。2022年，当雄县政协办公室深入贯彻落实中共十九大历次精神，扎实开展学习教育，围绕县委、县政府中心工作和县政协三届一次会议提出的目标任务，积极履行政协“三大职能”，充分发挥承上启下、保障、协调、沟通和参谋助手的作用。

【自身建设】 年内，当雄县政协办公室认真对照《行政机关公文处理办法》规定，对公文处理工作作了改进和完善，坚持严把“三关”，确保办文质量。

年内，严把起草关，严把审核关，严把收发关。当雄县政协办公室完成三届二次全体会议、常委会会议、党组会议、主席会议、半年协商座谈会和界别座谈会的组织筹备和服务工作，无论是会前的材料起草、会场上的服务保障工作，还是会后材料的收集整理等工作，都竭力做到细致周到，尽量为与会人员提供一个良好的环境，确保会议顺利召开。

【学习活动】 年内，坚持用习近平新时代中国特色社会主义思想统一思想、增进共识，通过坚持和完善以办公室例会、支部集中学习、“主题党日＋”为主要形式的学习制度，采取领读领学、互相交流、表态发言、现场教学等多种形式，将改进作风、狠抓落实活动贯彻始终，组织全体干部职工深入学习贯彻习近平新时代中国特色社会主义思想、习近平总书记关于加强和改进人民政协工作的重要思想、关于西藏工作重要指示精神和新时代党的治藏方略等，把习近平总书记的关心厚爱切实转换为做好政协工作的强大政治动力、思想动力、精神动力，为建设美丽幸福当雄、共圆伟大复兴梦

2022年12月18日，当雄县政协办公室人员在政协三届三次会议前夕安排会议筹备工作

2022年7月13日，当雄县政协机关党支部组织学习改进作风相关文件精神

想凝聚强大正能量。

【提案工作注重实效】 年内，当雄县政协办公室主要从选题引导、搭建知情平台、加强培训辅导和对提案严格审查把关等入手提高提案质量。县政协办在县政协三届二次会议期间，共提出提案21件，经审查立案20件，确定的提案经过整理、翻译、打印后，按照归口管理、分级负责的原则，将20件提案，分别交给相关部门和单位承办。

截至年底，交办的提案已办复20件，办复率为100%。委员对办理工作表示满意或基本满意率100%，提案落实率55.2%。为使提案办理工作真正落到实处，县政协办加强与承办单位的沟通、联系，及时督促有关部门组织力量把提案办理落到实处，并将提案办理情况及时答复委员、县政协办和县综合督察室。

【综合协调】 年内，当雄县政协办公室注重加强与县直部门的工作协调、协作，确保政协各项工作能够超前部署、超前实施、超前完成。坚持实事求是，求实创新，各项工作力争做到细致具体、务实高效。

【督办落实】 年内，无论是县委、县政府以及上级政协所交办的工作，还是县政协全体会议、常委会议和主席会议安排部署的工作都能做到尽心尽力、尽职尽责抓好督办落实，在工作中树立“马上就办”意识，保证政令畅通，确保时限，从没有出现拖延或敷衍塞责的现象。

（索朗德吉）

【机构领导】

主　任

旺丹次仁（藏族，5月免）

严　学　理（6月任）

副主任

白玛拉姆（女，藏族）

纪检·监察

综述

【概况】 2022年,当雄县纪委监委坚决贯彻习近平总书记关于党的自我革命战略思想,以迎接服务、宣传贯彻中共二十大为工作主线,以高效统筹疫情防控和经济社会发展为工作重点,认真履行协助职责和监督专责,稳妥推进正风肃纪、反腐惩恶,以纪检监察工作的高质量服务保障当雄发展的高质量。

【政治监督】 年内,始终坚持做实做细政治监督,建立政治监督清单式管理台账,推动政治监督具体化、常态化,把学习党史、中共二十大精神、习近平新时代中国特色社会主义思想作为贯彻全年的政治监督任务,严督实导确保各项决策部署落地生根。

年内,对全县各级党组织学习上级重大会议精神情况开展监督检查54次,督促立行立改问题2条,提出意见建议15条。结合实际制定出台《当雄县关于加强县属国有企业的监督实施意见(试行)》,强化关键领域的监督制约,对县属各国有企业"一把手"抓党风廉政建设情况开展廉政谈话5人次,开展监督检查5次,发现问题1条,约谈1人。紧扣疫情防控、维护稳定等领域的监督任务,开展疫情防控监督128次,监督单位600余家,发现问题200余个,处理疫情防控问题线索2条,组织处理3人。

动态更新干部廉政档案,严把党风廉政意见回复关。全面更新完善200余名科级干部成长廉政纪实档案,建立科级干部廉政档案"活页本",为党员干部精准"画像",全面建档市管干部廉政档案。2022年,回复党风廉政意见74批次1091人次,提出暂缓意见1人。

【从严治党】 年内,始终保持反腐败斗争高压态势,清醒认识反腐败斗争新形势新挑战,处置问题

2022年3月24日,县委常委、纪委书记、监委主任普布(中)主持召开中共当雄县第十届纪律检查委员会第二次全体会议预备会

2022年2月22日，县委常委、纪委书记、监委主任普布（右二）带队开展“一卡通”专项检查

线索49件，立案8件，收缴违纪资金61万余元，下达纪检监察建议书1份、纪律检查建议书1份、以案促改通知书1份。始终践行以案为鉴、以案促改、以案促治，深化拓展“后半篇文章”，针对移送案件背后的深层次问题进行深入剖析，并针对制度盲区和薄弱环节，督促相关部门完善采购管理办法、干部管理规定、财务管理办法等。同时，针对日常监督检查中发现的制度漏洞，督促完善制度10余项，切实加强制度约束，将权力关进制度的笼子。切实用身边人身边事开展同级同类警示教育，移送案件庭审过程中均组织同级同类型干部现场旁听，让身边人、身边事成为开展警示教育的“活教材”。通过系列措施，切实将案件查办、督促整改、建章立制、警示教育有效贯通，扎实做好审查调查“后半篇文章”。

【纠治“四风”】 年内，坚持改进作风狠抓落实，积极同县委作风办沟通协调，加强会风会纪监督检查，切实以小切口抓作风建设，联合县委组织部、统筹乡（镇）纪委，对各乡（镇）、县直各单位干部职工上下班及在岗情况开展突击检查，并将发现问题反馈至相关单位督促整改，增强干部职工纪律意识。精准纠治享乐主义、奢靡之风，以节前教育提醒、节中监督检查、节后严查快处严防“节日腐败”，按照逢节必提纪律要求的惯例，始终坚持严明纪律在前。

开展“四风”问题监督检查19次，检查单位122家次、娱乐场所19家次，处置违反中央八项规定精神问题线索4件，给予党纪处分2人次，岗位调整1人次。开展“私车公养”专项整治“回头看”工作，针对存在风险隐患问题的2家单位进行监督检查，约谈1人，并制发关于重申公务用车使用管理要求的通知，确保公务用车使用管理规范化。

【民生监督】 年内，围绕县乡两级纪检监察机关巩固拓展脱贫攻坚成果同乡村振兴有效衔接“10个紧盯”工作要求，开展过渡期专项监督，召开乡村振兴专项监督工作第一次例会，采用县乡纪委联动模式，对全县29个村（居）村集体“三资”使用管理情况进行一次“大排查”，充分发挥基层纪检监察机关监督保障执行，发现问题36个、问题线索5条；开展“一卡通”专项监督检查5次，发现立行立改问题2条，督促清退资金2.7万元，督促兑现拖欠农民工工资4万元；对辖区内粮食储备库和购销点开展监督检查11次，发现问题5条，督促完善制度3项，调查涉粮领域案件1起。

开展环保整改监督，根据中央对拉萨市第一轮生态环境保护督察反馈问题整改情况及第二轮中央生态环境保护督察组转办的12个案件整改情况进行实地监督检查，发现立行立改问题5条，与相关工作负责人谈话2人次，发现并督促整改问题1个，提出整改意见1条，已及时反馈至相关行业部门。

【政治巡察】 年内，履行职责使命，深化政治巡察，完成对9家党组织的常规巡察和12家政府领域相关单位的监督检查，共发现问题206条，移交问题线索2件。完善工作机制，健全规章制度，制定出台《中共当雄县委员会〈关于进一步加强和规范抽调优秀干部参加巡察工作的方案〉》《当雄县委巡察整改监督检查操作指

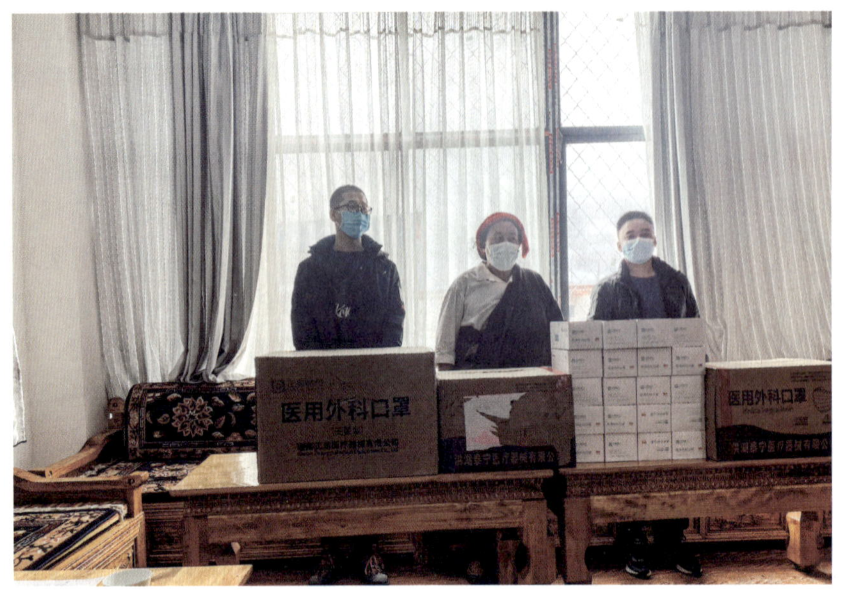

2022年9月22日，当雄县纪委监委工作人员一行到纳木湖乡恰嘎村为村民送去疫情防控物资

引》等2项规章制度。建立完善巡察组长库和巡察干部人才库，按照忠诚干净担当的要求，从各乡（镇）和县直单位甄选出一批政治过硬、原则性强、素质较高的干部列入巡察人才库，其中巡察组长库7人、巡察干部人才库54人，为推进巡察队伍专职化提供了坚实的后备保障。

自身建设

【党建工作】 年内，坚持把学习摆在重要位置，召开纪委常委会、监委委务会学习14场次，党支部学习26场次，交流研讨10场次，发言65人次；联合县委巡察办召开中共二十大精神专题学习会3场次，将18个相关文件资料汇编成册，原文传达学习；召开班子读书班学习会2场次，发言11人次。

年内，结合"四联四包"工作要求，委机关党支部积极与结对共建党组织纳木湖乡恰嘎村党委对接沟通，在疫情防控期间，为恰嘎村246户1124名群众送去2500千克糌粑及7000只口罩，切实将群众冷暖放在心上，落实在行动上。

【队伍建设】 年内，始终坚持将党建引领贯穿纪检监察工作各方面、全过程，坚持民主集中制，严格执行重大问题请示报告制度，完善县纪委常委工作议事规则；认真落实"三重一大""三会一课"等制度，严格干部"八小时以内"监管，紧盯"八小时以外"监督，摸清思想动态和底数，将"严"字落实在日常、抓在经常；制定委机关班子成员职责分工，切实做到以身作则、严管所辖、严负其责，形成"层层抓、层层管、层层负责"的工作格局，加强内部监督，坚决防止"灯下黑"，确保执纪执法权正确行使。

持续强化提升干部队伍业务能力，举办本级监督执纪问责业务培训班1期，受训42人；参加上级纪委培训和跟岗学习82人次。创新工作方式方法，按照就近结合、优势互补、便于协调原则，探索建立"1+1+2"联合协作模式，提升乡（镇）纪检监察干部业务能力；探索协作片区机制，实现乡（镇）纪委东西片区监督协作和机关专项监督相结合的监督"轮盘"。

（旦增平措）

【机构领导】

县委常委、纪委书记、监委主任
　　普　　布（藏族）

纪委副书记、监委副主任
　　韩 建 聪
　　贡觉次仁（藏族）

纪委常委、监委委员
　　黄 兴 勇（5月免）
　　王　　勇（5月任）

纪委常委
　　旦增克珠（藏族，5月任）

监委委员
　　吉米多吉（藏族）

人民团体

工会

【概况】 2022年,当雄县有工会组织70个,其中行政机关工会组织12个,乡镇工会组织8个,村(居)工会组织29个,寺管会工会组织4个,国有企业工会组织5个,非公有制企业工会组织12个,新增会员97人,实名制录入会员人数达4994人。

【党建工作】 年内,以党的六大建设、党风廉政建设为重点,以集体学习组织生活为抓手,加强单位党员的思想理论学习,提高做好党建的思想认识、行动自觉和工作能力。在提高理论认识、党性修养、政治素养的基础上,以“两个维护”为抓手,做好政治建设;以发展教育管理党员为抓手,做好组织建设;以改进作风狠抓落实年度重点工作为抓手,做好作风建设;以理论学习、警示教育和党性教育现场教学为抓手,做好纪律和党风廉政建设,同时,高度重视制度建设和执行,提高工作效率,保障公平正义。

【业务工作】 年内,当雄县总工会以维护社会稳定、促进长治久安为根本前提,依托学雷锋日、安全生产宣传月等节点,深入企业等,宣传党的路线方针政策、法律法规11次,发放《中国工会章程》、《中华人民共和国工会法》、《中华人民共和国劳动法》(藏语和汉语)等宣传手册970余份,受益职工群众840余人,组织干部职工志愿服务队在县域境内开展清除白色垃圾等活动3次。

年内,当雄县总工会组织干部职工参加各级各类业务及理论知识培训班12次,受训人员覆盖面已达到100%;依法维护女职工的合法权益和特殊利益;深入企业开展宣传活动的同时,督促企业及时与职工签订集体合同,保障职工的合法权益,为促进企业健康发展发挥积极作用。

年内,当雄县总工会积极与

2022年11月28日,当雄县总工会工作人员到纳木错实业有限公司宣讲中共二十大精神

2022年8月27日，当雄县总工会工作人员慰问公安干警

北京市东城区沟通协调争取到援建当雄县下属乌玛塘"集中供氧"点资金44.62万元。

【帮扶工作】 年内，秉持切实维护职工权益的原则，当雄县总工会组织开展集中慰问困难会员（发放扶贫产品）活动。对建立全总困难职工档案人员、拉萨市级困难职工档案人员、低收入工会会员334人，进行物资慰问，共投入资金10万元；开展节前慰问困难职工活动，对126名疫情防控一线医护人员、困难公安辅警、环卫工人、企业员工进行慰问，投入资金10.08万元；为保障公安民（辅）警会员身心健康、确保暖警惠警举措落到实处，当雄县总工会解决购置急救小药盒资金，为当雄县公安工会会员配发332个急救小药盒，投入资金23074元，确保在面对突发情况时做到心中有数、应对有方、急救有备；组织干部职工志愿服务队在服务困难群众、宣传国家相关政策的同时，对孤寡老人及残疾患者慰问2次，送去价值500元的大米、砖茶、粮油、水果；继续开展干部职工（会员）享受集体福利待遇工作，按照年初计划完成3次发放干部职工（会员）集体福利的目标。

【职工服务】 年内，联合县妇联开展以"中华民族一家亲、同心共迎二十大"为主题的"三八"女职工系列活动。开展以"民族团结一家亲，巾帼关爱暖人心"为主题的慰问活动，开展应知应会知识抢答活动及趣味比赛活动；邀请西藏防治艾滋病协会老师为参加活动的女职工们普及艾滋病知识等；联合团县委、县妇联开展"喜迎二十大、永远跟党走、奋进新征程"系列活动，庆祝西藏百万农奴解放63周年，升国旗、唱国歌、参观新旧西藏对比活动，加强民族团结、展现职工风采。

【经费收支管理】 年内，坚持把经费取之于职工，用之于职工，增强工会组织服务职工能力。截至年底，县级财政预算资金拨入505.56万元，收缴个人会费38.77万元（2019—2022年），已上缴市总工会202.22万元。

（边巴央宗）

【机构领导】

主　席

仁　青（藏族）

2022年11月29日，当雄县总工会工作人员到县城投公司指导工会工作

共青团

【概况】 2022年，共青团当雄县委员会始终坚持以习近平新时代中国特色社会主义思想为指导，深入学习贯彻中共十九大、二十大及中共十九届历次全会精神，学习贯彻习近平总书记关于西藏工作、青年工作、少先队工作的重要论述和新时代党的治藏方略，深入学习习近平总书记在庆祝中国共产主义青年团成立100周年大会上的重要讲话精神，深刻领悟“两个确立”的决定性意义，增强“四个意识”、坚定“四个自信”、做到“两个维护”，立足单位职能，坚决做好青年工作、少先队工作、作风建设等工作，始终在思想上政治上行动上同以习近平同志为核心的党中央保持高度一致，为实现中共二十大提出的目标任务而团结奋斗。

2022年，当雄县共有基层团组织85个，教育团工委1个，团委10个，其中，乡镇团委8个，中学团委1个，护路团委1个；团支部68个，其中学校领域共有团支部15个，村团支部29个，“两新”组织团支部9个，4个青年工作委员会。14—35周岁青少年17395人，团员1996名，团青比例为11.5%。团干部320名，其中专职团干部2名，兼职团干部318名。

【组织建设】 年内，坚持党的全面领导，始终以党的政治纲领为奋斗目标，以党的中心任务为神圣使命，团县委在县委、县政府的坚强领导下和在团市委的直接领导下，团结带领广大团员青年坚定不移听党话、跟党走，在各条战线不断发挥青年力量。

1月18日，团县委成员集体学习改进作风狠抓落实工作动员部署会精神，对区市县会议精神进行传达交流学习，进一步提高团县委成员政治意识和思想认识；1月25日，共青团当雄县委员会召开改进作风狠抓落实工作推进会，会议以电话视频方式召开，会议上成立以书记次仁卓嘎为组长的工作领导小组，常新明、任纪逸具体负责各项日常工作；2月7日，团县委书记对全区市县改进作风狠抓落实工作部署会议精神全面学习，并对团县委工作做了相应部署，具体提出思想意识怎样提高、作风怎么改、工作怎么落实、纪律怎样增强等工作事项。

年内，按照全面从严治党要求，团县委深入推进全面从严治团。严抓团组织的组织生活，严格落实“三会两制一课”制度，注重组织生活的思想性、政治性、规范性，组织全县各级团支部召开共青团“学习二十大、永远跟党走、奋进新征程”学习教育主题专题组织生活会；严格入团程序，把严格履行入团程序作为对新团员进行团员意识教育的重要内容，增强团员对组织的归属感、光荣感，努力使团员意识形成于入团前，升华在入团中，体现在入团后；同时，健全团员档案，实现“一人一档”，切实做好推优入党工作，不断为党组织输送新鲜血液，切实发挥共青团作为党的助手和后备军的作用。

年内，根据团中央组织部《2021—2022年“一专一站两联”建设工作指引》和团区委有关工作要求，11月，按照“区分层次、抓住重点、逐步推进”的原则，坚持目标导向和问题导向相统一，

2022年12月2日，当雄县“学习二十大　永远跟党走　奋进新征程”暨年轻干部座谈会召开

2022年7月6日，当雄县"喜迎二十大，争做好队员"暨"红领巾奖章"二星章颁章仪式

初步建成当雄县团代表联络站，切实确保团代表委员作用发挥到位。

年内，根据县委组织部关于公务员年度考核的要求，联合工会、妇联对团县委1名公务员进行年度考核。根据《大学生志愿服务西部计划服务西藏专项西部计划志愿者年度考核办法（试行）》，考核按照实事求是、客观公正、注重实绩的原则，对3名西部计划服务西藏专项志愿者进行2022年度考核。

【理论学习】 年内，团县委全体干部职工坚持以习近平新时代中国特色社会主义思想为指导，利用组织生活会、党支部学习会、专题学习会、"学习强国"学习平台、"青年大学习"等平台载体，深入学习中共十九大、中共十九届历次全会精神和中共二十大精神，经常学习新时代党的治藏方略，习近平总书记关于西藏工作、青年工作的重要论述，深入学习习近平总书记在庆祝中国共产主义青年团成立100周年大会上的重要讲话精神和区市县党委政府重要会议精神，切实做到入心入脑，用以武装头脑、指导实践。

根据《共青团中央办公厅关于实施青年马克思主义者培养工程西部计划专项和研究生支教团专项的通知》，团县委将2022年新到岗的3名西部计划志愿者全员纳入共青团中央"青年马克思主义者培养工程西部计划专项"，坚持线上与线下培训、集中培训与在岗分散培训、理论教育与实践锻炼、教育与自我教育相结合，切实为党和国家培养和输送一批具有忠诚的政治品格、浓厚的家国情怀、扎实的理论功底、突出的能力素质、丰富的基层工作经验、致力于服务西部基层的青年政治骨干；将乡镇团干部、各学校少先队辅导员同步纳入"青马工程"培训，不断提升团干部和少先队辅导员的素质能力。

年内，为深入学习贯彻中共二十大精神，截至年底，团县委组织干部职工、乡镇团干部、少先队辅导员参加各类中共二十大精神培训累计6场次41人次，为精准科学学习宣传贯彻中共二十大精神提供准确导向。

【思想建设】 5月10日，组织当雄县各级团组织、团县委成员、青少年等，统一在线观看学习习近平总书记庆祝共青团成立100周年大会上的讲话，参与人数达1200余人，积极引导当雄县青年干部、团员青年听党话、跟党走，增强做中国人的志气、骨气、底气，不负青春、不负韶华。

坚持新兴媒体与传统媒体相结合，拓宽宣传途径，一方面通过张贴宣传海报、发放宣传资料等开展《中华人民共和国未成年人保护法》《中华人民共和国预防青少年犯罪法》等法律宣传教育。

积极推动全县团员青年关注"青春当雄"微信公众号，并通过团委微信公众号设计"学习中共二十大精神""论作风建设"专栏，掀起二十大精神学习热潮，加强"青春当雄""红领巾爱学习"等共青团、少先队新媒体平台和刊物建设，加强新闻媒体对少先队的宣传报道力度。

【志愿服务】 年内，团县委组织开展16次志愿服务活动，将志愿服务的领域延展到便民利民、扶贫帮困、环境维护、宣传教育、文体娱乐、心理咨询、疫情防控等方面，不断发扬“奉献、友爱、互助、进步”志愿服务精神。为深入实施中长期青年发展规划，组织开展2022年寒假当雄县大学生“返家乡”社会实践活动，团县委征集曲桑、格列郎加、索朗宁扎等3名大学生志愿者在羊八井镇彩渠塘村成立“寒假托管班”，引导当雄县返乡大学生感受家乡变化、投身家乡建设、服务家乡发展、提高实践能力。

3月5日，共青团当雄县委员会同县妇联、县编译局联合开展新时代文明实践活动之“践行雷锋精神·弘扬时代新风”保护母亲河志愿服务活动，志愿者们拿着垃圾袋、手套等卫生工具，到当雄县当曲河河岸捡拾垃圾。

3月15日，为深入学习贯彻习近平总书记关于志愿服务的重要指示精神，贯彻落实团中央“喜迎二十大、永远跟党走、奋进新征程”主题教育实践活动部署，大力弘扬新时代雷锋精神和志愿者精神，积极参加县委宣传部牵头组织的集中宣传志愿服务活动，团县委副书记、青年志愿者向过往群众、青少年发放《中华人民共和国未成年人保护法》《中华人民共和国预防未成年人犯罪法》《预防新冠肺炎宣传册》《西藏自治区志愿服务条例》等宣传资料。

4月12日，在县委大院参加“共建美丽校园、切实担当作为”的主题党日植树活动，将市林业和草原局赠予的80棵油松树苗、从曲登居委会购买的黑土置于植树片区四隅。

5月5日，团县委积极参加由当雄县爱卫办牵头的爱国讲卫生综合整治活动，团县委干部职工在指定的卫生区域内开展卫生整治工作。

【新冠疫情防控】 年内，团县委依托疫情防控指挥部支援服务组多方式开展疫情志愿服务，共组建10支防疫志愿服务队。截至9月13日，当雄县组建10支防疫志愿服务队（当雄县1支、护路1支、各乡镇共计8支），已招募到920名实名志愿者（当雄县志愿服务队151人、当曲卡镇志愿服务队44人、羊八井镇志愿服务队101人、公塘乡志愿服务队91人、龙仁乡志愿服务队58人、乌玛塘乡志愿服务队77人、纳木湖乡志愿服务队102人、宁中乡志愿服务队132人、格达乡志愿服务队66人、护路志愿服务队98人），上岗志愿者人数累计已达到800余人；选派4名西部计划志愿者5人次参与支援拉萨抗击疫情志愿服务，选派2名西部计划志愿者参与酒店防疫志愿服务。

2022年3月17日，团县委发放“希望之星1+1 · 我在北京有个家”活动物资

【关爱青年】 年内，团县委始终坚持以服务青年为主线，以重点工作为基础，以特色工作为创新，带领全团切实增强“四个意识”、坚定“四个自信”、做到“两个维护”，组织动员广大团员青年积极投身城乡建设、民生福祉、社会治理、志愿服务、民族团结、预青工作等工作，全面拓展团的各项工作，不断开创当雄县共青团各项事业的新局面。3月28日，为纪念西藏百万农奴解放63周年，组织西部计划志愿者在农行门口开展“三月综治宣传月”宣传活动，活动中共发放未成年人保护法宣传海报、民族团结手册等150余份。

中考前夕，联合当雄县教育局到县中学开展“轻松备考·12355与你同行”中考减压主题心理讲座活动，发挥共青团服务联系青年的作用，助力青少年成长成才，帮助考生缓解心理压力和调试考前心态。

助力各乡镇团委在各乡镇学校开展青少年“模拟法庭”活动，各团组织带领青少年围绕“校园欺凌、校园贷款、打架冲突、偷窃”等方面进行模拟。

2月26日，团县委在当雄县农贸市场门口开展为期5天的宣传教育引导活动，向群众发放关于预防青少年违法犯罪、青少年保护法、维护妇女儿童合法权益和反对家庭暴力等知识手册，积极引导和动员广大人民群众参与社会治理。3月9日，团县委开展妇女青少年儿童合法权益宣传及自护教育志愿服务活动，向过往群众发放关于维护青少年合法权益的宣传手册，并结合《中华人民共和国未成年人保护法》《中华人民共和国预防未成年人犯罪法》等相关法律法规，让家长、青少年提高自我防范能力和自我防护意识等。3月15日，团县委积极参加县委宣传部牵头组织的集中宣传志愿服务活动，活动中，向过往群众、青少年发放《中华人民共和国未成年人保护法》《中华人民共和国预防未成年人犯罪法》《预防新冠肺炎宣传册》《西藏自治区志愿服务条例》等宣传手册。4月28日，组织开展“五四”青年节趣味运动会，参与活动青年干部80余人，发放活动奖品20份。6月13—28日，组织开展当雄县第十一届草原杯球赛，共计19支篮球队、16支足球队参赛。

2022年4月28日，当雄县举办“五四”青年节趣味运动会

【少工建设】 4月7日，团县委组织召开当雄县少工委主任会议。审议通过《关于调整中国少年先锋队当雄县工作委员会主任、副主任的决定》《关于中国少年先锋队拉萨市第三届工作委员会委员卸职递补的决定》《2021—2022年度“红领巾奖章”争章实施方案》，此次会议通过少先队3项重要决议，是指导少先队经常性工作的一次重要会议。

2月24日，开展校外实践活动，即小小红领巾“双减”伴我行——引领广大少先儿童健康成长，培育爱国主义情怀，铸牢中华民族共同体意识，组织当雄县40余名少先队员观看爱国主义教育片《长津湖之水门桥》，并发放由北京团市委捐赠的书籍。

3月16日，到全县5所小学开展由北京青少年发展基金会助学帮扶项目“希望之星1+1一家亲——我在北京有个家”物资发放活动，为50名困难学生发放零食和北京冬奥会纪念品各50份，帮助当雄县困难青少年顺利完成学业，关心关爱困难学生健康成长，同时减轻家庭经济负担，助力教育扶贫。

为深入贯彻落实习近平总书记关于烈士褒扬工作重要指示批示精神，根据团区委、团市委相关文件要求，全面推进当雄县少先队组织“喜迎二十大、永远跟党走、奋进新征程”主题教育实践活动，传承弘扬英烈事迹和精神，教育引导广大少先队员传承红色基因，铭记英雄烈士的牺牲和奉献，3月31日至4月5日，共青团当雄县委员会组织各中小学少先队员、西部计划志愿者开展“清明祭英烈”实践活动。

7月6日，在公塘乡中心小学举办2022年“希望工程1+1——幻方助学计划”助学金发放仪式，持续开展希望工程助学行动，助力脱贫攻坚和乡村振兴。

11月28日，组织全县10所中学学生、家长和老师观看“守护孩子人身安全、关注孩子身心健康”线上直播课堂，课程从人身安全、心理健康、学习能力等三个方面，全面阐述三位一体的家校协同教育模式，进一步提升了青少年的自我防护意识和能力。

为全面深入学习贯彻中共二十大精神，根据自治区少工委《西藏少先队关于全面深入学习宣传贯彻党的二十大精神的通知》要求，县少工委组织各学校少先队员积极参与“红领巾讲解员”大赛，鼓励少先队员参与红色革命故事、发展成就故事、民族团结故事、科学故事分享讲述，深刻了解中国共产党的百年征程和伟大业绩。县少工委共收到来自7所中小学的作品，最终择优向市少工委报送1部优秀作品和1名优秀“红领巾讲解员”。

6月1日，组织当雄县各学校开展“喜迎二十大，争做好队员”“六一”主题队日活动。活动主要举行庆“六一”文艺会演和新少先队员入队仪式，共分批入队新少先队员418人。当雄县少工委主任给新任少先队辅导员颁发聘任证书，共聘请新少先队辅导员10人。

（谢开锋）

【机构领导】

书　记

卓　　嘎（女，藏族，1月免）

次仁卓嘎（女，藏族，5月任）

副书记

次仁卓嘎（女，藏族，5月免）

谢 开 锋（12月任）

妇联

【概况】 2022年，当雄县共有38个妇联组织、1个县妇联、8个乡（镇）妇联、29个村（社区）妇联。认真学习贯彻中共十九大、中共十九届历次全会精神，紧紧围绕党政中心，服务大局，求真务实，积极履行组织妇女、引导妇女、服务妇女和维护妇女儿童合法权益的职责，努力把妇联建设成为党开展妇女工作的“坚强阵地”和“温暖之家”，在推进全县经济社会又好又快发展中充分发挥桥梁纽带作用，妇女工作实现了新发展。

【上级妇联开展关心关爱活动】 年内，自治区妇联委托当雄县妇联为县驻寺女干部发放关爱包。3月31日，当雄县妇联主席到多吉林寺、嘎洛寺、康玛寺看望女干部并为个人送去11份关爱包、为集体送去3份关爱包。

6月28日，开展由市人民政府妇女儿童工作委员会主办、县妇女儿童工作委员会协办、西藏星光社会工作服务中心承办的“护蕾行动”。西藏星光社会工作服务中心讲师以深入体验和尝试的方式，让参会人员画出“雨中的你”，并从心理学的角度讲解画中各个要素所象征的含义。引导作为家长和妇女儿童工作人员，密切关注自我情绪及孩子的心理变化，积极寻求解决问题的办法。

4月8日，当雄县妇联联合拉萨市妇联、县教体局，开展“家庭教育”进学校专题讲座。讲座邀请中国家庭教育指导师次达瓦老师授课。

6月13日，开展由市妇联主办、县纪委和县妇联协办的“推进家庭美德、弘扬时代新风尚”专题讲座，讲座围绕廉政家风、和美家风进行授课。

【法治宣传】 年内，以“三八维权周”“安全生产月”“综治宣传周”等活动节点为契机，在县人群密集点积极宣传党和政府关于妇女儿童工作的方针政策，通过采取

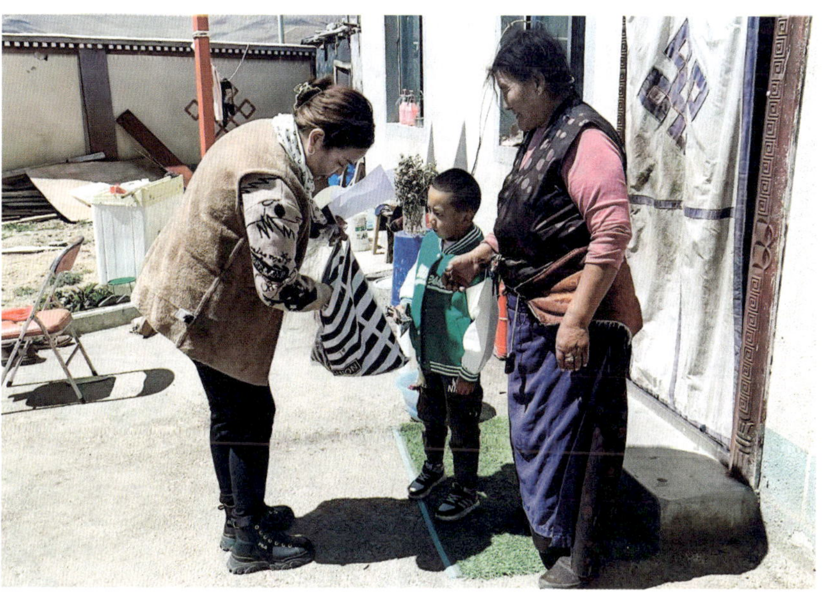

2022年5月23日，当雄县妇联主席次仁曲珍（左一）到公塘乡巴嘎当村慰问无事实人抚养儿童

发放宣传资料、现场解答等形式,宣传《妇女联合会章程》、《中华人民共和国未成年人保护法》、《中华人民共和国民法典》婚姻家庭篇、《中华人民共和国反家庭暴力法》等各类法律法规,并发放相关宣传资料2000余份,现场解答及咨询80余人。活动受益牧民群众2000余人次,其中牧民妇女群众1000余人次,流动妇女100余人次。

当雄县妇联通过"当雄妇联"微信公众号推送"阿佳讲堂"等有关妇女维权法律知识,让妇女群众增强法律意识,学会用法律来维护自己的权益。

【作风建设】 年内,开展"改进作风狠抓落实"工作,开展单位集中学习16次、支部集中学习7次,开展讨论2次。对照县委实施方案"四查四问负面清单",逐条认真查摆干部自身不足,单位共查找出问题4件,个性问题4件,共性问题7件;单位制定整改措施6条,个人制定整改措施21条。

【新冠疫情防控】 年内,当雄县工青妇党支部组成志愿者开展"跑腿代购",帮助大家购买生活必需品,并且提供免费配送上门服务。

11月18日,当雄县妇联为县人民医院抗疫一线女医护人员送去牛奶、优酸乳、奶茶等价值2000元的慰问品。

年内,广泛动员妇女群众、组织妇女群众、凝聚妇女群众,用心用情做好心理疏导,引导群众养成良好卫生习惯,增强自我防护意识,少出门,勤洗手、戴口罩,不参加群体性聚餐、聚会,避免家庭成员交叉感染,全面落实联防联控,构筑群防群控的严密防线。

【开展慰问活动】 年内,副县长、妇儿工委主任宋赟为16名来自8个乡镇的单亲母亲、患病妇女、留守妇女送去节日的祝福和每人500元的慰问金,共计8000元;当雄县妇联邀请西藏防治艾滋病协会索娜次珍老师为参加活动人员普及艾滋病知识,向她们详细讲解艾滋病的致病原理、发病状况、传播途径、防治措施等知识,以帮助妇女掌握防治艾滋病的方法,真正认识到文明、健康有序生活方式的重要性,提高了妇女群众的自我保护意识,筑起一道坚实的妇女"防艾墙"。

5月,当雄县妇联负责人到公塘乡小学、羊八井镇、格达乡、纳木湖乡、乌玛塘乡开展无事实人抚养儿童入户慰问活动,此次慰问共为7名儿童送去价值1330元的衣服。

【关爱妇女儿童】 10月25日至11月3日,当雄县妇联到各乡(镇)妇联上报的34名患病妇女家庭开展入户走访,根据困难等级为26名患病妇女发放8.5万元的救助金。

11月25—26日,当雄县妇联邀请县医院医护人员先后到多吉林寺、嘎洛寺开展"送医、送药、送温暖"活动。共为尼姑发放价值1万余元的药品和价值1万余元的慰问品(床品三件套)。

【学雷锋服务活动】 年内,开展关爱留守、残疾儿童志愿服务活动。志愿者们自筹资金到当曲卡镇当曲社区3名残疾、留守儿童家中,为孩子们送去价值1000余元的学习用品、大米、面粉、油等慰问品。

当雄县8个(乡)镇妇联结合

2022年12月2日,当雄县妇儿工委办组织成员单位召开妇女儿童发展规划(2021—2025年)编制征求意见暨推进会

各自实际开展学雷锋纪念日志愿服务活动。羊八井镇、乌玛塘乡、公塘乡、宁中乡组织巾帼志愿者到辖区开展志愿服务活动。

【妇联组织自身建设】 4月19—21日，当雄县举办为期3天乡（镇）、村（社区）妇联“领头雁”培训，全县8个乡（镇）、29个村（居）妇联主席共计37人参加培训。

4月21日，当雄县妇联邀请家庭教育指导师、高级心理咨询师次达瓦老师，开展家庭教育知识讲座活动，200余名乡（镇）、村（社区）妇联主席和各村妇联执委参加。

4月21日，当雄县妇联召开乡（镇）、村（社区）妇联主席座谈联席会，37名乡（镇）妇联主席、村（社区）妇联主席参加。

12月2日，当雄县妇儿工委办组织全县29家成员单位召开妇女儿童发展规划（2021—2025年）编制征求意见暨推进会。

2022年4月19日，当雄县妇联联合县委党校举办乡（镇）、村（社区）妇联“领头雁”培训

【评选先进典型】 年内，当雄县妇联先后向市妇联推荐4户市级“绿色家庭”、2户市级“最美家庭”、1户自治区级“五好文明家庭”，这些家庭均获得表彰；开展“荣誉送到家”活动，同时上报2户市级民族团结进步模范家庭。

公塘乡、宁中乡结合实际开展“最美家庭”“好婆媳”“好邻居”评选表彰活动，共评选最美家庭5户，“好婆媳和好邻居”14户。

【信访工作】 年内，当雄县妇联积极做好日常接访工作，除在政策、法律上提供援助外，更是动之以情，晓之以理，积极为弱势妇女群众排忧解难，让她们真正感受到“娘家”的温暖。年内，县妇联共接待来信来访2件，其中来访1件（帮助对接司法法律援助律师）、来电1件（婚姻家庭纠纷咨询），结案率为100%。乡（镇）妇联参与纠纷案件调解共有32件，属于婚姻家庭纠纷32件，信访调处率100%，结案满意率100%。

（普布卓玛）

【机构领导】

主　席

次仁曲珍（女，藏族）

军 事

人民武装

【概况】 2022年,当雄县人民武装部(以下简称县人武部)深入学习贯彻习近平强军思想,全面落实新时代军事战略方针;深入贯彻中共二十大精神,突出军事斗争准备和国防后备力量建设这个中心,以全面贯彻落实《新时代西藏人民武装部建设规范》为重要抓手,进一步加强党管武装工作,推动军政军民团结、军地共同发展,全县政治建军有了新成效、备战水平有了新提升、动员能力有了新增强、参建参治有了新作为,确保党管武装制度规范落实,全县后备力量建设呈现稳步发展、全面提升的良好势头。

【思想政治建设】 2022年,把学习贯彻习近平新时代中国特色社会主义思想和习近平强军思想作为首要的政治任务。中共二十大召开后,县人武部第一时间组织召开党委会,成立领导小组,研究制定学习宣传贯彻中共二十大精神的措施,党委成员带头进行宣讲,官兵撰写心得体会,先后制作展板4个、横幅10条、PVC(聚氯乙烯)宣传标语2条、橱窗2块、广告牌10个、路灯灯箱20个,营造良好的政治文化氛围;深入推进"忠诚维护核心,矢志奋斗强军"主题教育落实,自觉加强对党管武装优良传统、理论知识、法律法规的学习,不断增强"兴武装、爱国防"的使命感、责任感,牢牢把握武装工作主动权。

深刻领悟习近平总书记"党要管党、从严治党"的政治训诫,突出政治整训把方向,突出纪律教育抓预防,突出执纪监督正风气,严格落实组织制度。坚持民主集中制,对事关全局的工作部署、人事安排、大项物资采购和经费开支、兵员征集等重大事项和热点问题,坚持党委集体研究决定。常态开展"五涉"问题清理整治,扎实做好智能手机和网络管理,确保网络安全;抓好官兵身边的"微腐败"和不正之风纠治工作,引导官兵知敬畏存戒惧守底

2022年1月20日,西藏拉萨警备区在当雄县格达乡组织开展征兵宣传

线，进一步传导压力、压实责任、凝聚共识。

【双拥共建】 2022年，当雄县为发挥区位优势，确保部队驻训期间群众工作、军民团结等各项事宜扎实开展。为推动当雄县双拥工作发展，县人武部为当雄县10所中小学捐赠国防教育图书价值1万余元；清明节期间，到当雄县中学、公塘乡小学和宁中乡第一小学开展国防教育，组织部分中小学生代表瞻仰当雄县烈士陵园；6月，与公塘乡小学签订双拥共建协议，投入0.9万余元为学校赠送国防教育书籍、制作国防教育宣传展板；投入1.9万余元为格达乡羊易村2组、3组、5组新建文化室；投入2.3万余元为格达乡中心小学建设“军史长廊”、赠送武器装备模型。当雄县连续两次被评为全国双拥模范县和自治区双拥模范县。

【训练工作】 年内，县人武部每月结合部队战备训练形势认真分析当前情况，研究对策，制定措施，谋战抓战的意识更加强固。按照“一般课目自主训、重难点课目集中训”原则，根据上级下达的年度民兵训练任务，部署提高基干民兵训练效益，全年完成年度民兵训练任务超过87%；参加警备区举办的庆“八一”破纪录比武活动，取得优异成绩。统筹领导力量组织专门人员进行本级战备方案修订，累计修订作战方案、协助维护社会稳定方案、非战争军事行动方案。依据战备方案，完成元旦、春节、清明、“五一”国际劳动节、端午节、萨噶达瓦节等重要时期战备维稳执勤工作，配合地方完成社会维稳任务，确保辖区内社会稳定。按照训练大纲要求每月制订训练计划，严格“四个落实”，首长机关军事训练任务基本完成，平均参训率在85%。

2022年3月5日，当雄县人民武装部干部到乌玛乡第二中心小学开展“传承红色基因，共建巩固国防”国防教育

【国防动员】 2022年，县人武部围绕制约应战应急能力的瓶颈问题，抓实练兵备战、加强战备训练、强化军地协作，定期向县委、县政府汇报国防动员工作开展情况，县领导多次到人武部驻地现场检查指导大项工作落实情况，各职能部门和基层武装部主动对接任务抓落实，形成军地一体抓国防、上下一心建国防的良好局面。根据《关于做好民兵整组工作的通知》和《拉萨市“十四五”时期民兵组建任务区分表》，深入政府机关、企业和乡镇，对当雄县10余个重点行业和机构潜力数据进行核实，梳理掌握动员潜力数据，准确掌握辖区内适编企业、适编人员、适编装备等潜力资源底数，着力拓展编建领域，为动员支前提供翔实精准的数据支撑。按照“优化结构、编实队伍、编用一致、讲求实效”的原则和将“联户长”编入民兵骨干。

【兵员征集】 2022年，当雄县深入开展兵役登记工作，全额完成县适龄青年年度兵役登记。根据“两征两退”通知精神，结合兵员分布实际，大力开展征兵宣传，突出对大学生尤其是大学毕业生的宣传动员力度，确保每个乡镇有宣传标语、有宣传手册、有宣传广播、有服务窗口。严格把好体检和政审标准条件，高质量完成征集任务，未发生廉洁征兵问题，连续多年无退兵。

【后勤保障】 2022年，县人武部

紧紧围绕提高后勤综合保障能力这一目标，认真按照精打细算抓管理，想方设法求效益的总要求，牢固树立艰苦奋斗过“紧日子”思想，严格执行经费报销各项制度，充分发挥有限经费的最大效能。年内，当雄县为县人武部提供上门核酸采集服务，确保人武部实现营区内“零感染”目标。11月，秋季征兵工作启动后，县卫健委、防疫办为县征兵办公室提供各类防疫物资，组织专业力量协调解决征兵工作中预征青年集中隔离宾馆、集中期间每日核酸检测、体检初检、复检运输、新兵输送等难点问题，确保2022年秋季征兵工作顺利完成。在年度民兵训练、新兵役前教育训练、民兵实弹射击考核等活动中，后勤保障及时高效，确保各项活动的顺利开展，提升了综合保障能力。

【管理工作】 2022年，县人武部每月组织一次安全形势分析，认真排查安全隐患，积极堵塞安全漏洞，强化官兵思想认同度，通过全员群策群治，较好地提高安全管理质效。严密组织安全驾驶教育，坚持动车必请示、严把关，对驾驶员提出安全行车要求，严禁驾驶员盲目行车、酒后驾车，不断增强官兵车辆安全意识。细化分工，压实责任，一级抓一级，层层抓落实，确保安全管理工作横向到边，纵向到底。定期摸排干部职工进行思想状况，及时解决干部职工遇到的思想问题和生活困难，严抓出差、休假和“两个以外”（八小时以外、营区以外）人员管理，严格一日生活、着装形象、应答报告、战备值班等制度，将条令的学习贯彻落实到工作生活、融入到日常言行、严格到细小环节。

（谭　鹏）

法 治

政法委及综治

【概况】 2022年，当雄县委政法委坚持以习近平新时代中国特色社会主义思想为指导，以服务经济社会高质量发展、维护社会大局稳定为主线，不断强化队伍建设，扎实开展政法各项工作，取得了一定的成效。

【政法工作】 年内，始终坚持以政治教育为引领，把学深悟透习近平新时代中国特色社会主义思想，特别是习近平法治思想作为根本任务，增强“四个意识”、坚定“四个自信”、做到“两个维护”。通过集中学与个人自学的方式，对《习近平新时代中国特色社会主义思想三十讲》、《中国共产党政法工作条例》及区党委实施细则等进行学习。组织政法干警政治轮训2轮，轮训300余名政法干警，举办乡（镇）政法委员培训2场，培训16人次。自中共二十大召开以来，迅速掀起学习中共二十大精神的热潮，召开学习宣传贯彻落实中共二十大精神专题会议，就学习宣传中共二十大精神作了安排部署，要求政法单位加强组织领导，切实贯彻中共二十大精神。通过理论中心学习、“三会一课”学习及自学等方式深入领会中共二十大精神。

【平安建设】 年内，把平安建设工作纳入重要议事日程、纳入年度工作重点、纳入年度工作考核体系，成立以县委书记、县长任组长，县委主要领导任副组长，各乡（镇）、各成员单位一把手为成员的平安当雄建设领导小组。

4月，县委书记、县平安建设领导小组组长姚俊亮组织召开2022年当雄县平安建设工作部署会议暨市域社会治理现代化试点推进会议，会上传达中央平安中国建设工作会议精神，安排部署2022年平安建设重点任务，明确各乡（镇）、各成员单位对当雄县2022年平安建设工作目标任务。

2022年8月30日，县委常委、政法委书记、公安局局长扎西江措（中）检查指导新冠疫情防控工作

形成领导亲自抓，分管领导经常抓，互相配合，齐抓共管的工作局面，为平安建设工作提供了可靠的组织保障。

【市域社会治理现代化试点工作】 年内，当雄县委政法委认真学习借鉴新时代“枫桥经验”，不断创新理念思路，健全体制机制，有力提升了基层社会治理能力和水平，为加快市域社会治理现代化奠定了坚实基础。围绕市域社会治理，坚持从新起点、宽领域、多层次、高标准来谋篇布局。为加强政治引领结合当雄实际，及时制定工作方案，构建县委组织实施、乡（镇）强基固本、村（组）落细落小的市域社会治理链条，通过逐项分解细化工作措施，全力做好迎接中央、自治区验收的准备。

【扫黑除恶斗争常态化】 年内，制定下发工作要点，进一步宣传扫黑除恶相关政策法规，引导群众树立正确的法治观念，累计宣传7场次。

【法治宣传】 年内，县区举办培训1次，参与200余人次；乡（镇）组织培训8次，参与700余人，基本做到轮训一遍。开展各类宣传120场，发放各类宣传资料9200余份，受教育群众3.5万人次，开展环境整治355次，帮助困难群众解决生产生活困难22次，为共同携手维护辖区安宁做出贡献。

【护路联防工作】 截至年底，共投入护路人员力量19.493万人次，其中护路队员19.3万人次，政法委干部蹲点180人次，沿线出动干部职工1750人次。在新冠疫情防控工作中，护路队员充分展现政治担当、责任担当、使命担当，以不谈条件、不讲困难的精神，在确保青藏铁路当雄段畅通的同时，积极参与到疫情防控工作中去，在最重要的点位上，发挥着重要的作用。年内，参加志愿者30人，沿线乡（镇）设卡设点9人，维持沿线核酸检测点秩序50余次。

2022年11月30日，县委常委、政法委书记、公安局局长扎西江措（右二）一行到政法各单位督导检查政法工作条例和市域社会治理现代化工作

【新冠疫情防控】 年内，当雄县委政法委全体干警严格落实区、市、县疫情防控指挥部关于加强常态化疫情防控工作相关要求，快速反应、周密安排、精准施策，以“外防输入、内防反弹”为工作原则，以“安全自我防护”为基础，持续深入落实卡口查控、秩序维护、流调和消毒消杀等工作。

县委常委、政法委书记、公安局局长扎西江措动员政法干警深入基层、下沉到一线开展疫情防控工作，对全县联户长、网格员、护路队员精细分配防疫力量，县委班子及时落实开展疫情防控工作，切实筑牢生命防线。

县委常委、政法委书记、公安局局长扎西江措先后到疫情防控各卡点、纳木湖乡派出所、县流调办及羊八井、乌玛塘公安一级检查站等基层一线，检查指导疫情防控各项工作，对冲锋在疫情防控最前线，辛勤付出和日夜坚守的一线工作人员表示高度赞扬和衷心感谢，叮嘱大家做好自我防护的同时，继续发扬不怕苦、不怕累的精神，坚决克服麻痹思想和厌战情绪，并强调要以严之又严、细之又细的工作作风落实疫情防控各项措施，确保每一个环节、每一项措施都责任到人、落实到位，从严从细抓好疫情防控各项工作。

（次仁卓嘎）

【机构领导】

县委常委、政法委书记、公安局局长

扎西江措(藏族)

常务副书记

赵 泽 辉

副书记

李 冠 男

公安

【概况】 2022年,全县公安工作紧紧围绕中共二十大维稳安保工作这条主线,深入推进法治当雄、平安当雄、和谐当雄建设,坚持以“7+1维稳防控模式”为指导,以党建、基层基础、重大节点防控、重大活动安保、社会综合整治、反恐防暴、疫情防控工作为重点。全局民、辅警凝心聚力,筑牢维稳工作根基,各项工作措施扎实推进,为全县稳定保驾护航,完成各项维稳工作任务,为中共二十大胜利召开奠定坚实基础。

【党建工作】 年内,当雄县公安局深入践行习近平新时代中国特色社会主义思想,认真落实新时代党的建设总要求,切实履行管党治党责任,加强学习教育,推进纪律建设,为公安工作的有效开展提供强有力的政治、思想、组织、作风和纪律保证。同时,当雄县公安局各基层党支部严格落实“三会一课”制度,严格执行党员发展程序,切实增强基层党组织的战斗堡垒作用。2022年,发展党员12名,预备党员转正10名,共召开局党委理论中心组集中学习扩大会9次、各党支部集中学习74场次,补充党员缺失档案20余人,完善录入党员党费管理信息系统200余人。

【“护城河”查验】 年内,各“护城河”检查站严格按照“五逢一快”和常态化疫情防控工作要求,坚决落实“点对点、点对店、店对警、警对社区”管控工作模式和“3小时落地核查、12小时办证、10分钟旅店核查”的工作机制,运用手持终端、车底探测仪等设备开展盘查、检验、办证工作,对过往人员坚决做到“来知去向、动知轨迹”。

【矛盾纠纷排查化解】 年内,坚持属地管理、分级负责,妥善处理各类社会矛盾,同时落实领导干部接访、下访制度,切实做好化解调处工作,执行疑难信访案件领导包案制,切实按照“一个案件、一名领导、一套班子、一支队伍、一个方案”的要求,明确责任主体、明确解决时限,制订化解和防范工作预案,落实专人具体负责,努力把矛盾纠纷解决在萌芽状态。同时全力摸排因矿山资源开发、虫草采集交易纠纷、工程建设领域、草场纠纷等矛盾纠纷,做到“底数清、情况明、无缝隙、无漏洞”。截至年底,共排查矛盾纠纷91起,化解78起,移交相关部门13起。

【社会面管控】 年内,为确保各重要节点当雄县社会政治局势和治安形势平稳正常,当雄县公安局高度重视,多次召开专题会议进行研究部署,各部门各司其职、密切协同,严格按照以“四个严防”为工作目标,“六个坚决防止”“十个坚决防止”为工作核心,“三无”“三不出”为目标底线,不断强化维稳工作,强化值班备勤,调整充实各项维稳防控措施,完成中共二十大维稳安保等各项维稳工作。

2022年3月10日,当雄县公安局组织开展全县集结拉动演练行动

【打击整治工作】 年内，当雄县公安局紧紧围绕全国公安工作会议精神、区党委政法委工作会议精神、全区公安处局长会议精神，依法严厉打击传统盗抢骗犯罪、新型电信网络诈骗犯罪等，深入推进常态化扫黑除恶斗争、“云剑2022”“獴猎2022”等专项行动，扎实开展四大行业整治，坚决打击突出违法犯罪，坚决整治重点治安问题，切实保障人民群众合法权益，为全县营造安全、和谐、平安的社会治安环境。

截至年底，共办理行政案件41起，共处理违法嫌疑人95人，其中行政拘留7人、罚款68人、拘留并处罚款14人、警告6人；刑事案件共立案58起，破案29起、撤案1起、移送接收盗窃案1起。抓获涉案人员共22人，刑事拘留7人、取保候审18人、提请逮捕3人、起诉11起12人。

2022年1月10日，当雄县公安局庆祝第三个中国人民警察节文艺会演

【公共安全隐患排查】 年内，为认真贯彻好全国、区市县安全生产工作会议要求，当雄县公安局结合中共二十大维稳安保工作，严格落实安全生产责任制，加强道路交通、消防安全、施工安全、校园安全、食品药品及人员密集场所等安全监管，加强油品、危爆物品等隐患排查，督促辖区各单位落实属地、行业监管责任和企业主体责任，加大重点行业领域安全隐患排查整治力度，加强安全宣传教育，增强全社会安全防范意识，有效防范各类安全生产事故，坚决遏制重特大事故。

年内，各部门共清查各单位及行业场所4344家次，共盘查各类人员6586人次。排查治安安全隐患110次，其中现场整改21起，下发治安隐患限期整改通知书3份；排查消防隐患139次，其中现场整改25起，下发消防隐患限期整改通知书10份，排查道路交通安全隐患27处。截至年底，共查处交通违法行为5798起，处理道路交通安全事故337起，其中死亡事故4起、死亡5人；伤人事故14起；简易财损事故319起。

【新冠疫情防控】 年内，当雄县公安局严格落实区、市、县疫情防控指挥部关于加强常态化疫情防控工作相关要求，快速反应、周密安排、精准施策，以“外防输入、内防反弹”为工作原则，以“安全自我防护”为基础，持续深入落实卡口查控、秩序维护、流调溯源和消毒消杀等工作。

年内，全局在岗民辅警全部投入此次疫情防控阻击战中，其中42名民辅警被派往拉萨高风险区执行增援任务。当雄县公安局成立以县委常委、政法委书记、公安局党委书记、局长扎西江措为组长的流调溯源小组。

【服务管理】 年内，当雄县公安局坚持以人民为中心的发展思想，坚持“真诚服务、便民利民”理念，坚持以民警辛苦指数换取群众幸福指数。

年内，“110”指挥中心受理各类报警1588起，接受群众求助1600余起；各派出所户政窗口共办理身份证3904张，办理居住证130张、临时居住登记卡378张，开展送证上门服务276人次；各派出所发放藏语和汉语扫码办证流程图1600份，张贴定制化二维码11203张，群众通过“码上办”，在自家门口主动扫码上传办理临时居住登记卡信息2378条；国保大队窗口服务点共审核办理720张边境通行证；交警大队车管所共办理车驾管业务1056起，其中机动车登记注册86起，核发机动车检验合格标志 792 起，机动车异地检验 27 起，机动车补换牌证 134 起，机动车变更登记 17 起。

（旦增曲扎）

【机构领导】
党委书记、局长
扎西江措（藏族）
党委副书记、政委
杨 成 光（6 月任）
党委委员、羊八井一级检查站站长
旦增贡嘎（藏族）
党委委员、副局长
布 琼（藏族）
党委委员、乌玛塘一级检查站站长
索朗次仁（藏族，6 月任）
党委委员、副局长
西热桑布（藏族，6 月任）
李 金 垒（女，6 月任）

检察

【概况】 2022 年，当雄县人民检察院共办理各类案件 156 件，其中，办理刑事检察案件 31 件，办理民事检察案件 9 件，办理行政检察案件 9 件，办理公益诉讼检察案件 106 件。

【党建工作】 年内，当雄县人民检察院坚持以习近平新时代中国特色社会主义思想为指导，践行习近平法治思想。认真落实《中国共产党政法工作条例》，严格执行重大事项请示报告制度，向县委和上级检察院请示报告工作 5 次，把党的绝对领导贯穿到检察工作全过程和各方面。强化党组织政治功能，推动党建引领检察业务工作，推进党建与业务融合发展。将讲政治与抓业务融为一体，始终坚持以习近平新时代中国特色社会主义思想为指导，严格落实学习制度，以集中学习与自主研读、专题培训与网络教育为抓手，创建学习型机关建设、培养学习型检察队伍，深入学习贯彻领会中共二十大精神，深刻学习领会习近平总书记关于政法工作、检察工作的重要论述和重要批示指示精神实质和核心要义，深入学习领会区党委十届三次全会精神、市委十届四次全会精神以及县委十届五次全会精神，教育引导全院干警坚持党对检察工作的绝对领导，增强“四个意识”、坚定“四个自信”、做到“两个维护”，努力把收获的新思想、新理论转化为推进全院工作的不竭动力。

截至年底，共召开党组学习会议 13 次、党组理论中心组学习会议 12 次、检委会学习 14 次，开展班子成员讲授党课 3 次、检察讲堂 3 次。

【检察业务】 年内，当雄县人民检察院坚持以习近平新时代中国特色社会主义思想为指导，深入学习贯彻中共二十大精神，深入贯彻落实《中共中央关于加强新时代检察机关法律监督工作的意见》，认真落实县委各项决策部署，全面履行宪法法律赋予的职责，主动服务疫情防控和经济社会发展大局，各项检察工作取得新成效。

【刑事检察】 年内，受理各类刑事案件 31 件 35 人，其中，受理审查逮捕案件 7 件 9 人，依法作出批准逮捕 4 件 4 人，不批准逮捕 3 件 5 人；受理审查起诉案件 24 件 26 人，依法提起公诉 15 件 16 人，作出不起诉决定 9 件 10 人，正在审查 1 件 2 人。坚决守住人民群众的“钱袋子”，受理涉嫌诈骗罪、盗窃罪的审查逮捕案件 6 件 6 人，

2022年4月1日，当雄县人民检察院侦查监督与协作配合办公室揭牌仪式举行

依法作出批准逮捕3件3人；受理审查起诉案件11件12人，提起公诉8件8人。在县公安局设立侦查监督与协作配合办公室，完善重大案件提前介入机制和会商力度，开展会商1次。加大对侦查活动的监督力度，发出纠正违法通知书1份、检察意见书2份。进一步加大对审判活动的监督力度，严格落实检察长列席审委会制度，加大对重大、疑难的职务犯罪案件的审理力度，检察长列席人民法院审委会1次，对人民法院的财产执行活动监督2次。

2022年3月18日，当雄县人民检察院检察官到县中学开展法治副校长开学第一课

【民事、行政检察】 年内，共受理民事监督案件9件，审结办理8件，提出各类检察建议4件，法院采纳4件。更新办案理念，转变民事检察工作倾向，加大释法说理、疏导教育和化解矛盾的力度。拓宽案源渠道，加强与县人民法院的沟通联系，进一步畅通民事案件监督渠道。开展专项监督，深入摸排虚假诉讼案件线索，对非诉执行案件办理中存在的违法情形案件进行监督，初见成效。进一步延伸推进执法司法案件“回头看”活动成效，对近年来民事裁判、民事执行、民事检察监督案件开展“回头看”。聚焦案结事了政和，稳步推进行政检察。

年内，紧盯行政检察案件办理的薄弱点，行政检察工作进一步做实，共办理各类行政检察案件9件，发出检察建议3件。对公安机关办理的27件涉疫行政处罚案件进行检察监督，防止有案不立、压案不查和降格处罚等情形出现。积极开展保障农民工工资支付行政检察监督活动，推动行政机关依法履职，确保农民工按时足额获得工资。

【公益诉讼】 年内，结合地域实际，找准公益诉讼切入点，加强制度建设。共办理公益诉讼案件线索106件，立案67件，发出检察建议21件，持续开展专项监督，按照上级院公益诉讼推进会要求，积极与相关行政部门协调配合、共同磋商，对食品安全、安全生产、生态环境、英烈保护等领域开展专项监督，制发检察建议21件，相关行政部门积极采纳并及时整改，整改回复率达100%。

【队伍建设】 年内，全面落实县级人民检察院内设机构改革方案，突出业务机构建设、行政扁平化管理要求，改革后内设机构由原来的5个精简为3个。择优选拔中层干部3名，“80后”占100%，法律本科以上学历100%，平均年龄33岁，较好地实现队伍建设年轻化、知识化。加强班子建设，按照《党政干部选拔任用工作条例》配齐领导班子，2人进入领导班子，为做好新时代检察工作奠定了坚实的组织基础。结合机构改革和队伍建设需求，解决11名干警职务职级待遇，占全院干警的58%，激发广大干警干事创业的激情与活力。选派1名干警到那曲市色尼区检察院进行为期1年交流学习，接收那曲市聂荣县检察院1名干警到当雄县人民检察院交流学习。

【服务群众】 年内，秉持人民至上理念，视疫情为命令，在全员全力战疫中践行检察初心、贡献检察力量。按照县委、县政府统一部署，严格落实“四方责任”，组织干警在隔离酒店、“四联四包”点、驻村点、驰援城关点等场所做好物资配送、心理疏导、诉求摸排、核验信息、核酸检测等工作，积极号召并向县慈善协会捐款8950元，确保各项防控措施落实到位，当雄县人民检察院被评为当雄县无疫单位。通过政法协同办案系统受理5起审查起诉案件，通过“12309”网站向辩护人提供网上阅卷服务2次，共开展远程提审5人次，做到疫情防控和按期结案“两不误”，确保“检察工作不断档，服务群众不掉线”。

加强对涉案生活困难当事人、妇女儿童等重点人员司法救助工作，发放救助金3万元。通过调查核实，支持2名农民工起诉追索劳动报酬13.6万余元，让农民工讨薪更有底气。为全力推进巩固拓展脱贫攻坚成果同乡村振兴有效衔接，选派1名干警驻村，持续对40户脱贫对象跟进帮扶，全年开展帮扶2次。加大调研力度，认真研究分析乡村振兴工作面临的任务和困难，帮助制定巩固措施，在结对帮扶的同时送法上门，助力法治乡村建设，为巩固脱贫成效、促进乡村振兴贡献检察力量。

【社会治理】 年内，把维护公共安全和社会稳定摆在首要位置，依法打击各类刑事犯罪，批捕3件3人，起诉24件26人。批捕盗窃等侵财犯罪2件2人，批捕电信网络诈骗犯罪1件1人，起诉1人，努力增强人民群众的社会安全感和司法满意度。全力推动反腐败斗争持续深化，加大职务犯罪案件查办力度，办理县宁中乡堆灵村原党委书记林某某挪用公款、挪用资金案，县人民法院已依法作出有罪判决。紧紧围绕“案－件比”这一直接关系群众司法体验的“检察GDP”，严控延长办案期限、退回补充侦查，减少不必要办案环节，最大限度提高办案质效。全面落实认罪认罚从宽制度，全年共适用20人，适用率90.91%，提出量刑建议13人，采纳率80%，最大限度节约司法资源，增强司法公信；认真践行少捕慎诉慎押理念，依法对涉嫌犯罪但无逮捕必要的不批准逮捕2件2人，对犯罪情节轻微、依法不需要判处刑罚的不起诉9件10人，促成刑事和解1件，最大限度减少社会对立面，厚植党的执政根基，依法开展社区矫正监督工作。

2022年5月31日，当雄县人民检察院开展“保护少年的你·新时代检察宣传周”一系列专题活动

树牢“办信就是办民生连民心”的理念，全面落实领导办信、当面接谈、视频接访、下访巡访、律师参与等制度，推行窗口人工服务、“12309”电话服务、中国检察网自助服务，努力让群众“跑一次”为上限、“不用跑”为常态，全年共接待群众来信来访20余次，办理控告申诉案件2件，做到7日内程序性回复、3个月内实质性结果答复。加强机关内部一体联动和政法各机关的有效衔接，认真落实《人民检察院审查案件听证工作规定》，全年召开不诉案件听证会4次，努力通过“有温度的检察”解心结、暖人心。坚持“谁执法谁普法”，深入学习新时代“枫桥经验”，持续开展送法进农村、企业、社区、机关活动6次，努力把矛盾解决在萌芽、化解在基层，促进社会治理。探索延伸未成年检察职能，持续推动“一号检察建议”贯彻落实，充分发挥法治副校长作用，常态化开展法治进校园活动3次、“保护少年的你·新时代检察宣传周”系列活动1次，对当雄县2021年度新入职的11名教师，联合县公安局开展入职查询工作，未发现新入职教师入职前有违法犯罪情况。开展“保

护少年的你·新时代检察宣传周”活动，开展以“携手落实两法，共护祖国未来”为主题的检察开放活动日，当雄县人民检察院荣获共青团拉萨市委员会颁发的“优秀青少年维权岗”称号。

（阿旺措成）

【机构领导】

党组书记、检察长
米玛次仁（藏族）
党组副书记、副检察长
平措扎西（藏族）
党组成员、副检察长
姚东平
党组成员、检委会专职委员
旦增罗布（藏族）
党组成员、检察综合部主任
阿旺措成（藏族，5月任）

法院

【概况】 2022年，当雄县人民法院共受理各类案件741件（旧存111件），审执结671件，结案率90.55%，同比上升7.73%。

【审判执行】 年内，当雄县人民法院受理刑事案件19件（旧存3件），审结15件，结案率78.95%，依法判处被告人22人。始终把维护社会稳定作为首要任务，审结故意伤害、诈骗、盗窃案件9件14人。筑牢公共安全“警戒线”，审结交通肇事、危险驾驶案件4件4人。始终坚持维护公民的人格权、名誉权，审结诽谤案件1件3人。始终保持惩治腐败高压态势，审结挪用公款案件1件1人，联合县纪委监委邀请“两代表一委员”、各乡（镇）党委“一把手”及各村（居）“两委”班子成员共60余人旁听宁中乡堆灵村原党委书记林某涉嫌挪用公款罪、挪用资金罪一案庭审云直播2次，通过“零距离”观摩庭审现场，利用“身边事”教育“身边人”，不断增强廉洁从政意识，筑牢拒腐防变的思想防线，做到警钟长鸣。

2022年2月28日，当雄县人民法院邀请人大代表、政协委员、乡镇干部旁听案件审理

截至年底，受理民商事案件445件（旧存70件），审结404件，结案率90.79%，同比上升10.99%。坚持“能调则调、当判则判”，调解撤诉案件162件，调撤率为40.7%。坚持涉民生案件“三优先”（优先立案、优先执行、优先发放）原则，受理劳资纠纷、道路交通事故赔偿案件150件。保障人民群众合法权益，受理买卖、租赁等合同类案件174件。维护妇女、儿童、老人等弱势群体的合法权益，受理婚姻家庭类案件70件。防范化解区域性金融风险，受理民间借贷纠纷、金融借款纠纷案件42件。促进建筑市场秩序健康发展，受理承揽、建设工程类合同案件38件。

年内，受理各类执行案件269件（旧存38件），执结250件，执结率92.94%，同比上升7.3%。申请执行标的为3612.98万元，执行到位金额为385万元，执行到位率10.66%。以深入开展“进一步落实‘四讲四改’要求、巩固深化执行领域突出问题专项整治成果”活动为契机，始终保持凌厉攻势，利用凌晨、夜间、周末、节假日等时段开展错时执行63次，出动警力带回失信被执行人30人。加大信用惩戒威慑力度，将75人纳入“失信黑名单”，限制高消费110人次。

【司法为民】 年内，诉讼服务中心接待当事人900余人次，审查立案630件，接听“12368”诉讼服务热线咨询120余次。全面推行

"家门口式"诉讼服务,受理网上立案58件,邮寄立案70件,努力做到"数据多跑路,群众少跑腿"。

主动把司法工作融入社会综合治理体系,开展"百名法官进千家访万户办实事活动""领导干部下基层大接访实事活动""四联四包"等,"车载流动法庭"行程1.7万余千米,处置化解各类矛盾纠纷64件次。坚持和发扬新时代"枫桥经验",有效助力市域社会治理现代化建设,羊八井法庭受理各类案件57件,乌玛塘法庭受理各类案件20件。坚持把非诉讼纠纷解决机制挺在前面,通过人民法院调解平台开展诉前调解案件188件。推动派出人民法庭建设工作,纳木湖乡派出法庭项目建设已完成总投资的70%,预计2023年竣工投入使用。

年内,为当事人减免缓交诉讼费15.67万元,对符合条件的39起案件39名申请人救助34.62万元,让人民群众切实感受到司法温暖。精心选取典型案例,开展民法典等普法宣传活动12次、开展1次"法治进校园"宣传活动,发放宣传资料1000余份,受教育群众1200余人。

【司法体制改革】 年内,严格按照上级法院要求,将原来的8个内设机构精简为5个,并根据内设机构改革后的部门设置情况对人员岗位进行优化调整,已按照要求,相关人员完成工作交接并全部到新岗位履职。全年选拔任用干部8名,完成1名司法辅助人员辞职工作。

年内,坚持院庭长带头办案常态化,进一步规范审判委员会、专业法官会议运行机制,确保审判权依法严格行使。全年院庭长带头办案620件,占全院已结案数的92.4%;召开审判委员会3次、专业法官会议2次。

年内,做优案件繁简分流工作,主动适应形势、坚持改革思维,把依法适用小额诉讼程序、简易程序作为提升办案效率的重要抓手、重要任务。全年依法适用小额诉讼程序审理民事案件9件,通过简易程序方式审结民事案件340件、刑事案件7件,已结案件中简易程序适用率达到82.2%。完善人民陪审员工作机制,7名人民陪审员参审案件12件,充分彰显司法民主。

年内,依托司法公开四大平台,公开案件流程信息667条,公开裁判文书597篇,庭审直播145次,利用微信公众号发布法院信息42篇。努力打造便民、高效、畅通的线上庭审新模式,远程开庭、调解案件89件。

年内,坚决落实"一把手工程"要求,压紧压实责任,结合年度任务和审判执行中心工作,深入细致开展摸底工作,准确测算各类经费,做好资产清查工作,把握好时间节点,积极与拉萨中院、县财政局等有关部门对接,科学谋划重大项目和专项支出,扎实做好2023年法院预算编制工作。

【队伍建设】 年内,以建设政治型法院为抓手,认真贯彻落实《中国共产党政法工作条例》以及区委实施细则,加强党对法院工作的绝对领导,主动向县委、县委政法委请示报告重点工作、重大事项、重要案件10次。严格落实意识形态工作责任制,坚决抵制西方"宪政""三权鼎立""司法独立"的错误思潮,依托"保密观"App开展线上培训1场次。

年内,以习近平新时代中国特色社会主义思想为教育核心,以迎接中共二十大、学习宣传贯

2022年7月1日,当雄县人民法院党支部开展主题党日活动

彻中共二十大精神为主线，严肃党内政治生活，严格落实“三会一课”等组织生活制度，建设学习型法院，教育引导干警坚决捍卫“两个确立”，增强“四个意识”、坚定“四个自信”、做到“两个维护”。全年召开专题民主生活会1次、组织生活会1次；组织集中学习20次、主题党日活动9次、理论中心组学习8次、专题研讨3次，组织参与各类培训9次23人。

年内，以改进作风、狠抓落实为抓手，坚持严的主基调不动摇，全面从严治党治院治警，巩固深化党史学习教育和政法队伍教育整顿成果，严格执行防止干预司法“三个规定”及新时代政法干警“十个严禁”“十个一律”等铁规禁令，全面建设廉洁型法院。全年组织专题警示教育2次，观看警示教育纪录片1次，召开警示教育大会2次。

【主动接受监督】 年内，主动向县人大及其常委会报告工作，健全与人大代表、政协委员沟通联络机制，邀请人大代表、政协委员视察法院、出席会议、旁听庭审8次，向县人大常委会汇报工作2次，办结人大代表意见建议1件。依法接受检察机关法律监督，坚持检察长列席审判委员会会议制度，邀请县检察院检察长列席审判委员会会议1次，办理各类检察建议4份。

（白玛国杰）

【机构领导】

党组书记、院长

刘兴富

党组副书记、副院长

罗布次仁（藏族）

党组成员、政治部主任

王梓研（女）

党组成员、审判委员会专职委员

陈敏（女）

党组成员、综合审判庭庭长

达珍（女，藏族）

司法行政

【概况】 2022年，当雄县司法局坚持以习近平新时代中国特色社会主义思想为指导，全面贯彻中共十九大和中共十九届历次全会精神，按照2022年全市司法行政工作要点和全县政法工作部署要求，结合自身实际，以为中共二十大胜利召开创造安全稳定的政治社会环境为主线，以服务中心工作、经济建设为中心，以“一个统筹、四大职能”为抓手，忠诚履行司法为民原则，持续推进各项工作。2022年，创建第九批全国民主法治示范村1个（龙仁乡曲登羊阁村），当雄县司法局获2021年度当雄县年度考核综合治理类争先进位一等奖。

【司法行政队伍建设】 年内，通过党组理论中心组学习（扩大）会与自学相结合、线上与线下学习相结合的方式不断提升干部政治理论水平，组织干部职工开展8次理论学习，召开3次党员大会、2次“支部主题党日”活动并开展相关工作。抓好责任落实，提升队伍素质。落实全面从严治党主体责任，党支部书记切实承担起从严治党主体责任，并将党风廉政建设与司法行政业务同落实。深入推进改进作风狠抓落实工作，提升业务能力和为民办实事能力。按照结对帮扶名单及时召集县法院和国安办开展“比学赶帮超”相关活动开展研讨会，制定相关联合活动方案，联合县法院组织法律宣讲活动，召开司法局改进作风狠抓落实工作动员部署会及推进会，并严格对照“四查四问”查摆单位及个人存在的问题。截至年底，共开展专题改进作风狠抓落实通报学习会8次。

年内，常态化开展党史学习教育，锤炼党性意识。把常态化开展党史学习教育同深入学习贯彻习近平新时代中国特色社会主义思想，同深入贯彻中共十九届六中全会精神、巩固政法队伍教育整顿成果、推进政法司法行政工作高质量发展结合起来，努力开创全面依法治国和政法司法行政工作新局面。

【法治政府建设】 年内，统筹部署推进县政府各组成部门，各乡（镇）人民政府全面落实法治政府建设年度工作责任。印发《当雄县委全面依法治县委员会2022年工作要点》《关于在全县开展法治宣传教育的第八个五年规划（2021—2025年）》，同时起草《中共当雄县委员会关于贯彻落实〈法治中国建设规划（2020—2025年）〉的实施方案（送审稿）》《中共当雄县委员会关于贯彻落实〈法治社会建设实施纲要（2020—

2025 年）〉的实施方案（送审稿）》，推动全面依法治县工作部署落地落实。积极推动落实《党政主要负责人履行推进法治建设第一责任人职责规定》，开展全面依法治县和法治政府建设督察，督促各级领导干部带头尊法学法守法用法，督促各乡（镇）、各单位法治工作落地落实。

年内，全县 59 名党政主要负责人参加年度述法。规范行政执法人员管理，开展全国统一样式行政执法证件的换发和申领工作，完成证件换发 120 人。为县政府及部门出具有关意见，化被动为主动，从源头规范行政行为，加快推进依法行政工作进程。截至年底，共办理各类征求意见 16 件，其中回复县政府 4 件，回复部门 12 件；办理审查重大行政决策合法性审查 6 件。

【法治宣传】 年内，开展"八五"普法宣传教育的规划制定工作，及时制定印发《关于在全县开展法治宣传教育的第八个五年规划（2021—2025 年）》及《2022 年当雄县普法依法治理工作要点》。年内，将青少年法治宣传教育工作纳入年度普法与依法治理工作要点中，将《中华人民共和国未成年人保护法》《中华人民共和国预防未成年人犯罪法》列入年度重点普法目录中，动员全县各部门各单位结合实际，突出抓好青少年这个"关键群体"的法治宣传教育。同时结合 3 月开学季，积极开展"开学法治第一课"法治宣传教育活动，共开展系列法治宣传活动 8 场次，发放《民法典与生活同行》读本 600 余本，发放普法笔袋、笔等 1200 余份。县直各职能部门积极参与"五下乡"、"3・5"雷锋纪念日、"三八"国际妇女节、"3・15"国际消费者权益日、"4・15"国家安全教育日、6 月安全生产月等主题法治宣传活动 10 余场次，活动期间为群众发放法治宣传资料 2800 余份，发放宣传水杯、围裙、指甲刀套盒等 2900 余件，解答群众法律咨询 20 人次。

为进一步提高广大牧民群众的法律素质，切实营造牧区"尊法学法守法用法"的良好法治氛围。辖区各乡镇司法所结合工作职能，通过悬挂横幅，发放宣传资料、宣传礼品等形式给牧民群众讲解《中华人民共和国民法典》《中华人民共和国人民调解法》等与牧民息息相关的法律知识，积极引导牧民群众尊法学法守法用法，切实增强群众的法律意识，为促进牧区和谐稳定营造了良好的法治氛围。

年内，开展"法律进牧区""法律进企业""打击养老诈骗"等法治宣传教育活动 48 场次，发放各类法治宣传资料 12600 余份，受教育牧民群众达 9820 余人。同时，县检察院、各乡镇、村（居）以 3 月"领导干部下基层大接访办实事"为契机，深入开展"法律进乡村"法治宣传教育活动 10 余场次，活动期间，为广大牧民群众详细解读区市第十次党代会精神、《中华人民共和国民法典》等，为中共二十大胜利召开奠定了良好的法治氛围。

2022年5月30日，法律援助律师到富民矿业开展法律进企业专题宣讲活动

【社会治理】 年内，深化"三调联动"工作机制，继承发扬"新时代枫桥经验"，积极参与基层治理体系建设，充分发挥人民调解在基层治理体系中的作用。截至年底，全县各级人民调解组织共受理各类矛盾纠纷 98 件，其中婚姻家庭纠纷 45 件，邻里纠纷 8 件，房屋宅基地纠纷 1 件，合同纠纷 6 件，生产经营纠纷 1 件，损害赔偿纠纷 1

2022年5月26日，当雄县司法局、县普法办联合县人民法院到曲登羊阁村开展“美好生活、民法典相伴”主题宣传活动

件，山林土地纠纷7件，劳动争议纠纷14件，其他纠纷15件；调解成功94件，调处成功率95.9%；各级调解组织开展矛盾纠纷排查466次；充分发挥乡、村(居)人民调解组织排查化解矛盾纠纷主力军作用。

年内，通过社区矫正电子监管平台对在册社区矫正对象落实手机定位，全天24小时不间断定位，基本实现社区矫正工作的电子定位全覆盖。截至年底，当雄县司法局开展社区矫正调查评估14起，出具建议适用社区矫正意见11起、建议不适用社区矫正3起。开展社区矫正对象集中教育121人次，开展集中公益服务118人次，开展社区矫正对象个别教育谈心谈话506人次。全面实现刑释人员“无缝对接”。

【法律服务】 年内，进一步加大法律援助资源的整合力度，及时受理案件，及时指派律师，全面保障法律援助对弱势群体的覆盖范围。截至年底，共办理法律援助案件118件，其中，刑事案件12件(含认罪认罚案件7件)，民事法律援助案件106件(涉及农民工请求支付劳动报酬案件36件)。接待群众来访、来电法律咨询近375人次，主要涉及未成年人抚养费、抚养权、机动车交通事故责任赔偿等问题。

年内，共受理公证咨询业务34件，协助上级公证部门办理公证业务11件，接待群众100余人次，耐心解答与群众生活息息相关的涉及财产继承、遗嘱、赠予、委托等相关法律问题。

【新冠疫情防控】 年内，认真贯彻落实上级有关疫情防控的指示精神，全力抓好司法行政系统疫情防控工作。落实落细各项疫情防控措施，加强防控物资配备，降低快递包裹传播风险，不定期对大门口、楼道、停车场等场所进行清洁消毒，加强系统人员出行管理，严格要求履行外出报批手续。切实提高窗口部门疫情防控工作，所有窗口均完成场所码创建工作并严格按照要求落实使用。重点加强社区矫正对象疫情防控管理、刑满释放人员的衔接工作。同时，积极组织局机关干部、司法所干部参加辖区疫情防控工作，先后参与支援拉萨疫情防控工作3人、参与辖区核酸采样工作6人。

(达娃卓玛)

【机构领导】

党组书记、局长

范国林(8月免)

左世成(水族，11月任)

党组成员、副局长

达娃卓玛(女，藏族)

吉　宗(女，藏族，6月任)

经济管理

发展和改革

【概况】 当雄县发展和改革委员会是政府宏观调控、经济管理的综合职能部门，为正科级，加挂当雄县粮食和物资储备局牌子。当雄县发展和改革委员会（粮食和物资储备局）坚持以习近平新时代中国特色社会主义思想为指导，深入贯彻中共十九届六中全会和自治区、拉萨市第十次党代会精神，贯彻落实习近平总书记关于改进作风狠抓落实的重要论述，结合当雄县发展和改革委员会实际，以推动高质量发展、着力促进县域经济社会持续健康发展为目标，全面落实各项工作。

2022 年，当雄县发展和改革委员会（粮食和物资储备局）总共 13 人，其中行政人员 7 人（援藏干部 1 人），工人 2 人，西部计划志愿者 1 人，“三支一扶”1 人，公益性岗位 2 人。

【编制经济报告】 年内，通过加强沟通协调和定期调研，按季度分析全县经济运行情况，并向县委常委会汇报。结合全县工作开展实际，对全年国民经济和社会发展情况进行认真、客观的总结。编制完成《当雄县 2022 年国民经济和社会发展计划执行情况与 2023 年国民经济和社会发展计划（草案）的报告》，并于 12 月在县人大会上审议通过。

年内，面对新冠疫情的冲击，当雄县经济发展供需两端持续承压等异常严峻复杂，全县上下在区市党委、政府的坚强领导下，主动作为，精准施策，坚持一手抓疫情防控、一手抓经济社会发展，全力以赴稳住经济基本盘，多措并举开展当雄县保民生、稳经济、促发展工作。

年内，实现地区生产总值 24.99 亿元；全社会固定资产投资完成同比下降 72.5%；规模以上工业增加值完成 0.55 亿元；社会消费品零售总额完成 17.04 亿元；农牧民人均可支配收入达 25050 元。

2022年6月14日，当雄县发展和改革委员会主任嘎松达吉（右二）一行到格达乡调研2022年固定资产投资项目进展情况

【项目工作】 年内,当雄县固定资产投资完成任务为16.76亿元,根据投资任务增长目标制定投资计划。2022年初全县计划实施项目92个(含确定实施项目74个,争取实施18个),计划总投资30.57亿元,计划2022年完成投资17.39亿元,其中,中央、区、市投资7.96亿元,援藏投资1.1亿元,地方政府专项债0.8亿元,企业投资4.99亿元,其他投资0.29亿元,本级投资2.25亿元。

统筹推进重点项目建设。其中市级重点项目15个,已开(复)工13个,完成入统投资1.48亿元,县级重点项目5个,已开(复)工5个,完成入统投资0.74亿元。

2022年2月22日,拉萨市级关于易地扶贫搬迁后续扶持工作调研组一行到当雄县5个安置点调研

【粮食和物资储备】 年内,持续推进涉粮巡察整改工作。2021年拉萨市委涉粮问题专项巡察六组巡察当雄县涉粮单位及国有企业,提出反馈整改意见中由当雄县发展和改革委员会牵头整改任务共有12项,涉及整改措施33条。截至年底,整改完成11项,未整改到位1项。2020年3月,县粮食公司未签订合同便向徐州大元饲料科技有限公司支付订购60吨大米资金27.12万元,至今未收到大米,仅收到退回的预付款2万元"。2021年11月22日,县净土公司、粮食公司及县司法局召开专题会研讨,截至年底,原定于2022年8月15日睢宁县人民法院的开庭日因疫情一再拖延,案件已按撤诉处理。在疫情结束后,县粮食公司向当雄县司法局法律援助律师咨询相关问题及将此前相关起诉状及佐证材料交给律师,着手委托该律师为案件代理人,争取将开庭地点设在当雄县,积极推进加快案件起诉进度。

年内,推进粮食储备工作。努力完成县级储备粮增储任务,为进一步落实市级关于充实地方储备粮规模,加快供给稳定、储备充足、调控有力、运转高效的落实安全保障体系,构筑当雄县粮食安全屏障,实现当雄县地方粮食储备半年左右需求的储备规模,结合当雄县已储备285.6吨地方储备粮的基础上,2022年县级储备粮增储总规模700吨。截至年底,已增储完成。为更好履行乡镇救灾物资管理,申请委内党组会议审议通过《当雄县救灾物资储备库库管员劳务合同》后,已签订纳木湖、乌玛塘、格达乡救灾物资储备库管员与乡镇劳动合同、乡镇与当雄县发展和改革委员会代储协议,促进乡镇救灾物资管理规范化,提升防灾应急能力水平。

强化粮油市场动态监测,采用全年日报、周报、月报形式,深入粮食市场调查,全面做好疫情期间粮油市场供需稳价工作。开展储粮安全监测和政策性粮食数量质量大清查"回头看"和粮食库存自查工作,做到有仓必到,有粮必查、查必彻底。确保粮食企业不出现重特大粮油储存事故和政策性粮食出库难、安全生产事故。

4月23—25日,组织干部职工4批次12人次,对行业监管范围内的县乡两级粮食物资储备库、县粮食公司、国网供电公司、光伏地热能源企业进行安全生产大检查。

【物资保供】 年内,当雄县发展和改革委员会物资保供组全面配合开展物资保供工作,发放统计应急物资、粮油物资等。疫情以来,结合当雄县城镇居民、农牧民群众防疫需求，发放各类应急物资6324件。其中包括棉帐篷131顶，折叠床305个，棉大衣401件，棉被3040床，棉褥305床，清茶砖1870块等。合理调拨粮油储备物资，现已转换60余吨青稞为糌粑供应市场，确保粮油市场供应充足、价格稳定，全力做好防疫保供工作。此外，积极鼓励干部投入防疫工作，疫情开始以来，先后参加防疫志愿工作人员4人，坚持于志愿岗位，全力支持防疫工作。

【稳经济工作】 年内，成立当雄县第十三届人民政府经济工作领导小组，调动县相关单位开展稳经济工作，形成扁平化工作体系。当雄县发展和改革委员会全力协调参与县域稳经济专班工作，认真贯彻落实自治区《关于稳经济若干临时性措施》及《拉萨市关于落实自治区〈关于稳经济若干临时性措施〉的配套措施》，参与多次调度会议，集中学习、集体研判、走访宣传，针对配套措施，细化具体措施，明确牵头、配合单位及执行期限，逐条逐项清单式罗列政策的享受对象、补助标准及补助流程。协同相关单位，做好当雄县保民生、稳经济、促发展工作，推动疫情后的复工复产工作。

年内，为进一步明朗当雄县疫情后的产业发展方向，县稳经济工作小组结合各单位各行业部门已定规划，制定县域能源文旅等资源分布图、各乡镇主导产业分布图等，为今后优势产业开发，推动经济复苏奠定了基础。

【价格督导】 年内，共办理涉案物品价格认定案件7件，涉案标的金额43939.5元。同时，当雄县发展和改革委员会着手推进供暖指导价认定工作，确保供暖系统如期保障政府大院干部职工的稳定供暖。

【节能减排】 年内，全面完成全县公共机构单位能源资源消费情况统计工作。通过悬挂横幅、分发节能减排宣传材料等方式，到机关、学校、餐馆、宾馆以及能耗用量较大的企业、淋浴店等进行节能宣传教育，动员号召社会各界宣传节能、重视节能、参与节能，提高节能工作成效。

2022年3月21日，当雄县发展和改革委员会召开招投标领域业务知识专题学习会议

【援藏项目建设】 年内，援藏项目6个，其中，续建项目3个，新建项目3个，计划总投资1.25亿元。2022年，以现场办公方式召开援藏项目专题推进会3次，分析当前项目存在的问题，提出针对性措施，协调推进援藏项目进度，实现4900万元投资。

【作风常态化工作】 年内，为贯彻落实区市党委、县委改进作风狠抓落实工作动员部署会精神，常态化推进改进作风狠抓落实，当雄县发展和改革委员会按时开展周报、月报、季报及专报工作，积极汇报发改工作动态。

年内，当雄县发展和改革委员会结合业务实际，制定“比学赶帮超”活动实施方案，聚焦项目工作，分别于3月21—22日开展2期招投标领域业务知识专题学习会议，参加学习共21人次，实现委内干部和各科室全覆盖，了解项目业务；在结对单位开展“比学赶帮超”活动。

（尼玛旦珍）

【机构领导】

主　任

扎　　桑（女，藏族，1月免）

嘎松达吉（藏族，7月任）

副主任

颜 峰（北京援藏，7月免）

景少尉（北京援藏，8月任）

格桑达瓦（藏族）

杨光富（6月免）

程奎元（6月任）

财政

【概况】 当雄县财政局位于当雄县当曲河东路19号，是政府经济综合部门，主要负责全县的经济工作，加挂当雄县国有资产监督管理委员会牌子。人员编制8人，现有干部职工17人，其中，行政编制7人，事业编制7人，工人1人，公益性岗位2人。

【经济运行情况】 年内，全县一般公共预算总财力224681万元，比2021年增加4438万元，增长2%，其中，县本级一般公共预算净收入完成1428万元（扣除增值税留抵退税4636万元，完成6065万元，其中税收收入为4223万元，非税收入为1842万元），剔除留抵退税影响，比2021年同期减少14162万元，同比下降70.02%，完成年初预算安排的24.85%（主要受增值税留抵退税影响，退税4636万元，导致税收收入锐减。受新冠疫情影响，国内增值税、企业所得税、个人所得税、资源税、城市维护建设税等税种税收均有下降。受一次性因素影响，2021年西藏交投公路工程项目建设管理有限公司缴入违法占地罚没款7032.36万元等）。上级补助收入180136万元，其中，返还性收入2437万元，一般性转移支付收入154020万元、专项转移支付收入23679万元；国有资本经营预算调入116万元，下降1.69%，动用预算稳定调解基金43000万元。当年一般公共预算支出169437万元，占总财力的75.41%，完成年初数92.17%，同比下降4.9%；上解支出354万元，安排预算稳定调解基金46094万元，年末直达资金结转8796万元。

2022年3月23日，当雄县财政局局长泽仁顿珠（左二）主持召开国企负责人离任审计整改推进会

年内，全县政府性基金预算总财力9264万元，比2021年增加3147万元，增长51.45%，其中县本级政府性基金预算收入1138万元，上级专项补助收入126万元，专项债券收入8000万元。当年政府性基金预算总支出8470万元（专项债券支出7318万元），比2021年增加2353万元，增长38.47%，年末结转794万元。

年内，全县国有资本经营预算总财力569万元，比2021年增加176万元，增长44.78%，其中县本级国有资本经营预算收入386万元，上级专项补助收入183万元。当年全县国有资本经营预算支出54万元，比2021年减少221万元，下降80.36%；调出国有资本经营收入116万元，年末结转399万元。

【财政收支管理】 年内，加强财政收入管理，积极培育引进新税源，认真分析研判县域税源，多次联合县税务、商务等部门召开税收推进会，在推进全县税收工作的同时，对县内税源企业，特别是重点税源企业税收情况进行分析研判，及时掌握税源变化趋势。加大存量资金盘活力度，邀请第三方机构，定期对各预算单位沉淀资金进行清理。优化财政支出结构，坚持量入为出、有保有压、可压尽压，严格一般性行政支出，控制会议规模、档次，逐年压缩公车购置及运行费用、公务接待等费用。严格库款运行监测，安排专人监测库款，认真测算可安排的资金量，优先安排“三保”支出和疫情经费支出，保障民生等重点领域支出。

2022年6月8日，西藏自治区财政厅工作人员到当雄县检查财经秩序工作

【财政改革】 年内，全面实施政府支出经济分类科目改革，及时据实调整预算编制系统软件的参数设置，提升部门预算科学化、精细化水平，建立全面规范透明、标准科学、约束有力的预算制度。严格预决算公开，扩大公开范围，细化公开内容，规范公开方式，加强社会监督，按照《中华人民共和国预算法》规定，在批复下达2022年部门预算的同时，在县政府门户网站公开晒出2022年度部门预算和“三公”经费预算和2021年决算，同时完成2022年预算绩效编制和2023年预算编制安排工作。

推进预算一体化改革，推行至各预算单位进行核算的单位共有31家，全部实现预算执行上线运行，同时，整理印发《常用财务规章制度汇编》《主要业务和事项财务处理举例》等多项财务规章制度，举办各独立预算单位集中培训5次、县财政局业务人员集中讨论和学习10余次。

【作风建设】 年内，进一步转变作风，提高工作效率，加大财政自身建设，严肃财经纪律，规范职权行为，全面提升财政干部队伍整体素质，努力建成一支群众满意的财政干部队伍。以党建为引领，积极开展党史学习教育、“三新”大讨论大学习、“三更”学习教育，全年深入学习中共十九届六中全会、中共二十大精神、习近平总书记重要讲话精神20余场次，参与200余人次；召开中央第七次西藏工作座谈会专题学习研讨、“三新”大讨论4场次，参加50余人次；组织观看十三届全国人大四次会议开幕式等5场次，参与70余人次；组织党史学习教育7场次，参加80余人次；开展党员志愿服务暨城乡环境整洁活动7场次，参与100余人次；开展走访慰问结对帮扶困难群众3场次，参与30余人次；开展党风廉政专题教育3场次，参加50余人次；传达学习上级纪委文件30余次；开展节前廉政教育10次；听取支部党风廉政建设工作汇报2次，参与30余人次。

【新冠疫情防控】 年内，为贯彻落实习近平总书记关于“疫情要防住、经济要稳住、发展要安全”的指示精神，以及国务院、自治区经济相关政策措施，有效应对新冠疫情带来的不利影响，财政局积极发挥财政职能，加强疫情经费调剂，加快疫情资金拨付，加大防疫政策落实，全力保障重点时期疫情防控经费支出。推进减免国有房屋租金工作，限期全面完成减租工作，在一定范围内进行公告，畅通投诉咨询渠道，及时解决承租人困惑，上门收集承租户营业执照复印件、近期营业照片、租房合同等，与其签订减租告知承诺书，不折不扣将房租减免政策落实到位，确保应减快减、应减尽减。

积极化解拖欠民营企业账款，全面摸底排查拖欠情况，及时建立拖欠账款台账，因类施策、精准发力，集中多方力量推进化解拖欠工作。派出志愿者7名，从事物资保供、核酸采购、逆行拉萨抗疫等志愿服务；为抗疫志愿者采购并配送生活物资1450余项，数量2.4万余个（箱、包、袋），金额75.25万元；千方百计解决干部群众药品与母婴用品需求，为全县干部群众代购药品20余次，涉及金额10万余元，代购奶粉与尿不湿等10余次，涉及金额5万余元。“十一”期间，全员参与牦牛肉分拣、包装、搬运。

【国有企业改革】 年内，全县国资国企改革工作坚持稳中求进工作总基调，瞄准企业“四大产业”，以提高发展质量和效益为中心，加快推进特色优势资源整合，不断提升和壮大国有经济发展内生动力。推行职业经理人制度，指导西藏雄迈公司市场化选聘1名副总经理、2名财务人员，免去原当雄城投公司副董事长、总经理职务。

做好借（抽）调干部清理整顿，协同县委组织部、人社局，与在企业兼职（任职）的机关事业单位11名干部进行分别谈话，征得所有干部自愿，返回原单位，并了解记录每一名干部返岗诉求，作为组织、人社人事调整的参考意见，上会通过清退工作，做好工资转移工作。

促进集团公司合并重组，召开参与国企改革工作推进会5次，专题听取雄迈公司工作汇报，研究历史遗留问题整改，推进公司对外合作各项事宜。

有效落实监管职能，探索雄迈公司发展思路，邀请资深律师团队入驻当雄，为全县国有企业改革发展提供常年法律顾问服务；建立国有资本运行体制，印发修订和新增公司制度16则；规范集团公司会计核算，为西藏雄迈公司及下属子公司购置一套集团财务软件；落实国企经营业绩考核，召开2021—2022年度国有企业负责人经营业绩考核专题会议，通报2021年度考核情况，部署2022年度考核工作；现场督查企业，全年督导检查企业值班、消防安全、疫情防控等重点工作20余次，研究通过企业议题提交政府常务、党组会议研究共11项。

加强国有企业党的领导和党的建设，批准成立西藏雄迈控股有限公司党支部，完成企业党支部负责人抓基层党建工作述职，开展企业负责人廉政谈话2次。

（秦　冬）

2022年4月7日，当雄县财政局举办财务知识专题培训会

【机构领导】

局　长

泽仁顿珠（藏族）

副局长

谭铁亮（6月免）

谭耀华（6月免）

严　洁（北京援藏，7月任）

拉　珍（女，藏族，6月任）

秦　冬（6月任）

自然资源管理

【概况】 当雄县国土总面积1022902.95公顷。其中湿地62568.52公顷、林地52802.63公顷、草地733000.42公顷、商业服务业用地176.65公顷、工矿用地216.65公顷、住宅用地616.13公顷、公共管理与公共服务用地221.62公顷、特殊用地236.42公顷、交通运输用地2407.38公顷、水域及水利设施用地128950.83公顷、其他土地41705.7公顷。积极推进建设用地预审工作。继续严格按照节约集约用地制度和用途管制的原则，严格控制建设用地审批，认真做好项目用地的规划审查工作。办理用地预审12件，预审面积188.66亩。

【土地登记管理】 年内，当雄县地价全面按照《当雄县城区等8个

2022年6月22日，拉萨市自然资源局工作人员到当雄县富民矿山检查安全生产工作

乡镇土地定级与基准地价评估成果》实施，挂牌出让土地均要求作地价评估报告，形成《当雄县统一年产值标准与征地片区综合地价成果》。挂牌交易23宗地，招拍挂牌出让国有建设用地面积46.38亩，土地出让收益724.92万元，全县共兑现征地拆迁补偿资金910.89万元。

【林业和草原管理】 截至年底，完成草原征占用审批14宗，收取植被恢复费233.65万元。2022年虫草产量95.045千克，按照市场价每千克15万元计算，群众现金收入为1470.7万元。当雄县结合“3·12”植树节活动，以深入推进国土绿化为目标，组织人员开展植树造林活动，共购置12000余株云杉、阿里班公柳、速生槐等，成活率较高、长势较好。共计发放森林草原防灭火相关知识手册等资料800余份，收到较好的宣传效果，增强全民防火意识，确保林草防火安全；组织牧民群众2000余人，对5万亩草场实施草原“三灭”工作，有效控制草原的鼠害，恢复了牧草的正常生长，保护了草原生态环境。

在全县范围内开展野生动物疫源疫病防治专项行动，要求各乡镇、村、居及各相关单位明确防控责任，落实防控措施，从严监管，全力以赴做好野生动物防疫防控工作；年内，当雄县国有公益林管理面积为126.49万亩，集体公益林管理面积为0.29万亩，共计聘用433名护林员。

【矿山违规行为处罚】 年内，完成矿山领域安全生产排查6次、联合检查各矿山复工复产2次、县领域内各砂场和矿山排查6次。

【土地矿产卫片执法监督检查】 年内，已完成20个矿产卫片图斑实地核查工作。

【卫片执法】 年内，已完成142处土地图斑实地核查工作任务，其中合法图斑18处，其他图斑108处、违法图斑16处。

【村庄规划编制】 年内，当雄县格达乡格达村、宁中乡巴灵村、乌玛塘乡郝如村的村庄规划编制已完成。当曲卡镇当曲卡居委会、曲登居委会、纳木湖乡纳木湖村村庄规划编制招标工作已完成。

2022年5月24日，当雄县自然资源局工作人员到华钰矿山检查复工复产

【加快审批进度】 年内，简化审批程序，精简申请办理“一书三证”所需提供的材料。截至年底，共办理建设项目用地审批与选址意见书15个、建设用地规划许可证15个、建设工程规划许可证24个。

【不动产登记】 年内，当雄县不动产登记中心共办理104件，其中房屋首次登记15件，房屋转移登记15件，变更登记15件，房屋注销登记1件，合并登记1件，遗失补证1件，房屋抵押登记29件，抵押注销登记27件。

【普法宣传】 年内，利用“3·12”植树节活动、“4·22”世界地球日、“6·25”全国土地日，以发放传单、设咨询台等方式，开展相关土地法律、森林法律、法规宣传活动，为群众解答疑难，发放宣传资料1500份。

（尼玛卓嘎）

【机构领导】

局　长

嘎松达吉（藏族，5月免）

杨 光 富（6月任）

副局长

尼玛卓嘎（女，藏族）

肖 人 狄

统计

【概况】 当雄县统计局为县政府的正科级行政单位，下设社会经济调查队。2022年，共有编制9人，行政编制4人，事业编制4人，1名工人（驾驶员）。其中，正科级1人，副科级1人，调查队副队长1名，5名统计工作人员。

当雄县统计局主要承担组织领导和协调全县统计工作，确保统计数据真实、准确、及时；负责对全县主要经济指标数据的统计监测工作；组织实施全县人口、经济、农牧业等重大国情国力普查，汇总、整理和提供有关国情国力方面的统计数据；组织实施农林牧渔业、工业、建筑业、批发和零售业、住宿和餐饮业、服务业、劳动工资等全县性基本统计数据；组织实施60户国家和地方农牧民收支记账的统计；定期发布全县国民经济和社会发展情况的统计信息。

【经济总量】 年内，地区生产总值实现24.99亿元，同比下降0.6%（可比价）。

【全社会固定资产投资】 年内，全社会固定资产投资同比下降72.5%。

【农牧民人均可支配收入】 年内，农牧民人均可支配收入实现25050元，同比增长7.6%。

【社会消费品零售总额】 年内，社会消费品零售总额达17.04亿元，同比下降12.6%。

【规模以上工业增加值】 年内，全县规模以上工业增加值完成5469万元，同比下降54.2%。

【核查固定资产投资项目】 7月6日、18日，为进一步做好全县固定资产投资项目入库工作，县统计局局长带队进行固定资产投资项目核查走访。走访期间，边参观国道109线危桥改造项目以及羊八井鲁登罗桑综合服务中心建设情况，边听取工作人员介绍企业投资情况，对项目建设是否已入库和项目投资进展情况作评估。通过此次实地走访核查企业，更直观了解项目建设实际情况，促

2022年7月20日，当雄县统计局召开统计造假不收手不收敛问题专项纠治专题部署会

进今后统计工作的开展，也增强了企业对统计上报数据“准确性”的认识。

【专项纠治专题部署会】 7月20日，为深入贯彻落实国家、自治区、拉萨市关于统计造假不收手不收敛问题专项纠治工作精神，局长主持召开统计造假不收手不收敛问题专项纠治专题部署会，安排部署当雄县统计局贯彻落实措施。会议传达学习《国家统计局关于安徽省、福建省、江西省等有关地区统计违法案件的通报》，自治区、拉萨市统计造假不收手不收敛问题专项纠治工作动员部署会议精神。会议指出，开展统计造假不收手不收敛问题专项纠治工作是推进依法治统的关键抓手。

年内，当雄县统计局认真贯彻落实习近平总书记关于统计工作的重要指示和批示以及中央《关于深化统计管理体制改革提高统计数据真实性的意见》《统计违纪违法责任人处分处理建议办法》《防范和惩治统计造假、弄虚作假督察工作规定》《关于更加有效发挥统计监督职能作用的意见》和统计法律法规，坚定不移推进依法统计依法治统，坚持惩治统计造假、弄虚作假行为，切实为维护统计数据质量提供了坚强保障，有力保持了“统计净土”。

【新冠疫情防控】 年内，当雄县统计局深入贯彻落实自治区、拉萨市和当雄县新冠疫情防控工作有关会议精神，积极行动、主动作为，坚决贯彻“动态清零”总方针不动摇、不放松，为当雄县疫情防控工作贡献统计力量，展现统计担当。

2022年11月30日，当雄县统计局党支部召开党建工作专题会

针对疫情防控新形势新变化，根据县疫情防控领导小组有关要求，当雄县统计局认真排查从疫情高、中风险地区返回当雄的干部职工情况，要求相关人员主动报告有关情况，并严格按照疫情防控规定要求配合做好管理，确保人人所处地点清、健康情况清。全局人员及其亲属身体状况良好，无涉疫情况问题发生。

根据上级通知，组织2名党员干部下沉到当曲居委会，协助做好沿街商户网格化管控、宣传教育以及全员核酸检测等相关工作，筑好“外防输入、内防输出”最关键的防线，共登记商户148户、339人次，为全力打赢疫情防控战贡献统计人的力量。

【农牧业年报布置培训会议】 年内，当雄县统计局组织召开农牧业年报布置培训会，各乡（镇）统计、农业农村局、县统计局等专干10人参加会议。会上，副局长尼玛次旦就农牧业年报工作强调两方面意见：一方面高度重视统计年报工作，统计年报是全年工作成果的全面体现，当前正是统计年报上报的关键时期，要集中工作精力，加快年报进度，采取有效措施，按时、保质完成上报。另一方面各统计人员要加强沟通交流，对相关数据要做到应统尽统，防止虚报、瞒报、漏报，确保数据的真实性和准确性，加大对数据的审核力度。

【党建工作】 11月30日，支部书记、局长白玛措姆主持召开党建工作专题会议，对党建、党风廉政等相关工作进行安排部署。会议要求，增强“四个意识”、坚定“四个自信”、做到“两个维护”，抓好中共二十大精神学习，以身作则，率先垂范。严格落实党建工作各项制度规定，进一步提高“三会一课”、主题党日、规范整治党务工作突出问题、常态化疫情防控志愿服务活动等工作，结合统计工作特点，主动作为，补齐短板，突出特色，培育和打造当雄统计党建特色。坚持以党建为统领，坚持以统计数据助力乡村振兴为着力点，明确责任分工，进一步加强党的组织领导，以党的建设高质量推动统计事业发展高质量，不断提升抓党建的领导能力和工作水平。

【住户调查工作总结】 12月13日，当雄县统计局开展2022年住户调查工作总结暨新老辅助调查员慰问活动。县常务副书记、常务副县长闫涛出席会议并讲话。当雄县统计局局长白玛措姆、社会经济调查队副队长顿珠旺杰、各调查点辅助调查员参加会议。会上，白玛措姆全面总结过去5年住户调查工作及2022年住户大样本轮换工作开展情况，提出住户调查工作中存在的问题，也对下一步工作进行部署。县常务副书记、常务副县长闫涛肯定过去5年当雄县住户调查工作所取得的成绩，代表县委、县政府感谢各调查点辅助调查员的辛勤付出，同时对下一个5年住户调查工作提出新要求，指明新方向。

（尼玛次旦）

【机构领导】

局　长

白玛措姆（女，藏族）

副局长

尼玛次旦（藏族）

经济调查队副队长

顿珠旺杰（藏族）

审计

【概况】 2022年，当雄县审计局有干部职工3人，工人1人，公益性岗位1人。当雄县审计局一直秉持应审尽审、凡审必严、严肃问责的工作原则，负责政府各部门和所有企事业单位的审计监督工作，包括组织实施审计方针政策、法律法规；受委托研究起草有关审计行政管理的地方性法规、规章草案以及提交审计相关工作报告。

【审计委员会】 5月，县委审计委员会2022年第一次会议召开，会议传达学习全国审计工作会议精神，自治区党委审计委员会2022年第1次会议精神，区党委副书记、自治区主席严金海到自治区审计厅调研讲话精神，听取2021年度全县审计工作开展情况和全县审计项目整改工作情况，审议通过当雄县2022年审计项目计划，审议当雄县“十四五”审计项目计划，审议当雄县“十三五”政府投资项目审计全覆盖工作方案，计划主要围绕当雄“125”发展思路、乡村振兴等中心工作，瞄准县委最关心、人民群众最关切的问题，制订审计工作计划，精准定位审计监督与高质量发展的结合点、发力点、突破点。当雄县审计局依法履行审计监督职责，积极推进审计改革创新，扎实推进审计干部队伍建设等，对全年审计工作作计划安排。

【履行审计监督职责】 年内，实施审计项目17个，涉及资金349982.53万元，查出审计问题121条，提出审计建议176条，出具审计报告11份，审计专报4份，向县纪委监委和相关部门移交问题线索3条。追缴资金128.14万元，挽回损失1160万元；规范国有资产管理，涉及资金3779.36万元。

年内，对全县学生“三包”政策执行情况进行延伸审计。对

2022年6月9日，当雄县召开2022年度第一次审计委员会

2022年6月9日，当雄县召开2021年度本级预算执行和其他财政收支情况审计进点会

2017年至2021年4月全县学生“三包”政策执行情况进行延伸审计，审计查出问题3条，提出审计意见建议7条，通过审计，要求县教育局严格落实“三包”政策制度，规范管理和信息公开，发现问题提出整改意见，杜绝此类问题再次发生。

完成当雄县政府及县财政等7家单位的2021年度财政预算执行审计，审计项目共发现审计问题154条，提出审计建议10条，共涉及资金达26925.2170万元，完成审计报告编制工作，完成被审计单位的意见征求，待审计委员审议通过后，发布审计报告，指导督促被审单位按照规定时间节点整改到位，推动依法行政、依法理财，提高财政资金使用绩效。

受县委组织部委托，县委审计委员会批准，县审计局依法对当雄县教育（体育）局原局长乾某任期经济责任履行情况进行审计，审计共查出问题35项，提出审计建议7条，设计资金3764.05万元。

根据当雄县“十三五”政府投资项目审计全覆盖工作方案，年初完成审计服务机构的招标工作，由于突发疫情未能开展现场审计。全年完成“十三五”“十四五”政府投资重点项目前期经费、县“信息化建设”和县区外设机构等三项内容进行专项审计，审计涉及资金1000万元、查找审计问题1条、审计建议1条。对西藏唐拉水资源开发有限公司2020年至2021年6月运营情况进行调查并出具调查报告。发现唐拉水资源开发有限公司未健全库存商品管理制度，存在财务与业务脱钩、未严格按权责发生制核算等问题，导致公司亏损，亏算资金300万余元。

（格桑白珍）

【机构领导】

副局长

余洪波（主持工作）

经济和信息化

【概况】 当雄县经信（商务）局属当雄县政府的一个正科行政单位，主要执行国家、自治区、市有关经济和信息化工作，内外贸易和经济合作方针政策和法律法规，拟订当雄经济和信息化、内外贸易和经济合作的发展规划并组织实施。

【招商引资】 年内，为进一步加大招商引资工作力度，优化营商环境，更好发挥招商引资对当雄县经济社会发展的促进作用，吸引和鼓励外来投资者到当雄县投资兴业，推动当雄县经济社会高质量发展，在县委、县政府的指导下，根据自治区及拉萨市相关政策，研究出台当雄县招商引资12条激励政策，进一步围绕当雄县五大主导产业，聚焦企业税源建设，通过招商引资政策加码，吸引优质企业落户。

【企业复工复产】 年内，以优化营商环境为抓手，全面提升企业服务水平，疫情期间，加强项目前期审批流程服务，重点了解企业在前期手续办理中遇到的困难和问题并帮助协调解决。复工复产后，制定《企业走访、宣讲激励政策工作方案》，由县领导带队开展企业走访活动，宣讲自治区、拉萨市稳经济系列政策和当雄县招商引资12条激励政策等，深入了解企业生产经营、项目建设和稳经济政策措施享受等情况，并发放调查问卷，了解企业当前生产运行情况及面临问题，针对收集的问题进行分析梳理，推动问题及时快速解决，对于当雄县能解决的问题将及时调度、尽早解决。

【市场保供稳价】 年内，在县保供工作领导小组领导下，坚持“人民至上、生命至上”的工作理念和“保民生、保稳定”的工作原则，建立健全生活必需品市场供应突发事件的预警和应急处置机制，制定《当雄县应对突发大规模新冠病毒疫情生活物资保障及保供稳价工作应急方案》，及时采取有效的应急处置措施，确保县域生活必需品市场价格供给的基本稳定。新冠疫情防控期间，通过商务渠道共保障供应蔬菜415.5吨、鸡蛋55万枚、肉类产品15.4吨、干杂类产品48.5吨、水果13.3吨、牛奶制品8514件、方便食品18673件、日用品19332件。昌盛超市作为群众日常生活物资保障点，疫情防控期间坚持正常营业，基本满足群众日常生活需要。

【有序开展复商复市工作】 年内，全力抓好超市、蔬菜店等与民生息息相关的经营场所有序开放工作，制定《当雄县有序复商复市暂行方案》，按照“先大后小，先急后缓，先线上后线下”的原则，分批、有序恢复市场正常经营秩序。制定《超市、蔬菜店复工复市疫情防控工作指南（试行）》，从严从实、科学精准指导超市、蔬菜店复市工作，切实压实压紧“四方责任”。加大日常监管力度，及时发现问题解决问题，做到“管理无缝隙，执法不缺位”。重点检查市场主体员工健康监测、测温验码登记、戴口罩、“一米线”、清洁消毒公示记录等关键环节。

【碘盐配送】 年内，为全县8个乡（镇）48663人，配送加碘盐267.6465吨，收集碘盐货款133823.25元，100%完成2022年度农牧区碘盐配送计划。

【促消费稳增长】 年内，为进一步挖掘当雄县商贸领域内各超市、餐饮消费的市场潜力，开展“助企惠民·悦享消费”促消费工作。积极组织县域内的商户报名，并广泛宣传拉萨市“助企惠民·悦享消费”超市餐饮百货促销活动方案，并对当雄县有意愿参与报名商户的资质条件进行审核，提高商户对政策的知晓度、对促销活动的参与度，把好商户资格关、审核关。全县共有18家商户参与拉萨市“助企惠民·悦享消费”促销报名活动，受到商家及消费者的一致好评。

【服务中小企业】 年内，为企业提供及时、专业的服务，促进中小企业发展质量提升，缓解一部分企业用工结构性困难问题。

积极组织企业参加苏拉援藏产业对接会及2022年西藏自治区工业企业质量品牌能力提升线上培训。积极组织企业申报中小企业发展专项资金700万元。积极对接企业兑现拉萨市绿色发展试点第三批奖励资金40万元。落实2022年中小微企业宽带和专线平均资费再降10%政策，移动、联通、电信3家运营商共为中小微企业降费20.3万元。

【通信基础设施建设】 年内，根据自治区党委副书记、自治区主席严金海在当雄县开展“下基层大接访办实事”活动的重要指示精神，为解决当雄县偏远自然村及农牧民聚集区4G通信信号差、网速慢的问题，经市、县经信局和各

2022年11月28日，拉萨市商务局工作人员一行到当雄县调研招商引资工作

2022年10月15日，当雄县经济和信息化局工作人员到羊易光伏电站检查指导工作

运营商实地调研，在当雄县范围内新建成基站24个。

【工业经济指标运行情况】 年内，当雄县规模以上工业数值累计完成工业总产值14866.8万元，累计完成增加值5469.0万元。

【商贸领域指标完成情况】 年内，当雄县社会消费品零售销售总额170376.8万元。

【招商引资指标完成情况】 年内，当雄招商引资项目6个，累计到位资金4.27亿元。

（王 霞）

【机构领导】

局 长

宗 吉（女，藏族，5月免）

谭铁亮（5月任）

副局长

德西措（女，藏族，5月免）

孙 辉（北京援藏，7月任）

次仁顿珠（藏族，9月任）

韩 陆（12月免）

白玛卓嘎（女，藏族，12月任）

税务

【概况】 2022年，当雄县税务局以习近平新时代中国特色社会主义思想为指导，深入学习贯彻中共十九届六中全会、中央第七次西藏工作座谈会会议精神，认真贯彻落实全国、全区、全市税务工作会议精神，不断加强政治机关建设，持续巩固党史学习教育成果，扎实推进改进作风、狠抓落实工作，认真落实“组合式”税费支持政策。

2022年，当雄县税务局认真履行“为国聚财、为民收税”的职责，共组织收入19973.74万元，其中税收收入9150.49万元，社保费收入18228.81万元，非税收入1846.20万元。

【保费、残保金征缴】 年内，积极开展残保金、城乡居民养老保险征缴工作。按照“1+2+3”工作思路，充分发挥政府主导作用，统筹协调，与各部门密切合作，认真履职尽责有效解决城乡居民基本养老保险征缴工作过程中的“痛点”“堵点”“难点”问题。为确保当雄县城乡居民基本养老保险征缴工作按时保质完成打下了良好基础。顺利完成养老保险征缴工作，征缴进度达98%；完成全县76户机关事业单位残保金征缴工作，征缴金额达407.95万元，征缴比例达100%。

【党建引领税收中心工作】 年内，当雄县税务局党委严格落实党委会“第一议题”理论学习中心组学习等制度，始终坚持以习近平新时代中国特色社会主义思想为指导，深入学习贯彻中共二十大会议精神，落实党中央关于经济工作的决策部署。

持续打造“朝阳·极净”这一党建文化品牌，同时以“说、学、行、廉”四个主题活动为抓手，以培养勤学善思、主动作为、高效务实、严于律己的新时代税务好青年为目标。

将“便民办税春风行动”“我为群众办实事好事”活动统筹推进，将税收宣传作为民族团结进步示范创建工作的主要途径，加大对辖区内122户农牧民合作社的税收政策宣传力度、藏语和汉语辅导宣传等方式，积极营造民族团结氛围，不断铸牢中华民族共同体意识。及时全面系统梳理

2022年4月1日，当雄县税务局干部组织纳税人培训留抵退税操作流程

税费优惠政策12项，制作出《部分热点税费优惠政策指引》并进行广泛宣传，发挥税收力量为疫情中的困难群体纾难解困。

【纪律作风专项整治】 年内，深化“纪税”协作，持续整治作风顽疾，扎实推进改进作风狠抓落实工作，深入学习习近平总书记关于作风建设方面的重要论述，自治区党委书记王君正在全区改进作风狠抓落实工作动员部署会上的讲话精神，成立当雄县税务局改进作风狠抓落实工作领导小组。

开展“作风怎么看、工作怎么干、税务怎么办”大讨论活动，切实对照当雄县委作风办下发的《改进作风狠抓落实问题清单》进行自查自纠，深入整治损害党的形象、群众反映强烈的腐败和不正之风问题，坚决查处“四风”苗头性、倾向性、隐蔽性、变异性问题，积极回应干部群众、纳税人缴费人和社会关切问题。

【税务系统纪检体制改革】 年内，发挥纪检组专责监督作用，加强对各责任主体落实“两个责任”情况考核，纪检组组长根据《履行监督职责请示报告办法》，进一步明确履职内容。拟订干部廉政体检表，将监督对象细化至每一名干部职工、外聘人员，同时设立重点工作模块，在监督过程中发现问题的同时提取工作亮点，形成既有注重点又覆盖全面的监督局面。发挥廉洁文化养心育廉作用，通过“当税说”青年大讲堂，开展“廉政故事”宣讲活动，让干部廉洁意识根植于内心。以“当税廉”扬清风正气为载体，将“清廉机关”建设和“廉洁家风”有机结合，通过开展向家人写一封“家庭助廉书”，以家风培育助廉、家书传情倡廉，引导干部家属争做温暖贴心的助廉人。

【新冠疫情防控】 年内，当雄县税务局党委召开专题部署会议4次，及时补充调整新冠疫情防控领导小组成员，完善应急预案，排查风险隐患；制定“五个一”动态台账管理制度。每日对办公生活区进行监督检查，严格落实“三扫一测”、日常消毒等防控措施。及时梳理税费优惠政策，制作2期税费优惠政策指引电子书。根据疫情防控形势，有序恢复线下办税服务，配齐配全办税服务厅值班领导、导税咨询岗，明确专人落实“一扫一测三查”，统筹推进疫情防控工作

2022年8月10日，当雄县税务局党支部一行看望慰问新冠疫情防控一线老党员

和纳税服务不断档，组织全局干部签订《拉萨市新冠肺炎疫情防控“四方责任”目标责任书》，获得当雄县“无疫单位”称号。

（郭 浩）

【机构领导】

局 长

小 洛 布（藏族）

副局长

杨 宇（4月免）

桑珠平措（藏族，4月免）

党 永 良（4月任）

郭 治 平（4月任）

纪检组组长

平措曲达（藏族，4月任）

气象

【概况】 当雄县气象局机构规格为正科级，下辖7个区域无人自动站和1个交通气象站。国家正式编制6人，本科5人；大专1人，中共党员5名、预备党员1名。

2022年当雄县年平均气温为3.2℃，较常年偏高1.1℃；年内日最高气温24.5℃（7月8日），最低气温-23.7℃（1月4日）；年降水量415.0毫米，较常年偏少63毫米。年均日照时数为2701小时，较常年偏少229小时。

【抗旱及汛期气象服务】 年内，按照“三精”要求，在中共二十大和入冬之前对全县范围内8个无人自动站进行全覆盖检查维护，且密切监视天气变化，随时通过手机短信、当雄县24小时气象微信群等多种方式及时发布气象消息、周预报、每日预报、突发预警消息。进一步做好值班值守工作若有重要转折性天气，当雄县气象局及时发布预报预警信息；并将纸质材料呈送至分管领导和相关单位，为县委、县政府气象决策提供服务和保障。业务工作是气象工作的基础，当雄县气象局始终坚持提升业务测报及服务质量，年初把各项目标任务进行分解，明确责任主体，确保各项工作顺利推进。

按照质量体系检查要求地面测报方面按规定完成设备维护、软件升级、数据传输、监控及故障排除，数据准确率和传输及时率达标。按规定做好每日（月）数据文件的上传和备份工作。在预报服务方面认真做好预报分析会商，汛期认真贯彻气象服务规定，坚持24小时守班制，预报服务及时主动，重大灾害性天气过程按规定及时上报，天气预报准确率进一步提高，积极主动做好气象服务工作。截至年底，共发布决策气象服务周预报53期、实况专报3期、天气消息3期、道路结冰气象预警8次、节假日专题预报4期、虫草采挖期专题预报3期、疫情专报77期、教育局和消防部门专题专报2期，全县受众3万人次。

【普及气象防灾减灾】 年内，当雄县气象局利用“3·23”世界气象日、3月综治宣传月、“5·12”全国防灾减灾日、6月安全生产月、世界环境日等活动大力宣传气象防灾减灾和环保知识，活动通过拉横幅、发放宣传册等方式进行，达到了预期效果。

【党建工作】 年内，当雄县气象局党支部积极开展专题党课及集中学习会，全面深化党员思想认识，加强党的政治建设，坚定党员政治信仰、强化政治领导、提高政治能力、净化政治生态，坚决维护全

2022年2月16日，当雄县气象局工作人员到格达乡成兴加油站开展防雷安全检查

2022年3月23日，当雄县气象局工作人员组织开展气象宣传活动

党团结统一、行动一致。

严格落实“三会一课”制度，深入开展改进作风狠抓落实学习教育，及时把相关工作开展情况以周动态、月专报和季度工作总结的形式向县委作风办报送。截至年底，已报送周动态53期、月专报76期、季度总结3期，密切跟进县委、县政府的工作进度。开展系列特色主题党日活动，全体职工齐心协力翻土播种，把绿色健康的食品种在海拔4300米的高原上。当雄县委开展“比学赶帮超”结对活动，并与县税务局开展交流。认真贯彻落实当雄县委组织部下发的《当雄县县直机关、企事业单位党组织与村（社区）党组织结对共建工作方案的通知》要求，当雄县气象局与纳木湖乡色德村党支部开展结对共建相关工作。组织干部职工收看中共二十大开幕会，并制订学习贯彻中共二十大精神学习方案计划，始终把贯彻落实中共二十大精神作为当前和今后一段时期的首要政治任务，带领当雄县气象局全体干部职工抓好学习贯彻、抓好宣传宣讲、抓好工作落实、抓好党建引领，忠诚履职、开拓进取，在新时代新征程上展现新气象新作为。

【新冠疫情防控】 年内，深入贯彻习近平总书记关于疫情防控的重要指示精神，坚定不移贯彻落实党中央决策部署，坚持“外防输入、内防反弹”总策略和“动态清零”总方针，进一步提高政治站位，切实把思想和行动统一到县委、县政府的工作安排部署上来。

充分认清疫情形势，做到守好自己的门、管好自己的人，督促职工落实好“三天两检”措施。严明防疫工作纪律，严格落实好自治区疫情办有关文件精神，带头执行防疫纪律，落实防疫规定。严禁编造、传播、散布虚假信息或发表有关疫情不当言论。当雄县气象局党支部主动作为，发动党员先锋模范作用，组织在岗全局干部职工到县城内各核酸采样点开展“疫情防控、献爱心、送温暖”活动，助力核酸检测，共抗疫情。党员们先后前往当雄县藏医院核酸采样点、当曲卡镇核酸采样点、赛马场核酸采样点、县医院核酸采样点、高速出口防疫检查站，为防疫人员送去所需生活物资。按照当雄县无疫情单元（乡镇、社区、村居、单位、寺庙）创建工作要求，当雄县气象局申请无疫单位，经过多方综合考评，当雄县应对新冠肺炎疫情工作领导小组办公室认定当雄县气象局达到“组织机构健全、防控措施到位、疫情管控精准、宣教氛围浓厚、环境干净整洁、防控效果明显”六个创建标准，当雄县气象局被授予“无疫单位”称号。

（桑　珠）

【机构领导】

局　长

桑　珠（藏族）

农业农村

综述

【概况】 当雄县农业农村局由农业农村、科学技术、乡村产业发展局3个机构组成，下设冻精站、农业综合行政执法队、兽医站、牧业经济管理站、农牧业机械监理与技术推广站、马术队。

2022年，在职干部职工共50人，其中行政编制6人，事业编制27人（不含公益性），主要负责全县农牧业生产及技术推广、科学知识普及、动物防疫防控技术指导、培育新型农牧民经营主体、统筹实施乡村振兴战略、加强农产品质量安全监督管理等日常工作。

2022年11月4日，县委副书记、县长图登佩杰（前排右二）到牦牛科学养殖项目点调研

【党建工作】 年内，当雄县农业农村局党组发挥领学作用，以领导干部"关键少数"的示范引领带动学习，把学习习近平新时代中国特色社会主义思想作为党组会议和支部学习的第一议题、常设议题，有计划、分层次组织党员干部深入学习"必读篇"，跟进学习"最新篇"。截至年底，学习18次，参加人员540人次，撰写理论学习文章69篇。把学习与实际融合起来，把学习和成果转化结合起来，把《习近平谈治国理政》同中共十九届历次全会精神结合起来学，准确把握习近平新时代中国特色社会主义思想的深刻内涵。"学习强国"学习平台上线以来，全体党员干部积极参与"学习强国"学习平台学习，总分超6万分的党员10人，占比31.25%。以"三会一课"为抓手，充分利用党组学习会议、支部学习会议、支委会、主题党日等活动，组织全体干部职工开展学习，营造党员干部爱读书、读好书、善读书的浓厚氛围。以多种形式观看中共二十大直播、中外记者见面会，组织集中学习、集中讨论发言等，深入学习中共二十大精神、畅谈感悟，共计开展中共二十大学习4场次，参与86人次，撰写心得52篇。

【畜牧业】 年内,当雄县草原面积1036.36万亩,可利用面积937.255万亩,草畜平衡面积732.255万亩,禁牧面积205万亩,全县载畜量为87.03万只绵羊单位。截至年底,各类牲畜存栏46.8061万头(只、匹),其中,牦牛31.4408万头、绵羊11.6019万只、山羊3.3645万只、马0.3989万匹;各类牲畜出栏13.878万头(只),其中,牦牛8.677万头,出栏牲率为62.45%;幼畜出生8.6万头(只、匹),成活8.49万头(只、匹),幼畜成活率为98.72%;各类牲畜死亡9808头(只、匹);奶产量17342.825吨,肉产量14378.51吨。

2022年7月22日,拉萨市农业农村局工作人员到当雄县各乡镇农业综合服务中心检查指导农产品质量安全工作

【培育新型经营主体】 年内,共有167家合作社(运营规范23家,运营一般66家,因经营不善,停止运行或手续不齐未运行78家)。注册资金共计28381万元,成员人数2681人,辐射带动社员以外农牧民2759户、9736人。2022年经营性收入达到4849.6万元。

当雄县坚持以牧户自愿组建为原则,以联户或单户为单位,采取半舍饲和强度放牧相结合的方式,尽量缩短生产周期,逐步形成集中养殖的新模式。年内,共组建26家家庭牧场,年初牲畜(牦牛)存栏5370头,计划年出栏1074头,已完成育肥出栏932头,其中市场销售932头,实现经济总收入792.2万元,带动牧户75户,实现户均增收105626元,人均增收21125元,比育肥前每头增收2000余元。

立足特色畜牧业大县实际,按照区党委"三农"工作决策部署,努力探索创新牦牛集中育肥模式,当雄县3家牦牛育肥专业合作社,年初牲畜(牦牛)存栏13850头,计划出栏4025头。截至年底,已育肥出栏3085头,其中市场销售3085头,实现经济总收入2468万元,带动牧户626户,户均增收达39000元。净土牧场通过项目实施,牦牛养殖基地基础设施得到大力改善,牦牛育肥能力和技术支撑能力得到提升,年初实有牲畜(牦牛)3000头,2022年计划出栏1500头,已完成育肥出栏768头,其中市场销售768头,实现收入724万余元。

【业务工作】 年内,在完成成员身份界定及股权量化工作基础上,于2月完成29个村(居)开展2021年做账工作。截至年底,2021年账务工作已完成,清产核资工作并录入全国农村集体资产监督管理系统,已完成100%。

根据宅基地管理办法要求进行宅基地审批工作,已审批52户,其中新建19户,翻建、重建、扩建类33户。

按照区、市文件精神,当雄县纳木湖乡恰嘎村319户,开展热炕供暖(多功能藏式炉供暖系统)推广试点工作,处于前期准备阶段。

积极联系科研单位,探索全县牲畜的正向发展及种群的结构以及高寒种植技术的研究。

截至年底,共清点42.69万头(只、匹),其中成年牦牛23.1603万头,当年牲畜存栏5.2227万头;成年绵羊7.4928万只,当年牲畜存栏3.0502万只;山羊2.6209万只,当年牲畜存栏0.7805万只;成年马0.3582万匹,当年牲畜存栏0.0134万匹。截至年底,草原生态奖励资金共兑现2625.13万元。

【农牧综合执法】 年内,深入辖区开展督导检查行动16次,市场检查75次，共出动执法人员150余人次，集中力量检查食品经营店、饮食摊点、畜产品生产厂家、蔬菜水果店、小作坊150家次，解决立行立改过期产品15起，并在学校、食堂、餐饮店等人员密集场所张贴宣传牌850余张，并督促农产品经营者做好索证、索票的管理，要求生产主体单位规范进货台账。

从当雄县生产源头单位，共调出产品328.461吨，活畜952头（只、匹），形成可追溯动物及产品，检疫电子出证1278张。

当雄县农产品大型加工企业县净土公司、县高原蓝公司、乡镇报检点（乡兽防站）中推行承诺达标合格证。截至年底，已发放承诺达标合格证2350张，确保全县范围内覆盖率达到100%。

在全县范围内水果菜店、超市、企业等部门进行巡查检查、暗察暗访等工作。年内，开展联合检查16次，出动34人次，确保"菜篮子"产品质量安全监测覆盖全县。并安排4名检疫人员在羊八井一级检查站实行24小时轮班制度，对国道上运输的动物及动物产品进行检查和消毒，确保拉萨北大门食品安全保障。截至年底，羊八井检查站设卡共检查过往车辆33352辆、消毒车辆33352辆，检查活畜392765头（只、匹）、动物产品1409436.707吨。

推动现代化农业建设、农业转型升级，结合现代农业示范区和农产品质量安全县等项目，加快推进"三品一标"产品认证工作。截至年底，全县内已完成"当雄牦牛"地理标志保护产品认证和郭庆牧场畜禽养殖有机转换认证、高原蓝公司有机加工产品认证工作。

【动物防疫】 4月16日，开展春防工作，免疫牲畜共计494654头（只），其中，牦牛303300头，黄牛7988头，绵羊156339只，山羊27027只。10月17日，开展秋防工作，免疫牲畜共计507294头（只），其中，牦牛316415头，黄牛11096头，绵羊139926只，山羊39857只。

9月27日，开展羊痘疫苗注射工作。10月7日，完成注射羊痘疫苗共计179217只，其中绵羊137405只、山羊41812只。

8月，完成羔羊包虫病疫苗第一次免疫注射，共计42714只，其中绵羊31776只、山羊10938只。9月，完成第二次免疫注射共计42761只，其中绵羊31805只，山羊10956只。

6月10日，全面开展包虫病犬类投药及粪便收集工作。截至年底，已完成第六十四轮犬驱虫工作，2022年累计完成犬驱虫45819只。完成犬粪无害化处理34364.25千克。

截至年底，已兑现村级动物防疫员基本工资527.544万元、绩效考核奖励资金101.919万元；并对村级防疫员兑现离职补助15万元。

【防灾抗灾】 年内，进一步完善全县防灾减灾应急预案，充实防灾减灾工作领导小组成员，完善值班制度、防抗灾物资筹备实施方案以及各乡（镇）的牲畜转移方案，加大防灾减灾宣传力度。投入200万元，以政府采购方式进行购买防抗灾饲料。截至年底，当雄县现有储备饲（草）料库存共1529.55吨，其中，县级储备144.55吨饲（草）料，8个乡（镇）及易灾村（居）储备1385吨饲（草）

2022年4月20日，西藏自治区农业农村厅农村合作经济指导处工作人员到当雄县调研牧业改革工作

料。在乡(镇)以及村组兽医防疫所储备价值约19万元的灾害应急牲畜常用药品及器材。

【现代化产业园区创建】 年内，开展国家现代化农业产业园及草原畜牧业转型升级试点工作，围绕当雄县“125”的发展思路，全面提升畜牧业专业化水平，加快牦牛全产业链发展。

落实1300万元开展当雄饲草基地及高产饲草建设项目，通过新建灌溉设施、种植适宜优质牧草、增强饲草料供应能力。落实1700万元开展牦牛改良点建设、牦牛良种引、牦牛性控冻精设备购机及细管冻精设备提升改造项目，研究牦牛良种繁育。落实2600万元实施家庭牧场建设项目，新建家庭牧场56个，不断提升牦牛养殖规模化、产业化、现代化水平。落实700万元实施当雄县现代化牧民专业合作社提升建设工程项目，提高畜产品加工效率及质量，增加牧民收入。落实900万元实施“极净当雄”冷链物流基地建设项目，着力在加工仓储、冷链物流上下功夫。

【“美丽乡村·幸福家园”】 年内，组建并逐步完善10个专项工作组体制机制，制定印发各专项组2022年工作方案及工作要点，从根本上确保工作有效开展、有序推进；积极筹备并完成县委农村工作会议各项工作任务，全面部署当雄县2022年农村工作；投入19716.443万元打造乌玛塘乡巴嘎村、羊八井镇桑巴萨居委会、龙仁乡郭庆村“美丽乡村·幸福家园”3个村示范建设，涉及群众1174户6290人。截至年底，龙仁乡郭庆村乡村振兴示范村创建项目已完成总工程的93%、乌玛塘乡巴嘎村“美丽乡村·幸福家园”建设项目已完成总工程量的65%、羊八井镇桑巴萨居委会“美丽乡村·幸福家园”建设项目已完成总工程量的65%。

推进疫情防控与农业生产“两不误，双促进”，全面落实各项疫情防控措施，积极指导涉农企业有序推进复工复产，确保农业农村经济平稳健康发展。新冠疫情发生后，第一时间动员、第一时间部署、第一时间行动，积极研究部署，扎实做好行业服务，切实指导涉农企业复工复产，不断加强与涉农企业、项目的联系对接，严格落实管控措施，多措并举，在项目工作上狠下功夫见成效，切实坚定抗击疫情、稳生产、促发展的信心，不断加强组织领导，早谋划、早部署、早行动，及时了解和协调解决各项目点存在的实际困难，落实各项管控措施，更加精准有效地开展各项工作，安排专人对接指导涉农企业(合作社)复工复产，加大对企业复工复产后的日常监督检查，督促企业全面落实各项疫情防控和安全生产措施，确保疫情防控和生产经营“两手抓、两不误”，帮助10个涉农项目开展复工复产工作。同时，加强日常调度，每日了解项目开展情况，每半月调度农村工作(乡村振兴工作)各项目工作开展情况，每季度总结各项工作进展情况。

根据自治区有关部门及区商务厅关于自治区惠民爱心物资采购工作精神，主动作为，与各级各部门联动互助，积极动员全县群众参与保供工作，确保保供工作有序开展，通过多方努力完成保供任务。共计收购牦牛2774头，为群众增收31560874.38元(其中出售牦牛肉金额31083544.38元，群众分割纯肉费用477330元)。

2022年9月，当雄县农牧民群众储备冬季牲畜饲草

【扶贫产业项目】 2016—2022年共实施产业项目39个，总投资14.4829亿元，按照实施年度来分，2016年4个、2017年14个、2018年6个、2019年6个、2020年4个、2021年3个、2022年2个；按照产业类别分，养殖业2个、加工业11个、资源开发利用业8个，文化旅游业11个、商贸流通业7个。截至年底，开工项目37个，开工率为94.87%；完工32个，完工率为86.49%。按照《当雄县精准扶贫产业发展资金管理办法（试行）》要求，产业项目入股分红、吸纳就业等方式累计分红6698.47万元，辐射带动6.25万人次增收（其中建档立卡群众4.07万人次）。累计实现项目就业2996人，月均工资超3000元。

（玉 珍）

【机构领导】

县政协副主席、农业农村局局长

索朗多吉（藏族）

副局长

边巴仓决（女，藏族）

刘 松

方 平

水利

【概况】 当雄县水利局是当雄县水行政主管部门，负责全县防汛抗旱、农田水利建设、水行政执法、城乡水资源管理、水土保持、农村饮水、河道管理及水利工程运行管理等工作；当雄县水资源丰富，境内河流有桑曲、藏布曲、当曲、拉曲等大小河流36条，纳木错、唐冰湖等5面湖，是拉萨河的主要支流和发源地。

2022年10月19日，当雄县水利局工作人员检查指导当曲河乌玛塘乡郝如村段防洪工程建设情况

【安全饮水】 自实施农村安全饮水工程以来，当雄县8个乡（镇）、29个建制村共修建459处农饮工程点，其中大口井343处，机井73处，管道引水43处，解决7546户53125人（其中建档立卡7340人）和458931头（只、匹）牲畜的饮水安全问题。工程总投资8759.23万元，其中国家投资6208.9万元，县级投资678.15万元，扶贫整合资金1495万元，援藏资金377.18万元。总投资为3153.2万元的当雄北京自来水厂正常运行，较好地解决了县城城区居民的用水问题。

【水利工程建设】 年内，实施总投资为2491.5万元的当雄县饲草料基地灌溉工程，完成总工程量的40%；实施总投资为2980万元的拉萨市当雄县车曲河堆灵村至巴灵村段防洪工程，完成总工程量的45%；实施总投资为2997万元的当雄县当曲河乌玛乡郝如村段防洪工程，完成总工程量的45%；争取上级防汛救灾资金292万元，对当雄县羊八井镇桑巴萨村4组、格达乡格达村1组、格达乡格达村3组、乌玛塘乡郭尼村6组实施维修养护工程，完成所有工程量并投入使用；争取2022年农村饮水安全维修养护资金，共投入163.5万元对县域内的22处饮水点进行维护，进一步保障牧民群众的供水安全。

【防汛抗旱】 年内，为做好防汛抗旱工作，当雄县水利局根据区、市、县的有关会议精神，修订完善防汛抗旱应急预案，坚持“以人为本、生命至上”的原则，因地制宜完善2022年防汛抗旱应急预案，调整充实防汛抗旱领导小组；全面排查安全隐患，逐堤、逐个险工险段，工程领域明确防汛责任人，排查安全隐患，建立整改清单和工作台账，逐项落实整改责任，确保汛前及工程领域事前排查隐患；补充防汛物资，在摸清当前物资储备数量、种类、分类需求基础上及时补充防汛物资，保障乡（镇）防汛物资充足，确保紧急情况下的防汛物资供应。

5 月，按照政府采购程序，新增防汛物资：编织袋 13 万条，铅丝笼 170 捆，雨靴 150 双，下水裤 150 条。结合汛情，给各乡（镇）配发物资：铅丝笼 137 捆（其中格达乡 20 捆、羊八井镇 20 捆、宁中乡 20 捆、公塘乡 18 捆、龙仁乡 18 捆、乌玛塘乡 20 捆、纳木湖乡 12 捆、当曲卡镇 9 捆），编织袋 10.6 万条（其中格达乡 1.5 万条、羊八井镇 1.5 万条、宁中乡 1.6 万条、公塘乡 1.5 万条、龙仁乡 1.5 万条、乌玛塘乡 1.5 万条、纳木湖乡 1 万条、当曲卡镇 0.5 万条），雨靴 115 双（其中格达乡 15 双、羊八井镇 15 双、宁中乡 15 双、公塘乡 15 双、龙仁乡 15 双、乌玛塘乡 15 双、纳木湖乡 10 双、当曲卡镇 15 双），下水裤 80 个（其中格达乡 10 个、羊八井镇 10 个、宁中乡 10 个、公塘乡 15 个、龙仁乡 10 个、乌玛塘乡 10 个、纳木湖乡 5 个、当曲卡镇 10 个），手电筒 40 个（每个乡镇 5 个）。根据西藏自治区山洪灾害防治县级非工程措施实施方案的总体要求，7 月 21 日在乌玛塘乡郝如村 1 组，组织开展防治山洪灾害应急演练活动。按照县委、县政府及区、市行业部门防汛工作部署要求，2022 年实现安全度汛。

2022年7月21日，当雄县水利局在乌玛塘乡郝如村组织开展山洪灾害应急演练

【“河（湖）长制”工作】 完成当雄县 21 条河流和 5 面湖的三级河长河湖名录编制工作，其中市级河流 2 条，县级 3 条，乡级河流 16 条，确定县级总河长 1 名，责任县级河长 12 名，乡（镇）级河长 8 名，村（居）级河长 28 名，覆盖全县河湖上下游、左右岸。对河湖长公示信息进行更新，并在公示牌醒目位置标识“12314”监督举报电话。为科学编制河湖岸线保护利用规划，严格划定河湖岸线保护区、保留区、限制开发区、开发利用区。

年内，县河长办委托第三方完成古仁曲、恰嘎曲、雪古曲 3 条河流的“一河一策”修编工作，开展藏布曲、桑曲、唐冰湖、确龙错的河湖健康评价工作。统筹推进河湖“清四乱”工作，动员各方力量，在全县范围内开展河湖周边环境卫生治理，发动牧民群众 420 人次，清理垃圾 28 车。全面排查县域内河道采砂情况。年内，当雄县符合河道采砂程序砂石厂共有 5 处，均由当雄县富民国有矿业有限公司统一管理，按照《拉萨市河道采砂管理办法》及相关法律法规，严格实行可采期、可采取、可采量，切实维护采砂秩序。

【农业水价改革】 年内，在市级行业部门的大力支持下，投资 130 万元推进农业水价改革——区域评估水资源论证和取水许可工作，已完成公开招投标程序，预计 2023 年 9 月完成。

【待建项目前期工作】 年内，计划争取 7464.96 万元实施拉萨市当雄县当嘎巴曲巴嘎当村（二期）防洪工程、拉萨市当雄县桑曲郭尼村段防洪工程和拉萨市当雄县格达乡羊易村 1 组、4 组、5 组草场灌溉工程。截至年底，3 个项目已完成初步设计等前置手续，待资金落实后实施。

（何超飞）

【机构领导】

局　长

才　　达（藏族）

副局长

格桑达瓦（藏族）

乡村振兴

【概况】 2022年，当雄县把实施乡村振兴战略作为全县“三农”工作的总抓手，立足县情实际，紧扣补短板、促发展两个主题，尽职尽责，开拓创新，有序推进全县乡村振兴各项工作开展。2021年5月31日，当雄县乡村振兴局挂牌成立。

2022年，全县有“三类人员”监测对象66户300人，占全县牧业总人口的0.65%。全县脱贫户人均纯收入达到15530元，较2021年（13477元）同期增长15.23%（其中工资性收入占56.2%、生产经营性收入占26.87%、转移性收入占12.34%、财产性收入占7%）。

2022年，共实施财政涉农统筹整合资金项目14个，总投资16785.2886万元，当年已经全部复工，复工率100%。

【组织领导】 年内，当雄县严格落实“四个不摘”要求，持续贯彻“三级书记”抓乡村振兴的工作责任制，加强基层组织建设，坚持重心下移、力量下沉，由县委副书记、副县级领导为总领队的驻村队员扎根村（社区），不断充实基层党组班子成员和乡村振兴专干力量，持续加大政策培训和抓乡促村工作力度，充分发挥基层组织在推动乡村振兴、促进产业发展、服务基层群众等方面的战斗堡垒作用。

坚持盘活资产、激活资源、用活资金，开展发展壮大集体经济攻坚行动，全县所有村（社区）集体经济收入均为10万元以上（其中达100万元以上的5个，50万—100万元以上的3个），发挥先进典型的示范带动作用，努力实现“形成一个、带动一片、影响一方”，为实现巩固拓展脱贫攻坚成果同乡村振兴有效衔接工作提供坚实组织保障。

【保持政策稳定】 当雄县坚持五年过渡期内帮扶政策总体稳定与动态调整相统一，稳妥推进特惠政策向普惠政策的转变，现有兜底救助类政策继续保持稳定，教育、就业、住房和民生保障等政策保持现有力度不变，统一纳入乡村振兴常规性政策范围，避免民生政策“悬崖效应”现象。另外，在以上做法的基础上，及时对照国家新出台的相关政策，调整优化完善县域帮扶政策，全面做到工作不留空当、政策不留空白。

【健全工作体系】 年内，由县委农村工作领导小组（县委实施乡村振兴战略领导小组）统一领导下，全面深入学习2022年中央一号文件《中共中央　国务院关于做好2022年全面推进乡村振兴重点工作的意见》《乡村振兴促进法》等文件，结合产业振兴、生态振兴等五大振兴实际，先后制定印发《当雄县委农村工作领导小组（县委实施乡村振兴战略领导小组）巩固拓展脱贫攻坚成果组2022年工作实施方案（要点）》《当雄县委农村工作领导小组（县委实施乡村振兴战略领导小组）考核评估组2022年工作实施方案（要点）》等10项工作方案（要点），

2022年12月5日，当雄县召开2022年巩固拓展脱贫攻坚成果同乡村振兴有效衔接工作专题会议

同时及时配齐配强县乡村振兴信息采集系统操作人员和乡村振兴专干，确保接续衔接乡村振兴各项工作不断档、不掉链。

印发《当雄县关于健全防止返贫动态监测和帮扶机制的工作方案》，将人均可支配收入、安全饮水、义务教育、安全住房、基本医疗等“两不愁三保障”要素作为核心预警内容，实现对全县“三类人员”监测对象动态掌握，确保不落一户、不漏一人。

坚持问题导向，围绕目标任务，紧扣重点工作，紧盯薄弱环节，由县委农村工作领导小组（县委实施乡村振兴战略领导小组）组长指挥，由分管领导带队组织县直各有关部门到各乡（镇）、村（居）开展关于巩固拓展脱贫攻坚成果同乡村振兴有效衔接工作督导，把脉问诊，杜绝督导检查不敢较真碰硬、监督检查避重就轻、发现问题隐瞒不报的现象，切实发挥督导指挥棒作用。

【巩固拓展脱贫攻坚成果】 年内，坚持重心下移、力量下沉，积极统筹各级各部门力量，有效发挥资源优势，全面推进巩固脱贫成果同乡村振兴有效衔接各项工作。

教育方面。年内，2021—2022学年资助大学生1583人，兑现资助金678.8392万元。2022—2023学年全县学前在校生2001人、小学在校生5637人，纯入学率99.96%，初中在校生2479人，毛入学率100.41%，九年义务教育阶段巩固率97.39%。2022—2023学年义务教育阶段残疾学生共有181人，其中随班就读130人，按照要求，51名“送教上门”学生均建立“一人一档”，确保残疾儿童同等享受教育政策，做到规范送教、因人施教，确保义务教育阶段适龄儿童、少年不失学辍学，保障有学上、上得起学。

饮水安全方面。全县共修建459处农饮工程点（其中大口井为343处、机井73处、管道引水43处），累计解决7546户53125人（其中建档立卡7340人）的饮水安全问题，全县农村供水工程已基本做到全覆盖。

2022年5月18日，拉萨市乡村振兴局工作人员到宁中乡牧户了解掌握“三保障”及收入情况

基本医疗保障方面。年内，全县脱贫户和监测户医疗参保率达100%。年内，县医保经办窗口共开展手工结算314人次，发生总费用282.22万元，基本医疗报销151.18万元；大病赔付48人次，赔付金额51.60万元。

社会保障方面。全县农村低保472户1727人，兑现资金302.01万元；临时救助9人，兑现资金2.28万元；特困分散供养21人，兑现资金16.06万元。集中供养生活补贴43人，兑现资金7.86万元；0—16岁残疾儿童康复补贴166人，兑现资金30.28万元。阳光家园重度智力残疾6人，发放补贴资金0.9万元；重症精神监护人96人，发放补贴资金11.52万元；残疾人两项补贴对象991人，兑现资金118.27万元。全县公路总里程达2041.078千米，29个建制村道路通畅率达100%，172个小组通达率达100%。开通班线6条、车辆7辆，覆盖全县各乡镇、村（居）。

【项目建设】 年内，共实施财政涉农统筹整合资金项目14个，总投资16785.2886万元。当年14个分目已经全部复工。

【人居环境】 年内，积极开展乡村建设信息采集工作，已经完成全县8个乡（镇）29个村（居）的信息采集工作，采集率达100%。年

2022年11月16日，当雄县乡村振兴局联合县医保局工作人员到乌玛塘乡郝如村牧户了解参保及医疗保障情况

内,完成全县“农村户厕”839座,全面提升人居环境。

【创新产业发展】 年内,当雄县冻精站生产优良牦牛细管冻精53048剂,共配种能繁母牦牛1080头,引进12头野血牦牛种公牛,生产3000剂野血牦牛细管冻精,为全县有“身份证”牦牛肉提质增效,为群众增收添砖加瓦。同时依托牧业生产资源,助力全区疫情防控物资保供。国庆前夕,举全县之力,发挥志愿者、党员干部、牧民群众力量,出栏并精细分装2.5万千克有“身份证”牦牛肉,运往拉萨投入市场,丰富防疫“肉篮子”。

依托得天独厚的资源优势,稳步推进“一湖引领,多点支撑”的乡村旅游产业发展和优质水资源系列产品开发,确保产业分红让利群众,提升群众满意度。

【智志双扶】 按照《当雄县牧民群众“奖勤罚懒”工作指导意见》要求,自2018年以来,每年预算400万元在全县范围内开展“奖勤罚懒”工作,常抓不懈抓好牧民群众“智志双扶”工作,每年在全县范围举办牧民群众“奖勤罚懒”活动,对务工就业时间长、增收力度大的群众进行奖勤,对“好吃懒做”“等靠要”思想较重的群众进行“红红脸、出出汗”的处罚,为牧民群众转变观念,增加收入起到激励机制作用。

【部门工作职责】 年内,严格落实“四个不摘”要求,把巩固拓展脱贫攻坚成果同乡村振兴有效衔接工作摆在头等重要位置,进一步健全完善监测预警工作机制,细化县域监测对象识别标准,对符合条件的“三类人员”监测对象按程序及时纳入,对清除风险的监测对象,及时标注风险清除标记,确保实现监测对象有进有退,持续做好动态监测和集中帮扶。切实筑牢已脱贫人口的“两不愁三保障”防线。同时,统筹做好财政衔接推进乡村振兴补助资金项目的实施,全面加强农村基础设施建设,不断完善和补齐农村地区基础设施弱项短板。

【产业结构布局】 年内,进一步挖掘有“身份证”牦牛肉的产业发展潜力,持续推动家庭牧场的扶持,全面整合专业合作社和培育养殖大户规模,大力塑造产业强乡(镇),积极创建当雄县国家级现代农业产业园。依托资源优势,年内从群众手中收购有“身份证”牦牛2778头,为群众增收3160.39万元,为助力全区抗疫物资保供献出了当雄力量。依托得天独厚的资源优势,稳步推进“一湖引领,多点支撑”的乡村旅游产业发展和优质水资源系列产品开发,确保产业分红让利群众,提升群众满意度。

【生态保护】 年内,继续做好自然生态系统的保护、退化生态系统的修复和支撑保障工作,不断持续、巩固、扩大生态文明建设成效;实施生态环境现状调查项目,全面摸清全县山、水、湖、草等生态现状,分析生态系统存在问题及胁迫因素,形成当雄县生态环境质量综合评估成效报告。

【乡风文明建设】 年内,注重文明村镇建设工作,利用全县已建成并投入使用1个新时代文明实践中心、37个新时代文明实践所的建设效益下,制定印发《当雄县新

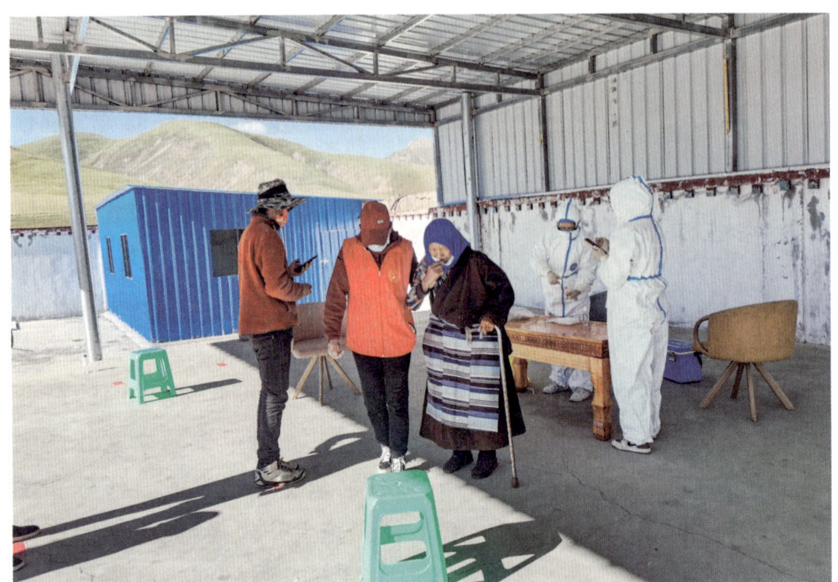

2022年8月17日，当雄县乡村振兴局工作人员到龙仁乡龙仁村组织群众开展新冠疫苗接种

时代文明实践中心关于村（居）十大文明行为创建要求》，点亮“产业乡、拥军乡、生态旅游乡、文化示范乡、科技村、国旗村、无烟村、宜居村、团结村、改革村”等特色品牌。

年内，各乡（镇）、村（社区）均已实现县级以上文明村镇建设目标，其中羊八井镇命名为全国文明村镇。持续加强意识形态领域工作，县域各级层面结合实际，积极举办中共二十大精神学习宣传活动，武装全县各行各业、各级各领域干部群众头脑，并贯穿业务工作和群众生产始终。

【农业农村人才培养】 年内，不断探索高层次人才引进的新办法、新形式、新机制，落实工作待遇、生活津贴等各项激励措施，积极营造有利于人才成长和发挥作用的社会环境和生活环境。

鼓励专业技术人才参加短期学习培训和进修，全面落实专业技术人员继续教育计划，与职称评定、职务聘任、工资晋升、年度考核等挂钩，培养造就一批优秀学科技术带头人。同时积极开展基层单位急需紧缺人才需求摸底调研，全力配合做好人才引进工作，为加快美丽乡村建设提供坚强有力的人才队伍支撑。

【“宜居宜业和美村庄”建设】 年内，在推进“美丽乡村 · 幸福家园”建设的同时，统筹做好县域乡村振兴示范村创建工作，结合“十四五”规划，按照先易后难的原则，优先把资源禀赋和基础条件较好、公路、铁路主干道沿线以及产业相对集中、人口较为密集的村（居）作为乡村振兴示范村先行先试，不断积累摸索可推广的经验。年内，全力推进羊八井镇桑巴萨乡村振兴建设项目和乌玛塘乡巴嘎村整村推进项目，确保建设村庄和美整洁。

（嘎玛卓嘎）

【机构领导】

党组书记、局长

索朗曲旦（藏族）

副局长

桑丁曲措（女，藏族，11 月免）

鲁 永 生（藏族）

杨 华（藏族，11 月任）

城市建设·环保

住房和城乡建设（城市管理）

【概况】当雄县住房和城乡建设局为当雄县人民政府工作部门，2022年有干部职工在编人数12人，其中，正科级干部5人，事业编制3人，工人4人，聘用临时工3人，聘用工程质量监督工作人员2人。下设及管理部门有县质监站、县城管。

2022年，当雄县住房和城乡建设局以推动当雄县新型化城镇建设为主线，以创造和发展全县经济社会发展载体为己任，统筹兼顾、多措并举，将推进完成县城乡基础设施建设、建设美丽乡村幸福家园、农牧民旧房提升改造、城市管理以及垃圾分类工作作为工作的重点，高标准建设、高效能管理。

【党风廉政建设】年内，当雄县住房和城乡建设局严格落实党风廉政建设责任制，紧密结合县委、县纪委党风廉政建设工作有关部署和要求，坚持把理论学习作为工作第一要务，充分利用“学党史、谈大事、话未来”主题教育和“学习强国”学习平台，持续深入学习习近平新时代中国特色社会主义思想和中共十九大精神，读原著、悟原理。认真贯彻落实《关于新形势下党内政治生活若干准则》《中共中央政治局关于加强和维护党中央集中统一领导的若干规定》，教育引导全体党员始终保持清醒的政治头脑、坚定的政治立场，切实增强政治意识、大局意识、核心意识、看齐意识，在思想上、行动上始终同党中央保持高度一致，发挥党员先锋模范作用，带动全体干部职工奋发向上、积极作为，确保县委、县政府各项决策部署不折不扣地得到坚决执行。

及时制定全年工作重心和工作措施，当雄县住房和城乡建设局党支部成员严格履行“一岗双责”，切实抓好党风廉政建设，主

2022年11月10日，县委书记姚俊亮（右一），县委副书记、县长图登佩杰（右三）一行检查公租房项目

动开展思想教育、谈心谈话和作风监督，层层传导责任压力，形成党支部书记亲自抓、班子成员具体抓的良好局面。全面推动当雄县住房和城乡建设局党风廉政建设和反腐倡廉工作深入开展，为全局各项工作的开展提供强有力的政治和纪律保证。

【党建工作】 年内，以中共二十大精神为指导，深刻把握全面建成社会主义现代化强国总的战略安排和未来五年的主要目标任务，牢牢把握“坚持和加强党的全面领导”“坚持中国特色社会主义道路”“坚持以人民为中心的发展思想”“坚持深化改革开放”“坚持发扬斗争精神”的重大原则，埋头苦干、担当作为，不断推进社会主义现代化建设。深入贯彻习近平总书记系列重要讲话精神，在贯彻落实中央、自治区、拉萨市及县委、县政府的各项决策部署上作表率，不断提高当雄县住房和城乡建设局机关党的建设科学化水平，为推动各项目任务完成做出新的更大贡献。

2022年11月13日，当雄县住房和城乡建设局党支部开展学习会议暨学习宣传贯彻中共二十大精神

【2021年续建项目】 实施当雄县当曲卡镇当曲居委会人居环境整治项目，该项目总投资5000.02万元。截至年底，已完成全部工程量待终验，实施配套工程；8个乡镇基层治理项目，该项目总投资4992.93万元。截至年底，已完成主体建设；当雄县纳木湖乡公共机构供暖项目，该项目总投资1978.16万元。截至年底，已完成92%；当雄县武装部改造项目，项目总投资89.93万元。截至年底，项目已完工，已完成验收；拉萨市当雄县（龙仁乡郭庆村）乡村振兴示范村创建项目，项目总投资2668.49万元。截至年底，项目已完成总工程量的94%。

【2022年新建项目】 当雄县城市更新市政管网改造升级工程，该项目总投资15070万元，截至年底，已完成45%；当雄县当曲卡镇当曲居委会人居环境整治（二期）工程，该项目总投资5571.03万元，截至年底，已完成45%；当雄县2021年周转房建设项目，该项目总投资1532.62万元，截至年底，已完成80%；当雄县政府大院改造项目，该项目总投资3842.45万元，截至年底，已完成65%；当雄县2021年厕所建设项目，该项目总投资429.32万元，截至年底，已完成20%。

【2022年度廉租房实物配租】 年内，当雄县住房和城乡建设局紧紧抓住中央关于“保增长、保民生、保稳定”有利契机，进一步扩大城市低收入群体廉租住房补贴覆盖面，全县全年共有74户、130人享受廉租住房补贴222804元。

【建筑施工工地管理】 年内，当雄县住房和城乡建设局密切结合疫情防控、扬尘防治和安全生产，按照精细化施工管理要求，制定《当雄县房屋建筑和市政基础设施疫情防控及安全文明排查整治工作方案》，加强对施工单位监督管理，严格落实各项规章制度，狠抓疫情防控、工程安全防范和扬尘防治工作措施落实。

坚持加大宣传、巡查、执法力度，对不文明施工现象一经发现严格查处。年内，共组织对全县在建工地进行安全生产及扬尘防治专项检查，检查施工工地、单位184次，发出整改通知书42份，提出整改意见240条，下发行政处

2022年6月30日，当雄县住房和城乡建设局工作人员到格达乡检查群众危旧房

罚单1份。

【城乡环境综合整治】 年内，严格按照县委、县政府的工作部署安排，明确“各负其责、全面推进、综合整治、长效管理”的原则，着力解决城乡环境卫生整治存在的突出问题，建立健全长效管理机制，不断提高环境卫生管理水平。大力推进垃圾分类试点工作，牢固树立绿色发展理念，根据拉萨市人民政府办公厅《拉萨市生活垃圾分类收集和处理试点工作实施方案》，及时成立当雄县生活垃圾分类试点工作领导小组，全面统筹垃圾分类试点工作开展，组织对垃圾分类试点工作的督导、检查和经验推广。

【城管执法】 年内，进一步加强县城的经常性管理，加大城乡环境综合整治力度，针对县城商铺街道乱摆摊设点及占道经营行为进行专项整治，共查处违规占道经营94起，下发整改通知书86份，督促整改17家次。

【行政审批登记管理】 年内，紧紧结合机关效能建设，不断加强、优化行政审批服务能力，安排各类业务工作人员进行学习培训施工许可办理、房屋交易登记办理等相关专业知识。截至年底，办理施工许可证22件、房屋交易告知单47件。

【房屋安全排查】 年内，当雄县住房和城乡建设局对全县农村住房质量安全进行全面排查工作，摸清当雄县农村住房质量安全基本情况，建立当雄县农村住房质量安全动态监测体系，健全农村住房质量安全隐患常态化处置机制，并在房屋质量排查录入系统的基础上，全国自然灾害普查录入系统和数据质检工作已结束。

【新冠疫情防控】 年内，当雄县住房和城乡建设局党员干部职工积极响应县委、县政府安排，先后参与志愿抗疫15人289次。不以远近为理由，不以偏僻为借口，办事不推诿，主动落实上级指示，随着疫情防控工作的不断推进，干部职工到户到人摸排调查，在主要路口设立疫情防控登记点，做好登记造册，及时进行反馈。

（次旦卓嘎）

【机构领导】

局　长

普布扎西（藏族）

副局长

洛松新巴（藏族）

生态环境保护

【概况】 2022年，完成剩余5个乡（镇）、15个村（居）的自治区生态文明建设示范乡（镇）、村（居）创建申报工作；编制完成《当曲卡镇等8个乡（镇）生态文明建设规划（2022—2025年）》及《当曲卡社区等29个村（居）生态文明建设实施方案（2022—2025年）》并通过市生态环境局组织的专家评审；完成2021年度国家生态文明建设示范县三年复核相关要求准备；编制完成《当雄县着力创建国家生态文明高地　努力做到生态文明建设走在全国前列的实施意见（征求意见稿）》，并按照实施意见，研究部署当雄县生态文明高地建设工作布局与计划安排；根据《当雄县委农村工作领导小组（县委实施乡村振兴战略领导小组）生态振兴组任务分工及2022年工作要点》，完成兑现全年生态岗位补助资金877.1万元。

【党建工作】 年内，深入推进“三会一课”、“两学一做”学习教育常态化制度化，严格按照《当雄县2021年度基层党组织组织生活会和民主评议党员工作方案》的通知要求，不断完善和严格遵守局领导班子议事规则和决策程序，认真落实“三重一大”事项集体研究制度。认真组织召开改进作风狠抓落实工作动员部署会，成立改进作风狠抓落实工作领导小组，制定《拉萨市生态环境局当雄县分局常态化推进改进作风狠抓落实工作实施方案》及《拉萨市生态环境局当雄县分局常态化推进改进作风狠抓落实工作任务清单》，聚力打造当雄县政治强、本领高、作风硬、敢担当，特别能吃苦、特别能战斗、特别能奉献的生态环境保护铁军队伍。截至年底，召开支部理论学习11次、书记讲党课2次、主题党日10次、读书会4次、局办公会10次。

年内，认真学习宣传贯彻中共二十大精神，成立以局长担任组长，支部副书记为副组长的中共二十大精神学习领导小组，统一思想，坚定理想信念。通过系统组织开展“比学赶超帮”、集中观看《问政拉萨》等活动以及利用“学习强国”学习平台及网络等媒体平台的自学方式，不断加强政治理论学习武装头脑，不断提升党性修养，将信仰、信念、信心作为安身立命的“压舱石”，将自醒、自警、自省作为健康平安的“预警器”，在党组织的统一领导下，积极为打好污染防治攻坚战和美丽当雄建设贡献力量。

【污染防治】 年内，为深入贯彻落实《中共中央 国务院关于深入打好污染防治攻坚战的意见》，持续加强生态环境保护，高标准、高质量深入打好污染防治攻坚战，及时研究制定《当雄县关于深入打好污染防治攻坚战实施方案》，推动各项工作取得实效。

2022年4月5日，拉萨市生态环境局当雄县分局联合相关单位协调沟通高速公路公塘乡甲根村碎石场生态恢复事宜

年内，通过加强扬尘防治监管、深入实施《当雄县预防机动车排气污染防治工作方案》，加快推进黄标车辆和老旧车辆淘汰、深化油气回收治理（全县7家加油站均已安装油气回收装置）、规范管理排污许可工作（完成全县10家企业固定污染源排污登记备案）、摸底登记非道路移动机械（完成全县218辆）等措施，确保当雄县环境空气质量持续保持优良。

年内，持续推进河湖“清四乱”常态化、规范化，动员牧民群众、河道保洁员、干部职工420余人次，全面清理河道岸线堆放及水面漂浮枯木烂枝等危害水生态环境的垃圾共计28车，确保水域及重点区域的河湖环境卫生整洁。截至年底，开展河道整治工作7次、县级巡河（湖）6次、乡级巡河（湖）66次、村级巡河（湖）277次，确保敏感水域及重点区域的河湖水质安全。同时，深入开展城镇集中式饮用水源地和广大农牧区饮用水源点保护，实施饮用水源地环境保护工程，划定并运行新的集中饮用水水源保护地。

年内，投入700万余元，加强生活垃圾分类、收集、转运及乡（镇）综合环境整治能力建设，确保全县生活垃圾及时转运处理；委托第三方对西藏华钰矿业股份有限公司拉屋分公司、西藏仑宇再生资源利用有限公司、县城垃圾填埋场等重点土壤污染重点管控企业开展土壤监测工作，及时跟踪掌握涉矿企业土壤环境现状。

年内，全县无害化处理城镇生活垃圾2.43万吨、建筑垃圾500余吨、旧弃经幡10余吨、河道垃圾140余吨，取缔脏乱差公厕1个和11处垃圾转运站，清理脏乱差公厕11个。截至年底，对辖区内汽修厂、危废(含医废)产废单位及收集单位开展4次专项检查，委托第三方共转运处置医疗废物112016.20千克、废机油3000千克，确保全县危废处置率达到100%。

截至年底，通过服务上门、环保管家等方式对辖区内的重点企业、建设项目、危废产废、收集单位和自然保护区进行环境安全隐患排查和环境执法工作，共执法330次，出动660人次，累计录入移动执法数据40条，对2起环境违法案件进行立案调查。

【监测监督考核】 年内，高质量完成当雄县前三个季度监测数据考核系统填报工作，顺利通过自治区生态环境监测中心审核。完成前两个季度县域及农村监测工作。组织开展5次县城空气自动监测站运维情况及第三方监测公司监测工作专项检查，确保周边环境符合要求和采样工作规范。监测报告显示，当雄县地表水监测数据参照评价标准GB 3838—2002《地表水环境质量标准》Ⅲ类、农村湿度环境空气数据参照评价标GB 3095—2012《环境空气质量标准》一级、集中式饮用水地表水数据参照评价标准GB 3838—2002《地表水环境质量标准》Ⅲ类、集中式饮用水地下水数据参照评价标准GB/T 14848—2017《地下水质量标准》Ⅲ类。

2022年4月7日，当雄县生态环境保护督察整改办召开专题学习会议

【环保宣传】 年内，开展生态环境宣教活动9次，累计发放环保宣传册、环保布袋、水杯、暖壶等价值4.8万余元的物品，没收不可降解塑料袋2000余袋、教育劝导7家商户，参与2万余人次。组织开展生态文明建设和环境保护专题培训2次，参与140余人次，积极推动生态文明建设全民共建共享。

【新冠疫情防控】 年内，紧盯医疗废物收集、转运、处置全过程，各乡(镇)、各卡点、4家私人诊所产生的医废均实现“12小时内收集贮存、24小时内转运处置，医废与生活垃圾进行分类收集”。安排专人专车专箱转运涉疫医疗废物，确保涉疫医疗废物优先处置和规范化处置。同时，产生的生活污水均以“预消毒+后消毒”模式进行消杀。疫情期间累计开展现场指导190余次，全县累计收集转运涉疫医废106042.875千克，发放医废暂存转运与食物残渣收集处理制度100余张。

【生态环境督察】 年内，决策高效运转，严格按照中央、区、市县党委、政府要求部署，完成《当雄县中央生态环境保护督察工作领导小组》文件起草并以县委、县政府名义印发，组建工作专班。督察工作开展以来，县委、县政府共召开会议27次，县委、县政府领导先后作出61次批示，制定印发相关文件8份，上报并撰写相关资料30份，调度部署各项督察重点工作。

年内，制定《当雄县迎接中央生态环保督察专项排查工作实施方案》，按照明确责任，制定措施，做到问题不查清不放过、整改不到位不放过、群众不满意不放过、

2022年4月18日，拉萨市生态环境局当雄县分局联合相关单位到龙仁乡郭庆村实地核查举报案件情况

责任不落实不放过，全面深入展开排查工作。截至年底，涉及自治区、拉萨市专项督察的14条整改问题（其中自治区7条、拉萨市7条），已全部整改落实，整改率100%。

年内，按照《当雄县环境保护专项督查方案》要求，重点对第二轮中央环保督察转办案件及第一轮中央、自治区、拉萨市环保督察反馈问题开展督查工作。截至年底，已开展日常督查及现场督办50余次，下达检查记录单31份。

年内，针对中央环保督察组转办的举报案件，县委、县政府严格落实领导包案制度，县级干部负责分管领域的举报案件，同时确定每个举报案件的牵头责任单位，从快、从实做好举报案件的整改工作，每天整理、上报转办案件的办理情况。年内，当雄县共接到市整改督办组转办中央督察组转办督办问题的案件12批次12件（属实2件、部分属实6件、不属实4件），已上报案件销号材料12件，已办结12件，投入整改资金331.5万元。根据《第二轮中央生态环境保护督察报告》里面涉及的“廓琼岗日冰川无序开发”的问题，及时编制完成《关于廓琼岗日冰川无序开发问题整改方案》，并委托技术单位开展评估；根据西藏自治区生态环境保护警示片里面涉及当雄县那拉高速羊八井至当雄段，施工单位擅自在紧邻羊八井镇109国道右侧设置多个取土场和砂石料场，致使该区域约30万平方米范围内，采坑遍布，坑洼不平和宁中乡附近道路右侧约5千米河道范围内渣场、料场随处可见，严重影响当地群众生产生活，及时编制完成当雄县《关于西藏自治区生态环境保护警示片中反馈问题的整改方案》。

（拉巴次仁）

【机构领导】

局　长

平　　措（藏族，8月免）

杰　　布（藏族，8月任）

副局长

杰　　布（藏族，8月免）

拉巴次仁（藏族，8月任）

社会事业

民政

【概况】 2022年，当雄县城乡低保有722户2036人，其中，农村低保487户1707人，城镇低保235户329人；临时救助13人；特困户63人（集中供养42人，分散供养21人）；0—16岁残疾儿童康复补贴160人；残疾人两项补贴对象989人。

【城乡低保】 年内，城镇低保235户329人，兑现资金279.71万元；农村低保487户1707人，兑现资金403.26万元；0—16岁残疾儿童康复补贴160人，兑现资金39.80万元。阳光家园重度智力残疾6人，发放补贴资金0.9万元；重症精神监护人95人，发放补贴资金22.92万元；残疾人“两项补贴”对象989人，兑现资金153.55万元；事实无人抚养7人，兑现资金5.04万元。根据稳经济若干临时性工作措施，当雄县民政局兑现完成城乡低保、非低保享受残疾人、新冠确诊补贴等共计2740人，兑现资金335.86万元，所有兑现资金全部实现社会化方式进行发放。

【临时救助】 年内，按照自治区临时救助政策要求，为更好地解决困难群众生产生活中遇到的实际困难，让困难群众有饭吃、不受冻，确保每一名困难群众基本生活有保障。当雄县共进行临时救助3人，兑现资金3.87万元。

【特困人员工作】 年内，当雄县始终把“关爱特困人员、尊重特困人员、帮助特困人员”作为特困人员工作的第一要务。截至年底，当雄县共有特困人员63人，特困分散供养21人，兑现资金20.41万元。集中供养生活补贴42人，兑现资金10.44万元。按照文件要求。已聘用5名管理专业技术人员和1名护理人员，且对工作进行分工，工资已全部落实到位。

【城乡低保核查】 年内，加强核对城镇低保每个家庭经济状况，做到公平公正。确保低保对象家庭

2022年12月15日，当雄县民政局开展中共二十大精神宣讲会

2022年2月23日，当雄县民政局举行“衣恋集善、幸福温暖”项目捐赠物资发放仪式

基本情况的真实性和低保工作的公平、公正、公开，做到“不错保、不漏保、应保尽保”。2022年共清退69户359人，新增37户78人。

【重大变故临时救助】 年内，为进一步发挥社会救助托底线、救急难作用，解决城乡困难群众突发性、紧迫性、临时性基本生活困难，全面推进临时救助工作。当雄县民政局专门将《当雄县家庭重大变故临时救助方案》提出修改建议，建议将救助资金及救助次数提高至单次救助金额达到10万元，每年救助次数可达到3次。当雄县共进行重大变故临时救助3人次，落实救助资金20万元。

【婚姻登记、档案管理】 年内，共办理结婚登记219对438人，办理离婚正式登记32对64人，补办结婚证（包括换证）56对112人，离婚证补办4对8人。使补录历史数据及换证工作同步进行，办理完成人员资料全部完成，完成档案的归档工作。

【慈善事业】 年内，为有效提升当雄县慈善工作，补齐慈善协会工作短板。6月16日，组织成立当雄县慈善协会。大会选举产生第一届慈善协会理事会成员、会长、副会长等人员。为应对突发新冠疫情，共接收25个单位社会各界爱心企业（人士）捐款捐物，接收捐赠资金共计175.65万元，其中捐赠用于疫情防控工作资金87.77万元，用于项目捐赠88万元。接收捐赠物资共计77.82万件，折合人民币111.99万元。所有物资全部用于全县疫情防控。

（措　宗）

【机构领导】

局　长

黄兴勇（4月任）

副局长

郝希六（苗族）

人力资源和社会保障

【概况】 2022年，当雄县人力资源和社会保障局管辖公职人员共1665人，其中，专业技术人员1114人，管理岗位47人，工人71人，公益性岗位239人，政府购买服务人员164人，基层平台工作人员20人。

【职称评定】 年内，审聘任初级职称46人；申报农牧系列职称中级1人、副高级1人，新闻系列中级3人，卫生系列中级8人，文化系列中级1人。事业单位改革后重新设置认定全县（政口）事业单位岗位。

【高校毕业生管理】 年内，实名登记应届高校毕业生515人，实现就业507人，就业率达到98.45%。高校毕业生中建档立卡贫困户69人，已就业69人，就业率达到100%。建立县级干部“一对一”帮扶未就业大学生就业创业机制，创建就业创业帮扶群5个。开展当雄县北京市交往交流交融援藏培训1期26人（其中高校毕业生7人）。受理申请就业创业资金48人和4家企业就业补贴，申请通过2022年高校毕业生见习补贴22人。

【社会保险】 年内，当雄县城乡居民养老保险参保人数29353人，待遇领取52501人次1324.93万元，自1月起，城乡居民基本养老保险基础养老金人均提高10元，人均

2022年4月29日，全县就业岗位开发对接工作会议暨保障农民工工资支付考核迎检推进会召开

城乡居民基本养老保险基础养老金标准由月人均205元提高到月人均215元。当雄县企业职工基本养老保险参保664人，基金征缴率达95%。机关事业单位基本养老保险参保1917人，基金征缴率达100%。失业保险参保2026人，工伤保险参保人数3254人。

【就业再就业】 年内，全县城镇新增就业682人，职业技能培训1823人，农牧民转移就业10430人，组织化转移就业7028人，区外就业645人，转移就业劳务创收10813.1944万元，开发就业岗位1238个，职业介绍成功211人，城镇登记失业率控制在2.2%以内。

【劳动监察】 年内，当雄县严格落实劳动保障“两网化”工作要求，配合相关部门推行工程建设领域劳动用工实名制、分账管理、工资银行代发制度。截至年底，共召开联席会议4次，收到农民工工资保证金保函20份，收缴4家建筑施工单位农民工工资保证金15.89万元，共24家建筑施工单位参保工伤保险，县劳动监察大队深入建设施工现场进行劳动保障法治宣传2次，发放宣传资料600余份，开展拖欠农民工工资专项检查6次，日常劳动监察2次，覆盖面达100%以上，劳动合同签订率达95%以上，处置“国家欠薪平台”线索52条，已全部化解，结案率达100%。

【党建工作】 年内，当雄县人力资源和社会保障局党支部以夯实基础为重点，紧扣党建工作目标，各项工作稳步推进。共组织召开“三会一课”26次。积极组织学习贯彻落实中共二十大精神、中央第七次西藏工作座谈会、《中国共产党纪律处分条例》、《中国共产党廉洁自律准则》、《中国共产党党员教育管理工作条例》等内容。开展专题党课2次、专题学习研讨2次，全局党员干部围绕“改进作风、狠抓落实”谈体会、立足岗位讲责任，特别是老党员谈经验、谈观点、谈方法，激励局党员干部进一步增强政治定力、坚定信仰、牢记使命。

（李思杰）

【机构领导】

局　长

才　达（女，藏族，7月免）

2022年9月29日，当雄县召开成立县级人力资源公司安排部署会

索朗次仁(藏族,7月任)
副局长
张 骥
旦增晋美(藏族)

卫生健康

【概况】 2022年,当雄县有医疗卫生机构45处,其中,县人民医院1所,为二级乙等医院;县疾控中心1所;乡镇卫生院8所;村卫生室29所;县域内备案注册的西医诊所4个、藏医诊所3个。

当雄县人民医院:医院编制人数52人,有职工120人,卫生专业技术人员94人(编内78人、从乡镇借调5人、外聘11人),其中副高级职称4人(藏医3人、西医1人);中级职称15人(内科1人、妇产科2人、藏医科3人、五官科1人、中医1人、护理7人);初级职称31人,助理级13人、员级33人;工勤人员(外聘)18人。医院法定床位30张,实际开放床位63张。当雄县疾控中心:核定编制7人,在编总人数为15人,本科5名,大专10名;初级4名。

乡(镇)卫生院:核定编制80人,在岗卫生技术人员数共84人,其中正式在编80人,公益性岗位17人。其中本科56名、大专28名。中级职称13人。

村(居)卫生室:村医88名,达到"一村三医"的标准,其中本科1人、大专5人、中专12人、初中35人、初中以下学历35人。

【新冠疫情防控】 年内,坚持把新冠疫情防控作为当前头等大事,成立由分管副县长任组长,卫健委主任任副组长,卫健委及医院相关工作人员为成员的医疗救治组、核酸检测组和医疗物资保障组,有效保障了全县的核酸检测工作和医疗物资保供工作。注重精准施策,高效科学防控,卫生系统先后派出90余名医护人员支援城关区疫情防控工作;推进核酸实验室建设,为加快实现48小时内全员核酸检测的要求,当雄县投入579万元改扩建核酸实验室,已投入使用;开展"三公流调"队伍培训,为提高当雄县"公卫、公安、工信"队伍的流调能力,3月15日,邀请市疾控中心流病科专家次仁央宗,到当雄县开展为期半天的流调培训,参加培训的人员共有99人,进一步充实了当雄县"三公流调"队伍的业务水平。

【关心关爱先心病儿童】 2021年经过乡镇初筛、县级复筛、专家确诊等方式,当雄县共确诊45名先心病患儿,通过拉萨市卫健委与南京市卫健委积极对接,当雄县共有25名患儿在南京医科大学接受治疗,并全部出院。

3月16日,当雄县卫健委安排县人民医院医生对儿童的康复情况进行回访复查,经过回访发现各位患儿身体恢复良好。4月,安排8个卫生院组建先心病儿童筛查工作小组,对各自辖区内新增疑似先心病儿童开展初步筛查,共新增疑似先心病儿童64人。在确定新增疑似的人数后,积极联系市卫生健康委,邀请南京市专家到当雄县,进行先心病儿童确诊检查。最终确诊6名需要动手术的先心病儿童,6名儿童及家长到南京市,并完成手术,已安全返回。

【关心关爱癫痫病人】 年内,当雄县卫健委组织各乡镇卫生院对全县范围内的癫痫病人进行详细筛查,经初步筛查共有144名癫痫疑似病人。积极向市卫生健康委

2022年3月15日,当雄县卫健委举办"三公"流调队伍培训会

申请协调市人民医院专家到当雄县进行确诊检查，经过市人民医院神经内科主任和专家的现场问诊，共确定疑似癫痫患者80名。

【设立村（居）民委员会公共卫生委员会】 年内，设立村（居）民委员会公共卫生委员会，是为加强党建引领基层治理全面提升基层公共卫生服务能力和水平的具体举措，完善重大疫情防控体制机制、健全全区公共卫生体系，同时落实网格化管理职责要求。推进村（居）民委员会下设公共卫生委员会有序开展是构建完备公共卫生体系、推动健康当雄不断发展的重要手段。按照自治区和拉萨市关于设立村（居）民委员会公共卫生委员会的有关要求，当雄县卫健委召开设立工作推进会，并督促各乡（镇）人民政府组织各村（居）召开推进会，并开展公共卫生委员会委员的选举工作。截至年底，全县29个村（居）均已完成主任、副主任和委员的选举工作，并全部完成揭牌工作。

【藏医药工作】 年内，藏医住院病人达到94人次，门诊4081人次，藏医理疗1324人次，拔罐701人次，针灸1230人次，放血34人次，热盐敷1321人次，TDP（特定电磁波谱）理疗1320人次，红外线1340人次，金针7人次，推拿、擦涂1331人次，药浴607人次。8月之前开展2次乡村医生培训，参加人数为40名。根据当雄县境内地热资源丰富的实际，对需要做藏医温泉治疗群众，举办2期温泉治疗方面的讲解，参与182人次。

2022年7月5日，当雄县2022年基层卫生人才能力提升培训班开班典礼举行

年内，在国家藏医药适宜技术推广项目的推动下，藏医药卡擦室、药治室、理疗室等的作用和效果突显。同时，为进一步提高县医院及基层藏医人员的药材识别水平，按照传统习惯，2022年上半年县人民医院组织藏医科和基层藏医人员6名准备到当雄县藏药材相对丰富的巴嘎村进行为期3天的藏药材识别和标本采集活动，共准备采药65种，完善藏医药文化室的药材标本，并举办藏医药材识别知识竞赛，参加人员6人，从而使藏医技术人员对当雄县藏药材的分布、种类和自然分布等有了新的了解和认识，提高了识别药材能力。

【卫生援藏】 年内，当雄县人民医院在北京市东城区卫健委牵头5名援藏专家带领下，开展一对一帮带学徒，提高临床一线医务人员的理论与操作水平。对当雄县卫生事业高度重视，年门诊量2895人，院内会诊14次，参加义诊下乡活动12次。援藏专家对县医院组织开展8次临床教学、9次技术培训、32次手术示教、9例疑难病例讨论。驻扎在当雄县人民医院的5位援藏医师已签订“一对一”帮带学徒，培养临床一线技术骨干5名。指导医师开展牧区常见病、多发病、疑难病症诊疗，开展各项手术，同时对县医院的管理工作提出合理化建议，帮助建设重点科室，着力提高县医院的技术水平。积极参加拉萨市、当雄县疫情防控各项工作，为当雄县人民医院争创二级甲等医院打下坚定的基础。

【医技科室业务】 年内，检验科共检查114583人次，其中，住院患者检查973人次，门诊病人检查7861人次，“三病”（艾滋、梅毒、淋病）共检查348人次，放射科摄片共5624人次，其中门诊检查5624人次，CT机检查1305人次，其中门诊CT检查1046人次，住院检查259人次。超声检查共计4182人次，其中门诊检查3908人次，住院检查1510人次，心电图检查2638人次，内镜检查27人次。碳13检测313人次。公卫餐饮进行健康体检1258名。县医院领导带队到县偏远乡村进行开展免费义诊及送医送药活动，受益2536人次，特别是对堆龙德庆区当雄县五保老人院进行健康宣教活动受益人数达60人，“3·28”西藏百万农奴解放纪念日在乌玛塘乡纳龙村和公塘乡进行送医送药活动，受益3985人次。区域“赞林吉桑”及中小考医疗保障任务服务量达到1302人次，各类义诊共12次，送药金额10万余元。新冠疫情防控工作要求对县域内各种活动进行测体温及医疗保障46次，积极参加县域内各项疫情防控工作，同时抽调20余名医护人员到拉萨市各酒店、方舱医院、市疾控核酸实验室参加疫情防控工作。

【孕产妇系统管理】 年内，孕产妇总数1376人，其中产妇数685人，建卡685人，建卡率100%，分娩总数688人，死胎死产1人，活产687人，其中男婴365人，女婴322人。产前检查5次685人，产检率100%，产后访视685人，访视率100%，产妇新法接生数628人，住院分娩活产数687人，无孕产妇死亡。孕产妇叶酸服用数686人。1—10月，当雄县免费开展“三病”（慢性乙型肝炎、梅毒、艾滋病）检测孕妇人数685人。

2022年5月24日，当曲卡镇当曲居民委员会举行“公共卫生委员会”揭牌仪式

当雄县医院住院分娩产妇检测数350人，其中乙肝阳性数23人，接种乙肝免费球蛋白23份。

【儿童系统管理】 年内，当雄县0—7岁儿童总数6899人，死亡2例，0—5岁儿童总数5220人，死亡2例，死亡率11.09‰。0—3岁儿童总数3030人，死亡1例，婴儿死亡1例，死亡率7.9‰。新生儿死亡0例，0—6岁儿童应体检5311人，0—7岁儿童体检数6899人，体检率为96.1%，0—5岁儿童数5220人，体检率为96.4%。0—3岁儿童体检3030人，体检率为94.8%。低体重人数39人。2022年，当雄县妇女宫颈癌和乳腺癌筛查任务数为7250例。

【流病计免工作】 2021年1月至2022年9月，当雄县共出生687人，常住儿童应建卡687人，实建卡687人，建卡率100%，全县“九苗”接种率98.1%。

【查漏补种】 年内，为全面加快当雄县病毒性肝炎综合防治工作，做好2022年“三病”肝炎综合防治工作，按照《关于做好肝炎疫苗补种前期准备工作的通知》《关于加快推进5岁以下适龄儿童乙肝疫苗和甲肝疫苗摸底调查工作的紧急通知》要求，对全县进行查漏补种。

【新入托、入学儿童查验、补种】 年内，为规范入托、入学儿童查验预防接种证工作，提高适龄儿童国家免疫规划疫苗接种率，加强托幼机构和学校传染病防控，根据《西藏自治区入托、入学儿童预防接种证查验工作指导方案》《拉萨市入托、入学儿童预防接种证查验工作指导方案》《关于做好入托、入学儿童预防接种证查验工作的通知》等系列要求，制定工作方案，由县卫健委下发文件，联合县教育局按照方案开展查验补种。

【免疫规划督导】 年内，当雄县疾控中心开展2次督导工作，主要内容为各乡镇基础免疫规划接种情况、卡、证填写情况，冷链温度登记情况，疫苗出入库登记及库存、管理情况，乡村级防疫专干的防疫知识掌握情况，免疫规划信息系统运用情况等，进一步加强当雄县免疫规划工作，提高当雄县预防接种率。

【宣传工作】 4月25日，当雄县疾控中心专派3名宣传人员、1辆宣传车在县人口密集处以“预防接种，守护生命”为主题开展第33个全国儿童预防接种宣传活动。宣传共发放有关宣传杯112个、宣传单132张、设宣传展板4个，解答相关预防接种知识150人次。宣传内容主要为国家免疫规划政策和当雄县免疫规划工作取得的进步，接种疫苗在预防控制传染病工作中的作用，国家免疫规划所使用的疫苗种类、程序等，消除麻疹，维持无脊灰，控制乙肝知识等。

【流病方面】 2021年1月至2022年10月，全县共报告法定乙、丙类传染病9种共计56例，总发病率235.83/十万（总人口数58092人）。与上年相比下降12%，无甲类传染病和死亡病例。肺结核为8例，发病率103.28/十万，占发病总数38.46%；病毒性肝炎23例，发病率61.97%，占发病总数的23.07%；梅毒18例，发病率41.31/十万，占发病总数的15.38%。其他传染病水痘7例，发病率40%，占发病总数的12.18%。

【常见传染病宣传防控】 年内，为有效降低学校及托幼机构常见传染病的发生及流行，对全县11所中（小）学、幼儿园等学校进行常见传染病防治知识培训，同时发放学校常见传染病知识手册，进一步规范学校学生个人卫生及学校晨、午检工作制度，同时对各传染病报告人员开展网络直报培训。同时不定期到乡镇对群众进行传染病知识宣传，共发放宣传材料2680余册。

【AFP及麻疹监测】 年内，按照市级指标要求2022年正常有序开展AFP（甲胎蛋白）及麻疹监测工作，2022年当雄县未发现AFP病例，并认真进行网络直报工作。

【食源性疾病监测】 截至2022年10月，当雄县共上报并审核16个病例。

【公共卫生监督、水质监测】 年内，共体检650人，未查出甲肝、戊肝阳性。公卫、食品从业人员健康证免费发放650份，办理公共场所卫生许可证12户，保证了当雄县公共场所的经营秩序，为人民群众及广大干部提供了一个安全、放心的娱乐场所，并对个体户以试卷的形式进行“食品、公卫从业人员卫生知识”的培训，培训率为100%。同时，对各乡镇的协管员进行培训，主要以饮用水、学校卫生服务等内容，通过对个体户的培训考试和对各乡镇协管员的培训后，增强当雄县食品、公共从业人员的食品、公共卫生知识的安全意识，巡查巡回的开展情况，2022年卫生协管员巡查共20次。

当雄县疾控中心对公共场所定期或不定期地进行监督检查，2022年共监督检查12次，对存在的问题进行整改。为使群众及学

2022年8月2日，当雄县人民医院开展第十批援藏医疗人才欢迎座谈会

生能够安全饮用生活水，依据《生活饮用水卫生监督管理办法》《生活饮用水水质量卫生规范》《生活饮用水集中式供水单位卫生规范》的要求，开展生活饮用水监测工作，对农村集中式供水和分散式供水采样64份，送市疾控中心进行检测，采样点所检项目个别点微生物指标、细菌总数、总大肠杆菌、耐热大肠杆菌不符合《生活饮用水卫生标准》（GB 5749—2006），其他所检项目均符合《生活饮用水卫生标准》。

2022年3月16日，拉萨市卫健委工作人员到当雄县回访慰问手术后先心病儿童

【痰检情况】 年内，当雄县共查痰10人，其中初诊查痰10人，玻片数为23张。随访查痰8人，玻片数为16张。室间质控1次，共抽16张玻片，厚薄均匀的23张，合格率100%。染色脱色合格的23张，合格率100%，痰膜脱落小于10%的10张，合格率33%。涂片大小，厚薄均匀，染色时间掌握适应未发现定性错误，痰标本质量较好。

【麻风病防治】 年内，全县已有4名麻风病人全部治愈，对病人家属22人进行调查，未发现麻风病症状，同时向家属及病人宣传有关麻风病防治知识，给病人发放毛鞋及一次性换药工具等。

【碘缺乏病防治】 年内，根据拉萨市实施方案要求，分别随机抽取东西南北中5个乡镇采集300户碘盐定量检测，合格率100%，全县碘盐食用覆盖率达100%。

年内，对当雄县儿童203人及孕妇98人采集尿样进行尿碘检测，结果均为正常。同时对当雄县5所学校的200名学生进行甲状腺调查。

【全民体检及慢病管理】 年内，当雄县高血压患者总数为2095人，管理人数2095人，规范化管理2095人。2型糖尿病患者总数63人，管理人数及规范化管理63人。重型精神病确诊患者65人，管理65人。65岁老年人健康管理8383人，管理率为99%。

【慢性病宣传】 11月14日，世界防治糖尿病日，当雄县疾控中心公共卫生慢病科组织专业人员在县城的街道设立现场咨询宣传点，现场测血压160余人次、血糖223人次，前来咨询群众212人次，发放宣传资料790余份，通过开展慢病系列宣传活动，提倡群众养成健康的生活习惯，提高高血压、糖尿病等慢性病防治知识水平。

4月25日—5月1日，是第7个《中华人民共和国职业病防治法》宣传周，结合当雄县实际情况，当雄县疾控中心于4月25日派3名宣传人员、1辆宣传车在当雄县人口密集处，以“健康中国，职业健康先行”为主题，开展此次宣传活动。共发放有关宣传图片55张、宣传单124张，宣传塑料杯200个，宣传展板6个，为200余人次解答相关职业病防治知识。宣传内容涵盖职业卫生健康教育核心内容，职业病定义，劳动者权益（劳动者依法享有职业卫生保护的权利；劳动者应参加用人单位组织的上岗前、在岗期间和离岗时的职业健康检查和职业卫生培训）；职业病患者依法享受国家规定的职业病待遇等。

【健康教育】 年内，调整健康教育领导小组，建立健全健康教育工作网络，设立村、乡、县健康教育工作人员，制定相关制度及计划。开展有关传染病的预防知识宣传，主要是通过张贴宣传画、发放宣传资料等方式进行宣传。共开展群众健康教育21次，收听人数40780人次，发放藏语和汉语宣传册2.8万余册、图片7894张，悬挂横幅25次，发放宣传塑料杯1200个。全面推动了群众健康教育工作，增强牧民群众的防病意识。学校卫生教育工作，为使当雄县各学校的学生健康成长，提高卫生保健意识，2022年共开展学校健康教育课程8次，内容主要包括学生常见病的预防措施、学生个人卫生、学校环境卫生、健康饮食卫生预防措施等。收听达3128人次。在传染病高发季节，共对当雄县11所学校的20个食堂、201间教室、590间宿舍和25个厕所进行全面彻底的消毒，预防各类传染病的传播。

【健康素养与健康促进】 年内，根据拉萨市工作目标指标要求，结合当雄县实际情况，在中心领导的安排部署下，组织人员对全县进行健康素养及健康行为调查。此次居民健康问卷调查50份，知晓率80%，行为形成率75%；学生健康问卷调查50份，知晓率85%，行为形成率80%；机关干部问卷调查40份，知晓率85%；行为形成率85%；工矿企业健康问卷调查21份，知晓率85%，行为形成率80%。通过调查有效增强群众健康意识。

【预防疾病传播】 年内，当雄县孕期免费艾梅乙检测检测447人，其中乙肝患者48人，梅毒18人，艾滋病0人，其他381人。县级产时检测207人，其中乙肝患者27人，乙肝表抗阳性产妇所生婴儿全部免费注射乙肝免疫球蛋白，注射率为81.5%。县疾控中心利用“12·1”世界艾滋病防治宣传日，开展形式多样的宣传活动，共发放安全套4000余盒、各类宣传资料1300余册、宣传塑料杯175个，设立展板4个，悬挂横幅4个，进一步提高了牧民群众对防治艾滋病的认识，增强了自我保护意识。

为进一步控制艾滋病的传播途径，当雄县创新工作机制，对特殊人群进行分类管理。组织人员深入县域内宾馆、招待所等旅馆业和歌舞厅等娱乐场所进行艾滋病防治宣传教育，对娱乐场所推广使用安全套预防性病艾滋病工作进行安排部署，对大宾馆和招待所安装避孕箱和发放安全套，共发放安全套1200余盒，藏语和汉语宣传资料632份。7月6日，联合市疾控专家在当曲卡镇政府会议室举办以“珍爱生命、共同行动、用科学防治艾滋病”为主题的防控知识讲座。32人次参加，发放宣传资料60份，发放安全套100只。

【续建项目建设】 当雄县人民医院传染病房建设项目总投资1100万元，主要建设内容为建设传染病房1742平方米及附属工程，该项目处于收尾阶段，已进行终验并交付使用。当雄县纳木湖乡健康保障试点供氧项目，项目总投资1580万元，主要建设内容为购置供氧设备及安装，已通过终验并交付使用。

【新建项目建设】 羊八井区域医疗中心升级改造建设项目，项目总投资为87.7万元，主要建设内容为疫苗接种室、住院区改造等。当雄县标准化疾控中心建设项目，项目总投资1000万元，主要建设内容为建设疾控中心业务楼1132平方米及购置专业设备，已

2022年8月11日，当雄县商会慰问疫情防控一线工作人员

开工建设。

（强巴卓嘎）

【机构领导】

主　任

索朗次仁（藏族，6月免）

米　玛（女，藏族，6月任）

副主任

普布曲珍（女，藏族）

当雄县人民医院

【概况】 2022年，当雄县人民医院门诊总量105589人次，其中藏医4081人次，西医43235人次（急诊8679人次，儿科5087人次）。总住院1116人次，共出院1094人次。

当雄县人民医院法定床位30张，实际开放床位63张，病床使用率52.8%，诊断符合率99%，临床与影像诊断符合率95%。2022年，当雄县人民医院开展手术264台次，术前诊断与术后诊断符合率100%，无菌切口感染率为0，传染病登记报告漏报率为0，病案讨论24次，死亡病案讨论1次。

2022年，109国道车辆流动高峰和旅游季高峰而重症患者转到上级医院的共138人次，其中（大内科急诊69人次，外科急诊30人次，妇产科39人次）。新生儿听力筛查98人次。

2022年，检验科共检查114583人次，其中，住院患者检查973人次，门诊病人检查7861人次，"三病"（艾滋、梅毒、淋病）共检查348人次，放射科摄片共5624人次，其中门诊检查5624人次，超声检查共计4182人次，心电图检查2638人次，内镜检查27人次，碳13检测313人次，公卫餐饮进行健康体检1258名。

当雄县人民医院以"为群众办实事"为目标，积极参与社会公益事业，充分发挥公立医院的公益服务活动。2022年院领导带队到县偏远乡村开展免费义诊及送医送药活动，受益2536人次，特别是到当雄县五保老人院开展健康宣教活动，受益60余人；"3·28"西藏百万农奴解放纪念日在乌玛塘乡纳龙村和公塘乡开展送医送药活动，受益人数达3985人次。区域"赞林吉桑"及中小考医疗保障任务服务量达到1302人次，各类义诊共12次，送药金额10万余元。根据疫情防控工作要求对县域内各种活动人员进行测体温，提供医疗保障46次，积极参加县域内各项疫情防控工作，同时抽调20余名医护人员到拉萨市、市疾控核酸实验室参加疫情防控工作。

【思想政治工作】 年内，在全院干部职工的艰苦奋斗和齐心协力下，为深入贯彻中共二十大会议精神，全面贯彻习近平总书记关于西藏工作的重要论述和新时代党的治藏方略，全面落实自治区第十次党代会、区党委经济工作会议和自治区两会安排部署，锚定"四件大事""四个确保"，聚焦"四个创建""四个走在前列"，不断加强卫生行风和职业道德建设，实事求是，扎扎实实做好医院的各项工作。深入贯彻落实公立医院改革各项工作任务，牢固树立以病人为中心的意识，开拓创新，扎实工作，努力提高服务质量和服务水平，使当雄县人民医院的各项工作有了较大的提高。

【业务学习】 年内，为提高全体干部职工的专业技术水平，更好地满足医疗服务要求，医院年初制订人才培养和引进人才规划，并且以"三基"训练为基础，并以援藏专家讲课、自学、考核等方式，

2022年11月15日，当雄县人民医院医务人员到格达乡寺庙开展免费义诊

经常组织不同形式的业务学习，平均每月业务学习2次，2022年度举行“三基”训练考核2次，考核合格率95%。医院在人员紧缺，工作量大、疫情防控任务重的情况下，为更好地满足广大患者的医疗服务要求，选送理论水平较高具有内科、儿科、妇科、藏医、护理等专业背景的2名骨干医护人员到拉萨市人民医院和军区总医院进修学习。

年内，在积极选医护人员到上级医疗部门进修的同时，还抓住援藏医生和基层帮带专家等的优势，在院内每周四组织开展业务学习活动，每位援藏专家与医院科室骨干人员进行一对一学徒帮带，并签订协议。在年初和年底举行以交通事故医疗救治和甲类传染病、疫情防控等救治为主要内容的急救演练活动，提高了医院医务人员的理论和技术水平。护理部在各病区开展“优质护理年”活动，并在“5·12”国际护士节期间组织全院护理人员举行“护理操作表演赛”，提高全院护埋人员操作技能。开展全院护理人员轮流讲座1次。获取护士执业资格证书率明显增多，各项护理技能操作得到进一步提高，护理三级查房、护理文书书写等得到进一步规范，护理差错为0。2022年，护理部主任次仁玉珍荣获自治区“十佳护士”称号。

【医疗卫生援藏】 年内，当雄县人民医院在北京东城区卫健委5名援藏专家带领下，开展“一对一”帮带学徒，提高临床一线医务人员的理论与操作水平。当雄县人民医院年门诊量2895人，院内会诊14次，参加义诊下乡活动12次。援藏专家对当雄县人民医院组织开展8次临床教学、9次技术培训、32次手术示教、9例疑难病例讨论。驻扎在当雄县人民医院的5名援藏医师签订“一对一”帮带学徒协议，培养临床一线技术骨干5名。指导医师开展牧区常见病、多发病、疑难病症诊疗，开展各项手术，同时对管理工作提出合理化建议，帮助建设重点科室，着力提高当雄县人民医院技术水平。积极参加拉萨市、当雄县疫情防控各项工作，为争创二级甲等医院打下坚实的基础。

2022年3月15日，当雄县消防救援大队指战员到县医院开展消防安全演练

【藏医药工作】 年内，藏医住院病人达到94人次，门诊4081人次，藏医埋疗1324人次，拔罐701人次，针灸1230人次，放血34人次，热盐敷1321人次，TDP（特定电磁波谱）理疗1320人次，红外线1340人次，金针7人次，推拿、擦涂1331人次，药浴607人次。8月之前开展3次乡村医生培训，参加人数40人。根据当雄县境内地热资源丰富的实际，对需要做藏医温泉治疗群众举办2期温泉治疗方面的讲解，参与182人次。

年内，在国家藏医药适宜技术推广项目的推动下，当雄县人民医院藏医药卡擦室、药治室、理疗室等作用突显。同时，为提高当雄县人民医院和基层藏医人员的药材识别水平，按照传统习惯，上半年组织藏医科和基层藏医人员6名到当雄县藏药材相对丰富的巴嘎村将热境内进行为期3天的藏药材识别和标本采集活动，共准备采药65种，完善藏医药文化室的药材标本，举办藏医药材识别知识竞赛，参加人员6人，从而使藏医技术人员对当雄县藏药材的分布、种类和自然分布等有了新的了解和认识，提高了识别药材能力。

【人才培养】 年内，当雄县人民医院注重抓好学术带头人和合理人才梯队建设，加强发展新的重点学科，做大做强临床科室，提高科研技术水平，增强医院竞争实力。年内，当雄县人民医院继续派遣医务人员到上级医院接受业务培训进修学习，共有2名医务人员到上级医院培训学习。

当雄县人民医院按照等级医院评审标准，全面加强医疗质量管理，特别是医疗质量环节管理，加大综合绩效考核力度，查漏补缺，不断改进，大力夯实基本医疗技术，提高医疗质量和专业技术水平，防范医疗事故的发生。

（多 杰）

【机构领导】

院 长

索朗多吉（藏族）

副院长

扎西次仁（藏族）

旦 增（藏族）

平 措（藏族）

市场监督管理

【概况】 2022年，当雄县市场监督管理局认真落实商事登记制度改革，实现“一套材料、一次申请、一窗受理、一站办结”，激发经营者投资创业热情。

2022年，全县新增市场主体568户。同时，全面推行简易注销登记工作，公开办理市场主体简易注销登记的申请条件、登记程序、审查要求和审查期限。共注销各类市场主体174户，实现高效便捷的市场退出机制。

【食品安全监管】 年内，当雄县市场监督管理局联合执法监管高压态势，开展校园食品安全守护，餐饮质量安全提升，农村假冒伪劣食品治理，“3·15”晚会曝光问题食品排查整治，整治养老诈骗、食品安全“守底线、查隐患、保安全”，特殊食品专项清理，牛肉干、配制酒等旅游食品安全，网络餐饮整治等专项行动，累计出动执法人员232人次，检查学校食堂59家次，检查食品流通单位497家次、餐饮服务单位516家次，没收过期食品、“三无”产品1500余个，价值4万余元，下达责令整改通知书29份。

【监督抽检】 年内，加强监督抽检，严把质量安全关，对以菜店、商超、餐饮服务单位、学校食堂、小作坊等为重点经营场所销售的食品（食用农产品）进行监督抽检。协助国家级和区市级第三方检测机构开展食用农产品、商品抽检92个批次，其中2个批次化妆品不合格，按照抽检方案要求进行整改处理。

【案件办理】 年内，加大案件查处力度，严厉打击违法违规行为。2022年立案2件，在对一家超市检查中发现过期产品，依法进行没收，并处以行政罚款3万元。检查中发现一菜店故意篡改过期食品生产日期，依法对该菜店篡改的过期食品进行没收，处以行政罚款6万元。

【维护消费者权益】 年内，通过“12315”投诉举报平台、“12345”政府热线和县一线指挥部转交问题快速反应机制，全力畅通投诉举报渠道，通过搭建三大维权平台，达到投诉举报统一接收、统一登记、统一甄别“三统一”，保障投

2022年8月26日，当雄县市场监督管理局工作人员开展市场领域新冠疫情防控专项检查

2022年6月16日，当雄县市场监督管理局工作人员开展校园食品安全保障专项检查

诉举报处置全程联通，流程可控可跟踪，进一步提升投诉举报处置效能。

截至年底，共受理消费者投诉73件，其中食品相关投诉17件，成功调解70件，回复率达100%，办结率达100%，为消费者挽回经济损失1万余元，切实做到件件有着落、事事有回音。

【新冠疫情防控】 年内，坚决贯彻县委、县政府和上级决策部署，充分发挥市场监管部门职能作用，及时成立“市场防控组”工作专班。

新冠疫情期间，在保证与民生相关的64家保供店正常营业的情况下，9月10日起低风险区按照“先大后小、先急后缓、先线上后线下”原则，分批、有序恢复市场正常经营秩序。加大对市场的检查频次，对市场“一扫三查”及场所消毒等情况进行每日检查，累计出动执法人员200余人次，检查市场主体3000余家次，对疫情防控措施落实不到位的经营主体负责人，累计约谈提醒500余人次，对屡教不改的20家市场主体进行停业整顿，切实以检查促整改，以整改增强意识。

【计量工作】 年内，开展计量惠民生、诚信促和谐活动，联合自治区计量测试所工作人员开展电子秤专项检定工作，利用标准砝码对集贸市场蔬菜、肉食、水产、超市、酥油、酸奶等商户的电子秤进行逐台检定，共免费检定电子秤46台，对检定不合格的2台进行调整。

（胡凡凡）

【机构领导】

局　长

曲　　扎（藏族）

副局长

德　　吉（女，藏族）

丹增念扎（藏族，7月免）

付　　涛（12月免）

段天波（11月任）

向巴泽仁（藏族，12月任）

文化和旅游

【概况】 当雄县文化和旅游局（文物局）（以下简称当雄县文旅局）是当雄县人民政府的工作部门，分管县文化市场综合执法大队、县文化馆、县新华书店、县艺术团。2022年，局机关有4人、文化市场综合行政执法队2人、新华书店2人、文化馆1人、当雄县艺术团40人。

2022年，当雄县文化和旅游局紧紧围绕新冠疫情防控工作不放松，始终坚持以习近平新时代中国特色社会主义思想为指导，全面贯彻落实中共二十大精神和习近平总书记在中共二十大闭幕会上的重要讲话精神，扎实开展各项工作。

【基层公共文化建设】 年内，当雄县艺术团到各乡镇（村、组）、部队、学校等累计演出活动64场，累计观看观众3万余人。建制村文艺演出队举办“我们的中国梦——文化进万家”“喜迎中共二十大系列活动”“文化惠民演出”“拉萨市戏曲进乡村”等各类演出活动共计160余场，累计观看群众5万余人，满足了牧民群众的精神文化需求，宣传了党的惠民政策，铸牢了中华民族共同体意识，意识形态领域的阵地作用得到加强。举办当雄县2022年“新时代文明实践活动”文艺

2022年2月10日，当雄县文旅局组织开展“全民唱响 一起向未来”传唱活动 当雄县“我们的中国梦——文化进万家”活动

演出暨新春团拜会活动，县艺术团参加“3·28”“盛世中国、幸福西藏”主题经典歌曲大赛活动获得三等奖，《啦啦·致富之路》荣获首届民间舞蹈大赛群星奖一等奖，《感党恩》荣获自治区小戏小品三等奖，《啦啦·致富之路》荣获青稞飘香拉萨赛区总冠军、青稞飘香全区二等奖。

启动国家公共文化服务体系示范区创新发展复核工作，规范整理2018—2022年公共文化领域相关台账。深入调研扶持，深化巩固当雄县龙仁乡2021—2023年度西藏自治区级“中国民间文化艺术之乡”成果；依托北京援藏资源，举行2022年东城文化金融研修班线上培训活动，全县文化站负责人培训工作实现了全覆盖，切实推动了文化产业人才高质量发展；积极申报“当雄县赛马文化公园”，引导文化产业园区向国家文化公园发展。

【文物非遗保护】 年内，当雄县文旅局联合消防救援大队、统战、督查、寺管会等部门开展文物安全排查、检查，共开展各类检查14次，文物检查常态化达100%。

2022年成功申报县级非遗项目“龙仁岭卓”“羊八井寺酥油花制作技艺”为第六批拉萨市级非遗项目。按照“小而精、多场地、人分流、强防控”的总体要求，2022年成功举办国家级非物质文化遗产“当吉仁”赛马节，全力推动当雄县传统文化和经济社会有机结合，助推乡村振兴新征程的全面启动。

【文化市场健康发展】 年内，严格落实文化娱乐场所安全生产监管，县文化执法队联合县公安、消防、市监等部门，当雄县文旅局发挥文化部门职能，共办理（更换）文化类经营许可证5个，共进行娱乐场所联合检查8次，检查网吧2次，出动执法人员60余人次，加大对娱乐场所的疫情防控检查监控力度，保证当雄县文化市场环境的安全，文化市场管理得到进一步规范。

【旅游产业】 年内，在区内外疫情影响下，当雄县旅游产业遭受重大冲击，县文旅局立足全面统筹落实疫情防控政策的基础上，全力推动当雄县旅游产业发展。截至年底，全县各景区门票及各项

2022年2月28日，当雄县文旅局工作人员开展文物安全检查工作

营收共计880.44万元，接待区内外游客57761人次，其中，纳木错景区接待游客49749人次，收入716.26万元；康玛温泉酒店接待游客8012人次，收入164.18万元。旅游景区及酒店宾馆共吸纳农牧民就业1659次，农牧民增收770.9万元。为落实促进旅游业高质量发展，深入贯彻落实推进拉萨旅游消费政策，对接县域宾馆、酒店、景区、林卡等，与“去哪儿”“携程”“嘉联支付”平台沟通上线事宜。

为进一步巩固当雄县国家全域旅游示范区创建成果，提升当雄县旅游基础设施服务水平，当雄县加快落实“十四五”旅游项目规划和全域旅游项目建设步伐。对接市旅发局、发改委申报当雄县那根拉观景平台建设项目资金，计划投资1000万元，已上报至国家发改委。加快推进阿热湿地“鹤鹤有鸣”旅游基础设施建设项目投入运营。加紧推进当雄县旅游厕所建设项目，已完成剩余一座未建生态厕所重新选址工作，该厕所主体及内部主体已完成改造。积极配合拉萨市环保整改办对廓琼岗日冰川问题进行整改，立即暂停冰川项目的开发建设及运营，前期已制定整改方案，后期将在疫情结束后委托第三方技术单位对项目开展评估，结合评估意见，修改完善整改方案，及时推进整改任务的落实。为进一步促进当雄县各景区景点的运营能力，吸引第三方企业到当雄县进行投资，积极与北京对口援藏单位沟通，通过招商引资，借助外部资源力量，发展增量，盘活存量，从旅游产业发展上想思路、找方法，助推当雄经济高质量发展。

【旅游市场执法监管】 年内，执行每日执法制度，在旅游旺季，每天派出执法人员对全县各景区(点)进行巡回监督值班执法，共开展旅游市场规范整治执法60余次，出动执法人员180人次，联合多部门开展联合执法4次，及时妥善处理纳木错景区等相关投诉10起。

为进一步督促当雄县酒店宾馆及餐饮行业落实疫情防控措施，当雄县文旅局共计组织县城全面检查5次，联合县公安局、市场监管局等部门检查3次，出动工作人员约40人次，全面督促各类涉旅市场主体贯彻落实各级政府疫情防控相关政策，2022年未发生一起涉疫事件。

（尼玛仓决）

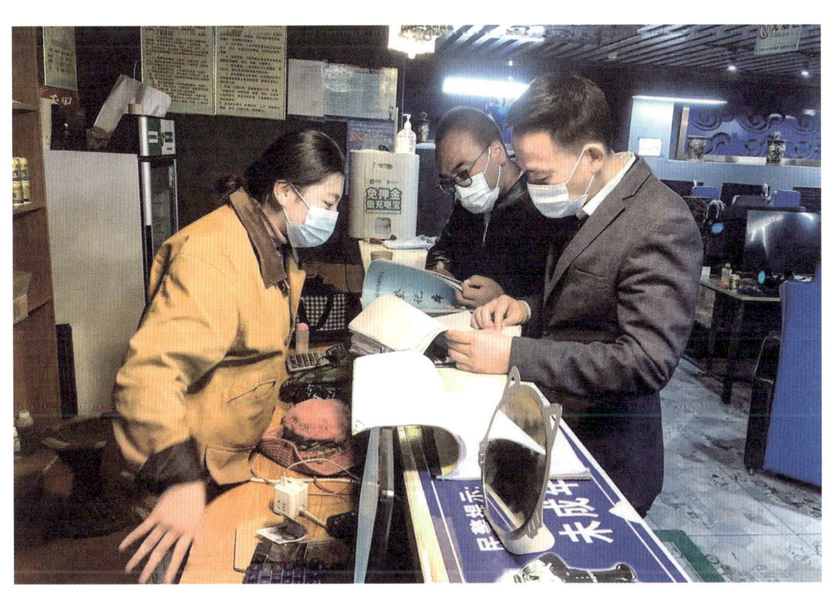

2022年5月17日，当雄县文旅局工作人员检查县域内文化市场

【机构领导】

党组书记、局长

邓　　洪(5月免)

德吉白珍(女，藏族，12月任)

党组成员、副局长

李　　晨(北京援藏，7月免)

扎西次仁(藏族)

黄 富 城(5月免)

李　　佳(女，5月任)

医疗保障

【概 况】 2022年，当雄县城乡居民基本医疗保险参保总人数48014人，参保率达95%以上，其中低收入人口1380人(包括民政低收入对象和乡村振兴监测户)，低保2210人，特困供养人员69人，孤儿26人，重度残疾人员243人，特殊人群参保率达100%。

2022年，当雄县医保窗口共开展手工结算314人次，基本医疗统筹基金报销支付151.18万元；大病保险赔付48人次，赔付金额51.60万元；开展手工医疗救助126人次，救助金额14.17

万元。

【参保登记】 年内，当雄县医疗保障局积极落实城乡居民基本医疗保险统筹政策，努力实现应保尽保，确保人人享有基本医疗保障权益。持续加强与县乡村振兴、县民政等部门的信息动态核查，对贫困人口数据进行比对并全部纳入基本医保、大病保险以及医疗救助等制度保障范围。按照《拉萨市城乡居民基本医疗保险实施办法（试行）》等政策规定对贫困人口参保缴费进行相应补贴。

【“一站式”结算服务】 年内，当雄县医疗保障局严格按照市级统筹要求执行统一的城乡居民基本医疗保险制度，针对所有医保帮扶对象执行基本医保、大病保险、医疗救助“三重保障”政策，统筹区内定点医疗机构，实行“先诊疗后付费”和“一站式”结算，确保应报尽报。针对异地未直接结算人员，医保经办窗口严格按照“一站式”结算要求开展手工报销业务，相应的“三重保障”资金在规定时限内完成兑现。

【医疗救助托底和商业保险补充】 年内，按照《拉萨市巩固拓展医疗保障脱贫攻坚成果有效衔接乡村振兴战略实施细则》要求，当雄县医疗保障局不断规范门诊救助、完善住院救助、畅通救助渠道，组建多层次的医疗救助，对符合条件的救助对象进行医疗救助、“一站式”即时结算、手工（零星）医疗救助等，大大减轻了参保人员个人负担，防范因病返贫、因病致贫风险。

另外，将城乡居民超大额医疗补充保险购买所需资金申报纳入县财政预算，并通过线上视频采购会的形式完成2022年度当雄县城乡居民超大额补充医疗保险购买工作，由人民财产保险公司拉萨分公司承保，保险标准为每人每年保费15元，年度最高赔付限额为15万元。

【新冠疫苗接种费用保障】 年内，当雄县医疗保障局以提质增效为着力点，加强与财政、卫健等部门沟通协作，通过加强数据对接，加强疫苗接种资金监管和使用。按照规定共向全县9家接种医疗机构及时拨付疫苗接种费用32.32万元，为医疗机构顺利开展疫苗接种工作保驾护航。

【防因病返贫致贫预警监测】 年内，利用防因病返贫致贫监测平台，将脱贫人口中个人年度累计负担的医疗费用超过拉萨市上年农村居民人均可支配收入50%以及农牧区居民中个人年度累计负担的医疗费用超过拉萨市上年农村居民人均可支配收入的人员纳入医保部门因病致贫监测范围，并及时反馈给县民政及各乡镇进行调查核实，按照核查结果进行相应的帮扶。对医保资助对象参保缴费、住院就医、待遇保障、费用结算及医疗费用超过预警标准等情况进行实时监测，同时针对个人自负医疗费用较高的参保患者，与乡、村开展座谈交流，研究相应的帮扶措施，解决好群众就医治疗费用报销的后顾之忧，防止“因病致贫、因病返贫”的问题发生。

【医保政策宣讲及医保电子凭证推广】 年内，印制《当雄县城乡居民基本医疗保障医保政策问答手册》，按照答疑解惑、让群众喜闻乐见的原则，选取群众最关心的参保缴费、待遇及报销比例、医保电子凭证、异地就医等四大类

2022年2月9日，当雄县医疗保障局党支部召开改进作风狠抓落实动员部署会

2022年7月14日，2022年度当雄县基本医疗保险政策业务培训班开班，当雄县医疗保障局组织乡、村医生参加培训

型20余个典型问题，以通俗易懂的语言进行解读。结合“三月综治宣传月”“四联四包”等活动，以及“三个跑遍”的要求，局党支部书记、局长带队到格达、央热、彩渠塘、郭尼等村（居）开展医保政策专题宣讲活动，现场解读城乡居民基本医保、大病保险、医疗救助待遇政策以及普通门诊、特殊门诊、“两病”门诊待遇、异地就医结算流程、住院报销比例、打击欺诈骗保医疗保障基金等内容，切实有效提高了群众对党的惠民政策的知晓率。

举办全县基本医疗保险政策业务培训班，组织各乡镇人民政府医保分管领导及医保专干、各定点医药机构医保结算负责人参加培训，讲解城乡居民基本医疗保险和城镇职工基本医疗（生育）保险政策，现场演示医保电子凭证激活、使用方法，并督促积极推广。

（张益鹏）

【机构领导】

局　长

德　吉（女，藏族）

副局长

张益鹏

广播电视

【概况】 当雄广播电视台是当雄县政府直属事业单位，为正科级，归县委宣传部领导。2022年，台内共有31人，其中，专技人员10人，工勤人员4人，公益性岗位8人，外聘3人，临时工6人。

2022年，当雄广播电视台认真贯彻落实区市广电各项工作指示精神和部署，以推动当雄县新闻宣传事业和大力实施广播电视惠民工程为重要任务，以提升广大牧民群众精神文化水平、巩固意识形态领域阵地为长远目标，紧紧围绕县委、县政府的中心工作，紧扣当雄县广播电视事业发展需要，通过全系统干部职工共同努力、多措并举，推动当雄县广播电视事业健康稳步发展。

【广电惠民工程】 年内，当雄广播电视台始终如一将广播电视惠民工程纳入重要工作日程，开展广播电视“村村通”“户户通”“舍舍通”惠民工程建设工作。截至年底，当雄县建有广播电视“村村通”单收站和收转站共132座，其中收转站22座；全县广播电视综合覆盖12687户，全县有线数字电视用户723户，全县广播电视覆盖率均达到99.5%。

年内，充分发挥各乡镇、村组现有无线发射台的作用，加快设备更新，加强运行维护，大力提高牧区广播电视无线覆盖水平，使广大牧民群众能够正常收听收看到中、区、市的无线广播电视节目。继续坚持“政府主导、广电实施、社会参与、群众认可、整体转换”的思路，推进县城数字有线电视工作的覆盖性。全年开展广播电视“村村通”“户户通”“舍舍通”下乡巡查37次，并以政府购买服务形式在电视台设立“村村通”“户户通”“舍舍通”维修点。

【广播电视安全播出】 年内，电视台始终将当雄县广播电视安全播出工作作为首要的政治任务工作来抓。为确保安全播出做到“不间断、高质量、既经济、又安全”，在广播电视安全播出日常管理工作中，始终坚持“一级抓一级，层层抓落实”的原则，做好安全播出的指挥调度工作。

为保证当雄县广播电视安全播出，狠抓日常管理，规范安全播出工作。人员安排到位，确保安全播出。实行安全播出问责制，责任落实到个人。切实做好安全检查，落实各项措施。建立健全安全播出制度，用制度规范安全播出工作。在日常管理中，电视台严格根据有关规定，根据实际，完善本单位的各项规定和管理制度：《安全播出管理制度》《机房值班制度》《门卫值班制度》等，并按要求执行落实。在各类重要保障期间，为确保当雄县广播电视安全播出做到“零报告”制，在县委、县政府的高度重视下，电视台积极制定各项规章制度，并与各级领导和值班人员签订责任书，实行双人双岗制，全力以赴，严防死守，认真做好门卫、机房值班纪录及各项工作，做好电视台院内安全保卫工作及机房值班工作，确保广播电视安全、有效的运行，完成各类重要保障期间的广播电视安全播出工作。

【有线数字电视覆盖】 年内，当雄县有线数字电视前端及网络建设项目全面完成，数字电视机顶盒安装工作有序推进，县城终端用户均能收看收听到115套电视节目（其中包括12套高清频道和拉萨市广播电视台藏语综合频道、汉语综合频道、文化旅游频道和当雄县自办节目）以及11套数字广播节目，深受县城广大干部群众的欢迎。

当雄县有线电视数字二期整体建设项目，前后经2次改造建设，完成数字电视至少覆盖全县2000户（县城内）。截至年底，已完成723户有线电视入户安装工作。电视台将继续宣传有线电视入户工作及安装工作，充分发挥主流媒体的政策宣传和服务群众平台作用，进一步扩大电视台影响力。

2022年2月3日，当雄广播电视台工作人员到公塘乡巴嘎当村开展新一代“户户通”设备整村覆盖项目

【自办频道】 年内，制作播出《当雄新闻》《一周要闻》180期，新闻530条；录制《极净当雄有声读物》23期，《时政·微广播》73期，通过藏语宣传《习近平谈治国理政》，各类栏目播出质量和收视收听效果明显提升。县级台播出的节目突破原有有线电视覆盖的陈旧传输模式，加快与新媒体融合，拓宽节目传播渠道，利用微信公众号及抖音、今日头条等平台，以视频新闻为主，结合2022年工作重点，制作并发布《非凡十年我来说》《党的十八大以来当雄县经济社会发展成就系列》《学报告、谈感悟、话未来》《奋进新征程，永远跟党走，二十大知识快问快答》《聚焦党的二十大报告指出》《奋进新时代、启航新征程（我是党员）》《聚焦党的二十大报告，学报告、读金句》等原创短视频。截至年底，共发布新媒体视频资讯共3152篇（条），阅读量达400万余次。

特别是在新冠疫情期间，宣传报道组通过采取各种举措，在各类平台共推送各类疫情讯息（786条）、短视频（抖音114条，播放量1153.9万次，视频号118条，阅读量340.6万次），平均每天关注度（阅读量）达42.6万次，播放广播71次，制作广播内容14条，覆盖29个村（居）172个村民小组，张贴温馨提示1200余处，制发防疫宣传简报600张，向市级媒体投稿30篇（条），《草原上别样的隔离点》《一名村医的抗疫路》《牧区合作社牦牛产业富百姓》等16篇稿件被新华社、人民

2022年4月17日，当雄广播电视台工作人员在乌玛塘乡纳龙村开展“户户通”巡察巡检工作

网、中央广播电视总台等国家权威媒体转载。

【电影放映】 年内，当雄县共有数字影院放映机2台、农牧区流动数字放映机3台、流动电影放映车1辆、放映队伍3支。当雄县电影管理站充分利用现有设备，一直面向各乡镇、村、组，面向牧民群众进行巡回放映，积极推进农村电影放映工程建设，让电影走进牧区，走进学校，走进部队，走进各单位，让更多的人享受到电影文化艺术生活。截至年底，完成放映249场次，观众9125人次。

（旺堆晋美）

【机构领导】

台　长

扎西多杰（藏族）

副台长

索朗珠扎（藏族）

退役军人事务

【概况】 2022年，当雄县退役军人事务局（以下简称县退役军人事务局）认真贯彻落实县委、县政府决策部署，紧密围绕中心工作大局，主动担当作为，全县退役军人工作在政治统领中全面推进、在创新创优中稳步提升、在精准服务中提质增效，开拓进取的步伐铿锵有力、勤勉务实的工作富有成效，在思想引领、抚恤优待、权益维护、就业创业、服务保障等方面取得新成绩。

【改进作风抓落实】 2022年，县退役军人事务局高度重视改进作风狠抓落实工作，精心安排、周密部署，在全县召开改进作风狠抓落实工作动员部署会后，及时召开本单位进一步改进作风狠抓落实工作动员部署会，进行再部署再动员。制定《当雄县退役军人事务局关于常态化推进改进作风狠抓落实工作实施方案》《当雄县退役军人事务局关于常态化推进改进作风狠抓落实工作任务清单》，明确目标任务，细化工作措施，实现“实施方案”和“任务清单”无缝衔接。定期召开改进作风狠抓落实工作推进部署会，传达学习文件精神，研究分析存在问题，凝聚共识、总结经验、提升水平。

以开展改进作风狠抓落实工作为契机，组织精干宣讲队伍到8个乡（镇）开展“送政策”进基层宣讲活动等，受到优抚对象的普遍赞誉和一致好评，工作作风持续向好。动员全局干部职工积极参与全县疫情防控工作，到结对村格达乡央热村协助做好核酸检测，派出3人分别在拉萨市城关区、县内、纳木湖乡开展疫情防控。

【退役军人就业创业】 2022年，县退役军人事务局组织辖区退役军人参加市局统一组织的健身教练培训。鼓励退役军人参加学历教育，提升就业能力。以创业先进典型带动就业，助力优秀创业退役军人在格达乡经营退役军人服务现役军人工作站，带动本地退役军人就业。积极对接相关职能部门、产业园区、重点行业和企业，扩大就业岗位供给。组织辖区退役军人参加专场就业招聘会1场，开发岗位15个，吸引退役军人报名参加。

认真做好当雄县退役士兵专项考录（招聘）工作，按照通知要求，及时将文件精神传达至各乡（镇）退役军人服务站，要求通知到辖区每一位退役士兵，做到应知尽知、不漏一人。根据退役士兵报考情况，认真开展资格初审和资料审核。

【优待抚恤】 2022年，县退役军人事务局按时足额为重点优抚对象（伤残、“三属”）发放抚恤金，为60岁以上农村籍退役军人发放生活补助，为刚退出现役的退役军人发放家庭优待金和一次性经济补助。年内，认真做好县困难退役军人及家庭帮扶援助工作，积极对接上级业务部门，争取社会资金支持，全力帮扶困难退役军人。由自治区退役军人服务中心主任姜君陪同，西藏银行营业部党支部向当雄县格达乡1名困难退役军人捐赠现金5000元，帮助修缮房屋，改善生活。

【建档立卡和优待证申办】 2022年，为深入贯彻落实《中华人民共和国退役军人保障法》和《退役军人和其他优抚对象优待证管理办法（试行）》的规定，进一步增强广大退役军人和其他优抚对象的荣誉感和自豪感，县退役军人事务局迅速开展辖区退役军人和其他优抚对象的建档立卡和优待证申办工作，投入4万余元为县退役服务中心和8个乡（镇）集中采购信息采集高拍仪，大幅提高了工作效率。

安排专人到自治区对优待证的申领流程、操作方法、优待政策进行系统学习培训，进一步提升业务办理质量。同时，为确保所有退役军人和其他优抚对象及时知悉办理流程、所需材料和其他注意事项等，在“逐梦当雄”微信公众号和县广播电视台发布藏语和汉语版《关于开展退役军人及其他优抚对象优待证申领工作的公告》，充分保障广大退役军人掌握优待证申领流程、信息、要求等。通过张贴公告、转发微信、电话通知、入户走访等方式向广大退役军人宣传优待证申领政策，极大地提高知晓度。在办理过程中，设立专人专岗，耐心细致地核对前来办理的退役军人证件、照片和相关资料等，积极宣传优待证相关优惠政策；对年龄较大、无自理能力、长期卧床等行动不便、无法到现场办理的退役军人，通过工作人员主动上门的方式进行办理，确保退役军人优待证应办尽办。

2022年8月2日，当雄县退役军人事务局局长卓嘎（主席台）在县人民武装部主持2022年度当雄片区部队双拥工作座谈会

【双拥共建】 2022年，召开双拥工作推进会及军地联席会议，进一步巩固和发展军政军民团结的大好局面。8月1日，在第95个八一建军节到来之际，当雄县召开2022年双拥工作推进会、军地联席会议，进一步统一思想，提高政治站位，牢固树立“一盘棋”思想，构建完善党委统一领导、政府统筹协调、部门齐抓共管、军地协调联动、社会广泛参与的工作格局，全方位提升双拥工作整体效能。立足实现和维护广大军民的根本利益开展工作，努力使双拥成果为广大军民共享，为不断开创当雄县双拥工作崭新局面奠定基础。

年内，为传递党和政府的关心关爱，结合当雄县实际，制定《当雄县2022年“三大节日”期间慰问退役军人、其他优抚对象及驻军部队活动方案》《当雄县2022年八一建军节慰问活动方案》，慰问驻军部队，发放慰问品；慰问退役军人及现役军人家属。

年内，为激励先进，宣扬典型，推动拥军优属、拥政爱民工作持续、深入、健康发展，经十届县委第二十二次常委会会议研究决定，对羊八井镇人民政府等10家双拥模范单位和15名双拥模范个人予以通报表彰，发放奖牌和荣誉证书，分别给予双拥模范单位和个人2000元、800元现金奖励，极大地调动了广大军民参与双拥工作的积极性。

年内，为传承发扬双拥工作光荣传统，巩固和发展“同呼吸、共命运、心连心”的新型军政军民关系，在“八一”建军节来临之际，组织党员干部到军营参观军事器材和现代化武器装备。在县退役军人事务局积极协调下，羊八井镇中心小学和公塘乡中心小学分别与驻县部队结成军民共建单位，并经常性开展双拥共建活动。截至年底，学校接受共建单位捐赠价值1万元的书籍，开展国防教育活动2次，师生受众达600余人次。

【褒扬纪念】2022年，为永远铭记革命英烈，大力弘扬烈士精神，营造全社会崇尚英雄、捍卫英雄、学习英雄的氛围，4月2日，当雄县组织在岗县级领导、机关干部职工、国有企业负责人、驻县部队官兵代表、青少年学生代表和群众代表等100余人到当雄县烈士陵园开展祭扫活动，深切缅怀革命英烈，弘扬爱国主义精神，唱响民族团结进步主旋律。在清明节、“9·30”烈士纪念日期间，开展主题为“2022·奋进·网上祭英烈”线上祭奠活动，引导生态文明祭扫，参加网上祭扫活动人员达1000余人次。

年内，查找以往烈士寻亲工作中存在问题，研究破解办法，转变工作思路，主动与烈士户籍地退役军人事务部门联系，加强沟通协调力度。截至年底，已寻得1名烈士亲属、反馈2名烈士亲属线索，寻亲工作取得阶段性进展。

年内，通过新春慰问和登门送喜报等形式，为当雄县1名荣立“三等功”和2名被评为“四有优秀士兵”的现役军人家属送去立功喜报及慰问金0.3万元。

【项目建设】2022年，为传承弘扬英烈精神和爱国主义精神，更好地发挥爱国主义教育基地褒扬英烈、教育后人的红色资源作用，由中央财政拨付专项资金200万元，县退役军人事务局负责实施完成县烈士陵园整修项目。6月，该项目竣工并通过验收。

年内，为健全退役军人服务保障体系建设，谋划建设县退役军人服务中心项目，已办理草原征占手续，缴纳草原植被恢复费31000元。

（谢先锋）

【机构领导】

局　长

卓　嘎（女，藏族）

副局长

黄　翔

退役军人服务中心主任

白　珍（女，藏族）

教育体育

【概况】2022年，当雄县有各级各类学校、幼儿园40所，在校（园）生10117人，其中，初级中学1所，在校生2479人；小学9所，在校生5637人；幼儿园30所，在园幼儿2001人。全县小学适龄儿童入学率99.96%；全县初中适龄少年入学率100.41%，巩固率为97.39%；全县学前两年入园率88.42%。进城务工人员随迁子女入学率100%，留守儿童入学率100%，三类残疾儿童少年入学率90.78%。

【党建工作】年内，当雄县教育局党总支积极履行党建主体责任。深入学习贯彻中共十九大精神，持续推进“两学一做”和“不忘初心、牢记使命”主题教育活动，以“三会一课”为学习载体，组织党员教师系统学习党章党规、习近平总书记系列讲话和教育政策法规130余次。开展主题演讲、征文比赛、红色教育、党员活动日、党员示范课等活动70余场。

开展党建专项工作指导30次，指导学校党支部建设标准化活动室12个，设立党务公开栏24个，完善档案台账建设。加强业务培训，开展业务培训7次，指导学校党建和党员信息化系统建设。

在党员教师中开展“立三尺讲台、为党旗增辉”和“五个全覆盖”（所有有党员的两新组织通过各种形式实现党组织全覆盖；所有固定员工在50人以上的两新

2022年3月16日，县委书记姚俊亮（中）到羊八井镇中心小学检查指导工作

组织实现党组织全覆盖；所有从业人员在15人以上的社会中介组织、民办非企业单位和会员数80家以上的社会团体实现党组织全覆盖；所有商会、专业市场、商务楼宇、工业园区、产业聚集区实现区域性党组织全覆盖；所有的流动党员实现参加党组织活动全覆盖）活动，指导学校结合单位实际开展党建品牌建设。

【教育改革和发展】 4月12日，县委、县政府召开全县教育工作会议。对2021年教育工作进行总结，并对2022年教育工作进行安排部署。会议要求全县各级党委要把教育改革发展纳入议事日程，一把手亲自抓、研究解决重大问题。认真履行教师的职责，提升教学质量，创办优质教育。全面提升教育教学质量，在中小考达标率和学生升学上有提升。会上，县政府同各乡（镇）政府签订《教育工作目标责任书》，教育局同各学校签订《教育教学工作目标责任书》。

【理顺体制、优化管理】 年内，始终坚持教育优先发展战略，把义务教育均衡发展作为党和政府发展民生、执政为民的首要任务。依法履行“防流控辍”职责，持续加大控辍保学力度，保证适龄对象依法接受九年义务教育。11月4日，召开全县“防流控辍”动员部署会议。下发《当雄县“防流控辍”摸底、调查专项工作实施方案》，各乡（镇）政府、派出所到村、组开展流失生摸底和劝返工作。完成六年级毕业班整班移交和小学一年级招生工作。

为确保在错时错峰开学情况下，避免学生流失、辍学情况发生，建立辍学学生台账，并积极开展辍学学生劝返复学工作。在残疾儿童接受义务教育工作上，所有中小学对本辖区和本校残疾学生特别是贫困家庭残疾学生就读情况进行全面摸准，建立残疾学生台账。全县中小学有残疾生206人，其中随班就读140人，“送教上门”66人。学校组织老师对不能随班就读的残疾学生经常性开展入户家访和“送教上门”。

完成建档立卡、低保家庭（含特困人员）学生、孤儿学生的统计。各学校均建立“一对一”或“一对多”贫困生帮扶机制。在生活、学习上对在校贫困生给予特殊关怀。

【教育教学】 年内，推进小学藏语和汉语教学普及率达到100%。推进宿舍“小喇叭”工程；积极推进“朗读竞赛”工程和汉文版数学教材试点校共4个大类工程小学藏语和汉语教学普及工作。

小学数学课程开设率达到100%。通过骨干教师上示范课、县级名师送教、教师业务考试、质量监测等手段，提升数学教学质量和水平。

小学实验课程开设率达到100%。对全县18名小学科学任课教师进行专题培训6次，起到良好效果。

中学理化生实验课程开设率达到100%。落实中小学三科新教材使用工作。制定下发《当雄县关于三科新教材教学工作方案》，组织开展三科网上教师技能培训。对中小学三科新教材使用情况进行专项督导和质量监测。着力优化“教学五环节”工作。全年开展教研员蹲点3次、听评课50多节、“名师送教”10余场。3名教师在“全市‘一师一优课’赛课大赛”中获奖。

【队伍建设】 年内，在校长队伍和

教师队伍管理上制定出台《当雄县中小学规范化管理》等15类制度性文件，在健全和完善学校管理考核体系和标准上建立《当雄县教学质量目标任务考核办法》。

出台《当雄县师德师风大整顿大提升活动方案》，在职称评审、外出培训、评优评先中实行师德问题一票否决制。组织学生、家长、社会各界对学校工作和教职工师德师风进行公开评议，集中组织开展"师德承诺"活动，建立师德责任追究制度。

年内，组织开展国家、区、市、县、校五级培训。选派32人参加国家级培训，选派27人参加区级培训，选派79人参加市级培训。开展本级培训183人，全县中小学开展校本培训2123人次。

年内，教师节对全县7个先进集体和84名优秀个人进行表彰，发放表彰金98万元。大力改善学校教师工作生活条件，新建公塘乡中心小学教工周转房，改建教工食堂12间、"教工之家"12间让老师们安心教学、乐于教学。提高校长岗位津贴、教师超课时补贴、班主任津贴及伙食补贴、交通补贴。

【教育资助】 年内，在学前、义务教育方面，严格贯彻落实国家义务教育阶段"三包"、营养改善和"两免一补"政策，同时，不断完善结对帮扶机制。在高等教育助学体系方面，2012年起县委、县政府建立大学生助学体系。完成2021—2022学年贫困家庭在校大学生1583人的资助金兑现工作，共兑现资助金额678.8393万余元。

【新冠疫情防控】 年内，加强组织领导，成立主要领导挂帅的教育系统疫情防控领导小组，同时制定《当雄县教育系统新冠肺炎应急预案》。

按照紧盯任务目标、聚焦职能定位、细化内部分工，确保教育系统疫情防控工作组织、人员、工作、责任到位。组织各中小学、幼儿园开展疫情防控专项应急演练。先后组织90名教育系统志愿者到拉萨开展疫情防控工作。抓好有序复工复产下的学校常态化疫情防控工作，建立师生因病缺课缺勤登记和追踪制度。落实"一扫三查"（扫场所码，查体温、查健康码、查核酸阴性报告），严肃疫情防控纪律。有序开展全员核酸检测，做到不漏一人。做好开学前防疫物资储备工作，按照"宁可备而不用、不可用时未备"的原则，保障当雄县各学校复学复课防疫需求。

（旦　增）

2022年11月27日，当雄县教育局召开教育系统疫情防控暨开学复课安排部署会议

【机构领导】

党组书记、局长

德庆曲珍（女，藏族）

副局长

龙发武

葛凤飞（女）

当雄县中学

【概况】 当雄县中学是全县唯一一所初级中学，2002年学校完成新校址搬迁，新校址位于县城西段，面临青藏铁路和青藏公路，背靠当曲河，占地总面积12万平方米。校舍面积26768平方米，包括教学实验综合大楼1栋、学生宿舍12栋、教职工宿舍9栋、学生餐厅3栋、教工食堂1栋。

【办学规模】 年内，当雄县中学

已形成七年级16个班、八年级15个班、九年级16个班的规模，其中七年级854人，八年级787人，九年级838人。其中残疾学生77人，随班就读54人，“送教下乡”23人。农牧民子女占97%，寄宿生占99%。截至年底，初中阶段入学率为99%。年内，学校秉承着“团结共谋发展，务实以求质量”的校训，倡导“立校德为先、发展质为本”的办学理念，以“让学生成才，让家长放心，让社会满意。”为奋斗目标，制定出台当雄县中学发展规划，让学生进得来、留得住、学得好。

【机构与师资】 年内，当雄县中学设校长办公室、党务办公室、财务室、总务处、教研室、教务处、群团部、思政室、卫生处、图书馆、信息办、统计办、心理咨询室和青少年活动中心。

年内，当雄县中学有教职工184人，其中专任教师183人，教师平均年龄34岁。学历方面，研究生6人，本科171人，专科6人，学历合格率100%。专任教师中少数民族教师124人，占专任教师总数的67.76%。党员教师69人，占专任教师总数的37.71%。高级职称35人，中级职称64人。

【党建工作】 年内，当雄县中学党总支在各级党委的领导下，认真贯彻邓小平理论、“三个代表”重要思想、科学发展观、习近平新时代中国特色社会主义思想，围绕“立校德为先，发展质为本”的办学理念，全体党员开拓进取，求实创新，为学校的校风、学风建设做出突出的贡献，真正发挥了党总支的战斗堡垒作用。加强组织建设，完善民主生活会、党务公开、政治学习、组织工作纪实等工作。

围绕“四个服务”（服务学校发展、服务教育教学、服务教师学生、服务党员群众），实现基层组织工作的规范化、制度化和科学化，着力发挥好“三个作用”（班子集体的战斗堡垒作用、党员干部的示范带头作用、广大党员的先锋模范作用）。扎实推进基层党建工作，严格规范党内组织生活，认真执行“三会一课”制度。

2022年3月29日，当雄县中学开展庆祝西藏百万农奴解放纪念日爱国主义教育活动

【新冠疫情防控】 年内，根据自治区疫情防控总体安排，结合当雄县、当雄县中学防控工作实际，切实履行疫情防控的总体要求，坚决落实各种方式措施。及时召开防控疫情工作安排调度会议，及时更新学校防控工作方案，安排专人落实防控责任，在落实“四方责任”上不打折扣，不偷工减料。11月，按照市、县关于毕业班学生开学复课的文件要求，认真履行学校职责，顺利完成市县联合督导检查，为毕业班安全及时返校工作奠定了坚实的基础。

【制度管理】 年内，根据新一届学校领导班子变化及学校发展新规划，制定和修改完善《当雄县中学教师量化考评方案》《当雄县中学教职工请、销假制度》《当雄县中学教案、作业检查制度》《当雄县中学教师外出培训规章制度》《当雄县中学值班制度》《当雄县中学公共设施维修管理办法》《当雄县中学关于教职工反映意见、表达诉求等工作方案》。以制度落实学校精细化管理，提升学校服务管理水平。

【德育工作】 年内，在学生德育教育过程中，根据学校的实际情况，结合思想道德教育的需要，建立

2022年4月23日，当雄县中学开展世界读书日活动

德育室1间，做好教室、走廊、橱窗等各场所的环境布置，同时各班以纪念日、传统节日、党员德育课、德育展板、德育走廊等德育资源，开展富有教育意义的活动，同时大力宣传学生中的好人好事，为学生树立可亲、可信、可敬、可学的榜样，通过榜样引导学生崇尚先进、学习先进，养成良好的道德行为。

结合新修改的《当雄县中学班级管理及班主任工作量化考评方案》加强课间活动、卫生、文明礼貌等各方面的检查，对各班级中的问题生、调皮生，学校通过举办规范训练班，邀请校外辅导员、法制副校长，进行教育、规范训练、个别引导等形式的加强教育。

【后勤管理】 年内，加强后勤常规管理，努力抓好校园管理的各项检查。为确保学校安全、有序地运行，进一步细化《临时工分工种量化考核制度》，管理过程中重视安全、卫生、节水节电等工作的检查，将各项制度真正落到实处。切实抓好环境卫生、校园安全工作。大力开展美化校园、亮丽校园等活动。进一步加强开源节流工作，管好用好学校的财力、物力。本着负责的态度，搞好采购管理工作。重点抓好节水、节电工作，加强文印管理。

【中考成绩】 2021—2022学年，县中学在市、县教育（体育）局的正确领导下，全体师生奋力拼搏，认真贯彻《当雄县中学量化考评方案》，狠抓教学质量，2022年中考又取得可喜成绩。当雄县中学794人参加中考，其中700分以上10人，600分以上44人，其他省市西藏班上线17人，高中上线166人。

【体育艺术】 体育艺术工作是丰富师生校园生活的重要手段，学生体育达标率90%以上，体育课及格率95%以上。另外，2022学年当雄县中学根据实际需要开展各类活动。

（董　杰）

【机构领导】

党总支书记

旦增平措（藏族）

校　长

邓　浪

西藏自治区广播电视局当雄中波转播台

【概况】 西藏自治区广播电视局当雄中波转播台（以下简称当雄中波台）为西藏自治区广播电视局下属事业单位。2022年共有14名工作人员，其中高级工程师1人，工程师5人，助理工程师8人。当雄中波台以“举旗帜、聚民心、育新人、兴文化、展形象”为指导，贯彻落实习近平总书记关于宣传思想工作重要思想和新时代党的治藏方略，贯彻全区广播电视工作会议精神，扛起意识形态领域安全工作责任，不断提高广播电视服务属地中心工作大局的能力和水平，确保人民群众及时收听党和国家的声音，为推进当雄高质量发展营造良好氛围。

【党建工作】 年内，当雄中波台在确保高质量完成规定动作的同时从优从实完成自选动作，基层党建工作取得新成绩。全年召开支委会12次、党员大会4次、组织生活会1次、支部书记讲课1次，报党建简报20余篇。在疫情防控工作中党员发挥先锋模范作用情况简报4篇，每月及时交纳党费、2名积极分子参加县委党校组织的培养培训，支部书记参加局机关党委组织的党务工作培训，党员全覆盖参加县委党校组织的政治学习课，累计288课时；组织党员干部集中学习习近平新时代中国特色社会主义思想，学习中共十九届六中全会、自治区第十次党代会精神等内容，贯彻落实区市系列会议精神，引导党员结合工作实际，撰写学习心得体会，召开专题研讨会10余场；高质量完成支部委员会换届选举工作；开展“改进作风狠抓落实”“学习旺杰先进事迹”“作风怎么看，工作怎么干大讨论”，开展庆祝“3·28”西藏百万农奴解放纪念日、“七一”庆祝中国共产党成立101周年等系列活动，累计集中学习10余次，各类活动5场。

为深入学习宣传贯彻中共二十大精神，制定学习方案和计划，并以集中学习、主题党日、知识竞赛等形式组织学习6场次，根据学习情况撰写心得体会15篇，开展爱国卫生运动义务清扫垃圾活动2次，开展“学习二十大、政府‘是什么、干什么、怎么干’”主题学习教育活动。

【党风廉政建设】 年内，加强党风廉政建设，召开党风廉政部署会议2次、党风廉政专题会议4次、观看警示教育片4场，构建风清气正的基层台站。将党建年度工作计划与其他工作相互融合，一同谋划落实，做到党建工作与时俱进，服务中心工作；党员带头参与中共二十大传输设备安全保障工作，主动认领“五大系统”安全保障责任，重要播出岗位和设施设备由党员带头检修维护，确保服务主责主业身先士卒，发挥基层党组织战斗堡垒和政治核心作用。

【平安台站建设】 年内，召开安全生产部署会议2次，传达落实局各项维稳措施会议10次，完善规范各类安全生产预案4条，组织消防应急演练2次、防爆应急演练1次。更新台区消防火灾预警系统，备足备齐消防设施及防爆用品，重要时段、重要节点，台领导靠前指挥，严格执行24小时值班带班制，加强大门出入登记管理，全年接受自治区、市、县各类督察组监督检查8次；重要时段向当雄县国安办和中波处准时上报当日工作情况。对干部职工进行严禁乘坐“黑车”、酒驾醉驾、聚众赌博、消防安全、防范电信网络诈骗等安全教育并签订责任书，台内宣传张贴发放安全提示和告示20余份。落实矛盾纠纷排查和民工工资落实工作，要求项目实施单位出具未拖欠各类款项承诺书。

2022年5月12日，当雄中波台召开迎接中共二十大广播电视和网络安全保障工作动员部署会

【安全播出】 年内，当雄中波台牢固树立安全播出是立台之本理念，高质量完成安全传输工作。严格按照年度安全传输工作计划表完成维修维护工作，全年累计安全播出35489.5小时。

【新冠疫情防控】 年内，切实履行“守台有责、守台负责、守台尽责”工作责任，严格执行疫情防控措施，减少人员流动。与县疫情防控办相互协作、积极配合，采取科学规范的防疫措施、按时按点组织人员参加全县核酸采样排查工作，实现台内干部职工零感染，有力保障安全播出工作。先后发放各类防疫物资，备齐消毒、测温等常用防控用具，安装数字防疫哨兵，使用网络信息设备助力疫情

2022年7月8日，当雄中波台开展庆祝中国共产党成立101周年、喜迎中共二十大“爱党、爱台”演讲比赛

防控工作。

【工青妇团建设】 年内，当雄中波台充分发挥工会和团组织的服务中心工作，凝聚人心温暖职工的职能。发放节日慰问品3次，开展主题活动2次、职工服务活动2次、组织关怀慰问3次。

（拉姆次仁）

【机构领导】

党支部书记、台长

巴桑阿南（藏族）

党支部副书记、副台长

边巴旺堆（藏族）

当雄县牦牛冻精站

【概况】 当雄县牦牛冻精站是西藏自治区牦牛改良繁育体系的重点单位，也是全国唯一一座牦牛冻精站。主要任务生产、推广、供应优良品系牦牛的细管冻精，同时进行牦牛繁育技术咨询、人工授精及胚胎移植等相关方面的技术培训。

当雄县牦牛冻精站占地3.5公顷，建筑面积4200平方米，总投资537.6891万元。分为冻精生产科研区和牦牛养殖区。建成综合实验室、现代化种公牛舍、饲料贮藏室；拥有无塔供水器，冻精生产设备是2000年从法国IMV公司引进的细管冻精全套设备，同时开始生产细管冻精。

2022年，当雄县牦牛冻精站饲养7个良种品系（帕里、斯布、半血野牦牛、嘉黎娘亚、青海大同、当雄系、类乌齐）72头牦种公牛，其中采精种公牛40头，后备种公牛32头；繁殖母牛22头，后备母牛22头。有围栏草场70公顷，天然牧草地725公顷，具有独立的畜种场所。有员工19人，畜牧师2人，兽医师2人，助理畜牧师7人，经验丰富的技术人员1人，牧工7人。

【生产优良牦牛细管冻精】 当雄县牦牛冻精站通过近几年对牦牛品种资源名录里的各大品种（野血、帕里、斯布、嘉黎娘亚、青海大同、当雄系、类乌齐）进行对比实验后，建立优良品种牦牛系谱基因库。截至2022年底，生产优良牦牛细管冻精53048剂，每支精液冻

2022年7月19日，当雄县牦牛冻精站组织开展优质牦牛冻精推广示范项目第二期技能培训

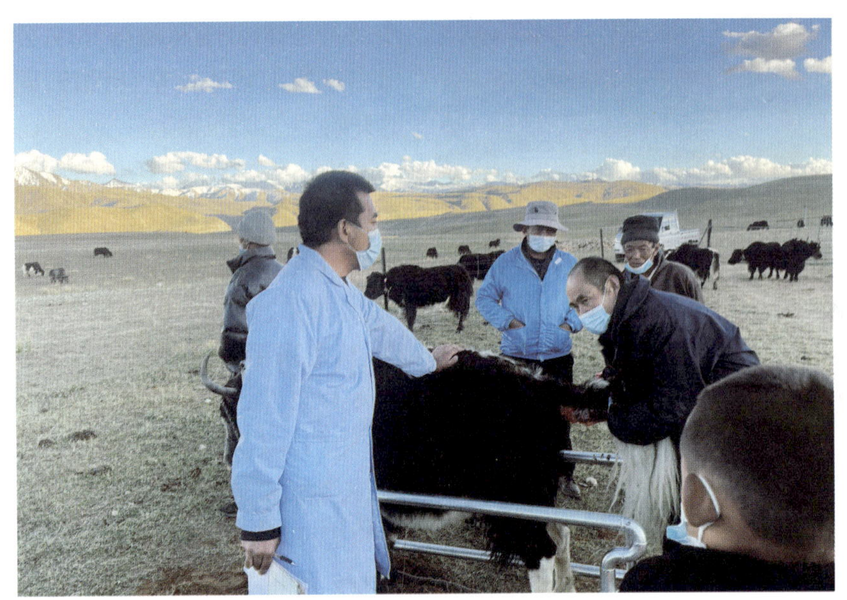
2022年9月30日，当雄县牦牛冻精站专业技术人员到格达乡开展牦牛人工授精工作

后活力均达40%以上。充分发挥当雄县牦牛冻精站技术优势，加强本地牦牛改良进程，促进牦牛增产增效，提高农牧户经济收入。

【增加良种资源】 年内，建立牦牛种质资源、良种扩繁、冻精生产。2021年从阿里地区改则县引进野血牦牛种公牛12头，经过驯化、饲养，2022年成功生产野血牦牛细管冻精3000多剂。

【推广牦牛冻精】 牦牛业是当雄县农牧民实现脱贫致富进入小康生活的重要途径。年内，当雄县牦牛冻精站结合牦牛产业发展实际，按照《拉萨市当雄县优质牦牛冻精推广示范项目》任务，于4月、7月开展完成为期20天的2期实践与理论培训，培养牦牛改良技术人员30名（其中当雄县村级牦牛配种人员18名）。同时向拉萨市3个县提供优质牦牛细管冻精2096剂（林周县提供1249剂、尼木县提供447剂、曲水县提供400剂）。9月21日至10月，在格达乡开展优质牦牛冻精推广工作，共输配能繁母牦牛1080头。

【测定生产性能，提高牦牛品质】 年内，当雄县牦牛冻精站母牦牛产犊12头（其中母牛6头），6头公犊牛作为自主培育牦种公牛，通过生产性能测定方式测定各项指标。

【动物防疫防治】 年内，春秋两季对当雄县牦牛冻精站内90头牦牛驱虫并进行相关疫苗注射，降低牲畜大型疾病发生率及死亡率。

（拉巴平措）

【机构领导】

站　长

罗布桑珠（藏族）

副站长

索朗旺堆（藏族）

拉巴平措（藏族）

交通·通信

交通运输

【概况】 当雄县交通运输局于2017年成立,核定行政编制4人,事业编制6人,其中正科编制1人,副科级编制1人。2022年,有干部职工9人,其中正科级1名,副科1名,科员2名,事业编制4名,"三支一扶"1名,主要工作职责有全县交通运输发展规划、农村公路建设及养护管理工作、运管服务,规划及开通县域客运班线开通及管理、负责全县交通运输行业安全生产的监督管理工作及国家交通重点工程建设前期协调等工作。

2022年,当雄县下辖6个乡2个镇,29个村(居),172个村民小组。全县公路总里程3112.511千米,其中高速公路137.2千米,国道159.1千米,省道292.293千米,县道77.768千米,乡道62.551千米,村道1326.531千米,专用道路57.068千米。截至年底,当雄县8个乡镇全部实现通畅,29个建制村实现通畅,通畅率100%,依法登记寺庙22座,其中4个主要寺庙实现通畅,其余寺庙均实现通达。

【在建项目】 交通建设项目:当雄县羊八井镇拉多村1组公路工程(批复总投资2155.95万元)、"为民办实事——京藏连心桥"建设项目、当雄县纳木湖乡道路项目建设工程、羊八井镇恰玛村道路改建项目(批复总投资1744.24万元)。当雄县交通运输局将积极落实管理职责,确保项目按期施工。

养护工程:当雄县曲登村1组桥梁修复性养护工程(C941)(计划总投资211万元),建设内容:重建1座24米桥梁。当雄县Y111乡道养护工程、当雄县G109至龙仁1组公路修复性养护工程(X003)(计划总投资373万元),建设内容:路面硬化1.7千米,水泥混凝土路面。

日常养护:投入资金487万

2022年3月10日,拉萨市交通运输局党组副书记、副局长青扎(前排右二)一行到当雄县龙仁乡开展"下基层大接访办实事"活动

余元对全县1529.063千米县道、乡道、村道、专用公路按照“县道县养、村道村养”的原则，由建制村分段承包，在充分利用生态岗位养护员的基础上吸纳村级低保户与剩余劳动力进行养护工作，提高业务技能。建立“市级督导，以县为主、分级管理、乡村尽责”的农村公路管理养护体制机制，形成财政投入、职责明确、社会力量积极参与的格局。

【道路运输管理服务】 年内，当雄县道路运输管理所政务服务大厅完成工作情况：普货道路运输证年审1241辆，普货车辆新增23辆，普货车辆迁入202辆，普货车辆迁出49辆，从业资格证诚信考核登记2635条，继续教育登记668条，解决群众办证难、办证远的问题，得到群众一致好评。

【新冠疫情防控】 年内，为进一步做好交通运输行业疫情防控工作，当雄县交通运输局按照区、市、县委重要指示，完善并印发《当雄县交通运输局新型冠状病毒感染的肺炎疫情防控应急预案》，明确职责，积极采取有效措施落实疫情防控工作，并先后带队，对30余家企业进行疫情防控工作检查督导，做好交通保障保通工作，对1000余辆重点运输车辆进行帮助指导，确保疫情防控物资及时运输，做好疫情防控政策宣传讲解，下派9名工作人员到各村、社区街道，全力做好疫情各项任务。在认真做好疫情防控工作基础上，保障村组重要物资、应急车道的通畅。疫情期间，累计检查50余次，排查隐患100余处，全县农村公路范围内无未按程序批准擅自挖断公路，堆土阻断公路等自主封闭道路现象。

【农村公路桥梁普查】 年内，按照农村公路桥梁普查工作要求，为落实信息化管理，当雄县交通运输局对全县农村公路桥梁148座进行实地勘查、信息采集等工作，并对基础数据进行系统录入，完成全部桥梁外业采集工作及内业整理工作，进一步掌握全县桥梁基本情况。

年内，按照当雄县交通运输局农村公路养护计划工作安排，依托市局下发市级养护工程专项资金，年初摸底排查，确定养护工程工作计划。养护工作实施地点：当雄县乌玛塘乡X104线、当雄县格达乡C762线、当雄县纳木湖乡Y109线，3条线批复总投资416万元。截至年底，养护工程已全部完工，并投入使用。

【交通安全整治】 年内，开展安全大检查，对县客运公司、纳木错旅游景区进行安全生产、疫情防控等30余次排查工作，出动人员80余人次，检查单位50余家。针对安全生产和疫情防控工作开展情况；对乘客是否进行测体温、扫健康码等情况；对车辆是否进行消毒、消杀；是否存在超速超载情况、联网联控正常运行情况；运营车辆资质证照是否齐全有效；客运场站落实安检制度和严防夹带“三品”进站进场进行检查。落实“三不进站、六不出站”“两确保”规定，确保全县未发生农村客运事故。

年内，对开工在建工程项目进行10余次施工现场排查安全隐患，出动人员30余人次，检查单位30余家。下达整改通知，及时处置施工不规范问题，全年未发生交通建设项目安全事故。

2022年4月13日，当雄县交通运输局局长多吉（左二）开展县域内农村公路道路隐患排查工作

2022年6月16日，当雄县交通运输局局长多吉（左三）一行监督检查在建项目

年内，当雄县交通运输综合行政执法队多次联合县公安局交警大队，对县城高速口、羊八井高速口、纳木错景区入口等地开展联合执法。出动交通执法人员30余人、执法车辆10余辆，累计检查过往私家车1000余辆、客运班线车50余辆、旅游客运车100余辆、货运车70余辆，查处驾驶人员从业资格证逾期问题1起，发放超限超载、拒绝“黑车”宣传单1000余份。

【道路应急保通】 年内，针对极端天气，通过工作动态及时掌握各乡（镇）道路通畅情况，保障疏通农村道路。安排农村公路养护员对道路进行除冰除雪、道路清扫等工作，全年投入养护工人50余人次，铲雪保通机械投入共15台次，道路养护工人60人次，并协助89名因雪被困游客进行转移。

【农村客运】 年内，当雄县神山圣湖客运有限公司累计开通农村客运班线7条，覆盖全县28个建制村，进一步完善当雄县农村客运班线体系建设，改善群众出行问题。

【教育宣传】 年内，当雄县交通运输局按照区、市、县部署要求，紧紧围绕宣传活动主题，开展形式多样的交通运输领域宣传活动，组织宣传活动6次，参与工作人员18名，悬挂安全生产横幅6条，发放道路安全生产宣传材料700余份。参与群众1000余名，接受咨询解答100余人次，有力提升全县群众安全生产法律法规知识、交通安全知识、防范交通安全隐患，赢得了群众对交通工作的理解和支持。

【交通运输行业安全】 年内，成立当雄县交通局交通运输安全生产工作领导小组，签订安全生产协议，明确责任，严格实行安全生产“党政同责、一岗双责”责任体系。全面开展安全隐患排查工作，排查隐患20余次，要求各单位按时整改完毕，监督监理单位对在建项目进行安全生产三级教育工作，及时督促召开监理会议，强调安全生产重要性，并积极参与，现场宣教，让工人真正懂得安全的必要性。认真开展安全生产月等宣传活动，发放宣传资料30余份，群众咨询30余人次，现场解答道路运输安全问题。同时，做好汛期安全工作，采取有效措施，全力确保全县公路安全畅通。

（陈豪峥）

【机构领导】

局　长

多　吉（藏族）

副局长

高辉东

道路运输管理所所长

索　多（藏族）

邮政

【概况】 2022年，当雄县邮政分公司累计完成各项业务收入149.65万元，完成全年预算进度的88.55%。当雄县邮政分公司有包裹寄递、电子汇兑、报刊发行、集邮、函件、邮政普包、机要、分销产品、邮政广告等基础通信和增值性通信等业务，当雄县邮政分公司共有员工人数28人，其中B类11人，劳务工3人，外包14人，其中党员1名，积极分子1名；其中金融从业人员10人，投递人员7人。下设1个县城网点，7个乡镇邮政所（羊八井镇、格达乡、宁

2022年9月13日，当雄县邮政分公司工作人员疫情期间，坚持派送邮件和物资

中乡、纳木湖乡、公塘乡、龙仁乡、乌玛塘乡）。

【市场监管】 年内，当雄县邮政分公司在经营管理、业务发展上还存在很多的不足，需要进一步规范和加强，员工素质和业务素质都有待提高。在结合各上级公司和各级领导的工作安排部署下，在市场上寄递服务中有所突破，针对农牧区电子商务的发展做好寄递业务，但是深度不够，业务发展上需要进一步拓展和创新。

【集邮函件业务】 年内，旅游业发展不如预期，尤其是下半年因疫情影响，旅游停滞，集邮函件滞销，在没有疫情、旅游恢复的情况下，以纳木错景区为重点，着力打造天上西藏主题邮局纳木错点，着力做好集邮函件销售，同时充分利用当雄县的旅游资源，与当地各旅游景点合作销售集邮函件产品。

【包裹业务】 年内，当雄县邮政分公司着力做好小微企业的寄递服务和散户的收寄工作，并着力配合当地相关部门做好安全寄递和扫黄打非工作，严格做好“三项验视”制度，并着力建设能揽能收的投递队伍，逐步提升邮政普遍服务能力和服务广度，针对政企市场、校园市场、微商客户市场和农牧区个人市场做好寄递工作。

【报刊业务】 年内，当雄县邮政分公司集中完成县政企报纸杂志订阅工作，在保持党报党刊稳定发行的基础上，同时深入全县各政企事业单位和各中小学院校，争取在政务图书和教辅类图书的发展上有所突破。

【代理金融业务】 年内，抓好金融业务各项指标，以合规经营为核心，以提升金融收入为导向，以增加储蓄余额为目标，以做好贷款、信用卡业务、理财、基金和保险业务为发展方向，加大业务宣传力度，在巩固和维护现有储蓄业务客户的基础上发展新客户，同时不断提升人员业务能力，提高储蓄从业人员业务素质，提高公司服务水平，尤其是进一步做好农牧区金融业务推广发展工作。

【农牧区邮政服务】 年内，努力做好邮政普遍服务工作，首要是切实提高党报党刊的投递质量，做好各乡镇村的投递工作，保证当

2022年12月17日，当雄县邮政分公司职工到部队上门揽收包裹

雄县全域的通信服务，加强投递人员车辆和运行设备的管理，确保投递工作正常有序开展。持续做好各乡镇村及新增建制村的党报党刊、邮件投递工作。

【新冠疫情防控】 年内，当雄县邮政分公司在上级领导的指挥下开展疫情防控工作，做好营业生产场所、县城投递线路和乡镇投递覆盖区域疫情防控工作，做好日常邮件邮车生产场所消毒消杀工作、个人日常防护工作、外来人员进出登记、工作人员上岗登记等。在疫情期间主动担负行业国家队的职责，在疫情期间主动担当，主动作为，配合当地政府和相关部门做好物资运送配发工作。

（卿　晗）

【机构领导】

经　理

卿　晗

电信

【概况】 中国电信集团有限公司当雄县电信局（以下简称当雄县电信局）位于当曲河东路4号，于1999年挂牌成立。当雄县电信局承接着当雄县主要通信服务保障工作，在当雄县网络实施全光网络、移动网络的建设中起到主要角色，实现与各电信运营商的互联互通，为当雄县客户提供宽带化、智能化、可扩展的通信网络环境。始终把发展作为第一要务，以拓展的新思路，改革的新面貌，致力于推进战略转型和服务经济社会信息化，着力提升企业核心竞争力和价值创造力。主要服务于当雄县及所辖的6个乡2个镇28个建制村的电信通信网络经营、建设及维护（含兰西拉一级主干线）。管理合作营业厅1个，乡镇营业厅7家，渠道代理网点5家。当雄县电信局有内部职工8名、5名乡镇CEO、传输局驻段人员3名、智慧工程师5名、合作营业厅人员12名、6个乡镇工作人员21名、维修中心3名、开放渠道代理商5名、移动终端维修人员4名，合计62名。

【业务发展】 截至年底，当雄县电信局移动市场份额为46.88%，2022年度移动5G新入网用户，移动用户21893户。宽带市场份额为43%，宽带新入网用户数219户，宽带共计用户到达5152户。为满足广大牧民的通信需求，2022年对当雄县辖区无通信信号的自然村新建基站18个点，为方便中国电信的广大用户享受星级服务，坚持“用户至上、用心服务”理念、在当雄县6个乡2个镇设立实体店9个、便利店6个，结合线上、线下、上门等，按照实际情况，以不同的服务方式满足用户需求。

【网络覆盖】 年内，完成当雄县电信局全面光纤宽带覆盖（FTTH）及改造工程，使光纤入户网络质量更稳定、网速更快。并对县机房进行全面的升级改造，在原有的基础上扩大一倍的进出口带宽，优化各级网络通信速率，大大提高当雄县整体网络质量。当雄县电信局不断加快网络建设步伐，优化网络设施建设。

截至年底，全县电信基站228个，其中2022年建设基站18个。当雄县域、纳木错扎西岛实现5G网络全覆盖，青藏铁路和公路沿线及各乡镇4G网络覆盖率达到100%。2022年当雄唯一未覆盖宽带的建制村（部分自然村）已实现宽带资源到位，也实现当雄县28

2022年6月23日，当雄县电信局工作人员讲解智慧家庭产品

2022年8月10日，电信应急车覆盖核酸检测点位的网络及信号

个建制村全部覆盖宽带资源，自然村宽带资源新建79个，其中普遍服务建设项目17个自然村建设宽带资源，并让老百姓享受光宽的待遇。

【创新机制】 年内，当雄县电信公司秉承中国电信的“全面创新、求真务实、以人为本、共创价值”企业核心价值观。立足企业实际和资源特征，坚定不移地全面落实企业转型战略，坚持发展第一要务和维稳第一责任，坚持以管理为抓手，以效益增收为目标，以落实绩效为动力，以服务质量为保证，结合当雄县实际，探索企业生存与发展的新举措和新办法，积极落实划小承包，使员工进一步解放思想，转变观念，使当雄县电信局的各项工作都有新的进展，员工的工作主动性、队伍的凝聚力、向心力进一步增强，积极性有了明显的提高。

当雄县电信局以服务县委、县政府为大局，勇担社会责任，充分发挥综合信息服务主力军的作用和特点，全面贯彻落实国家乡村振兴战略，在《数字乡村发展战略纲要》指导下，发挥中国电信优势，重点围绕农业农村信息化建设需求，综合运用5G、云计算、大数据、物联网、区块链、人工智能等数字技术手段，构建乡村数字化、网络化、智能化信息服务体系，实现县乡村三级联动管理、资源整合贯通、公共服务畅通，提高政法办事效率和服务能力，减轻基层工作负担，全面提升乡村数字化治理能力，促进产业高质量发展。为构建小康当雄、生态当雄、“逐梦当雄”发挥积极作用，不断超越自我，以饱满的热情、执着的追求、昂扬的斗志为建设美丽家园幸福当雄再创辉煌。

（旦增晋美）

【机构领导】

局　长

边　　琼（藏族）

旦增晋美（藏族）

移动

【概况】 中国移动通信集团西藏有限责任公司当雄县分公司（以下简称移动当雄县分公司）位于当雄县当曲河东路165号，于2006年5月正式挂牌运营，主要负责当雄县的国家公众移动通信网经营、建设和维护。下设羊八井营销中心，市场辖区6个乡2个镇。

2022年，移动当雄县分公司有在职正式员工15名，其中党员2名，预备党员1名。管理自营厅2个、合作营业厅4个、授权代理点6家、集团单位496家。

【业务发展】 年内，移动当雄县分公司上下紧紧围绕迎接和学习宣传贯彻中共二十大这条主线，坚决贯彻落实中央决策部署，认真落实“疫情要防住、经济要稳住、发展要安全”的重要要求，统筹疫情防控和改革发展党建，全力推进新基建、融合新要素、激发新动能，加快构筑创世界一流“力量大厦”，为创建世界一流信息服务科技创新公司迈出坚实步伐，为服务当雄经济社会发展做出积极贡献。全力做好服务保障和学习贯彻中共二十大，推动各项工作走深走实，发力“两个新型”，信息服务不断深化。完成国企改革三年行动，治理效能不断提升；主动服务支撑当雄经济社会发展，央企责任扎实履行；巩固深化党建成效，发挥引领作用。

年内，移动当雄县分公司以

2022年4月13日，移动当雄县分公司工作人员到纳木湖乡恰嘎村为建档人员办理扶贫资费卡

加速运营转型、客户感知改善、渠道能力提升、夯实基础管理四个方面为抓手，全面深入推进各项工作。实现年累计客户份额54.87%，同比提升2.3%。在网用户达到2.7万户，宽带客户规模到达8600户，同比增长8%。下账收入突破2000万元，其中信息化收入同比提升38%。

【网络覆盖】 年内，成功开通10个4G基站、15个5G基站，建设28个村组的家庭宽带，完成672个端口建设。截至年底，移动当雄县分公司有现网4G TDD基站165个，4G FDD基站256个，4G网络实现县城、乡镇、建制村100%覆盖；国道沿线、省道沿线、乡村道路、自然村实现96%覆盖；县城区域5G覆盖实现100%覆盖。

移动当雄县分公司以便捷高效的业务办理、真情满意的客户服务、优质稳定的网络质量，得到广大客户的认可。保障当雄县各乡镇赛马节及新冠疫情防控点等通信网络畅通。响应工信部提速降费、5G套餐推广等政策，落实“八项举措”，让全县老百姓用得起、用得放心。

【社会责任】 年内，面对严峻的防疫形势，移动当雄县分公司为确保一线工作人员及群众的正常通信，为全县移动用户开通免停机服务，并为奋战在一线的医护人员免费赠送10G流量。为响应自治区政府“停课不停学”的号召，移动当雄县分公司在县教育局及各学校的支持下为全县2696名师生免费提供30G流量，让利近40万元，既减轻了师生的网络费用负担，又为线上教学的顺利进行提供了保障。

为减轻中小企业因疫情原因导致的营业负担，针对全县沿街商铺、酒店等中小企业8月、9月的网络费用进行减免，并对现有费用按90%进行收取，让利12万元。

面对当雄县防控工作中转运任务艰巨、转运车辆紧缺的形势，移动当雄县分公司勇担央企责任，向县领导主动请缨，“移动蓝”变身“抗疫白”。截至年底，完成核酸检测样本派送、工作人员接送、滞留人员转运等任务共计8次，行驶总里程近2200千米。

2022年10月11日，移动当雄县分公司工作人员到当曲卡社区开展防诈骗宣传活动

根据自治区要求，为当雄县境内8个无信号偏远村组新建基站8个，共计投资近500万元，让偏远牧区老百姓足不出户就能了解大千世界，提升百姓的获得感、幸福感。

【队伍建设】 年内，移动当雄县分公司坚持党建引领生产的原则，聚焦价值创造，聚焦业务进步，坚持结果导向，着力将自己打造成一支目标统一、战斗力强、执行高效的团队。

以“团结奋斗”文化为班组建设目标，坚持不断“务实、创新”，将班组“能吃苦能战斗”的精神深入体现到日常管理的方方面面，充分发挥班组文化的引领作用。抓主要矛盾和关键工作，将科学化绩效管理作为班组建设的核心，将制度及流程建设落地作为班组建设的落脚点。加大专项攻坚，推动班组建设与生产经营结合，同时加强班组嵌入式廉洁风险教育。丰富多样化的班组活动增强了员工团队归属感、员工幸福感。通过班组建设，助力团队凝聚力、执行力、学习力的提升。

（次仁曲旦）

【机构领导】

经　理

国　吉（藏族）

联通

【概况】 中国联合网络通信有限公司西藏自治区分公司当雄县营业部（以下简称联通当雄县营业部）位于当曲河东路61号，于2010年3月成立，联通当雄县营业部始终坚持“客户为本、团队共进、开放创新、追求卓越”的原则，主要服务于当雄县及所辖6个乡2个镇的通信网络经营、建设及维护工作。2022年，联通当雄县营业部自有营业厅1个、合作营业厅1个、员工5名及代理维护员工5名。

【企业责任】 年内，联通当雄县营业部始终坚持将发展作为生产经营的第一要务，同时认真履行企业责任，勇于担当国家使命，积极响应国家号召，在推进业务发展的同时，不断推进提速降费工作，倾力回馈社会，推动传统产业转型升级，推动互联网经济与实体经济的深度融合，助力当地经济增长，民生改善等工作。

【党建工作】 年内，联通当雄县营业部紧紧围绕“抓党建、夯基础、促发展”的工作思路，以习近平新时代中国特色社会主义思想和中共二十大为指导，全面落实从严治党要求，锤炼过硬作风，牢固树立“四个意识”，坚持问题导向，多管齐下、统筹兼顾，扎实推进党建工作。截至年底，累计召开主题党日活动12次、集中学习43次。

【团队建设】 年内，联通当雄县营业部进一步完善划小改革与组织结构优化，并梳理和优化工作流程、人员分工，加强服务意识与服务质量提升。认清在经营管理、业务发展中存在的问题，如与友商之间还存在一定的差距、员工专业能力与职业素养有待提高、发展乏力等问题，制定一系列改进措施，力求提高业务发展能力，提高服务水平与质量，提升企业社会地位与价值。

联通当雄县营业部坚持加强与当地政府及相关单位的沟通与协调，在为地方、群众服务的同时，取得地方政府及相关单位对

2022年8月10日，联通当雄县营业部工作人员到县人民医院慰问医务人员

2022年6月28日，联通当雄县营业部工作人员到龙仁乡龙仁村入户调查

联通工作的支持与肯定，在互惠互利中促进工作的展开与完成。

【网络建设】 年内，联通当雄县营业部不断加快网络建设，优化网络覆盖。截至年底，当雄县联通网络共覆盖6个乡2个镇，5G基站新建60个，全县基站达145个，实现建制村信号全覆盖，宽带端口新建960个，光纤宽带覆盖县城沿街商铺及重点小区范围，乡镇和建制村接入宽带。

【业务发展】 年内，联通当雄县营业部始终坚持服务与发展并重，一方面抓紧县域经济与信息化发展机遇，充分抓住节日营销契机，以指标改善为抓手，促进规模发展与效益提升，实现产品客户规模增长和收入提高；另一方面在经济发展的同时促进服务水平的提高，积极响应国家“提速降费”的号召，提升网络质量和服务水平，优化资费套餐，降低语音、流量及宽带等业务资费，真正让老百姓用上用得起、放心的好产品。

【市场管理】 年内，联通当雄县营业部严格按照《电话用户真实身份信息登记规定》要求，对所有用户进行实名登记与管理，对于用户资料的真实性、一致性严格审查之后予以登记，对于资料不全、不真实等情况严禁进行入网或资料登记等。

【新冠疫情防控】 年内，西藏联通和拉萨联通积极指导联通当雄县营业部疫情防控和生产经营工作，联通当雄县营业部进一步统一思想，积极行动，一鼓作气坚决打赢疫情防控阻击战和改革发展主动仗，做好“两手都要硬、两战都要赢”，全力保障全体员工的生命健康安全和市场经营稳步发展。疫情初期，所有员工严格遵守各项要求，联通当雄县营业部第一时间为奋战在抗疫一线的医护人员和公安干警送去慰问和关心。联通当雄县营业部根据拉萨市分公司部署的一系列要求重点工作，有计划、分阶段开展各项工作，确保公司完成各项任务目标，实现生产经营和管理能力“上台阶”，做公司数字化转型的排头兵。

联通当雄县营业部在区公司政策指导及拉萨分公司全局统筹、周密规划及营业部全力配合与努力下，充分利用营销政策、物资与成本，在渠道建设及业务拓展上取得了可喜成绩，全年累计完成主营业务收入346.26万元。

（旦 增）

【机构领导】

经 理

赵 丹

金　　融

中国农业银行股份有限公司当雄县支行

【概况】 中国农业银行股份有限公司当雄县支行(以下简称农行当雄县支行)作为当地主要的金融机构,2022年有6个营业网点,其中一级支行1个,为当雄县支行本部;二级支行1个,为羊八井支行;营业所4个,分别为纳木湖营业所、乌玛营业所、公塘营业所、宁中营业所。

2022年,农行当雄县支行有员工42人,员工平均年龄29岁,其中党员17人,党支部4个。农行当雄县支行开办的业务产品涉及贷款业务、结算业务、银行卡、自助银行、网上银行、电话银行、现金管理、消费信贷、代发工资等业务。通过多年不懈的努力,服务范围从传统单一的存贷款、结算业务向种类齐全、功能完备的现代金融业务过渡。

【乡村振兴】 年内,农行当雄县支行始终以服务地方经济为己任,扎实开展金融助力乡村振兴工作。与当雄县人民政府签订战略合作协议,加强合作力度,积极助力乡村振兴战略实施,确保党中央决策部署及行党委各项要求不折不扣执行。

截至年底,累计投放农户贷款2854笔、金额4.33亿元,其中投放惠农e贷1460笔,金额达2.42亿元。坚持走村入户开展农户信息建档。年内,新增农户信息建档1540户。投放幸福家园贷38笔,金额223.2万元,任务完成率164.17%。试点推行“四卡”增信担保贷款,累计发放2笔、共90万元。在29个建制村设立“三农”金融服务点36个,建制村覆盖率100%。

【服务实体经济】 年内,加强县域基础金融服务建设,把金融服务延伸至乡、村的每一个角落,切实打通金融服务“最后一公里”的问题。深入推进普惠金融体系建设,设立小微企业绿色金融服务

2022年5月19日,农行当雄县支行向农牧民群众代表发放农牧户“四卡”增信担保贷款45万元

通道、小微企业融资绿色通道。

截至年底，累计发放各类法人贷款14.85亿元；累计发放各项个人贷款35.67亿元，较年初新增0.27亿元；涉农贷款12.48亿元，较年初增长0.39亿元。累计投放小微企业贷款1.48亿元、制造业贷款0.198亿元。

【疫情期间金融服务】 年内，农行当雄县支行积极与县人民医院、疫情办、卫健委、财政局、乡镇党政部门沟通，开设“疫情防控绿色通道”36次，满足个人及单位多元化金融需求。新冠疫情防控期间，累计办理柜面业务17549笔；对遇到暂时性困难涉农贷款户127户、2043万元做了展期、宽限处理。受疫情影响，对资金周转困难的4家企业发放“续捷e贷”及开展贷款延期业务共计4笔，金额2824万元；对接县医院，向广大医护人员宣传18条金融优惠服务政策。为医院开通聚合码收款，缓解核酸检测时现金收款的不便，解决群众等候时长的问题；对一线防疫点、指挥中心及15个对口部门开展慰问。9月，向6个乡2个镇捐赠口罩、消毒液、方便面、矿泉水等物资，为受疫情影响的农牧民群众捐款2万元。

2022年9月3日，农行当雄县支行工作人员到格达乡慰问抗疫一线人员

【党建工作】 年内，落实全面从严治党主体责任，坚持将党的建设纳入总体工作部署，与业务经营同步谋划，认真落实党建工作责任制；严格党员教育管理，落实党员组织生活制度，发挥党员先锋模范作用；积极培育并带头践行社会主义核心价值观和农业银行企业文化理念，扎实开展思想政治工作，把解决思想问题同解决实际问题结合起来。

【党风廉政建设】 年内，农行当雄县支行将党风廉政同业务经营同开展、同部署，严格贯彻落实上级行党风廉政要求，在重要节假日期和时点在全县范围内下发廉政提示函。

【员工管理】 年内，全面贯彻落实农行拉萨分行员工情绪化管理方案，充分利用行内“三线一网格员”行为管理系统，加强员工谈心谈话和外部单位走访，全方位、多举措加强员工行为管理。同时实行岗位轮岗，拓宽员工晋升途径。

（扎西色珍）

【机构领导】

党委书记、行长
斯郎罗布（藏族）

党委委员、副行长
罗布旦巴（藏族）

党委委员、纪委书记
曲　　珍（女，藏族）

乡 镇

当曲卡镇

【概况】 当曲卡镇是县城所在地，总面积359平方千米，其中草场面积353456.2亩，可利用草场面积32164.5亩。平均海拔4300米。全镇辖当曲卡和曲登2个居委会，11个居民小组（当曲卡居委会5个小组、曲登居委会6个小组）。全镇共833户，人口3526人，其中曲登居委会383户1677人，当曲卡居委会450户1849人。

【牧业生产】 截至年底，全镇牲畜总头数为18577头（只、匹），其中牦牛16462头，绵羊1015只，山羊854只，马246匹，春秋疫苗注射率达到100%。

【经济运行】 年内，辖区2个社区集体经济共有14个，当曲卡居委会集体经济共有11个，年收入总计84.3万元，曲登居委会村集体经济共有3个，年收入总计33.22万元。5月当曲卡镇收入可达1507.07万元，其中工资性收入达764.31万元、经营性收入达590.58万元、财产净收入达69.04万元、转移净收入达83.14万元。按照镇人口3473人计算，人均可支配收入为4339.41元。

【党建工作】 年内，积极探索党建领域引入“网格化管理”模式，为切实把党的政治优势、组织优势和群众工作优势转化为治理优势，实现社区党建与社会管理的有效对接，镇党委创新思路，在社区党建领域引入“网格化管理”模式，合理配置资源，调动一切积极因素，实现党建资源的共享和高效运用，构建社区党建工作新格局，有力推动社区基层组织建设工作的深入开展。年内，通过党员“三包”，包组党员干部入户宣讲各类政策知识（包括医疗、社保、教育、民政、住建、卫生等），为群众答疑解惑同时教育引导群众真正明白惠从何来，恩向谁报，进一步提升群众的获得感、幸福感、

2022年5月5日，当曲卡镇召开2022年度防止返贫监测帮扶集中排查工作动员部署会暨培训会

安全感。年内，落实抓党建促脱贫攻坚成果巩固同乡村振兴有效衔接措施。通过开展国家通用语言文字培训，建立“一对一”、集中培训、以测代训等帮扶机制，进一步提高“两委”班子国家通用语言文字使用水平，把国家通用语言文字学习作为铸牢中华民族共同体意识、增强“五个认同”、促进民族团结的重要抓手，全面促进学习国家通用语言文字助力乡村振兴工作向纵深发展。截至年底，进行镇级集中培训1次，测试2次；社区集中培训6次，测试6次。年内，2个社区聚焦“两委”班子履职情况、人员变动、后续工作情况等深入开展“回头看”工作，进一步了解新任“两委”班子运行和班子成员的思想动态、履职成效、作风表现等方面的情况，通过深入谈心谈话，进一步明确“两委”班子职责任务和下一步努力方向。年内，按期组织召开支部委员会和党员大会，研究发展党员等事宜，积极推进团员青年“推优入党”。通过组织推荐、干部自荐等方式，2022年转正1人，发展4人，积极分子6人，提交入党申请书3份，为打造一支高素质、高标准的党员队伍打下坚实基础。年内，加强全镇驻村党员干部的政治学习、教育、管理和监督，带动全镇驻村党员干部全面有效完成2022年驻村各项工作，把“堡垒”驻在驻村工作前沿，按照《中国共产党支部工作条例（试行）》相关规定，研究决定成立驻村工作临时党支部。

2022年8月31日，当曲卡镇曲登社区建筑施工专业合作社为辖区困难群众发放生活物资

年内，组织观看《建党伟业》《警钟长鸣》等警示教育片5次50余人次；观看电视问政栏目《问政拉萨》7期；邀请社区致富带头人、返乡创业人员等代表，开展1次经验交流座谈会；组织村（居）“两委”班子召开谋思路·启航新征程座谈会，在党组织建设，村集体经济发展、村规民约制度、后备人才队伍等方面提出10余条意见建议；设立12块党史学习教育展板，布置当曲卡镇党史特色文化长廊；同时通过远程教育平台，组织广大党员干部、牧民党员观看和学习党的理论知识和政策法规、现代牧业知识、生产实用技术等，建立“三簿一册”制度，现场进行信息反馈，并进行相关技术讨论，以增强党员发家致富的本领和带领群众共同致富的能力；通过开展爱国卫生、参观烈士陵园、植树活动等，开展主题党日活动，进一步增强党员干部党性意识。

年内，结合社区实际，打造当曲卡社区“民族团结进步——党建引领铸牢中华民族共同体意识”示范点和曲登社区“国家生态文明高地——休闲旅游胜地”示范点，充分发挥党建引领作用。

【新冠疫情防控】 年内，当曲卡镇及时调整充实疫情防控工作领导小组，当曲卡镇党委、政府共组织镇级干部职工力量41人、医护人员及其志愿者力量23人、警务力量45人、当曲卡社区人员力量125人、曲登社区人员力量95人，共计329人投入疫情防控工作。

【民族团结】 年内，组织召开当曲卡镇着力创建全国民族团结进步模范区动员部署会，并根据《当雄县贯彻落实〈西藏自治区民族团结模范区创建规划（2021—2025）〉实施方案》，结合当曲卡镇实际制订当曲卡镇民族团结创建工作计划。

年内，多种形式宣传《西藏自治区民族团结进步模范区创建条例》,以团结教育引导为目标,常态化推进“遵行四条标准”教育宣传活动,面向牧民群众、辖区回民和僧人宣传党的民族政策等相关知识,进而增强僧人的国家意识、法律意识和公民意识,增强遵纪守法的自觉性,为依法管理宗教事务营造良好的氛围,持续深入开展民族团结宣传教育。共开展35次宣传宣讲活动,约2500人次参加。

年内,当曲卡司法所为2名新增社区矫正对象并做好相关管控工作,解除1名社区矫正对象,因1名矫正对象居住地变更,已移交给城关区司法所监管。年内,共开展社区矫正对象走访谈话教育活动168人次、集中公益劳动8场次、集中学习活动8场次。在矛盾纠纷调解方面,镇司法所共排查矛盾纠纷128次,调解各类矛盾纠纷共36起,其中[劳资纠纷21起、婚姻家庭纠纷7起、其他(县城改造未留牲畜过道引起的)纠纷1起、邻里纠纷2起,草场分界纠纷1起,合同纠纷1起,征地、土地补偿纠纷3起]。

【脱贫攻坚成果巩固同乡村振兴有效衔接】 年内,当曲卡镇开展防返贫监测对象集中大排查工作,大排查后新识别监测户为4户17人。统筹镇环卫工、厕所保洁员、河道保洁员岗位,优先解决监测户群众岗位5人,带动群众收入。坚持产业分红,以产业促增收,为2022年度建档立卡就业人员、监测户、建档立卡无劳力、残疾家庭、低保(特困)、低收入家庭兑现产业分红资金152.9422万元,有效带动群众增收。截至年底,当曲卡镇建档立卡脱贫户207户800人(建档立卡142户515人),监测户共计7户32人、低保户44户126人,易地搬迁户35户117人。

【劳务输出】 年内,全镇牧民群众转移就业及劳务输出1021人,就业总收入894.0955万元,就业率达到100%。

2022年3月25日,当雄县艺术团、当曲卡镇社区文艺演出队参加拉萨市纪念西藏百万农奴解放63周年主题经典歌曲大赛成果汇报演出

【民政工作】 年内,开展第一季度低保核查工作,清退低保户6户27人,新增1户5人,第三季度低保核查工作,新增低保户1户3人,第四季度低保核查工作,新增低保户1户1人,兑现2022年第一季度的农村低保资金86179.85元,兑现二季度的农村低保资金86179.79元,兑现第三季度资金86800元,兑现第四季度资金86769元。认真开展农村籍、城镇低收入人群核实统计工作,农村籍低收入家庭共计11户26人,城镇籍(当曲河东路9号)3户6人。全镇2022年残疾人中享受困难残疾生活补贴人员共计63人。做好双向补贴、阳光家园、重度智力残疾、孤儿、特困人员认定和资金兑现工作。年内,认真开展退役军人服务、统计、优抚、培训和政策帮扶工作。

【教育事业】 年内,全镇大学生155名,其中建档立卡学生25名,困难户学生8名,农户学生122名,2022年资助全部已兑现完。

【医疗保障】 年内,全面完成基本医疗保险参保工作,全镇居民参保3275人,参保率达到100%。

【农牧工作】 年内,为70人兑现2020年度村(居)级草原监督员工资49万元(5400元/人)。安排2022年上半年生态岗位174

2022年11月14日，当曲卡镇组织社区党员志愿队开展道路维修

人，选任18名专职护林员。积极组织牧民群众进行采挖虫草工作。新申请建立家庭牧场8家，完成房前屋后人工种草1528.15亩统计工作。做好2022年辖区群众户厕建设525户需求统计。认真组织开展口蹄疫、羊包虫病、羊痘、小反刍、巴氏杆菌等重大动物疫病的免疫注射工作。开展全国第三次畜禽普查资源系统录入情况和重大动物免疫登记本填写工作。积极开展兽用藏药采集及研制工作，兑现野生动物肇事资金赔偿金额7.48万元。兑现村医绩效奖总资金13.0905万元，抓好春季动物抗旱保灾牲畜饲草料储备工作。

【项目推动】 年内，当曲卡镇承建项目5个，当曲卡镇汽车服务中心建设项目预计于2023年9月建成并交付使用，当曲卡居委会2组、4组、5组道路维修项目已于5月完工验收，当曲卡居委会民族团结广场建设项目预计于2023年1月建成使用，当曲卡居委会5组牲畜便桥建设已完工，并交付使用，曲登1、2组农村公路建设项目预计于2023年2月开工。

【生态环保】 年内，当曲卡镇积极组织车辆、机械对县城重点部位进行清理整治，年清理15次，出动人数400余人；加强对水源地的监督，配合上级相关部门对辖区12个水源点进行水质检测，保障并监督了当曲卡镇水环境的健康。

利用生态环境网格化机制，联合当曲卡镇交通办、住建办，不定期对辖区各施工点是否开展降尘工作进行监督；对沿街商铺是否乱排放污染源进行监督，有效保障大气环境的健康；开展曲登五组砂石场整改工作“回头看”，确保砂石场生态环境恢复落到实效。加大环保实践及宣传力度，紧跟时代步伐，结合理论学习中心组集中学习，将习近平生态文明思想融入学习内容中。通过“当曲卡新征程”微信公众平台，及时对外发布各项环境保护信息，使环保工作更加透明，并接受社会各界对当曲卡镇环保工作的监督。

（嘎 色）

【机构领导】

党委书记

刘 源

党委副书记、镇长

美拉卓玛（女，藏族）

党委副书记、人大主席

次 珠（藏族，7月免）

洛桑它杰（藏族，12月任）

党委副书记、政法委员

田惠林（土家族）

党委委员、宣传委员、人大副主席

边巴旦增（藏族）

党委委员、组织委员

查 果（女，藏族，12月免）

赤列加措（藏族，12月任）

党委委员、派出所所长

贡觉益西（藏族）

党委委员、纪委书记

朗杰央宗（女，藏族）

党委委员、统战委员

兰庆伟

党委委员、副镇长

普布顿珠（藏族）

副镇长

张俊娜（女）

王 凯

羊八井镇

【概况】 羊八井镇位于拉萨市西北部、当雄县西部，念青唐古拉山南麓，中尼公路与青藏公路、青藏铁路交会点，平均海拔4300米。全镇辖区面积1142.67平方千米，其中草场总面积6.07万公顷，可利用草场面积5.52万公顷。有镇直单位6家、企业8家。全镇下辖甲玛村、拉多村、彩渠塘村3个村委会，桑巴萨居委会1个社区。

全镇（三村一居）共有21个村民小组，全镇总户数1422户6749人，其中当雄户籍人口1240户5809人，彩渠塘村搬迁点182户940人（户籍未转入当雄）。当雄户籍中牧户1193户5713人，城镇户47户96人。2022年全镇总收入161849291元，牧民人均可支配收入25192元。

2022年4月19日，西藏自治区党委常委、拉萨市委书记普布顿珠（前排右一）一行到羊八井镇调研

【基层党建】 年内，全镇19名预备党员转正（其中机关13名、村居6名），扩大党员队伍、增添新生力量。镇党委组织牧民党员培训累计120人次；镇级组织村“两委”国家通用语言文字培训工作2次，共计60人次；村级联合驻村工作队培训18次，共计241人次，机关党员、牧民党员参加远程教育培训2000余人次。镇党委组织机关党员志愿队和村、社区党员志愿队投入爱国卫生运动、疫情防控工作、复产复工等各项工作，累计超1000人次，成为推进各项工作的中坚力量。

年内，镇党委召开理论中心组学习17次，党委会召开23次、镇机关支部党员大会4次、主题党日活动10次。其中2次理论学习中心组学习、1次主题党日活动深入学习中共二十大内容。年内，为保证换届“回头看”工作出实效，县委组织部与镇党委、政府以谈心谈话的方式，知悉各位班子成员的思想和工作动态并实地检查各村居换届台账的整理和归档情况。

【改进作风狠抓落实】 年内，镇党委、政府以深化“改进作风，狠抓落实”为抓手，以学习贯彻区市党委改进作风狠抓落实动员部署会议精神为主线，紧扣目标责任，紧密结合工作实际，善于从自身薄弱环节寻找突破，不断推进改进作风狠抓落实工作走深走实；从抓学习、抓业务、抓纪律三个层次出发，完善干部管理规定、请示报告制度、工作落实问效等一系列规制，制定《中共羊八井镇改进作风狠抓落实工作整改方案》，并通过“四查四问”活动清单，查摆报送问题7个大类26条，并严格逐条制定整改措施，包责限时到个人。全程由镇党委监督整改，班子成员大到思路把控、政策取向，中到措施制定，小到咬文嚼字，进行逐项研究、讨论、修改，实现方案目标更加明确、措施更加有力、责任更加细致、督促更加及时，使得整体整改工作取得良好效果。

【“四联四包”】 年内，在“四联四包”包镇包村包组的各级领导的共同努力下，羊八井镇完成以联户为单位的集中宣讲39场次，入户宣讲409场次，覆盖群众1300人次。采取座谈交流、入户走访、问卷调查等形式，广泛收集民意，归纳梳理问题建议14类44条。排查社情民意24条，已协调解决13条。

【纪委监督】 年内，为加强干部管理，严肃干部工作纪律，镇纪委结合“改进作风狠抓落实”工作，落实羊八井镇干部职工分工方案和周例会工作制度，对各科室重点工作推进情况开展监督检查累计28场次，促使干部不作为、慢作为得到有效遏制。镇纪委在春节、藏历新年、“五一”国际劳动节、赛马节、“十一”国庆节等重要节点重申执行公务车辆外出备案制度，同时畅通监督举报热线和组成督查小组随机抽查各村（居）公车使用情况累计16次。

年内，镇党委、镇纪委到4个村（居）对“两委”班子开展业绩考核，把考核结果与村居干部待遇和评先评优挂钩作为重要的依据，2022年度考核“两委”班子38人，考核结果为4人优秀、37人称职。以此不断转变村级干部作风，不断加强基层干部队伍建设，进一步提高村（居）干部的整体素质。

年内，镇党委、纪委组织学习区市县下发的各项通报文件，累计21场次，参与学习党员521人次，并要求全镇干部职工签订《十二个严禁承诺书》和《拉萨市纠治党员干部和公职人员酒驾醉驾、参赌涉赌问题专项工作自查自纠情况登记表》，做到警钟长鸣。

年内，镇纪委加大对羊八井镇产业项目的监管力度，对项目运营效益进行评估，对检查中发现的3项问题及时上报镇党委和县纪委。为提醒全镇干部深刻认识疫情防控工作的长期性、严峻性、复杂性，紧绷疫情防控安全弦，坚决防止侥幸心理麻痹思想、厌战情绪，镇纪委联合镇疫情防控领导小组成员开展疫情防控工作开展情况专项检查19次。

【乡村振兴】 年内，羊八井镇认真开展防返贫监测工作，坚决守住不发生返贫底线。羊八井镇档内脱贫人口275户1212人，其中未消除风险的监测户7户29人，2022年均已落实相关医疗、教育、低保兜底、大病补助等帮扶措施，确保脱贫及监测户“一超过、两不愁、三保障”达标。

年内，923街道地热大厦商家进驻率超过50%，覆盖商超、医药、服装、洗浴等多个便民行业，租金分红由各村群众享受；甲玛村牦牛育肥基地也基本落成，每年带来10万元以上的村集体收入。羊八井镇桑巴萨居委会“美丽乡村·幸福家园”建设项目已完成主体建设，项目总投资4221.61万元，项目计划建设牧民搬迁53户住宅及牧民牲畜棚、垃圾用房、自来水厂和污水处理厂等设施。

【农牧民就业增收】 年内，羊八井镇组织汽修、厨艺、家电维修等培训4场次，参与人数超过100人，促进就业60余人；组织就业政策宣讲会暨岗位推荐会3场次（好宜家、政府见习岗、辖区企业），提供就业岗位30余个。

年内，鲁登罗桑商品混凝土搅拌站合作社解决本地固定就业22人，实现月平均工资5000元收入，共计发放879383元工资。曲旦农牧民专业合作社解决本地固定就业8人，实现月平均工资4500元收入，临时工14人，务工240余天，累计发放工资321715元。旦增砖厂用工9人，合计发放工资84000元。路霸专业合作社用工6人，发放工资5万元。富民矿业、圣峰矿业、好宜家连锁店用工15人，共计发放工资22.34万元。

年内，辖区注册登记商户增长至272户，百货商店91家，藏餐馆68家，其余以服装店、汽修、水果蔬菜店、中餐馆、宾馆为主。年内，个人出租房商户共缴纳租金506.2万元，国有出租房36家，缴纳租金129.6万元。全镇

2022年11月28日，羊八井镇第十届人民代表大会三次会议召开

2022年所有商户实现经营性收入750.22万元，百货商品店实现收入285.27万元，餐饮业实现收入218.05万元。

【新冠疫情防控】 年内，镇党委、政府以包村领导为主体，进一步靠实镇村两级干部的防控责任，确保防控工作岗岗有人、人人担责，形成疫情防控人人尽责的局面，为全镇筑起疫情防控的坚固“防线”。全镇范围内紧急设置道路卡点位11个，合理制定疫情防控值班表，保证值班带班工作质量。同时，严格实行24小时值班值守，将防输入措施落到实处。帮助群众买米面油、蔬菜、药品和生活日用品累计超过20万元，衔接镇卫生院及时为各村卫生室补充所需日常用药，保障患病人群就医治疗，转运急危重病人10余人次。疫情防控期间累计出动广播车辆60余次，发放口罩10万个。由于核酸采集力量不足，镇机关干部培训后全程参与全员核酸采集工作。在复产复工方面，由镇疫情办层层审批把关，市监办、派出所负责对辖区商户上门张贴公告，讲解政策。截至年底，共复商109家商业主体、复工15个工程项目、协调100余人办好手续踏上返乡之路。

【环境整治】 年内，镇环保办与923街道、个体商铺200余人签订门前“三包”责任书200余份，改善“脏、乱、差”现象。年内，出动干部民警200余人次，经常性地在辖区内进行检查，改善923街道车辆乱停乱放现象、阻碍道路交通的问题。为加强草原保护、改善生态环境，年内，各村（居）把破坏草场实行惩罚机制纳入村规民约，并通过实施草原奖补、禁牧补助、公益林管护等多种方式遏制草原退化、沙化现象，改善草原生态环境。

年内，共清运垃圾35辆次，15吨。充实25名环卫人员、17名河长，组织开展生态村创建工作。年内，创建4个村（居）申报生态村，并有序推进系列巩固后续工作。

【村集体经济】 年内，各村进一步完善利益链接机制，落实2022年集体经济分红资金113.42万元，分红覆盖全镇牧民群众。其中拉多村分红45.54万元，分红带动增收354户、1889人；甲玛村分红21.24万元，分红带动增收405户、2010人；桑巴萨社区分红46.64万元，分红带动增收408户、1804人。

【保障民生】 年内，羊八井镇摸排确定低收入人口纳入低保的60户266人，特困人员6人，2年内兑现低保资金79.3万元，兑现高龄老人7人资金4200元，兑现无人抚养儿童2人资金14400元，兑现重度精神病人10人资金25200元，兑现农村特困老人资金6人34830元，兑现残疾儿童康复补贴23人55200元，发放困难残疾人资金101人12900元、重度残疾人资金28人69600元、临时救助1人2000元、残疾人燃油补贴7人2660元、特困供养6人46440元、重度智力残疾1人1500元。

截至年底，镇民政已兑现各种民政资金1062003.67万元。落实教育资金。9月，羊八井镇上报大学生172人（其中一类贫困家庭大学生26人，二类低保家庭或低收入家庭大学生4人，三类农户大学生142人），兑现教育补助资金合计782097.51元（其中一类贫困家庭大学生兑现资金

2023年2月13日，羊八井镇搬迁户村集体经济分红仪式

2022年4月7日，羊八井地热大厦招商引资项目好宜家超市开业

132428.1元，二类低保家庭或低收入家庭大学生兑现资金50664元，三类农户大学生兑现资金599005.41元）。

（项大军）

【机构领导】

党委书记
　兰　辉（5月免）
　拉巴次仁（藏族，9月任）
党委副书记、镇长
　拉巴次仁（藏族，9月免）
　范国林（9月任）
党委副书记、人大主席
　达娃卓玛（女，藏族）
党委委员、副书记
　李政鹏
党委委员、组织委员
　朱宏志
党委委员、宣传委员、人大副主席
　次仁旺堆（藏族）
党委委员、纪委书记
　达娃卓嘎（女，藏族）
统战委员
　贡嘎扎西（藏族）
党委委员、副镇长
　普布扎西（藏族）
副镇长
　杨玉萍（女）
　旦　达（藏族）

纳木湖乡

【概况】 纳木湖乡位于当雄县城以北30千米处，西邻旅游景点纳木错，平均海拔4800米，有丰富的旅游资源、动植物资源等。纳木湖乡辖区面积2830.4275平方千米，可利用草原面积1619.972平方千米。下辖4个建制村25个村民小组共有1228户5709人，其中牧民人口1160户5561人。全乡共有党组织31个，党员359名，其中牧民党员314名，占党员总数的87.47%，“三老”人员21人。全乡现有干部职工71人，行政编25人，事业编19人，其他岗位人员27人。

【学习中共二十大精神】 年内，纳木湖乡坚持以习近平新时代中国特色社会主义思想为指导，围绕学习中共二十大报告内容、学习贯彻习近平总书记系列重要讲话精神，以及自治区、拉萨市第十次党代会及两会精神内容，把深入学习中共二十大报告精神和习近平总书记在西藏视察时重要讲话精神作为当前首要政治学习内容。坚持稳中求进的工作总基调，全力以赴稳增长、调结构、促发展、惠民生，实现经济社会平稳较快发展。

【经济发展】 年内，纳木湖乡的经济发展主要依靠畜牧业，全乡牲畜总数为88215头（匹、只），其中牦牛40711头，绵羊45279只，山羊1406只，马819匹。截至年底，第一产业实现1.7137亿元，占总收入的78.61%；第二产业实现41.72万元，占总收入的0.19%；第三产业实现0.462亿元，占总收入的21.20%。牧民年人均纯收入达到25800元。2022年在全乡干部职工共同努力下，牧业与旅游业融合发展也得到更好发展。

【党建工作】 年内，纳木湖乡始终围绕学习中共二十大报告内容、学习贯彻习近平总书记系列重要讲话精神，以及自治区、拉萨市第十次党代会及两会精神内容，把深入学习中共二十大报告精神和习近平在西藏视察重要讲话精神作为当前首要政治学习内容。组织广大党员干部依托党委理论中心组（扩大）会议及支部“三会一课”、主题党日活动等开展学习研讨15次，组织党员开展专题集中学习10余次，学习中共二十大精神8场次，清理完善17名党员档案，发展预备党员25名，吸收入党积极分子2名，以高标准、严要求做好党员发展工作；认真开展党员“三包”，并定期开展走访、宣传活动12次；组织开展村“两委”班子成员学习掌握国家通用语言文字培训23期，做到班子成员全覆盖。

8—11月，全乡40余名机关党员主动投身新冠疫情防控工作中，在组织群众、化解涉疫矛盾、监督落实防疫措施等方面发挥积极作用，为纳木湖乡打赢疫情防控阻击战贡献了力量。同时，加强党风廉政建设，推动全面从严治党向最基层延伸。

【社会治理】 年内，纳木湖乡围绕创建“平安乡镇”工作为目标，努力做好“稳、准、快”三部曲，加强社会治安综合治理，坚持打防并举，狠抓队伍建设。积极开展普法教育，大力向牧民群众宣传《中华人民共和国宪法》《中华人民共和国民法典》《中华人民共和国宗教事务条例》等法律法规，开展警示教育3次，发放相关宣传册500余份，受教育群众达1260人次。积极开展安全隐患排查调解工作，排查出安全隐患15处，现场整改5处，限期整改10处，矛盾纠纷15起，司法帮教12人次，都已将矛盾纠纷解决在基层。

【牧业发展】 年内，纳木湖乡把牧业现代化作为全乡支柱产业倾力打造，牧业产业结构不断调整优化，牧业科技化水平不断提升，牧业产业收入不断增加。截至年底，纳木湖乡人工种草466亩，补贴4.66万元。发放草畜平衡奖励资金264.75万元，做好草畜平衡，增加牧户收入。年内，全乡出栏牲畜22801头(匹、只)。

【乡村振兴】 年内，纳木湖乡坚决把巩固拓展脱贫攻坚成果同乡村振兴有效衔接作为重大政治任务。严格落实上级指示精神，全力抓好乡村振兴工作，坚持发展乡村旅游思路，引导各村发挥资源优势，开办旅游服务合作社、宾馆酒店、便民超市等产业项目，村集体经济年收入均达10万元以上，不断增强村级造血能力，推进乡村产业全面振兴。同时，加强劳务输出，促进群众增收。2022年全乡实现劳动力转移就业1070人，其中县内转移就业681人，跨县就业382人，跨市6人，跨省1人。转移就业天数达180天以上的达960人，转移收入达5000元以上的1069人。

【推进“四联四包”】 年内，纳木湖乡各包联小组围绕调研课题召开多层次的谈心、座谈会10余次，到村组调研20余次，入户征求意见1000余次，广泛征求社会各界和群众代表的意见建议，形成有价值的调研报告4篇，做到调查了解深、问题找得准、原因分析透、思路措施实，为纳木湖乡深入推进乡村振兴战略提供参考资料。

7月14日，当雄县政协主席刘刚主持召开工作推进会，全面了解各包联小组工作情况，听取调研排查情况汇报，梳理工作思路，为纳木湖乡高标准完成大调研活动提供有力指导。

【新冠疫情防控】 年内，纳木湖乡

2022年7月11日，纳木湖乡党委副书记、乡长肖玮（左三）到纳木湖村开展“四联四包”开展入户调查工作

2022年4月19日，纳木湖乡第十届人民代表大会第二次会议召开

牢固树立人民至上、生命至上理念，坚决贯彻落实县委、县政府决策部署，坚持“外防输入、内防反弹”的总策略和“动态清零”总方针，提高政治站位，严格落实疫情防控工作责任，织密织牢防控网，坚决遏制疫情扩散蔓延，取得阶段性成效。乡主要领导带头深入疫情防控一线，靠前指挥，督促指导村（居）落实疫情防控措施。保障大米25.92吨、面粉35.35吨、糌粑19.135吨、蔬菜14.658吨、食用油995桶、药品79类300余种，保障日用品1128件，保障汽油11吨。加强舆论引导，大力宣传党中央、国务院对西藏疫情的关心关怀和区市县党委决策部署，及时宣传全乡抗疫正面典型和社会各界的爱心奉献。截至年底，全乡共制作、张贴各类宣传海报、横幅等500余张（条），转发、撰写疫情防控相关知识、视频、简报等100余条，宣传正面群体3个，极大地增强了群众打赢疫情防控阻击战的信心和决心。

【基础设施】　年内，纳木湖乡积极协助做好重大项目推进，鼎力配合支持项目单位，基础设施加速完善，房屋、道路、通信项目顺利进行。投入70万元，对27户“六类重点对象”实施危房提升改造。完成S206至恰嘎村2组水泥路建设，投入90万余元对各村民小组道路进行维修。持续完善农村信息基础设施，建成通信基站7座，极大改善群众通信、出行条件。

【生态保护】　年内，纳木湖乡以“改善城乡环境、提高人居环境质量、美化村容村貌”构建生态宜居为总目标，从解决群众最关心、最直接最现实的问题入手，坚持标本兼治，扎实推动纳木湖乡生态环境工作。实施乡镇驻地环境综合整治，集中开乡村环境整治活动100余次，60余名志愿者参与环境卫生整治活动。

落实水污染防治“十项措施”，开展河道巡查，沿线巡查30次，投入资金9万余元，组织乡干部职工清理河道垃圾10次，清理扎西岛景区破旧经幡、哈达40吨，村级牧民志愿者清理河道垃圾10次。疫情期间开展污染防治工作，紧盯医疗废物收集、转运、处置全过程，实现“12小时内收集、24小时内转运处置”，开展现场指导100次，累计收集转运涉疫医废10吨。

【城乡居民医疗、养老保险】　年内，纳木湖乡城乡居民养老保险参加人数3960余人，参保率达99.89%。城乡居民医疗保险参保人数5274人，未参保4人，医疗保险覆盖率达到99.9%。开展健康教育授课4期，受教人数300余人。

【教育事业】　年内，全面落实大学生减免学费政策，对2022年度在校大学生96名，兑现资助资金共计402380.73元。全乡小学入学率100%，小学巩固率100%，中学入学率100%，中学巩固率100%。

【民政工作】　2022年，纳木湖乡荣获“全国妇联学雷锋示范点”称号，开展关爱妇女儿童及老人慰问、表彰、志愿活动18场次，投入资金5万元。深入学校检查校园食品安全2次，联合相关部门集中对商户开展食品安全检查12次，宣传《中华人民共和国食品安全法》《中华人民共和国消费者权益保护法》等法律法规，引导广大群众增强食品安全意识，摸底排查个体工商户房屋租金补贴，申请上报28户。

2022年7月7日，纳木湖乡召开推行“四联四包”工作机制暨“大宣讲大调研大排查大落实”活动动员部署会

【自身建设】 年内，纳木湖乡转作风、树形象，服务意识不断加强。加强政府服务中心管理，规范办事行为，提高办事效率。截至年底，共受理行政审批项目和便民项目3950件，按时办结率100%，受理咨询服务1827件。其中，野生动物肇事补偿706件，新型农村养老保险940件，城乡居民医疗保险130件，民政391件，教育867件，合作医疗471件，其他类445件。

（李 靖）

【机构领导】

党委书记

遵 追（藏族）

党委副书记、乡长

肖 玮

党委副书记、人大主席

次旺旺扎（藏族）

党委副书记、政法委员

次仁顿珠（藏族，9月免）

白玛旦增（藏族，9月任）

党委委员、纪委书记

郭源振

党委委员、组织委员

路 杨（11月免）

宣传委员、人大副主席

索朗坚参（藏族）

统战委员

多吉次仁（藏族，6月免）

洛松次仁（藏族，9月任）

党委委员、副乡长

德 央（女，藏族，9月免）

罗云付（9月任）

副乡长

白玛旦增（藏族，9月免）

白玛拉姆（女，藏族，7月任）

郑世有（9月任）

格达乡

【概况】 格达乡位于当雄县西南，距县城约125千米，东面与堆龙德庆区相接，西南与尼木县相接，北面与班戈县相望，气候恶劣，全乡辖区面积1834.25平方千米，可利用草场面积1360.68平方千米。平均海拔4500米，风力资源丰富，年刮风日多达245天。有丰富的地热、光伏和药材、野生动物资源等。2022年，全乡总人口4924人、1038户。牧民总收入171772162.4万元，人均纯收入22568.40元。

格达乡机关干部职工实有52人，行政22人，事业编13人，工人2人，公益性1人，临时工1人，基层服务平台3人，乡村振兴6人，“三支一扶”4人。格达乡派出所实有10人，格达乡中心小学，辖有4个幼儿园，实有教师57人（其中中心小学34人，幼儿园23人）；卫生院实有16人，事业编13人，公益性岗位3人；农牧综合服务中心实有11人，事业编8人，科技特派员3人，公益性岗位1人。乡辖区寺庙1座（多吉林寺）、寺庙管理委员会有工作人员9名（含警务人员2名）。格达乡辖区有4个建制村，其中甲多村252户1212人，格达村372户1807人，央热村192户917人，羊易村199户943人。全乡有党组织32个，其中党委2个，党总支3个，党支部27个。党员400名，其中农牧民党员355名、女性党员106名、35岁及以下党员169名、党龄30年以上党员25名；有党建活动室29个。

【新冠疫情防控】 年内，乡政府全面落实区、市、县疫情防控工作的部署要求，深入贯彻各级疫情防控工作安排部署会精神，全力做好各项疫情防控工作，坚决扛起疫情防控重大政治责任。

年内，周密部署全员核酸检测方案，按时按点按要求完成核酸检测任务。全面排查外地返乡人员情况，对全乡干部群众做到底子清、情况明。疫情发生后，格达乡广泛动员全体干部职工、党员、医护人员、派出所民警、村组干部、网格员联户长、志愿者等力量，及时设立临时检查站对过往车辆、人员进行逐一检查登记、全面消杀，切实切断病毒传播途径。安排组织干部职工坚守一线，科学安排分工、责任落实到人，确保核酸检测、卡点值守、宣传引导、物资保障等工作落实到位。截至疫情结束，格达乡在公共区域开展消杀工作，开展防疫宣传 100 余次，登记外来流动人口 15000 余人。

【党建工作】 年内，全乡上下始终做到思想高度统一，坚决落实党中央、区市党委和县委决策部署，增强“四个意识”、坚定“四个自信”、做到“两个维护”。充分发挥党委理论中心组“龙头”作用，结合中共十九届六中全会、区市第十次党代会精神、习近平总书记在西藏视察时重要讲话精神以及中共二十大精神、“三会一课”等，组织党员干部集中学习中共十九届六中全会、区市第十次党代会精神、习近平总书记在西藏视察时重要讲话精神以及中共二十大精神，推进党员干部学习常态化。截至年底，组织各级党员干部集中学习 60 余场次。

坚持常态化、全覆盖、重创新、求实效的原则，严格落实乡领导班子成员包村、村“两委”班子成员包组、牧民党员包户包人制度，结合换届后人事调整，进一步健全优化党员联系基层和群众工作机制，指派村级党建工作指导员 8 名。年内，党员入户宣讲 300 余人次。持续开展群众感党恩教育，引导广大群众知党恩、听党话、感党恩、跟党走。年内，结合党史学习教育、习近平总书记在西藏视察时重要讲话精神宣传，全乡共开展集中宣讲 30 余场次、组织各类实践活动 10 余场次，组织群众性文体活动 10 余场次，受教育群众超过 3000 人次。

【学习中共二十大精神】 年内，为做好全乡中共二十大精神学习宣传工作，切实推动全乡广大党员干部群众用大会精神武装头脑、统一思想，指导实践、推动工作，按照党中央决策部署，根据区市党委和县委统一安排，格达乡机关党支部围绕中共二十大精神掀起学习热潮。

年内，乡党政办、党建办发挥好理论学习中心组秘书职能，制定县乡党委理论学习中心组学习计划；全乡各级党组织制定本村本部门学习计划，集中时间、集中精力，按节点、分专题，通过专家讲座、研讨交流、个人自学、撰写心得体会、现场教学等方式，原原本本原汁原味学全学懂学透中共二十大报告。各级各部门要迅速行动，将中共二十大报告、《中国共产党章程（修正案）》、中央纪委工作报告等重要文件和习近平总书记一系列重要讲话精神层层传达下去，确保中共二十大精神传达到每一个党支部、每一名党员干部群众。配齐用好官方编印的有关中共二十大各类辅导学习书籍，做到原汁原味学原原本本学。各级党组织开展辅导讲座不少于 5 场，开展现场教学不少于 3 场；乡班子成员围绕中共二十大精神撰写心得体会不少于 3 篇（每篇

2022年6月6日，格达乡开展村“两委”国家通用语言暨“擂台比试”培训活动

2000 字左右），实现研讨交流实现全覆盖。

【党风廉政建设】 年内，坚持把加强党风廉政建设摆在全局工作重要位置，切实强化组织领导、直接主抓、全面落实。始终把强化理论武装作为首要任务来抓，扎实开展党风廉政建设专题部署、廉政风险点排查防控、议事协调机构清理调整、案件查办等工作，推动全面从严治党工作向纵深发展。切实扛起“两个责任”，加强对全面从严治党各项工作的领导，将党风廉政建设与其他工作同谋划、同部署、同推进、同考核，层层压实工作责任，推进格达乡全面从严治党和党风廉政建设工作不断走向深入。进一步健全优化党员联系基层和群众工作机制，指派村级党建工作指导员 8 名，党员入户宣讲 300 余人次。结合中共十九届六中全会、区市第十次党代会精神、习近平总书记在西藏视察时重要讲话精神以及中共二十大精神宣传，共开展集中宣讲 30 余场次、组织各类实践活动 10 余场次，组织群众性文体活动 10 余场次，受教育群众超过 3000 人次。

【生态环境保护】 年内，推深做实河长制改革，乡村两级累计巡河 30 余次。完成 2021 年申报的 15 户旧房改造升级项目。常态化开展农村清洁工程，购置垃圾转运车、垃圾转运箱，乡村街道保洁面和垃圾处理率达到 100%，积极推进文明乡村建设，抓好全乡总体规划布局，坚决遏制土地违法行为。

【综治工作】 年内，格达乡综治办联合村（居）、学校、企业、建筑工地开展安全生产检查 7 次，累计排查各类安全隐患 21 条，要求立查立改，已全部完成排查整改，社会治理不断加强。积极排查邻里矛盾纠纷，共排查矛盾纠纷 23 起，均已调解化解。大力推进全民普法工作，在重点时间节点组织开展法律宣讲活动，使法入人心。依法做好政府信息公开和政务公开工作，法治政府建设取得新成效。

【教育工作】 年内，乡政府积极与县教育局对接，全乡小学入学率、巩固率分别达到 100%；教育“三包”经费和营养改善落实率达 100%。改善乡中心小学和中心幼儿园的教学、住宿和伙食条件；积极推进暑假返乡大学生志愿支教活动以及学校老师辅助村“两委”学习国家通用语言活动。

【医疗卫生】 年内，积极与县卫健委对接，加大医务人员业务水平培训力度；配齐村卫生室常规药品；认真开展全民健康体检、“两癌”筛查、两项检查活动，全民免费健康体检率达 100%，积极与县医保局对接，组织村组长宣讲城乡居民医保相关政策，让人人知晓政策，做到家喻户晓；教育引导广大孕妇入院分娩。

【巩固脱贫助乡村振兴】 年内，全面贯彻落实乡村振兴战略文件精神，健全机制成立领导小组，做到主要领导亲自抓，分管领导具体抓，形成一支政治强、业务精、作风强、高效务实的队伍。落实“四个不摘”政策，加大“两不愁三保障”工作力度，发放大学生补助资金 40.2522 万元，惠及学生 106 人。对弱势群体，及时落实兜底保障措施。与上级部门积极对接，持续推进农牧民转移就业、培训。积极推广养殖方式改良，改善现有养殖模式，鼓励家庭牧场养殖

2022年8月3日，格达乡举办赛马节活动

2022年8月26日，格达乡新冠疫情防控值班

模式，提高牲畜出栏率，增加群众收入。获批3500万元格达乡街面人居环境整治项目，获批1500万元格达乡村级集体经济示范带动项目，投资234万元实施格达村八组桥梁建设项目，投资67万元实施羊易村草场灌溉项目，投资39万元实施格达村一组桥梁项目，投资38万元实施格达村公共厕所建造项目，投资78万元对全乡道路进行维修。

【打造旅游项目】 年内，依托独特的自然资源，串点成线、联动发展，倾力打造在羊易光伏新能源产业园区观光游、廓琼岗日冰川探险游、甲多昂汪温泉度假体验游等旅游线路，格达乡旅游产业项目已经初具雏形，实现旅游产业分红30万元。

【民政保障】 年内，多渠道增加牧区群众收入来源，千方百计稳定和扩大就业，强化经济发展的就业导向，扩大就业容量，提升就业质量，促进充分就业，保障劳动者待遇和权益。2022年创业培训共有16人参加，2022年中级厨师培训共有48人参加。

推荐120人参与“南北山造林项目”务工，推荐32人参加柳梧万达务工招聘，推荐1人参加文成公主剧场务工招聘，摸排统计全乡高龄老人就业情况。

对1名自动创业大学生经营状况进行跟踪了解，帮助解决实际困难；统计37名2022年应届高校毕业生的基本信息，对就业意愿摸底调查，推进就业岗位；对因疫情影响未能及时就业的16名大学生安排实习岗位，发放实习补贴。

（胡励郅）

【机构领导】

党委书记

孙　　伟（5月免）

洛桑坚材（藏族，5月任）

党委副书记、乡长

洛桑坚材（藏族，5月免）

邱学彦（8月任）

党委副书记、人大主席

扎西旺堆（藏族）

党委副书记、政法委员

饶　　金

纪委书记

王新文

党委委员

熊　　强

党委委员、组织委员

拉　　卓（女，藏族）

宣传委员、人大副主席

巴桑拉姆（女，藏族，9月免）

其　　美（女，藏族，9月任）

党委委员

白玛德吉（女，藏族）

次仁格桑（藏族）

副乡长

李智勇

顿珠拉姆（女，藏族）

公塘乡

【概况】 “公塘”系藏语译音，意为“凹滩”。公塘乡平均海拔4367米。位于县境东北部，面积1595平方千米。2022年，全乡总户数1380户，总人口6528人。全乡有5个党委、20个党支部、555名党员（含预备党员），其中乡机关党员40名。乡境内有寺庙3座（康马寺、江热寺、巴嘎当旦康）。所辖4个村（居），全乡以牧业为主，牧养山羊、绵羊、黄牛、马。产虫草、贝母、雪莲花等。

【机构编制】 截至年底，公塘乡机关有公务员23名，事业编制工作人员28名，工人6名，公益性岗位人员7名；党委、政府、人大三套班子成员共12名，设乡委员会书记1名，乡长1名，乡人大主席团主席1名，专职副书记1名，纪委书记1名，组织委员1名，宣传委员1名，政法委员1名，人武部部长1名，副乡长3名。

2022年3月15日，县委书记姚俊亮（左二）到公塘乡巴嘎当村慰问困难群众

【经济发展】 年内，牧业仍然是全乡的基础产业，着重开发牦牛、绵羊等畜产品的加工区，纯绿色天然食品需求量将是一大增长点，牧业基础地位将进一步突显。同时，积极响应县委、县政府打造全域旅游方案，充分利用公塘乡区位优势，增加旅游业收入，带领群众吃上旅游饭。为此，全力以赴，以抓好基础产业为主导，深挖潜力，依托精准扶贫精准脱贫，做了大量工作。

【乡村振兴】 年内，乡村振兴工作在上级党委、政府和乡村振兴部门的支持和指导下，持续推进巩固拓展脱贫攻坚成果同乡村振兴有效衔接各项工作，以“五大振兴”为工作目标，抓重点、攻难点，县、乡两级共119名干部职工结对帮扶全乡284户脱贫户和8户监测户，安排以补生态岗位289人，申报巴嘎当村1—5组道路建设和巴嘎当村羊肚菌种植项目，从拉萨哲蚌寺引进牦牛74头分配给监测户及无畜及少畜的建档立卡脱贫户，开展智志双扶宣讲和奖勤罚懒等活动，全年对脱贫户、低收入群体、脱贫户就业人员进行分红，分红220万余元，脱贫户人均纯收入达到14669.99元。

【畜牧工作】 年内，完成春秋两季牲畜重大疫病强制免疫工作。共注射各类牲畜94632头(只、匹)。对公塘乡辖区老疫区全面消毒3次，发放自制藏药445千克，发放西药60箱，保障公塘乡畜牧业持续健康发展和公共卫生安全。

年内，公塘乡2个家庭牧场建成投产，参与家庭51户，畜舍面积7860平方米，共存栏牦牛1986头。2022年出栏540头，兑现2022年草原生态保护奖励补助资金251万元，同时广泛宣传草原生态保护奖励补助政策，鼓励牧户实现草畜平衡。兑现2022年野生动物肇事补偿金52万元、农机具补贴1.7万元，为草场监督员发放补助85.4万元。

【党建工作】 年内，3次召开党建推进会，细化任务分工，画好“一岗双责”责任田；过好双重组织生活，认真开展批评与自我批评，严格村“两委”述职评议并给予3人不称职。对住院、去世村“两委”班子成员慰问5次，送去慰问金5600元；设立乡“爱心基金”，收到捐款7224元，帮助困难党员及群众7人。

【优化创新】 年内，开展换届“回头看”并发放问卷120份、谈话64人次。以“五好”标准创建拉根村党建示范点，探索“党建引领＋自媒体营销＋特色产业”模式。多次召开改进作风推进会，制定实施方案及任务清单，督促加强整改，深化大讨论并组织撰写心得45篇；开展“比学赶帮超”，学习其他乡镇优秀经验做法。对辞职、去世的2名村“两委”成员，按程序启动候选人补选，配强后备干部并建立储备库。组织“学雷锋志愿服务”及“庆端午、思爱国”道德讲堂活动。发展预备党员9人，开展“高举旗帜跟党走、立足岗位献青春”以党建带团建活动。组织观看《零容忍》

警示片，对作风问题进行点名通报，对2名违纪党员给予严重警告、警告处分。落实“四联四包”机制，126名党员干部宣讲1230次、调研排查1229户，收集建议350条；102名党员干部继续对脱贫户结对帮扶。

【党风廉政建设】 年内，成立党风廉政建设工作领导小组，落实“两个责任”。乡党委与班子成员、各村党支部签订党风廉政建设责任书，推动从严治党向最基层延伸。对村级党务、村务、财务工作公开情况进行检查。依托“金色公塘　使命担当”微信公众号等新媒体，强化干部职工廉洁从政教育，使其植于心、践于行。

【服务大局】 年内，组织民族团结推进会、动员会，制定铸牢共同体意识方案，通过诵读比赛、结对帮学、闭卷测试等加强通用语培训。开展“怎么看、怎么办”大讨论，组织防疫大演练及西藏民主改革63周年、综治月等宣传宣讲，发放读本790本，教育1400人次；组织签订“带头反分裂”“爱国守法反分裂”承诺书110份，建立30人反分裂“发言人”队伍。通过党委会、推进会等14次学习和安排乡村振兴，实施防返贫监测、牲畜扶持等，兑现产业分红285.2万元，对8户“三类人员”进行针对性帮扶，评选“奖勤罚懒”先进户160人，并奖励51.6万元，联系企业吸纳脱贫户35人；试行羊肚菌试种植项目并申报产业扶持资金；完成150个户厕建设任务。建立人民调解组织5个，并化解矛盾纠纷5起；科学划分网格及联户，联户长在治安、防疫、环保等发挥巨大作用。发动25个党组织、400余名牧民及机关党员投入防疫，党员群众捐钱捐物12.67万元。

【水利保护】 年内，成立由乡党委副书记、乡长为河长的河长制领导小组，召开河长制工作专题会议3次，通过横幅、展板等发放河长制宣传资料，宣传保护河道政策，保护水资源的重要性，使广大牧民群众自觉保护水资源，爱护河道。全乡有13名村级河道清洁工，全年组织河道清洁、整治河道、清洁河面行动共计50余次，全年全乡干部动员清洁整治河道、清洁河面行动7次。经过全体乡干部和村干部共同努力，乡河长制工作取得良好的效果。从乡河长制专项资金内支出18.72万元发放村级河道清洁工工资；支出4.2万余元修复巴嘎当村4组冲垮路段，为群众解决夏季过河难问题。

【文化事业】 年内，为完成上级交办的各项任务，积极参加上级举办的各类演出活动，常态化组织开展各类群众文化活动，正常开展各项免费开放活动。公塘乡建制村文艺队共有79人，其中冲嘎村20人，拉根村18人，巴嘎当村21人，甲根村20人。乡文化站参加县级演出活动1次（当雄县新时代文明实践活动文艺演出“2022年新春团拜会”）、乡级文艺演出活动活动2次，开展乡级各科室会议、宣讲、义诊活动5次。村级文艺演出活动9次。为更好地应对公共文化复合年，对公塘乡2018年以来开展活动方案、简报、照片、图书资料等佐证材料进行归类、整理和制作台账。共计发放建制村文艺队演职人员补贴26万元和戏曲下乡补贴500元，并通过演职人员社保卡全部兑

2022年4月23日，县委常委、政法委书记、公安局局长扎西江措（左三）到公塘乡拉根村调研

现。开展辖区范围内的“扫黄打非”工作,定期协调乡综治、派出所、工商等口子专干,联合开展文化市场管理,确保全乡辖区文化市场的规范。

【矛盾纠纷排查】 年内,通过采取建章立制——建立“五排查”制度,即每月一次的定期排查,重大节日及活动的重点排查,重要时期及有关政策出台前的超前排查,共性问题的联合排查,突出问题的专项排查。在全乡范围内开展矛盾纠纷排查调处工作,做到矛盾纠纷发现得早、处理得快、解决得得当。截至年底,全乡深入各村、组排查调处各类矛盾纠纷21件,其中,婚姻邻里纠纷6件,劳务类纠纷(主要以那拉高速公塘段)7件,草场纠纷8件。

【民族团结巩固发展】 年内,将民族团结进步宣传作为一项长期工作,以铸牢中华民族共同体意识为抓手,全年常抓不懈。

年内,利用各宣传节点在乡、村、学校、寺庙(嘎巴)宣传民族团结31场次,受教育群众4000余人次,同时认真做好民族团结各项工作,2022年乡党委、政府被评为西藏自治区民族团结进步模范集体。

【旧房提升改造工程】 年内,把握政策,优先把脱贫户和边缘户、家庭经济困难户等15户纳入提升改造中,其中,重建户11户,维修户4户,补助资金27万元。

【改善民生】 最低生活保障工作方面。2021年公塘乡最低生活保障金享受人员为50户、213人。2022年公塘乡先后到4个村对低保人员家庭经济状况进行摸底排查,后经过民政系统核对,召开民主评议会议,对符合条件的34户、新增5户进行纳保、对不符合纳入最低生活保障标准的16户开展清退工作。截至年底,公塘乡有最低生活保障人员39户、141人,上半年资金已兑现。

特困人员方面。2021年分散供养人员14人,2022第二季度起公塘乡开展违规纳入特困户清退工作,已清退7人(其中符合条件的6人被纳入低保)。

【教育事业】 年内,为全面落实大学生减免学费政策,按照《拉萨市高等教育阶段家庭经济困难学生资助政策实施办法(试行)》,对全乡符合资助政策的在校大学生进行登记、收集、审核等。严格按照三类资助对象标准(建档立卡户,农村低保户、城镇低保家庭、城乡低收入家庭、孤儿、企业困难职工子女、因公殉职人员子女、一级至四级因公伤残人员子女、烈士子女以及家庭遭遇自然灾害或突发事件,一般农户大学生),对全乡31名建档立卡学生、11名困难户学生和204名一般户大学生的社保卡号进行核对和资金核算。

为切实做好“控辍保学”工作,保障适龄儿童、少年接受义务教育的权利,乡人大主席洛桑顿玉、教育分管副乡长到拉根村、冲嘎村、巴嘎当村进行入户与辍学学生和家长进行谈心,详细讲解完成九年义务教育的意义,认真分析存在的困难和问题,确保控辍保学工作能够扎实有序推进。针对学生信息、人数等实际存在出入的情况,并积极组织各村第一书记、包队干部进村入户,逐一调查核实学生身份信息、学籍,确保不漏掉一人、不错报一人,做到底数清、情况明,确保劝返学生能够正常接受教育。为全力做好控

2022年6月20日,公塘乡党委书记陈彬(右一)到甲根村查看群众危房

2022年3月17日，公塘乡政府工作人员到甲根村查看民生用水问题

辍保学工作，全力以赴多措并举，促进全乡义务教育均衡发展。

【农牧民增收】 年内，公塘乡大力发展现代畜牧业，多措并举稳固增加村集体收入，组织各类技能培训67人，转移就业和劳务输出人数达到1421人，及时兑现各类惠民资金800万余元，全乡牧民人均纯收入达到26993.77元。

（努那比）

【机构领导】

党委书记

陈　彬

党委副书记、乡长

强巴旦增（藏族，9月免）

洛桑顿玉（藏族，9月任）

党委副书记、人大主席

洛桑顿玉（藏族，9月免）

桑丁曲措（藏族，12月任）

副书记

努那比（藏族）

纪检书记

格桑罗布（藏族）

组织委员

吕海滨（12月免）

李海民（12月任）

宣传委员、人大副主席

巴桑央珍（女，藏族）

统战委员

罗宁举

政法委员、派出所所长

李金垒（7月免）

王建朋（7月任）

副乡长

兰海峰

顿珠多吉（藏族）

更丹卓玛（女，藏族）

龙仁乡

【概况】 龙仁藏语意为“长谷”。龙仁乡位于当雄县城东北部，乡政府驻曲登羊阁村，距县城19.6千米，平均海拔4416米，辖区面积420.37平方千米，草场面积1080313万平方米。全乡下辖3个建制村、15个村民小组，共有1056户、5029人，其中劳动力2322人。全乡有党基层组织20个（党委1个、村级党委3个、党支部16个），党员360人，其中牧民党员323人；辖区内共有学校4所（小学1所、幼儿园3所）；卫生医疗机构4个（乡卫生院1个、村级卫生室3个）；有宗教活动场所3个。

【乡村振兴】 年内，深化“党支部+合作社”村集体经济发展模式，强化党建引领，加大村级生态畜牧业合作社重组整合转型发展力度，在整合人力、物力等资源上下功夫，利用和盘活现有公共服务设施设备、土地、牲畜、草场等集体资产，通过租赁、参股、联营、合资等方式，不断厚植发展基础。鼓励运用政策、项目和资金支持，组织龙仁乡干部职工围绕优势特色产业，在创办、领办实体项目上集思广益，积极探索，不断拓展村集体经济转型发展的路子，尝试培育多元化农业产业经营主体，推动村集体经济从小到大、从单一到多元、从分散到集中的转变，成为牧民群众增收致富的“源头活水”。

年内，立足“为民办实事”民生项目，积极向上级争取资金66.3万元，用于新建水井水房项目及龙仁村幼儿园活动室项目，这两项民生实事项目已完工，处于验收阶段。为贯彻新发展理念、推动形成绿色发展方式和生活方式，龙仁乡向上级申请资金升级改造龙仁村温泉排污设施，该项目因疫情原因导致工期延后，另考虑到该项目需使用混凝土等用量较大,年底当雄正处降温时期,为保证项目质量,预计2023年上半年开工。争取援藏资金260万元,用于农业种植重点技术及品种试种植项目,该项目已经完成政府采购意向公开工作。积极对接巩固拓展脱贫攻坚成果同乡村振兴有效衔接的项目的申报,已申报当雄县高海拔农业示范(试验)园建设项目,项目资金532万元,该项目处于招标阶段,预计带动贫困户435户、1735人。为保障辖区群众出行安全,积极推进农村公路日常养护工作,已经完成2022年度的农村公路养护工作。为畅通各施工合作社的沟通途径,整合农牧民施工合作社的资源,为产业振兴工作打下基础,创新召开项目洽谈会,以公开、公平、公正的方式推进龙仁乡产业振兴各类项目工作。

年内,龙仁乡文化站始终以丰富群众的文化生活为核心工作,积极组织开展各类文艺活动,"喜迎新春和藏历新年文艺演出""铸牢中华民族共同体意识,绽放巾帼别样之芳华""新时代文明活动之庆祝西藏百万农奴解放63周年活动""龙仁乡2022年拉萨市戏曲进村文艺活动""喜迎二十大暨庆'六一'儿童节文艺会演"等累计演出场次25场,观众达5000人。

年内,以中央生态环保督察整改工作为契机,对辖区企业进行整改,对辖区4处高速临时用地进行生态恢复,所有整改工作均已完成。为保证辖区沿线环境持久向好,于3月10日召开2022年度环卫工作部署会,会上向乡属环卫工人传达第二轮中央环保督查工作的重要性,从思想层面提升工作人员的工作态度,为全乡上下以饱满的精神状态迎接环保督察工作打下良好的基础。积极开展辖区环境保护自查自纠工作,对109国道沿线(龙仁村入口)一处垃圾转运站进行专项整治,该项整治工作得到曲登羊阁村、辖区公路养护段的大力支持,共清运陈年垃圾30余车(翻斗车);拆除陈旧挡墙,并将所拆挡墙的砖块分发给有用砖需求的群众,消除整治过程中产生的建筑垃圾;最后对场地进行平整。通过此次专项整治,切实提升乡容乡貌。积极动员各方力量,对辖区环境卫生做了彻底的清理工作。截至年底,共动员牧民党员、志愿者等各方力量投入辖区清理工作900余人次。

年内,在县级各部门的引导下,龙仁乡通过人才引进等方式招揽吸收乡村振兴专干、大学生村官、专招生、"三支一扶"等一大批专业人才。在各行各业中发挥着重要作用。龙仁乡充分发挥乡村人才作用,积极开展人才政策宣传、政策咨询等,鼓励引导在外乡贤、大学生回乡创业、发展就业。龙仁乡在上级部门的帮助下,开展各类人才培训。充分发挥人才在助力脱贫攻坚和乡村振兴中的积极作用。选优配强村"两委"班子,同时依托党校,对基层党组织带头人开展针对性培训,提升村级带头人综合素质及致富能力。

【党建工作】 年内,龙仁乡党委采取灵活多样的形式,抓实抓牢习近平新时代中国特色社会主义思想学习教育,推动广大党员增强捍卫"两个确立"、做到"两个维护"的思想自觉、政治自觉、学懂自觉。

截至年底,龙仁乡二届党委召开党委会28次,开展主题党日

2022年7月6日,县委书记姚俊亮(左三)到龙仁乡开展"四联四包"工作

2022年12月27日，龙仁乡组织召开2022年妇联工作总结暨表彰大会

活动13次、理论中心组学习会12次、党委书记上党课4次、党员学习大会4次，开展习近平总书记关于改进作风、狠抓落实重要论述专题学习4次，大讨论、大学习活动5次，同时与兄弟乡镇开展“学榜样、做先进”活动3次；突出重点、明确领域、全面覆盖，常态化开展教育培训，不断提升干部能力水平。以铸牢中华民族共同体意识为主线，组织村“两委”班子及后备干部开展国家通用语言文字常态化学习培训。开展干部教育培训3次、党员教育培训3次、国家通用语言文字培训18次；选派机关干部、村级党组织书记、班子成员参加上级各类培训达173人次，已实现培训全覆盖。中共二十大召开后，乡党委及时召开学习会议并制定学习教育和培训方案，龙仁乡各级党组织召开中共二十大精神学习会9次、集中宣讲5次、入户宣讲17次。开展换届“回头看”工作，对村“两委”班子情况逐一进行分析研判，乡党委11名班子成员对3个村“两委”班子开展换届“回头看”工作，发放测评调查问卷285份、谈心谈话32人次，开展党组织书记使用国家通用语言文字“擂台比武”1次，召开工作推进会4次，形成调研报告3篇。

深化“党支部+合作社”村集体经济发展模式，强化党建引领，加大村级生态畜牧业合作社重组整合转型发展力度，在整合人力、物力等资源上下功夫，利用和盘活现有公共服务设施设备、土地、牲畜、草场等集体资产，通过租赁、参股、联营、合资等方式，不断厚植发展基础。鼓励运用政策、项目和资金支持，推动村集体经济从小到大、从单一到多元、从分散到集中的转变，成为牧民群众增收致富的“源头活水”。2022年，郭庆村、曲登羊阁村、龙仁村集体经济收入分别达到142万元、103万元、15万元，实现稳步提升。积极创建党建示范村。以郭庆村为党建示范点，以打造“致富型”基层党建为核心，加强基层组织建设，服务人民群众，促进牧民增收，充分发挥领导、动员、协调作用，形成以村党委、党支部为堡垒，党员干部为榜样，人民群众为主体的帮带致富体系。坚持党建引领，提升乡村治理水平。进一步完善述职制度和报送社情民意制度，建立村级党委和各级组织“季度述职”会议，坚持和发展新时代“枫桥经验”，加大抓党建促农村宗教治理。年内，开展各级定期述职16次，开展矛盾纠纷排查30余次，受理各类民事纠纷2起，调解2起，调处成功率100%，积极将矛盾化解在基层，做到小事不出村、大事不出乡，开展各类宣传活动16次，印发宣传资料2000余份，受教育人数3000余人次，取得了良好的效果。

乡党委以“班子带头、党员干部发挥作用”为抓手，为推动稳定发展生态强边“四件大事”凝心聚力，认真做好发展党员工作，按照5个阶段25个环节具体要求，全年新发展党员13名、预备党员按期转正16名，处理违纪违规发展党员1人。加大党员教育管理，同时，邀请区市、县委党校教师为党员授课，开展党员教育培训3次，覆盖人数达300余人。年内，以春节、藏历新年、“七一”建党节等重要节日为契机，对光荣在党50年、生活困难党员等开展走访慰问活动，累计慰问200余户400余人次，投入资金6万余元。

【新冠疫情防控】 年内，龙仁乡党委、政府坚持“外防输入、内防反弹”总策略和“动态清零”总方针，坚决把疫情防控各项措施落实落地，保持思想不松懈、工作不松劲，一鼓作气打赢疫情防控阻击战、歼灭战。在疫情期间，为群众代购母婴物资200余件、急需药品3000余件；发放防疫物资27类110982件；发放应急物资10类900余件；代购生活物资2000余件。悬挂横幅120余条，村级广播全天播放，流动小喇叭出动175次；在医疗保障工作中龙仁乡卫生院西（藏）医门（急）诊5783人次。

【民生就业】 年内，龙仁乡转移就业人数为1070人，实现转移就业率93%，其中就业系统的录入901人次。年内，辖区内实现招聘转移就业人员共37人：分别为移动公司招聘13人，当雄县电信招聘厨师1人，文成公主剧场招聘演员7人，拉萨柳梧万达服务员和后厨16人。

【“厕所革命”】 年内，在“厕所革命”工作中，龙仁乡共建646个户厕，厕所普及率达到61.34%，普及率为全县最高。

【农牧畜工作】 年内，全乡有草场承包户数909户，通过组织龙仁乡农牧综合服务中心人员对3个村进行为期15天的牲畜清点工作，涉及的牦牛存栏头数是28973头，其中5665头为幼畜。绵羊4871只，其中1417只为幼畜。山羊626只，其中121只为幼畜。马500匹，其中21匹为幼畜。

积极推进畜牧工作，乡农牧综合服务中心按照检疫部门相关规定和要求进行层层把关，开具动物检疫证明15张，其中活畜交易13张，肉类交易2张，进一步加强和保证本辖区以及区内的活畜和肉类的安全流通，同时，结合龙仁乡实际共完成牲畜疫苗总注射量34478头（只）、犬驱虫药每月投喂460只，免疫率均达100%。其中完成牦牛口蹄疫疫苗注量29005头，绵羊（山羊）口蹄疫疫苗注射量为5473只。促进农牧民增收，全乡牧民主要收入来源为畜牧、务工、运输及餐饮业。2022年全乡牲畜总头数为34478头（只）（其中牦牛29005头，绵羊4851只，山羊622只），全乡农村经济总收入达到5290.4545万元（其中工资性收入为1831.48万元，经营性收入2792.41万元，财产净收入362.7645万元，转移净收入303.8万元），人均可支配收入为10519.89元。年内，龙仁乡采挖虫草共计7018根，其中龙仁村5668根，郭庆村1350根。经济总收入达20万元。严格保障住房安全，龙仁乡2022年共计排查经营性住房44处，旧房提升改造25户。

【社会治理】 年内，建立健全包含乡、村人民调解委员会共4个，共计27名调解员，每年进行一次以上人民调解员培训，充分发挥人民调解组织在社会治安综合治理方面的重要作用。建立集中排查调处制度，每月进行3次以上矛盾纠纷排查，对辖区矛盾纠纷进行全面排查，并按照县司法局统一要求，进一步规范纠纷调解报表，并做到及时、准确上报调处情况。截至年底，共开展矛盾纠纷排查60余次，调处成功率100%。

【民族团结】 年内，联合乡各办公室工作人员到各村、学校、嘎巴点、工地等进行民族团结、法治教育宣传活动。活动中，始终坚持贴近基层、贴近实际、贴近群众，

2022年8月17日，龙仁乡成立抗击新冠疫情党员先锋队

2022年5月12日，龙仁乡机关党支部开展"为乡土添绿　为党旗添彩"主题党日活动

切实增强针对性和实效性，真正使"法律七进"活动落到实处，维护社会和谐稳定、民族团结和睦。年内，累计宣传活动20余次，印发宣传资料5000余份，受教育3000人次，取得良好的效果。

（完玛才让）

【机构领导】

副县长、龙仁乡党委书记

陈　斌

党委副书记、乡长

益西多吉（藏族）

党委副书记、人大主席、四级调研员

索朗多布拉（藏族）

党委副书记、政法委员

向巴泽仁（藏族）

党委委员、纪委书记

次　曲（女，藏族）

党委委员、统战委员

索朗加措（藏族）

党委委员、宣传委员、人大副主席

韦祥余（9月免）

杨立祥（9月任）

党委委员、派出所所长

拉巴平措（藏族）

党委委员、组织委员

巴桑曲吉（女，藏族）

党委委员、副乡长

群培次仁（藏族）

副乡长

曹瑞红（女）

徐鹏亮

宁中乡

【概况】"宁中"藏语意为"中间平坝"。宁中乡地处念青唐古拉山主峰脚下，位于当雄县城西25千米处，距拉萨130千米，全乡辖区总面积0.17万平方千米，平均海拔4300米，总草场面积193.8293万亩，可利用草场面积176.5785万亩，已利用草场面积176.5785万亩，围草场面积139025亩，其中网围栏面积136875亩，当年禁牧面积136751.2亩，草场灌溉面积104440亩，人工种草场面积8038.627亩。

全乡辖4个村（巴灵村、麦灵村、堆灵村、曲才村），全乡下辖4个建制村、34个村民小组。2022年，全乡总户数1845户10275人，其中女性5050人（牧民户数1825户10193人，女性5022人；城镇户口20户，82人，女性28人）；乡辖各单位151人，女性70人。2022年出生114人，其中女性47人；2022年死亡47人，其中女性25人；0—6岁（含6岁）998人，其中女性485人；7—15岁（含15岁）1785人，其中女性855人；16—35岁3308人，其中女性1635人；35岁以上4102人，其中女性2047人；迁出86人，迁入69人；2022年总劳力4799人，牧民总劳力4770人（女劳力2098人），其中牧业劳力1886人，工业劳力11人，建筑业劳力6人，交通、邮政业劳力258人，批零劳力1527人，餐饮、住宿劳力146人，农林牧渔服务业劳力208人，其他劳力728人。外出劳力1787人，其中女534人、本区149人、本县255人、本乡204人、区外1179人、外出劳力收入年人10234.9万元。

全乡以畜牧业为主，畜种有藏系绵羊、牦牛、犏牛、马。牲畜86870头（只、匹），其中牛61845头、绵羊14701只、山羊9975只、马349匹。交通工具中，20吨以下汽车1372辆、20吨以上汽车260辆、拖拉机173辆、摩托车730辆。宁中乡牧民群众主要经济来源为外出经商、出栏牲畜、跑运输，有"男商女牧"的经营传统，经济总收入4.4785亿元。农牧民年人均纯收入26606.237元，其中堆灵村人均纯收入23870.6元，巴灵村人均纯收入22023.8元，麦灵村人均纯收入31789.2元，曲才村人均纯收入28743.7元。

【机构编制】 年内，宁中乡有干部职工97人（含乡机关、卫生院13人及兽防站8人），其中乡政府76人：行政编30人、事业编13人、民政助理1人、“三支一扶”2人、工人3人、公益性岗位4人、驻寺特派员2人、乡村振兴专干8人、村主任助理1人、科技专干4人、环保专干1人、基层服务平台3人。“三老”人员53人。有学校8所（小学2所、幼儿园6所）。全乡共有党组织39个，其中党委5个，党支部34个（含机关党支部），党小组1个；有党员621名，其中牧民党员558名，占党员总数的89.9%。

【思想建设】 年内，宁中乡各级党组织认真落实“三会一课”、主题党日等党内基本制度，紧扣宣传和意识形态领域相关工作要求，抓实抓牢习近平新时代中国特色社会主义思想学习教育。截至年底，乡、村共开展宣讲活动120场，张贴宣传海报、横幅3000张（幅），微信公众号发布相关文字信息120条、视频信息30条，抖音号发布相关宣传视频50条。深入开展习近平总书记关于改进作风狠抓落实重要论述专题学习130次，举办专题培训会30场，召开学习会110次，发布相关视频5条，改进作风工作效果显著，广大干部职工干事创业劲头十足。

年内，严格落实“三会一课”制度，严格执行主题党日制度，强化入党积极分子的培养考核，5名入党积极分子严格按制度规定进行培养，发展预备党员13名，转正党员20名。

年内，开展学习中共十九大、十九届历次全会、中共二十大精神学习会议130次（其中全乡集中学习50次，各村集中学习80次），累计参加学习8000余人次；开展学习讨论10次、交流研讨20次，共参与干部职工800人次；观看廉政教育警示纪录片10场；开展乡党委理论中心组学习15次、主要领导讲党课4次，受教育干部群众达530余人次。

年内，宁中乡开展换届“回头看”工作。宁中乡共计重选补选村“两委”班子成员6人，补选及时，各村工作得益于此高效开展。宁中乡共有基层党组织5个，选举产生乡党员代表大会代表125名，县党代表23名。宁中乡选举出人民代表大会代表50名。所有代表与上届相比，年龄、成分、学历、男女比例等结构均有所优化提升。经宁中乡第十届三次人民代表大会补选产生宁中乡政府成员、乡长1名。

【经济发展】 年内，堆灵村总收入10万元。麦灵村和巴灵村联合运营的餐馆前期项目效益可观，2022年麦灵村总计收入13万元。巴灵村京藏超市收益平稳，年效益10万元，2022年总计收入13.8万元。曲才村藏药温泉承包收入50万元/年，村委会门口茶馆房屋出租收入平稳，2022年总计收入50万元。

【乡村振兴】 年内，宁中乡按照《当雄县2021年度外出务工补助及精准扶贫产业分红资金分配方案》精神，制定出台产业分红资金分配方案，按照方案完成产业分

2022年7月7日，宁中乡召开推行领导干部常态化“四联四包”工作机制暨“大宣讲大调研大排查大落实”活动动员部署会

红资金总计 105.666 万元。

宁中乡成立“奖勤罚懒”工作领导小组，制定《宁中乡 2022 年度牧民群众“奖勤罚懒”工作方案》，乡村振兴办联合各村委会对符合规定的优秀家庭进行甄选，并产生 193 户家庭，获得村级奖励每户 3000 元；22 户家庭获得乡级奖励，每户 5000 元。

【新冠疫情防控】 年内，宁中乡党委、政府成立应对新冠疫情防控工作领导小组，制订完善相关方案预案。设立 37 个防疫交通卡点筑牢“第一防线”；组建 35 支消杀队全覆盖消毒消杀，阻断病毒传播途径；设立服务电话，保障群众生活物资、基本药物需求及实际困难。

【扫黑除恶常态化】 年内，乡派出所牵头，继续深入落实常态化扫黑除恶斗争，实现各类案件发案率的持续下降，“黄、毒、赌”等社会丑恶现象得到遏制，群众安全感增强。同时为减少宁中乡未成年人犯罪的诱因，加大对学校及其周边场所治安问题、药食安全问题等的专项治理及督查力度，建立长效管理机制，巩固“严打”整治斗争的成果。通过督导检查 30 余次，日常宣传 50 次，横幅标语 100 余条，发放宣传资料 2000 份，张贴宣传标语 100 余张，受教育群众 5500 余人。

充分发挥群防群治的作用，做到了解掌握信息及时，排查矛盾纠纷精准。年内，共排查矛盾纠纷 41 次，排查出 25 起矛盾纠纷，已调解矛盾纠纷 25 起，无历史遗留大案旧案。

2022年4月19日，宁中乡第十届人民代表大会第二次全体会议召开

【民生保障】 年内，宁中乡政务服务中心始终坚持“服务经济建设、方便人民群众、提高行政效能、塑造政府形象”的服务宗旨，以规范行政行为，简化办事程序，提高办事效率，切实为农牧民群众提供优质、高效、便捷的服务。截至年底，宁中乡政务服务中心共办理事件 4007 件，其中合作医疗 190 件，新型农村养老保险 380 件，民政 712 件，教育 440 件，畜牧类业务 230 件，综合(证明)类 2055 件。

年内，宁中乡 0—16 岁残疾儿童 8 人，重症精神病人共 21 人，残疾人全身瘫痪人员 2 人，精神残疾重点关爱对象 7 人，重度智力对象 2 人，兑现 68 户 245 人最低生活保障资金。建立宁中乡退役军人信息数据网，确保能及时更新掌握全乡退役军人的基本情况。截至年底，全乡退役军人中有特困人员集中供养 7 人，2022 年高龄老人 14 人，失能老人 16 人。

年内，完成牲畜清点工作，从清点—到纸质版—录入到系统—区分平衡超载户。截至年底，已把草补牲畜清点最终电子版交至县林草局，补贴资金近期县林草局统一上卡；完成 2022 年牲畜清点工作录入、选聘解聘草场监督员、草原生态保护补助奖励和草监员工资发放等工作；完成 2021 年 10—12 月(四季度)的野生动物肇事补偿信息资料；选完科技特派员并投入工作；全乡 6 家家庭牧场存栏共 855 头，计划出栏 171 头，已出栏 83 头，实现总收入 622500 元，户均增收 88928.5 元，人均收入 7685.2 元；完成人工种草任务 7860 亩；开展牦牛出栏(出售)上市销售补贴工作。2022 年总计划出栏 465 头牦牛，已出栏 201 头牦牛，其余 11 月底出栏完。2022 年宁中乡对辖区内群众开具 64 张检疫票据，其中产品 B(牦牛肉)89.15 吨，动物 B(活畜)246 头，马 21 匹，完成全年牲畜免疫疫苗接种工作。

【生态环境】 年内，宁中乡集中开展重点河流排污专项整治；大力开展乡村环境整治工作，对环保目标责任书落实情况进行督导检查；贯彻落实河（湖）长制。坚定不移地贯彻“绿水青山就是金山银山，冰天雪地也是金山银山”的发展理念。积极宣传环境保护知识，利用微信公众号新媒体传播环境卫生治理活动8次，挂置横幅标语9处，制作环保宣传栏1处，组织开展乡镇街道、109国道沿线、高速公路沿线、铁路沿线的环境卫生整治工作，清理生活垃圾90余吨。乡环卫车清理国道沿线垃圾、生活垃圾、河道垃圾及草场零散垃圾315次。环卫车对管辖内的4个村每周集中清理垃圾1次，累计清理垃圾190次。对宁中乡河湖沿线及管理范围内垃圾清理及“四乱”问题排查工作，清理16次，出动236人，清理转运河道垃圾60吨。

【医疗保障】 年内，完成全乡参保人员795人，其中包括特殊人员（60岁、65岁人员）、低收入、孤儿、重度残疾、特困供养人员等。完成总金额为57288.12元的城镇医保退款工作，做好城乡医保政策的调整和医保支付方式的改革工作，将电子医保使用相关的知识及时向参保人员宣传，调整服务方式，优质服务城乡医保病人。

【道路建设】 年内，宁中乡根据上级要求，结合宁中道路日常养护总体情况和现场实际勘查情况，最终确定麦灵村3组道路维修工程，总长5.6千米（1处挡墙进行维修、3处过水路面需要12根水泥管、整体路面修整、修建河堤约1千米），计划总投资98.94万元，预计于2023年5月完工。投入河长制资金11万余元，对宁中乡境内部分被上涨的河水冲毁倒塌河段进行维护修建。

【卫生健康】 年内，宁中乡持续与乡卫生院一起加强推进“两降一升”工作，使宁中乡孕产妇和婴儿死亡率为零，孕产妇住院分娩率达到100%；协助卫生院做好2022年妇女“两癌”筛查、“两项检查”工作；协助卫生院做好2022年先天性心脏病筛查统计工作；做好2022年重症精神疾病患者统计、信息核查工作；完成2022年两项扶助上报工作，做好2022年“奖扶”“特扶”新增人员上报、死亡人员退出工作。截至年底，宁中乡“奖扶”99人，其中2022年新增10人、“特扶”19人，其中2022年新增2人，资金已兑现。截至年底，完成高龄老人领取补助相关统计上报工作。

【文化建设】 年内，宁中乡建制村文艺演出队在当雄县文旅局和宁中乡党委、政府的支持下组织开展形式多样的活动。组织开展“3·28”西藏百万农奴解放纪念日文艺会演活动、“当吉仁”赛马节宁中分会场文艺演出活动以及各类宣讲活动、党员干部读书活动20余次。通过广泛开展文艺宣传活动，固化群众教育成果，进一步教育、提升广大群众思想觉悟、道德水准、文明素养。

【基层党组织建设】 年内，认真落实党组议事规则、“三重一大”决策制度，严格贯彻执行民主集中制，认真运用好民主生活会制度、组织生活会，加强班子之间的沟通交流，不断提升班子整体合力。

2022年11月1日，宁中乡组织召开中共二十大精神专题学习会议

2022年8月6日，“当吉仁”赛马节宁中乡分会场举行文艺会演

坚持党管干部原则，突出好干部和政治标准，切实把想干事、会干事、干成事的作风优良、能力突出、清正廉洁的干部选拔任用起来。年内，重新调整全乡科室组合和人员分配，选派7名驻村人员。全乡科室设置更加科学、人员搭配更加合理、工作开展更加顺利。

（侯　森）

【机构领导】

党委书记

次仁平措（藏族）

党委副书记、乡长

左 世 成（水族、8月免）

郭　　兵（11月任）

党委副书记、人大主席

拉　　琼（藏族）

党委副书记、政法委员

邱 学 彦（8月免）

李 林 辉（11月任）

县公安局副局长、乡党委委员、派出所所长

西热桑布（藏族）

党委委员、纪委书记

旦增群培（藏族）

党委委员、组织委员

普　　布（藏族）

党委委员、宣传委员、人大副主席

白玛卓嘎（女，藏族，12月免）

韩　　陆（满族，12月任）

党委委员、统战委员

年　　扎（藏族，9月免）

普布桑布（藏族，9月任）

党委委员、副乡长

多吉罗布（藏族）

副乡长

李 林 辉（11月免）

黄 佳 林

王 荣 达（3月挂职）

格桑德吉（女，藏族，12月任）

乌玛塘乡

【概况】 乌玛塘乡位于当雄县城以东30千米处，与那曲市色尼区及林周、嘉黎两县相邻。全乡辖区面积1760平方千米，可利用草原面积77890.7公顷，平均海拔4548米，有丰富的地热资源、风力资源、药材资源等。

全乡下辖4个建制村，21个村民小组，共计153个联户单位（其中，机关联户单位7个，4个建制村）。2022年，全乡共有户籍人口1805户9736人，其中牧民人口1768户9641人。全乡牲畜总数为60341头（只、匹）。其中牦牛52817头，绵羊5968只，山羊843只，马713匹。

2022年，乌玛塘乡机关编制56人，其中行政编制26人，实有人数15人；事业编制30人，实有23人；工人4名，公益性岗位人员3名，专招生4人。党委、政府、人大“三套班子”成员共10名，设乡党委书记1名，乡长1名，乡人大主席团主席1名，专职副书记政法委员1名，纪委书记1名，组织委员1名，宣传委员兼乡人大副主席1名，统战委员、人武部部长1名，副乡长2名。

【党建工作】 年内，全乡共有党组织27个，其中党委4个，党总支1个，党支部22个（含机关党支部）。现有党员568名（机关党员31名），其中牧民党员537名（郝如村55名，纳龙村117名，郭尼村181名，巴嘎村184名），占党员总数的94.68%。在县委的和县政府的坚强领导下，乌玛塘乡坚持以党的建设为统领，充分发挥党委把方向、管大局、作决策、促改革、保落实的领导作用。学习宣传贯彻习近平新时代中国特色社会主义思想和中共二十大精神，引导广大党员干部捍卫“两个确立”，做到“两个维护”的思想自觉、政治自觉、行动自觉。充分发挥党建引领作用，推动党的建设与各项业务工作紧密结合、相互促进，更好地服务人民群众。

截至年底，召开党建部署会8次、党建督查调研31次、基层党组织书记抓党建促乡村振兴推进会3次，进一步厘清乡党委的主体责任和班子成员“一岗双责”责任。

【村集体经济】 年内，乌玛塘乡坚持以习近平新时代中国特色社会主义思想为指导，深入学习贯彻中共二十大精神，认真贯彻落实区市县党委一系列决策部署，以迎接服务、宣传中共二十大精神为主线，锚定“四件大事”“四个确保”、聚力“四个创建”“四个走在前列”和当好“七个排头兵”的工作要求，扎实开展“改进作风狠抓落实”工作，统筹推进党的建设、疫情防控和经济社会发展工作，坚持稳中求进工作总基调，坚持新发展理念，全乡经济和社会各项事业保持了健康、平稳、和谐发展的势头。全乡村集体经济8个（即纳龙村村集体经济2个，年收入25万元，其中石膏矿20万元、京龙汽修厂5万元；郭尼村村集体经济2个，年收入17.2万元，其中装载机收入7.2万元、房屋租赁10万元；郝如村村集体经济2个，年收入12万元，其中砖厂合作社8万元、商品房4万元；巴嘎村集体经济2个，年收入50.73万元，其中门面房2.1万元，牦牛育肥基地牦牛出栏48.63万元）。

【党风廉政建设】 年内，聚焦贯彻落实上级重大决策部署，加强监督检查，结合改进作风、狠抓落实专项行动，严格对照《中共乌玛塘乡委员会改进作风、狠抓落实工作方案》，监督检查80余次，发现问题11条，提出整改建议11条。根据实际情况推动全乡干部职工上报个人事项清单，推动廉政关口前移，同时不断改进自身工作，加强工作提炼，报送信息21条，被上级采用4条；制定《中共乌玛塘乡纪律检查委员会关于整治形式主义、官僚主义的工作方案》，根据实际情况，列出乌玛塘乡存在的19类突出问题，常态化开展靶向监督，灵活运用监督执纪“四种形态”，尤其是“第一种形态”，着重在抓早抓小、防微杜渐上下功夫，共发出督查专报10期，通报批评21人次，纠治各类问题24条。切实做到上级和乡党委的重大决策部署到哪里，监督检查就跟进到哪里。

紧盯重要节假日、重要时间节点，经常性开展节前廉政会议，明确各项纪律要求，加强“八小时之外”干部监督管理。从严教育管理。通过多种形式对党内法规以及各级纪委全会精神等进行集中学习，将典型案例、纪律规矩纳入党委理论学习中心组会议、实务会等必学内容，全年参加乡党委理论学习中心组会议15次，同时自查深挖违反中央八项规定精神的相关问题，层层传导压力，进一步夯实“两个责任”。持续推进专项整治。紧盯巩固拓展脱贫攻坚成果同乡村振兴有效衔接，常态化开展定向监督，开展调研1次，形成调研报告2篇；联合县纪委对乌玛塘乡辖区内的各所学校落实相关教育政策情况开展监督检查并形成报告；对乡政府及4个建制村2021—2022年度资金使用情况进行监督检查，及时反

2022年11月28日，乌玛塘乡召开党的建设工作领导小组2022年第三次会议暨抓党建促乡村振兴推进会

2022年4月19日，乌玛塘乡召开第十届人民代表大会第二次会议党员代表会议

馈存在的问题并督促整改。

坚持纪在法前、纪严于法的理念，坚决落实监督执纪“四种形态”。加强信访举报线索管理，重视信访举报，畅通信访渠道，乡纪委以入户走访等方式深入村组，主动变“上访”为“下访”，及时发现问题、解决问题，收集整理群众反映强烈的问题23条，责令相关科室部门及时整改；向县纪委报送本辖区内的问题线索1件，协助县纪委处理信访举报线索2件次。加强日常监督执纪，对存在苗头性、倾向性、轻微性问题的党员干部，通过提醒谈话、通报批评等方式及时“咬耳朵、扯袖子”。

不断加强学习，认真组织乡纪检干部学习政治理论知识，用丰富的知识来武装自己的头脑；交流学习工作心得，不断提高乡纪检干部分析问题和解决问题的能力。通过“走出去”的方式将办案水平“带回来”，2022年，乌玛塘乡选派3名纪检干部到市县两级纪委跟岗培训，提升业务能力。

【新冠疫情防控】 年内，乡党委第一时间调动干部职工、党员志愿者等基层组织力量，迅速转为战时状态，成立临时党支部，充分发挥基层党组织战斗堡垒作用和党员先锋模范带头作用，坚持以党建为统领、以德治为先导、以自治为基础、以法治为保障的“三治融合”措施，实现“1+1+1>3”的防疫效果。截至年底，宣传防疫知识413次，累计查验863人次，排查风险案例4起，不遵守防疫规定案例11起，行政处罚13起，批评教育2起，发现并及时处理1起虚假评论案例，不遵守防疫规定受处罚14人次。

【乡村振兴】 年内，根据《关于做好巩固脱贫攻坚产业项目调度工作通知》，调整充实扶贫产业村级指导员，建立扶贫产业同乡村振兴衔接队伍，做到责任不缺失，工作不断档，确保扶贫产业项目有效运行，持续发挥效益，为乡村振兴打牢基础。年内，乌玛塘乡推荐选出村级产业发展指导员4名，并对推荐的4名人员进行公示上报。认真贯彻落实国家及自治区反馈问题，结合国家暗访通报问题、2021年财政衔接推进乡村振兴补助资金绩效评价考核反馈问题，乌玛塘乡巩固拓展脱贫攻坚成果同乡村振兴有效衔接工作主要存在4个方面21个具体问题。其中已推进整改并长期坚持的问题有12个；无需整改并长期坚持的问题有5个；已完成整改并长期坚持的问题有4个。

2022年元旦前，乡党委、政府开展“走基层、察民情、送温暖”走访看望活动，走访看望50户困难群众，每户1000元，总计资金为5万元，不断增强人民群众的获得感、幸福感、安全感。上报关于科学适度扩大防返贫动态监测范围的意见，适度扩大防返贫动态监测范围，建议纳入监测范围的人均纯收入标准提高到6200元，每年根据具体情况逐年提高。同时统计上报全乡6000—7000元人员名单。上半年发放当雄县2021年度精准扶贫产业项目分红资金75.924万元，发放2021年度当雄县产业项目补缴分红资金15.0247万元。发放对象为建档立卡脱贫户和易返贫致贫监测户，两次共发放分红资金合计为90.9487万元；下半年共享受县级精准扶贫产业项目分红资金284.3543万元，其中预留10%（284354.3元）作为民生保障资金使用。召开乡级2022年防止返贫监测帮扶集中排查工作动员部署会。经过村级排查、乡级核查、县级审定，最终确定2022年新增监测户4户21人(其中巴嘎村1户边缘易致贫户、郭尼村2户边缘易致贫户、1户突发严重困难户),并已完成台账资料和国办系统的数据信息录入工作。2022年上半年,巴嘎村基础设施提升项目和郝如村乡村振兴建设项目,该项目已完成设计工作。根据当雄县乡村振兴局相关规划和要求,2022年下半年拟对郝如村投资3500万元,用于郝如村街道新建水泥砼道路、垃圾转运、给水工程、深水井、排水工程及排水沟、成品太阳能路灯、污水处理站一体化设备、撒播草籽和铺装草坪灯附属设施建设。根据领导下基层大接访办实事活动,拉萨市副市长扎西白珍为郝如村建档立卡脱贫户解决1.5万元,用于房屋改造自筹部分资金,市乡村振兴局已拨付该资金到乌玛塘乡账户上,并已改造完成。

根据上级相关部门要求完成西藏自治区省级排查工作台账(各乡镇排查统计表)和拉萨市防止返贫监测和帮扶机制进展情况调度统计表以及拉萨市当雄县乌玛塘乡监测户人均纯收入分类结构标准表。截至年底,乌玛塘乡累计识别监测户14户69人。其中,未消除风险监测户12户59人,消除风险监测户2户10人。

根据当雄县乡村振兴局相关要求,开展统计上报2021年第四季度至2022年3个季度脱贫户、监测户收支监测统计表等相关表格,经统计乌玛塘乡2021年第四季度至2022年第三季脱贫群众人均纯收入为14800元,比2021年增长13%。制定《乌玛塘乡2022年度牧民群众“奖勤罚懒”工作方案》。按照方案要求,联合各村委会对符合规定的优秀家庭进行筛选。截至年底,全乡共有188户村级和21户乡级奖励、2户县级奖励,村级奖励资金每户2980元,乡级奖励每户5000元,县级奖励每户1万元,合计68.5240万元。

2022年4月14日,中共乌玛塘乡召开第二届党员代表大会第二次会议暨经济工作会议

【党建工作】 年内,严格执行民主集中制,严格按照“三重一大”制度规范议事程序,切实做到“决策先问法、违法不决策”,坚决防止和纠正越权决策、违法决策的发生。严格落实“三会一课”、主题党日和书记讲党课等制度,制订“三会一课”计划,并按计划召开支委会和支部党员大会。

年内,召开党委会17次,研究讨论全乡经济建设、社会事业等各项工作。开展理论学习中心组16次、主题党日活动12次、书记讲党课5次、专题研讨中共二十大精神报告5次,撰写心得体会96篇。完成新一届机关支部换届工作、吸纳党员等相关事宜。按照组织程序,严格召开2022年度民主生活会、组织生活会,认真落实领导干部以“双重身份”参加组织生活的要求。

【农牧工作】 年内,为做好乌玛塘乡郝如村街道整治工作,营造一个干净、整洁、环保的街道环境,根据中共当雄县委员会常委会第十届三次会议纪要要求,拟实施乌玛塘乡郝如村街道排水沟项目,该项目总投资237.94万元,该项目的建设和设备安装已完成。

2022年上半年召开以补生态岗位认定工作,并确定人员名单227人,及时督促各村做好岗位人员日常的巡视工作,完成相关台账资料,全年岗位工资每人3500元,227名岗位人员工资79.45万元已全部兑现。2022年交通局给乌玛塘乡拨付71.5767万元作为农村道路维修资金，对4个村道路进行维修（即郝如村：农村道路修缮养护共计27千米，需资金94500元；纳龙村：农村道路修缮养护共计60千米，需资金21万元；郭尼村：农村道路修缮养护共计50千米，需资金17.5万元；巴嘎村：农村道路养护共计76千米，需资金236267元）。2022年10月20日开始维修公路，11月结束，2022年农村公路维修已全部完成。

年内，乌玛塘乡3个牦牛育肥基地育肥任务是96头，已完成育肥出栏50头，实现总收入30万元，实现户均增收1.8万元，实现人均收入4980元。

不断加强基层人民调解工作力度，并根据人员变动及时调整乡人民调解委员会成员，对各村人民调解组织机构进行完善和变动，使基层各级人民调解组织网络日趋规范化。定期开展培训，全乡培训人民调解员30余人。加强对人民调解组织工作的管理和指导，在巩固各村人民调解组织的基础上，建立党委、政府统一领导，司法、平安办、派出所、信访等相关部门相互协作的调访一体化工作体系，突出加强乡调委会建设。年内，成功调解矛盾纠纷18起。充分发挥司法所法律援助职能作用，全面深入开展法律援助工作。积极搞好联动服务和上门服务，为农民群众提供及时有效的法律服务。截至年底，全乡共接待各种形式的法律咨询服务50余起。

2022年4月26日，乌玛塘乡召开村（居）公共卫生委员会建设工作安排部署会议

紧密型医共体建设工作持续推进，持续、全面落实计划生育家庭奖励和扶持政策，认真做好免费孕检和出生缺陷检查工作。截至年底，全乡共有0—6岁儿童1494人，新生儿38人，各类计划疫苗共接种1149人次；同时按照要求，开展县域周边儿童的常规疫苗接种工作，并已全部纳入计划免疫管理，及时完善建卡建档工作，卡证符合率达98%，疫苗接种覆盖率达98%，接种合格率达100%。主动担当，按照报销比例及医保个人垫付费用结算详单，兑现群众应报尽报资金共计9670.75元；加强食品药品监管，确保饮食用药安全。年内，对食品生产、经营和餐饮服务业务企业现状进行全面排查，全乡食品经营（批发零售）37家、餐饮服务企业59家、汽车维修（摩托车维修）3家、食品加工店2家。

【增收工作】 年内，乡党委、政府及4个村委会加强自身建设的基础上，围绕中心、服务大局、主动作为、发挥优势，以发展农牧经济收入为主线，利用政府收购牦牛肉行动、虫草采挖、鼓励支持农牧民转移就业、奖勤罚懒、政府扶持等诸多惠民政策及牧民自身优势，完成年初既定目标。2022年全乡农牧民总收入22154.85万元，人均可支配收入高达26987.6元，同比增长14.38%。

年内，全乡经营性净收入16587.12万元，收入占比75.05%，其中，全乡虫草收入773.28万元，畜牧业收入13998.79万元，传统手工艺收入20万元，建筑业收入710万元，运输业470.05万元，餐饮业收入265万元，批发零售业收入350万元。

年内，全乡境内共有1760人次实现转移就业，实现增收1943.89万元，按照当雄县增收办就业指标，超额完成转移就业目标。

年内，4个村村集体经济分

配 743.71 万元、县级产业分红资金 90.95 万元，共计财产性收入 916.66 万元，占全乡总收入的 3.91%。转移性收入：在新冠疫情的影响下，全乡慰问和长期性社会捐赠达 17.8 万元，兑现各类惠民资金 2689.38 万元，房屋出租 30 万元，土地流转 52 万元。全乡转移性净收入高达 2707.18 万元，占全乡总收入的 12.25%。

（张智军）

2022年5月6日，乌玛塘乡开展“我们的中国梦”喜迎中共二十大巡回文艺演出

【机构领导】

党委书记
云丹加措（藏族）

党委副书记、乡长
兰　棣

党委副书记、人大主席
才登罗布（藏族）

党委副书记
郭　兵（11 月免）
尼玛卓玛（女，藏族，12 月任）

党委委员、纪委书记
达　珍（女，藏族）

党委委员、组织委员
尼玛卓玛（女，藏族，12 月免）
陆　庆（12 月任）

党委委员、宣传委员、人大副主席
旦增平措（藏族）

党委委员、统战委员
次仁多不杰（藏族）

副乡长
谢晓攀
土旦央坚（藏族）

国有企业

西藏雄迈控股有限公司

【概况】 西藏雄迈控股有限公司成立于2021年11月17日，注册资金6亿元，是当雄县人民政府出资成立的全资国企。共有211名职员，其中公司管理层26名。下设二级子公司2家（当雄县净土产业投资开发有限公司、当雄县羌塘文化旅游发展有限责任公司）。

【经营范围】 一般项目：融资咨询服务；新兴能源技术研发；招投标代理服务；太阳能发电技术服务；教育咨询服务（不含涉许可审批的教育培训活动）；商业综合体管理服务；工程管理服务；风力发电技术服务；企业总部管理；企业管理；酒店管理；企业管理咨询；房地产咨询；房地产经纪；住房租赁；非居住房地产租赁（除依法须经批准的项目外，自主开展法律法规未禁止、限制的经营活动）。许可项目：旅游业务；房地产开发经营（依法须经批准的项目，经相关部门批准后方可开展经营活动，具体经营项目以相关部门许可证件为准）。

【工程项目建设管理】 年内，西藏雄迈控股有限公司共管理项目27个（代建项目20个、代管项目4个、法人项目3个），其中9个为2022年新建项目，18个为往年续建项目，总投资83255.72万元，代建费共计941.6万元。

【牦牛养殖】 年内，根据个体牛的生活习性、发育状况，净土牧场精准实施散养圈养、合理制定饲喂配方，及时监测牛体健康状况，降低死亡率。1月、3月、7月、10月净土牧场累计出栏158头，截至年底，牧场共存栏766头（原场247头，新购买519头），总价值达460万元，其中公牛468头（原场158头，新购买310头），母牛263头（原场67头，新购买196头），犊牛35头（成活率100%，出生率52%）。

“7100”饮用天然水生产线

名农牧民就业。

2022年9月20日，西藏雄迈控股有限公司员工在县高原蓝厂区分拣蔬菜

【饮用水销售】 年内，与西藏自治区竞技体育中心签订2000箱“7100”饮用水品牌赞助合作协议，扩大公司饮用水宣传。“纳措琼母”饮用水共生产4630.6吨，总产值715.635万元，实现营业收入373.54万元，“7100”饮用水共生产2523.1吨。

【粮食储备与销售】 年内，库存商品粮油117.89吨，其中大米53.43吨，面粉48.9吨，糌粑2.18吨，食用油13.38吨；2022年累计销售粮油1148.76吨，其中销售大米618.72吨，面粉403.04吨，糌粑71.15吨，食用油55.85吨，销售额690.97万元。

【酒店服务管理】 出资67.99万元对酒店别墅区室内排水、男女盥洗区吊顶及桑拿房、酒店门厅防水等进行维修升级改造，极大地改善了酒店的环境和安全。

7月，对温泉一区给排水管道进行整体升级改造，改造后的供排水利用高差势能，年节约电费80万元，注水效率提高4.2倍。二区维修已经启动，由于受新冠疫情的影响，接收游客11576人次，实现营业收入318.44万元。

【稳就业保就业】 2022年，西藏雄迈控股有限公司主动对接用人单位，努力开发就业岗位。年内，对外劳务派遣26人（其中当雄本地籍24人），人均月收入4081元，并通过代建代管项目带动1371名农牧民就业。

【新冠疫情防控】 年内，切实做好疫情期间当雄县群众基本生活物资平进平出的保障工作，共计派车450余辆次，从拉萨市各县区（曲水县、达孜区、林周县）采购各类生活物资，共供应蔬菜44.085万千克、肉类3.01万千克、干杂5.07万千克、水果1.755万千克、鸡蛋63万个、方便面7500件，采购费用498.67万元，销售413.43万元，应收挂账161.52万元，有肉类和干杂库存金额40万元。

西藏雄迈控股有限公司发扬“五加二、白加黑”的工作精神，全力保障防疫期间保供工作，参与疫情防控5200余人次，赴拉萨志愿者4名。

西藏雄迈控股有限公司举全力协助县农业农村局分割、分装牦牛肉爱心礼包215.75吨（86303袋），完成出库211.6吨（84642袋），派车32次。

（王晓雅）

2022年11月10日，当雄县净土牧场牦牛

【机构领导】
董事长、总经理
杨 剑
副总经理
白兴博

当雄县城投建设开发有限公司

【概况】 当雄县城投建设开发有限公司成立于2018年11月，是当雄县国资委旗下全资属国有企业，注册资金5000万元，2019年3月正式运营，办公地点位于当雄县当曲河东路16号，秉承“建有良心的工程、育有生命的建筑”的经营理念。

2022年，当雄县城投建设开发有限公司有干部职工55人。12月，经上级主管部门研究决定，当雄县城投建设开发有限公司100%股权划转至当雄县富民国有矿业有限公司。

【经营范围】 当雄县城投建设开发有限公司以工程建设、代建管理为主，以劳务派遣、自来水、物业管理、环卫为辅，形成多元化发展经营格局。

【业务开展】 年内，共代建17个工程项目，涉及住建、水利、乡村振兴等共3个部门，实施建筑、市政、水利、乡村振兴等类别，所代建项目总体完成率达70%；为县直单位用工派遣30人，环卫、物业、自来水有序开展，有效保障县城民生后勤服务。截至年底，实现营业收入510万余元。

【落实企业社会责任】 年内，当雄县城投建设开发有限公司积极发挥企业主体责任，落实企业社会责任，协助县委、县政府开展新冠疫情防控工作，疫情期间，公司投入上千人次进行疫情防控，组建物资保供队伍、群众返乡隔离小组等为疫情防控贡献力量。全年提供30人的长期保障性工作岗位和200余人次的临时性就业岗位；为配合县城基础设施改造，公司将通站路地块设置为临时停车场，为广大群众提供便利；协调施工单位为解决建档立卡贫困户就业16人；协调代建的项目为县域农牧民提供机械租赁业务，带动增收1000万元；为体现国企担当，年初配合县住建局打造2处临时年货市场，为广大商户、群众提供便利。

【战略布局】 年内，当雄县城投建设开发有限公司认真履行职责，运用市场经济手段对授权资产进行优化整合和市场化运作，建立包括实施资本运作在内的多元化融资体制，城市基础设施建设逐步有序开展。

【党风廉政建设】 年内，当雄县城投建设开发有限公司积极落实党风廉政建设对工程建设参与干部职工加强廉政教育，梳理廉政风险防控点，以案示警使干部职工从心从行落实不敢腐、不能腐、不想腐的意识，每季度开展观看红色爱国电影，进一步加强党员干部职工防腐建设、作风建设、政治建设；加强党员干部爱国主义教育，树立正确的世界观、人生观和价值观，赓续共产党人的精神血脉，让红色基因和革命薪火代代相传，用好红色资源，传承红色基因，重温红色经典电影，感悟革命先烈艰苦奋斗不屈不挠的革命精神，时刻严格要求自己，与党和国家同呼吸共命运，永葆共产党员的先进性，永葆工作的热情，不断

2022年10月21日，县委书记姚俊亮（左二）检查项目进展情况

2022年11月4日，当雄县城投建设开发有限公司督促施工单位发放民工工资

推进工作向前发展，立足在岗位上创先争优。

（坚参卓玛）

【机构领导】

董事长

赤列罗布（藏族，12 月任）

总经理

杨　剑（12 月免）

当雄县富民国有矿业有限公司

【概况】 当雄县富民国有矿业有限公司成立于 2016 年 5 月，是由当雄县政府整合县域矿产资源、由国资委出资成立的县属国有企业，总部位于当雄县当曲卡镇友谊路，注册资金 100 万元，共有干部职工 60 名，公司管理层 6 名。2022 年公司营业收入 4556 万元。

【经营范围】 当雄县富民国有矿业有限公司主要经营采砂采石、火山灰矿、石膏矿开采加工销售。

【经营理念】 年内，当雄县富民国有矿业有限公司秉承“生命第一，安全至上”“要金山银山，更要青山绿水”的经营理念，将安全生产及环境保护工作视作企业生存和发展的生命线，安全生产及环境保护工作水平有序推进，持续落实绿色矿山和生态文明建设。拓展石膏市场空间、科学高效利用率、经济效益等，以优质产品为当雄县和自治区经济发展助力，为社会创造更大价值。

【业务开展】 年内，推进富民大厦建设项目已完成前置手续；深入推进西藏唐纳石膏新材料深加工项目二期、三期投资准备工作；完成当雄县长谷商砼有限责任公司股权整合公司占股 100%；乌玛石膏矿改扩建工程项目基础建设已完成 90% 的工程量。

年内，安全生产总体投入资金 25 万元；深入推进安全生产排查整治，排查隐患 5 处，治理 5 处；实现矿山、砂厂安全生产“零”事故。

年内，环境保护有序推进，投入环境治理经费 20 万元，环境修复治理面积 2000 平方米；深入推进环境保护排查治理，排查隐患 5 处，治理 5 处，形成整改报告共 5 期，严格落实环境治理监测并公

2022年9月18日，当雄县富民国有矿业有限公司第三批志愿者到拉萨市参加新冠疫情防控

示,实现全年"零"件环保举报案件。

【落实企业社会责任】 年内,当雄县富民国有矿业有限公司积极参与疫情防控志愿者服务,协调4批志愿者队伍,对疫情区域对口支援总计24人次;主动为疫情防控提供应急车辆3辆,并配备驾驶员;捐赠抗疫物资总计41.69万元。

年内,当雄县富民国有矿业有限公司参与投建的产业项目,上缴产业分红资金299.04万元。

（洛桑平措）

【机构领导】

董事长

赤列罗布(藏族)

总经理

格桑德吉(藏族)

常务副总经理

罗 高 厚

副总经理

拉　　桑(藏族)

罗布次仁(藏族)

巴　　多(藏族)

附 录

当雄县受县（区）级以上表彰的先进集体一览表

表 1

获奖单位	获奖名称	表彰时间	授予单位
当雄县公安局乌玛塘乡派出所	全国公安机关爱民模范集体	2022 年	公安部
当雄县	西藏自治区生态文明建设示范县	2022 年	中共西藏自治区委员会、西藏自治区人民政府
当雄县公安局乌玛塘一级公安检查站	民族团结进步奖	2022 年	西藏自治区人民政府
当雄县文化和旅游局	首届西藏文化艺术节民间舞蹈大赛群星奖	2022 年	中共西藏自治区党委宣传部、西藏自治区文化厅
当雄县文化和旅游局	首届西藏文化艺术节小戏小品曲艺类业余组三等奖	2022 年	中共西藏自治区党委宣传部、西藏自治区文化厅
当雄县公安局	全区党的二十大维稳安保工作集体二等功	2023 年	西藏自治区公安厅
当雄公安局乌玛塘乡派出所	全区抗击新冠肺炎疫情集体嘉奖	2022 年	西藏自治区公安厅
当雄县体育局	拉萨市民族团结进步模范单位	2022 年	中共拉萨市委员会、拉萨市人民政府
当雄县文化和旅游局	“盛世中国、幸福西藏”主题经典歌曲大赛三等奖	2022 年	中共拉萨市委员会、拉萨市人民政府
当雄县乌玛塘乡郝如村	拉萨市民族团结进步模范单位	2022 年	拉萨市民族宗教事务局
当雄县乌玛塘乡人民政府	拉萨市民族团结进步模范单位	2022 年	拉萨市民族宗教事务局
当雄县文化和旅游局	青稞飘香拉萨赛区舞蹈类总冠军	2022 年	西藏广播电视台
当雄县文化和旅游局	青稞飘香全区舞蹈类二等奖	2022 年	西藏广播电视台
当雄县司法局	2021 年度全县目标绩效争先进位先进单位社会治安类争先一等奖	2022 年	中共当雄县委员会、当雄县人民政府

续表 1

获奖单位	获奖名称	表彰时间	授予单位
当雄县	当雄县 2022 年度民族团结进步模范集体	2022 年	中共当雄县委员会、当雄县人民政府
当雄县嘎洛寺	民族团结进步模范集体	2022 年	中共当雄县委员会、当雄县人民政府

说明：由于各单位资料提供不全，可能有遗漏

当雄县受县(区)级以上表彰的先进个人一览表

表2

姓名	性别	民族	工作单位	获奖名称	表彰时间	授予单位
刘　杨	男	汉族	当雄县公安局羊八井镇派出所	全区抗击新冠疫情个人三等功	2022年	西藏自治区公安厅
韦祥余	男	汉族	当雄县人大常委会办公室	西藏自治区2022年新时代文明实践工作先进个人	2022年	西藏自治区精神文明建设指导委员会
尼玛次仁	男	藏族	当雄县委政法委	自治区铁路护路先进个人	2022年	西藏自治区委政法委铁路护路联防工作领导小组办公室
尼玛次仁	男	藏族	当雄县羊八井寺管委会	民族团结进步模范个人	2022年	中共当雄县委员会、当雄县人民政府
央　金	女	藏族	当雄县羊井寺管会	民族团结进步模范个人	2022年	中共当雄县委员会、当雄县人民政府
格　桑	男	藏族	当雄县委政法委	优秀公务员	2022年	中共当雄县委员会、当雄县人民政府
尼玛次仁	男	藏族	当雄县委政法委	优秀公务员	2022年	中共当雄县委员会、当雄县人民政府

说明：由于各单位资料提供不全，可能有遗漏

深入学习贯彻党的二十大精神
为推进新时代当雄全面从严治党提供坚强保障

——在中国共产党当雄县第十届纪律检查委员会第三次全体会议上的工作报告

当雄县纪委书记、监委主任 普 布

（2023年2月9日）

一、2022年工作回顾

在拉萨市纪委监委和县委坚强领导下，全县各级纪检监察机关坚决贯彻习近平总书记关于党的自我革命战略思想，以迎接服务、宣传贯彻党的二十大为工作主线，以高效统筹疫情防控和经济社会发展为工作重点，认真履行协助职责和监督专责，稳妥推进正风肃纪、反腐惩恶，以纪检监察工作的高质量服务保障当雄发展的高质量。

（一）坚持用习近平新时代中国特色社会主义思想武装头脑，自觉担负起“两个维护”重大政治责任。始终坚持把学深学细习近平新时代中国特色社会主义思想作为首要政治任务，深入学习贯彻党的二十大精神、十九届及历次全会精神、中央第七次西藏工作座谈会和习近平总书记重要讲话精神，上级纪委监委工作部署、王卫东书记在各地调研时的讲话精神，并将学习内容作为县纪委常委会“第一议题”，同时，利用班子读书班、党支部学习会等学习平台深入系统进行学习。2022年，召开纪委常委会学习14场次、党支部学习26场次，交流研讨10场次、发言65人次；联合县委巡察办召开党的二十大精神学习专题会3场次，将18个相关文件资料汇编成册，原文传达学习；召开班子读书班学习会2场次，发言11人次。结合“四联四包”工作要求，委机关党支部积极与结对共建党组织纳木湖乡恰嘎村党委对接沟通，在疫情防控期间，为恰嘎村246户1124名群众送去2500千克糌粑及7000只口罩，切实将群众冷暖放在心上，落实在行动上。

（二）坚定不移推进政治监督具体化精准化常态化，推动党中央和区市县党委各项决策部署落地见效。始终坚持做实做细政治监督，建立政治监督清单式管理台账，推动政治监督具体化、常态化，把学习党史、党的二十大精神、习近平新时代中国特色社会主义思想作为贯彻全年的政治监督任务，严督实导确保各项决策部署落地生根。2022年，对全县各级党组织学习上级重大会议精神情况开展监督检查54次，督促立行立改问题2条，提出意见建议15条。坚持履行协助职责，协助县委推进全面从严治党、加强党风建设和组织协调反腐败工作，结合实际制定出台《当雄县关于加强县属国有企业的监督实施意见（试行）》，强化关键领域的监督制约。2022年，对县属各国有企业“一把手”抓党风廉政建设情况开展廉政谈话5人次，开展监督检查5次，发现问题1条，约谈1人。紧扣疫情防控、维护稳定等领域的政治监督任务，开展疫情防控监督128次、监督单位600余家、发现问题200余个，处理疫情防控问题线索2条、组织处理3人。动态更新干部廉政档案，严把党风廉政意见回复关。全面更新完善200余名科级干部成长廉政纪实档案，建立了科级干部廉政档案“活页本”，为党员干部精准“画像”，全面建档市管干部廉政档案，2022年，回复党风廉政意见74批次1091人次，提出暂缓意见1人。

（三）坚定不移全面从严治党、党的自我革命永远在路上，坚决打赢反腐败斗争攻坚战持久战。始终保持反腐败斗争高压态势，清醒认识反腐败斗争新形势新挑战。2022年，处置问题线索49件，其中，立案8件，收缴违纪资金61万余元，下达纪检监察建议书1份、纪律检查建议书1份、以案促改通知书1份。始终践行以案为鉴、以案促改、以案促治，深化拓展“后半篇文章”，针对移送案件背后的深层次问题进行了深入剖析，并针对制度盲区和薄弱环节，督促相关部门完善采购管理办法、干部管理规定、财务管理办法等，同时，针对日常监督检查中发现的制度漏洞，督促完善制度10余项，切实强化制度约束，将权力关进制度的笼子。切实用身边人身边事开展同级同类警示教育，移送案件庭审过程中均组织同级同类型干部现场旁听，让身边人、身边事成为开展警示教育的“活教材”。通过系列措施，切实将案件查办、督促整改、建章立制、警示教育有效贯通，扎实做好审查调查“后半篇文章”。

（四）坚定不移落实中央八项规定精神，持续有力纠治“四风”顽障痼疾。坚持改进作风狠抓落实，积极同县委作风办沟通协调，加强会风会纪监督检查，切实以小切口抓作风建设，联合县委组织部、统筹乡（镇）纪委，对各乡（镇）、县直各单位干部职工上下班及在岗情况，开展突击检查，并将发现问题反馈至相关单位督促整改，铸牢干部职工纪律意识。精准纠治享乐主义、奢靡之风，以节前教育提醒、节中监督检查、节后严查快处严防“节日腐败”，按照逢节必提纪律要求的惯例，始终坚持严明纪律在前。2022年，开展“四风”问题监督检查19次，检查单位122家次，娱乐场所19家次，处置违反中央八项规定精神问题线索4件，给予党纪处分2人次，岗位调整1人次。开展“私车公养”专项整治“回头看”工作，针对存在风险隐患问题的2家单位进行监督检查，约谈1人，并制发关于重申公务用车使用管理要求的通知，确保公务用车使用管理规范化。

（五）坚定不移整治群众身边的不正之风和腐败问题，不断夯实党长期执政的政治根基。围绕县乡两级纪检监察机关巩固拓展脱贫攻坚成果同乡村振兴有效衔接“10个紧盯”工作要求，开展过渡期专项监督，召开乡村振兴专项监督工作第一次例会，采用县乡纪委联动模式，对全县29个村（居）村集体“三资”使用管理情况进行一次“大排查”，充分发挥基层纪检监察机关监督保障执行，促进完善发展作用，发现问题36个，问题线索5条。开展“一卡通”惠农惠民资金发放专项监督检查5次，发现立行立改问题2条，督促清退资金2.7万元，同时还督促如数兑现拖欠农民工工资4万元。开展学生餐“微腐败”专项监督，发现立行立改问题3条，并督促行业部门切实强化履职担当，加强监督检查。对辖区内粮食储备库和购销点进行“拉网式”排查，监督检查11次，发现问题5条，督促完善制度3项，2022年，调查涉粮领域案件1起。扎实开展环保整改监督，根据中央对拉萨市第一轮生态环境保护督察反馈问题整改情况及第二轮中央生态环境保护督察组转办的12个案件整改情况进行实地监督检查，发现立行立改问题5条，与相关工作负责人谈话2人次，发现并督促整改问题1个，提出整改意见1条，已及时反馈至相关行业部门。

（六）坚定不移全面深化政治巡察，充分彰显全面从严治党利剑作用。履行职责使命，深化政治巡察，完成了对9家党组织的常规巡察和12家政府领域相关单位的监督检查，共发现问题206条，移交问题线索2件。完善工作机制，健全规章制度，始终坚持把规范化发展作为推动县级巡察高质量发展的关键环节，从工作规则、日常管理、业务流程、巡察方式等方面认真研究和分析工作中存在的难点和困难，制定出台了《中共当雄县委员会〈关于进一步加强和规范抽调优秀干部参加巡察工作的方案〉》《当雄县委巡察整改监督检查操作指引》等2项规章制度。建立完善巡察组长库和巡察干部人才库，按照忠诚干净担当的要求，从各乡（镇）和县直单位甄选出一批政治过硬、原则性强、素质较高的干部列入巡察人才库，其中巡察组长库 7 人、巡察干部人才库 54 人，为推进巡察队伍专职化提供了坚实的后备保障。

（七）坚定不移弘扬伟大建党精神和自我革命精神，打造高素质专业化纪检监察干部队伍。始终坚持将党建引领贯穿纪检监察工作各方面、全过程，坚持民主集中制，严格执行重大问题请示报告制度，完善县纪委常委工作议事规则；认真落实“三重一大”“三会一课”等制度，严格干部“八小时以内”监管，紧盯“八小时以外”监督，摸清思想动态和底数，将严字落实在日常、抓在经常；制定委机关班子成员职责分工，切实做到以身作则、严管所辖、严负其责，形成“层层抓、层层管、层层负责”的工作格局，加强内部监督，坚决防止“灯下黑”，确保执纪执法权正确行使。持续强化提升干部队伍业务能力，举办本级监督执纪问责业务培训班 1 期，受训 42 人；参加上级纪委培训和跟岗学习 82 人次。创新工作方式方法，按照就近结合、优势互补、便于协调原则，探索建立“1+1+2”联合协作模式，提升乡（镇）纪检监察干部业务能力；探索协作片区机制，实现乡（镇）纪委东西片区监督协作和机关专项监督相结合的监督“轮盘”。

在充分肯定成绩的同时，我们也要清醒地看到，全县党风廉政建设和反腐败斗争形势依然严峻复杂，存量还未清底，增量仍有发生，一些行业、一些领域、一些区域的风险隐患还非常突出，全面巩固反腐败斗争压倒性胜利依然任重道远。要清醒看到，全县纪检监察工作和干部队伍建设还存在一些不足和薄弱环节，综合监督合力未完全形成，“三不腐”一体推进不够系统协调，自身能力建设仍需加强。对于这些问题，我们必须高度重视，认真加以解决。

二、2023 年主要工作

2023 年是全面贯彻落实党的二十大精神的开局之年，在新形势新任务新要求下，做好纪检监察工作十分重要。总体要求是：坚持以习近平新时代中国特色社会主义思想为指导，全面贯彻党的二十大精神，贯彻落实习近平总书记关于西藏工作的重要指示和新时代党的治藏方略，贯彻落实二十届中央纪委二次全会和区市纪委十届三次全会精神，贯彻落实区市县第十次党代会精神，深刻领悟“两个确立”的决定性意义，增强“四个意识”、坚定“四个自信”、坚定坚决做到“两个维护”，坚持稳中求进工作总基调，自觉把握和运用党的百年奋斗历史经验，弘扬伟大建党精神，牢记“三个务必”，认真履行在推进党的自我革命中的职责任务，坚定贯彻全面从严治党战略方针，深入开展党风廉政建设和反腐败斗争，更好发挥监督保障执行、促进完善发展作用，以新时代纪检监察工作高质量发展为当雄长治久安和高质量发展提供坚强纪律保障。

（一）聚焦“两个维护”做深做实政治监督，推动党的二十大精神落到实处见到实效。要围绕党中央重大决策部署和习近平总书记重要指示批示精神贯彻落实情况，聚焦党中央关于全面从严治党、党风廉政建设和反腐败斗争新论断新部署新要求，锚定对党忠诚、人民至上根本要求，不断丰富政治监督常态化的方式手段，加强监督检查。要围绕党的二十大精神学习宣传贯彻和党的二十大各项决策部署落实情况跟进监督，紧盯上级党委学习宣传贯彻方案，建立健全常态化监督落实工作机制，推行清单化、项目化管理制度，重点查看传达学习、措施制定、工作推动、最终成果情况，确保决策执行不偏向、不变通、不走样。要坚决贯彻落实习近平总书记关于疫情防控重要指示精神，坚定坚决贯彻落实党中央和区市党委决策部署，结合当雄实际，持之以恒抓好常态化疫情防控各项工作。要紧盯“关键少数”，加强对“一把手”和领导班子落实全面从严治党责任、执行民主集中制、依规依法履职用权、廉洁自律等情况的监督，从严从实加强年轻干部教育管理监督。要严明政治纪律和政治规矩，坚持从政治问题查起，坚决防止和治理“七个有之”问题，及时辨别、坚决清除政治上的“两面人”。

（二）坚守政治巡察定位，持续发挥党内监督利剑作用。要根据《当雄县委巡察工作规划（2021—2026 年）》，研究制定《当雄县委 2023 年巡察工作计划》，统筹谋划、有序开展十届县委三、四轮巡察。要发挥政治巡察利剑作用，旗帜鲜明把“两个维护”作为根本任务，把学习宣传贯彻党的二十大精神纳入巡察监督范畴，加强对区市县第十次党代会、自治区党委十届三次全会、市委十届四次全会、县委十届五次全会工作部署落实情况的监督检查，及时发现和纠正政治偏差。要发挥巡察标本兼治作用，深化“边巡察、边移交、边查处”工作机制，认真落实加强巡察整改和成果运用意见，加强巡察整改日常监督，压紧压实被巡察党组织整改主体责任，推动监督、整改、治理有机贯通。要发挥巡察综合监督作用，深入推进巡察监督与纪检监察、组织、审计等监督联动协调。要梳理、完善巡察工作规章制度，优化工作流程，继续探索切实可行的巡察工作办法，不断推动巡察效果的提升。

（三）一刻不停纠“四风”树新风，持续培土加固中央八项规定精神堤坝。要锲而不舍抓好中央八项规定及其实施细则精神落实，以优良党风政风，带动社风民风，重点纠治形式主义、官僚主义问题，紧盯任性用权、劳民伤财、野蛮操作等乱作为，机械执行、得过且过、玩忽职守等不作为，工作推诿扯皮等靠要思想、找借口等慢作为。要持续纠治违规收送礼品礼金、违规吃喝、带彩打牌、餐饮浪费、“三公”经费违规行为的享乐主义、奢靡之风问题，对党的二十大后依然不收敛不收手、顶风违纪的，从严从重从快处理。要牢记习近平总书记“常抓不懈、久久为功”的要求，把作风建设抓在经常、融入日常、做在平常，持续围绕“四查四问”，开展专项整治工作，督促各部门认真落实区市县党委关于改进作风狠抓落实的工作要求，坚决完成“作风建设年”各项工作目标任务。要坚持以人民为中心的根本立场，将乡村振兴政策落实情况纳入政治监督范畴，紧盯重点规划、工程项目，继续在“三资”管理、基层党组织软弱涣散等小专项监督上聚力、下功夫。要加强对各项惠民利民、安民富民政策落实情况的监督检查，持续纠治教育、医疗、养老、社保、生态环保、安全生产、食品安全等领域腐败和作风问题，严查贪污侵占、虚报冒领、截留挪用、吃拿卡要、优亲厚友等行为。

（四）全面加强党的纪律建设，推动铁的纪律转化为党员干部的日常习惯和自觉遵循。要加强年轻干部纪律教育，把纪律教育贯穿到干部任前廉政教育、警示教育、谈心谈话、节前提醒、执纪监督等日常工作当中。要将纪律教育与党性教育、政德教育、警示教育、家风教育和新时代廉洁文化建设贯通起来，注重将案例资源转化为教育资源，做实廉政警示教育展，召开警示教育大会，党委书记或纪委书记作专题报告。要督促指导发生违纪违法案件的党组织、单位作出表态，提升党纪政务处分执行质效，对失足跌倒党员、干部要加强跟踪教育，深化以案促改、以案促治工作，推动纪律建设成为常态。要突出重点领域深度剖析，制发重大典型案件通报，现场旁听职务犯罪案件庭审。要认真落实“三个区分开来”，准确把握事实证据和党纪国法关于从宽从轻、从严从重政策界限“定量”，严格执行激励干部担当作为容错纠错实施细则，做好澄清正名工作。要深化运用“四种形态”，综合运用谈话函询、提醒批评等处理方式，对党员干部存在的问题早发现、早提醒、早处置，把第一种形态用好用活。

（五）坚持“三不腐”一体推进，推动治理腐败效能进一步彰显。要保持零容忍的警醒和力度，坚持行贿受贿一起查，着力遏制增量、清除存量，主动出击查处难度大、有影响力的新型腐败和隐性腐败，深化整治权力集中、资金密集、资源富集的部门、行业和领域，重点盯住关键少数特别是“一把手”，坚决查处政治问题和经济问题交织的腐败，坚决治理政商勾连破坏政治生态和经济发展环境问题，坚决惩治群众身边的“蝇贪”。要充分发挥反腐败协调小组作用，各成员单位要加强协作配合，强化责任担当，形成各司其职，又通力配合的工作格局。要严格办案安全责任制，坚决做到“五个责任”“八个严禁”，扎实做好办案安全工作。要加大涉案财物追缴力度，做到“案结款清、案结物清”，实现“人要处理、钱要追回”，在做好查办案件的同时做到最大程度为国家挽回损失。要统筹做好查办案件“前半篇”和“后半篇文章”，着力推动以案促改、以案促治工作，推动查办违纪违法案件与深化改革、堵塞漏洞贯通融合。从前期的几个案件来看，在政府采购管理方面，我们在监管方面仍然存在一些不足，其中既有监督不到位的地方，也有管理不完善的原因，下一步，相关责任部门要持续完善制度、加强管理、提高效能，我们也会进一步加强监督，严防腐败问题。

（六）以“系统集成、协同高效”深化纪检监察体制改革，不断提升治理效能。要继续优化调整内设机构人员配备，规范乡（镇）纪检监察机构运行程序，持续强化对县属国有企业的监督检查。要协调纪检监察、巡察、组织、审计、统计等各类监督，完善联动监督机制，制定县乡两级纪委联合协作机制，强化对权力监督的有效性。要贯彻落实监察官法、监察官等级管理办法，按照自治区纪委监委总体安排，稳妥有序开展监察官等级确定工作。要加强对乡（镇）纪委工作的支持和指导，坚持定期听取乡（镇）纪委述职。

（七）从严从实加强自身建设，坚决做忠诚干净担当的标杆。要坚持打铁必须自身硬。加强县纪委常委会政治建设，认真学习贯彻《中国共产党章程》，严格落实《中国共产党纪律检查委员会工作条例》，深入推进系统内改进作风狠抓落实工作。要以眼里不容沙子的基调加强对干部的全方位管理和经常性监督，严格日常监督管理，主动接受党内和社会各方面监督，坚决防止和纠治“灯下黑”。

同志们，站在新起点、迈步新征程，纪检监察工作高质量发展任重道远。让我们更加紧密地团结在以习近平同志为核心的党中央周围，在拉萨市纪委监委和县委的坚强领导下，按照党的二十大决策部署，主动作为，敢于斗争，守正创新，勇毅前行，为全面建设社会主义现代化新当雄提供坚强的纪律保障。

当雄县人民法院工作报告

——在当雄县第十三届人民代表大会第四次会议上

当雄县人民法院院长 刘兴富

（2022 年 12 月 28 日）

2022 年工作回顾

2022 年党的二十大胜利召开，全县抗击新冠肺炎疫情取得全面胜利，是极不寻常、极不平凡的一年。当雄县人民法院始终坚持以习近平新时代中国特色社会主义思想为指导，深入践行习近平法治思想，全面贯彻落实党的十九大、十九届历次全会、二十大、二十届一中全会精神，坚持服务大局、司法为民、公正司法，聚焦抓好“四件大事”、完成“八大任务”、实现“四个确保”和着力推进“四个创建”、努力做到“四个走在前列”，立足于县域发展要求，紧紧围绕“努力让人民群众在每一个司法案件中感受到公平正义”目标，忠实履行宪法法律赋予的职责，竭力克服疫情对审判执行工作的冲击影响，各项工作取得新成效。全年共受理各类案件 741 件（旧存 111 件），审执结 671 件，结案率 90.55%，同比上升 7.73%。

一、加强队伍建设，确保忠诚干净担当

坚持党对法院工作的绝对领导。以建设“政治型”法院为抓手，认真贯彻落实《中国共产党政法工作条例》以及区委《实施细则》，加强党对法院工作的绝对领导，主动向县委、县委政法委请示报告重点工作、重大事项、重要案件 10 次。严格落实意识形态工作责任制，坚决抵制西方“宪政”“三权鼎立”“司法独立”的错误思潮，依托“保密观”App 线上培训 1 场次。

深入领会“两个确立”的决定性意义。以习近平新时代中国特色社会主义思想为教育核心，以迎接党的二十大、学习宣传贯彻党的二十大精神为主线，严肃党内政治生活，严格落实“三会一课”等组织生活制度，建设“学习型”法院，教育引导干警坚决捍卫“两个确立”，增强“四个意识”、坚定“四个自信”、做到“两个维护”。全年召开专题民主生活会 1 次、组织生活会 1 次；组织集中学习 20 次、主题党日活动 9 次、理论中心组学习 8 次、专题研讨 3 次、组织参与各类培训 9 次 23 人。

持之以恒抓好队伍作风建设。以改进作风、狠抓落实为抓手，坚持严的主基调不动摇，全面从严治党治院治警，巩固深化党史学习教育和政法队伍教育整顿成果，严格执行防止干预司法“三个规定”及新时代政法干警“十个严禁”“十个一律”等铁规禁令，全面建设“廉洁型”法院。全年组织专题警示教育 2 次、观看警示教育纪录片 1 次、召开警示教育大会 2 次。

二、助力平安建设，维护社会安全稳定

坚持以维护社会稳定为目标推进刑事审判。全年受理刑事案件 19 件（旧存 3 件），审结 15 件，结案率 78.95%，依法判处被告人 22 人。始终把维护社会稳定作为首要任务，审结故意伤害、诈骗、盗窃案件 9 件 14 人。筑牢公共安全“警戒线”，审结交通肇事、危险驾驶案件 4 件 4 人。始终坚持维护公民的人格权、名誉权，审结诽谤案件 1 件 3 人。始终保持惩治腐败高压态势，审结挪用公款案件 1 件 1 人，联合县纪委监委邀请“两代表一委员”、各

乡(镇)党委“一把手”及各村(居)“两委”班子成员共60余人旁听宁中乡堆灵村原党委书记林某涉嫌挪用公款罪、挪用资金罪一案庭审云直播2次,通过“零距离”观摩庭审现场,利用“身边事”教育“身边人”,不断强化廉洁从政意识,筑牢拒腐防变的思想防线,做到警钟长鸣。

深入推进扫黑除恶常态化工作。为维护好人民群众的生命财产安全,提高群众参与扫黑除恶斗争的意识,不断提升人民群众的幸福感、获得感和安全感,将学习宣传贯彻实施《中华人民共和国反有组织犯罪法》与开展打击整治养老诈骗专项行动同谋划、同部署、同推进。按照要求组织成立工作领导小组,制定专项行动方案,制作藏语和汉语宣传手册等资料。全年开展打击整治养老诈骗专项行动暨《反有组织犯罪法》宣传活动5次,发放宣传手册资料400余份,受教育群众近500余人。

坚持以化解矛盾纠纷为目标推进民事审判。全年受理民商事案件445件(旧存70件),审结404件,结案率90.79%,同比上升10.99%。坚持“能调则调、当判则判”,调解撤诉案件162件,调撤率为40.7%。坚持涉民生案件“三优先”原则,受理劳资纠纷、道交事故赔偿案件150件。保障人民群众合法权益,受理买卖、租赁等合同类案件174件。维护妇女、儿童、老人等弱势群体的合法权益,受理婚姻家庭类案件70件。防范化解区域性金融风险,受理民间借贷纠纷、金融借款纠纷案件42件。促进建筑市场秩序健康发展,受理承揽、建设工程类合同案件38件。

坚持以确保权益实现为目标推进执行工作。全年受理各类执行案件269件(旧存38件),执结250件,执结率92.94%,同比上升7.3%。申请执行标的为3612.98万元,执行到位金额为385万元,执行到位率17.7%。以深入开展“进一步落实‘四讲四改’要求、巩固深化执行领域突出问题专项整治成果”活动为契机,始终保持凌厉攻势,利用凌晨、夜间、周末、节假日等时段开展错时执行63次,出动警力带回触控被执行人30人。强化信用惩戒威慑,将75人纳入“失信黑名单”,限制高消费110人次。

三、创新为民举措,提升司法服务水平

巩固深化“一站式”建设成果。全年诉讼服务中心接待当事人900余人次,审查立案630件,接听“12368”诉讼服务热线咨询120余次。全面推行“家门口式”诉讼服务,受理网上立案58件,邮寄立案70件,努力做到“数据多跑路,群众少跑腿”。

推进基层社会治理体系建设。主动把司法工作融入社会综合治理体系,开展“百名法官进千家访万户办实事活动”“领导干部下基层大接访实事活动”“四联四包”等,“车载流动法庭”行程1.7万余千米,处置化解各类矛盾纠纷64件次。坚持和发扬新时代“枫桥经验”,有效助力市域社会治理现代化建设,羊八井法庭受理各类案件57件,乌玛塘法庭受理各类案件20件。坚持把非诉讼纠纷解决机制挺在前面,通过人民法院调解平台开展诉前调解案件188件。推动派出人民法庭建设工作,纳木湖乡派出法庭项目建设已完成总投资的70%,预计2023年竣工投入使用。

坚持司法为民助力乡村振兴。加大司法救助力度,全年为当事人减免缓交诉讼费15.67万元,对符合条件的39起案件39名申请人共救助34.62万元,让人民群众切实感受到司法温暖。精心选取典型案例,开展民法典等普法宣传活动12次、开展1次“法治进校园”宣传活动,发放宣传资料1000余份,受教育群众1200余人。

四、坚持守正创新,拓展司法改革成果

扎实推进内设机构改革。严格按照上级法院要求,将原来的8个内设机构精简为5个,并根据内设机构改革后的部门设置情况对人员岗位进行优化调整,现已按照要求相关人员完成了工作交接并全部到新岗位履职。全年选拔任用干部8名同志,完成1名司法辅助人员辞职工作。

完善司法权力运行机制。坚持院庭长带头办案常态化,进一步规范审判委员会、专业法官会议运行机制,确保审判权依法严格行使。全年院庭长带头办案620件,占全院已结案的92.4%;召开审判委员会3次、专业法官会议2次。

深化诉讼制度改革。做优案件繁简分流工作,主动适应形势、坚持改革思维,把依法适用小额诉

讼程序、简易程序作为提升办案效率的重要抓手、重要任务。全年依法适用小额诉讼程序审理民事案件9件，通过简易程序方式审结民事案件340件、刑事案件7件，已结案件中简易程序适用率达到82.2%。完善人民陪审员工作机制，7名人民陪审员参审案件12件，充分彰显司法民主。

巩固提升智慧法院建设成果。依托司法公开四大平台，全年公开案件流程信息667条，公开裁判文书597篇，庭审直播145次，利用微信公众号发布法院信息42篇。努力打造便民、高效、畅通的线上庭审新模式，远程开庭、调解案件89件。

积极推动财务统管改革。坚决落实“一把手工程”要求，压紧压实责任，结合年度任务和审判执行中心工作，深入细致开展摸底工作，准确测算各类经费，做好资产清查工作，把握好时间节点，积极与拉萨中院、县财政局等有关部门对接，科学谋划重大项目和专项支出，扎实做好2023年法院预算编制工作。

五、突出司法能动，服务经济社会发展

服务疫情防控大局。听令而行、闻令而动，15名干警职工分赴隔离酒店、流调组、社区、驻村点等，积极战斗疫情防控最前沿，化身“抗疫白”，为民办实事200余件次。进一步加强门卫管理制度，坚持“凡进必查、必测、消毒”工作，严格“四查两问一扫一侧”等常态化防控措施；坚持审判法庭、会场和走廊、卫生间等公共场所每日消毒消杀工作。

审判执行工作受疫情冲击最小化。切实履行好自身职责使命，开展“奋战50天决胜2022年”审判执行专项活动，最大限度减轻疫情对主责主业的冲击。坚持以审判执行服务疫情防控，及时向社会公布疫情期间案件受理渠道、方式和诉讼服务热线，积极引导群众通过网上办、邮寄办等非接触方式表述诉求，疫情发生以来，受理网上立案30件，邮寄立案3件，通过“互联网庭审平台”远程庭审和线上调解32场次，确保诉讼服务“不打烊”。

六、自觉接受监督，提升法院工作水平

主动向县人大及其常委会报告工作，健全与人大代表、政协委员沟通联络机制，邀请人大代表、政协委员视察法院、出席会议、旁听庭审8次，向县人大常委会汇报工作2次，办结人大代表意见建议1件。依法接受检察机关法律监督，坚持检察长列席审判委员会会议制度，邀请县检察院检察长列席审判委员会会议1次，办理各类检察建议4份。

各位代表，过去一年当雄法院工作取得的发展进步，得益于县委的坚强领导、县人大及其常委会的有力监督和县政府、县政协及社会各界的大力支持。各位代表以高度的责任感，监督支持法院工作，共同推动法院事业实现新发展。在此，我谨代表县法院全体干警表示崇高的敬意和衷心的感谢！

取得成绩的同时，我们清醒地认识到，法院工作中仍然存在一些困难和不足：一是矛盾纠纷多元化解机制尚未全面落地见效，制约着审判质效的进一步提升。二是人民法庭融入基层社会治理主动性、创造性不足。对此，我们将直面问题，对这些问题和困难，采取切实有效措施，努力加以解决。

2023年工作安排

2023年，当雄法院总体工作思路是：高举中国特色社会主义伟大旗帜，坚持以习近平新时代中国特色社会主义思想为指导，深入贯彻习近平法治思想，深入贯彻党的二十大和二十届一中全会、中央第七次西藏工作座谈会精神，深入贯彻习近平总书记关于西藏工作、政法工作、法院工作的重要指示和新时代党的治藏方略，紧紧围绕“努力让人民群众在每一个司法案件中感受到公平正义”目标，深刻领悟“两个确立”的决定性意义，增强“四个意识”、坚定“四个自信”、做到“两个维护”，牢记“三个务必”，锚定“四件大事”“四个确保”，聚焦“四个创建”“四个走在前列”和当好“七个排头兵”，履行好维护国家政治安全、确保社会大局稳定、促进社会公平正义、保障人民安居乐业的职责任务，努力为建设社会主义现代化新当雄提供优质的司法服务和有力的司法保障。

一是牢牢坚持党的领导，以更高站位践行初心使命。深入学习宣传贯彻党的二十大精神，深刻领会准确把握法治固根本、稳预期、利长远的保障作用，不断提高“政治三力”，坚决把捍卫“两个确立”、

做到“两个维护”作为最高政治原则和根本政治规矩，确保把党的二十大擘画的宏伟蓝图落实到法院工作具体实践中。全面落实《中国共产党政法工作条例》，严格执行重大事项请示报告制度，始终坚持党对法院工作的绝对领导。

二是紧扣高质量发展主题，以更大作为服务保障大局。依法履职，积极服务常态化疫情防控和经济社会高质量发展，积极应对各类案件激增态势，推行远程开庭和无接触式诉讼服务，实现疫情期间“审判执行不停摆、公平正义不止步”。常态化推进扫黑除恶斗争，依法严惩各类刑事犯罪，维护国家安全、社会安定、人民安宁。认真实施民法典，提升人民群众民事权利司法保护水平，坚持调解优先，调判结合，妥善化解民商事矛盾纠纷，为高质量发展优化法治环境。切实加大执行工作力度和规范水平，充分发挥执行联动机制作用，加大信用惩戒和强制执行力度，切实实现当事人合法权益。

三是始终坚持以人民为中心，以更实举措落实司法为民。充分发挥派出法庭的作用，积极参与基层社会治理，就地化解矛盾纠纷，让司法更便利人民、贴近人民。加强“一站式”多元解纷及诉讼服务体系建设，持续开展“12368”法律服务热线、网上立案、电子送达等司法便民利民举措。坚持谁执法谁普法，积极落实“八五”普法规划，积极促进全民守法。

四是紧紧围绕公正高效权威，以更强力度深化改革创新。深化司法责任制综合配套改革，完善与新型审判权力运行机制相适应的制约监督体系，做到有序放权、规范用权。推进审级职能定位改革，深化以审判为中心的刑事诉讼制度改革，进一步完善民事案件繁简分流机制，推动审判质效全面提升。深入推进智慧法院建设，深化应用全流程网上办案系统，推动实现更高水平的数字正义。

五是聚焦忠诚干净担当要求，以更严标准锻造过硬队伍。切实加强政治理论学习，铸牢政治忠诚之魂，坚定理想信念，提升政治能力。加强专业化能力建设，努力提高员额法官业务素质和司法能力。提高群众工作能力，妥善化解纠纷，既解决案件的法结，又化解群众的心结。自觉接受人大监督、民主监督、人民监督和各方面监督。持之以恒纠治“四风”，坚决整治顽瘴痼疾，纯洁法院队伍。严格落实防止干预司法“三个规定”等铁规禁令，以零容忍态度严惩司法腐败，确保法官清正、法院清廉、司法清明。

各位代表，新时代催人奋进，新征程任重道远。当雄法院将更加紧密地团结在以习近平同志为核心的党中央周围，在县委坚强领导和县人大及其常委会的有力监督下，在县政府、县政协及社会各界的关心支持下，认真落实本次大会决议，坚持事争一流、唯旗是夺，推动县法院各项工作再上新台阶，为加快建设团结富裕文明和谐美丽的社会主义现代化新当雄做出新的更大贡献。

名词解释：

1. 防止干预司法“三个规定”：《领导干部干预司法活动、插手具体案件处理的记录、通报和责任追究规定》《司法机关内部人员过问案件的记录和责任追究规定》《关于进一步规范司法人员与当事人、律师、特殊关系人、中介组织接触交往行为的若干规定》。

2. “四讲四改”：“四讲”即讲纪、讲法、讲德、讲责，“四改”即以案改治理、以案改监管、以案改制度、以案改作风。

3. 失信黑名单：失信被执行人、未履行生效法律文书确定的义务并具有“有履行能力而不履行”、“抗拒执行”等法定情形，从而被人民法院依法纳入失信被执行人名单的人。

4. “一站式”建设：一站式多元解纷和诉讼服务体系建设。

当雄县人民检察院工作报告

——在当雄县第十三届人民代表大会第四次会议上

当雄县人民检察院检察长 米玛次仁

（2022 年 12 月 28 日）

2022 年工作回顾

2022 年以来，在县委和市检察院的坚强领导下，在县人大及其常委会的法律监督下，在县政府的大力支持和县政协的民主监督下，县人民检察院坚持以习近平新时代中国特色社会主义思想为指导，深入学习贯彻党的二十大精神，深入贯彻落实《中共中央关于加强新时代检察机关法律监督工作的意见》，认真落实县委各项决策部署，全面履行宪法法律赋予的职责，主动服务疫情防控和经济社会发展大局，各项检察工作取得新成效。

一、突出政治引领，以高度的政治责任感坚持党对检察工作的绝对领导

抓牢政治建检。将讲政治与抓业务融为一体，始终坚持以习近平新时代中国特色社会主义思想为指导，严格落实学习制度，以集中学习与自主研读，专题培训与网络教育为抓手，创建学习型机关建设、培养学习型检察队伍，深入学习贯彻领会党的二十大精神，深刻学习领会习近平总书记关于政法工作、检察工作的重要论述和重要批示指示精神实质和核心要义，深入学习领会区党委十届三次全会精神、市委十届五次全会精神以及县委十届五次全会精神，教育引导全院干警坚持党对检察工作的绝对领导，牢固树立“四个意识”、坚定“四个自信”、做到“两个维护”，努力把收获的新思想、新理论转化为推进全院工作的不竭动力。全年共召开党组学习会议 13 次、党组理论中心组学习会议 12 次、检委会学习 14 次，班子成员讲授党课 3 次，检察讲堂 3 次。

抓实改进作风狠抓落实要求。在县委作风办的督导下，紧紧围绕目标任务，严格按照方案推进，认真组织、扎实开展，高标准完成规定动作，先后 7 次开展学习交流会，有效提升学习成果，检视梳理问题 47 条，积极整改落实。进一步坚定理想信念，内化于心、外化于行，敢于担当、争先创优、廉洁奉公，将检察工作融入社会服务，提升为民服务意识，凝聚起实现当雄检察工作迈上新台阶强大力量。

抓好意识形态建设。坚持和加强党对意识形态工作的全面领导，牢牢掌握意识形态工作领导权、管理权、话语权。全年召开 1 次党组会专题研究意识形态工作，参加全区检察机关意识形态工作培训 1 次。统筹运用“两微一端”等新媒体平台，讲述检察好故事、传播检察正能量，形成以党组理论中心组为示范、领导干部为重点、党支部为基础的理论武装工作格局，实现意识形态工作管理常态化。一年来，在“两微一端”、门户网站等新媒体上发表稿件 300 余篇，在本院微信公众号上发布原创信息 70 余篇。

二、服务中心大局，以检察担当作为推动当雄社会长治久安和高质量发展

积极打好新冠疫情防控“阻击战”。秉持人民至上理念，视疫情为命令，在全员全力战疫中践行检察初心、贡献检察力量。我们闻令而动，按照县委、县政府统一部署，严格落实“四方责任”，组织干

警在隔离酒店、“四联四包”点、驻村点、驰援城关点等场所做好物资配送、心理疏导、诉求摸排、核验信息、核酸检测等工作，积极号召并向县慈善协会捐款 8950 元，确保各项防控措施落实到位，被评为我县无疫单位。充分发挥法律监督职责，严格执行“两高两部”关于办理涉疫案件的意见，依法高效办理涉疫案件，对我县办理的 27 件涉疫行政案件开展检察监督，防止出现有案不立、压案不查、降格处罚等。通过政法协同办案系统受理 5 起审查起诉案件，通过“12309”网站向辩护人提供网上阅卷服务 2 次，共开展远程提审 5 人次，做到疫情防控和按期结案两不误，确保“检察工作不断档，服务群众不掉线”。

助力脱贫攻坚成果与乡村振兴有效衔接。加强对涉案农牧地区生活困难当事人、妇女儿童等重点人员司法救助工作，发放救助金 3 万元。通过调查核实，支持 2 名农民工起诉追索劳动报酬 13.6 万余元，让农民工讨薪更有底气。为全力推进巩固脱贫攻坚成果与乡村振兴有效衔接，选派 1 名干警驻村，持续对 40 户脱贫对象跟进帮扶，全年开展帮扶 2 次。加大调研力度，认真研究分析乡村振兴工作面临的任务和困难，帮助制定巩固措施，在结对帮扶的同时送法上门，有效助力法治乡村建设，为巩固脱贫成效、促进乡村振兴贡献检察力量。

扎实推进平安当雄建设。把维护公共安全和社会稳定摆在首要位置，依法打击各类刑事犯罪，批捕 3 件 3 人、起诉 24 件 26 人。批捕盗窃等侵财犯罪 2 件 2 人，批捕电信网络诈骗犯罪 1 件 1 人、起诉 1 人，努力增强人民群众的社会安全感和司法满意度。全力推动反腐败斗争持续深化，强化职务犯罪案件查办力度，办理了县宁中乡堆灵村原党委书记林某某挪用公款、挪用资金案，县人民法院已依法作出有罪判决。紧紧围绕“案－件比”这一直接关系群众司法体验的“检察 GDP”，严控延长办案期限、退回补充侦查，减少不必要办案环节，最大限度提高办案质效。全面落实认罪认罚从宽制度，全年共适用 20 人，适用率 90.91%，提出量刑建议 13 人，采纳率 80%，最大限度节约司法资源、增强司法公信；认真践行少捕慎诉慎押理念，依法对涉嫌犯罪但无逮捕必要的不批准逮捕 2 件 2 人，对犯罪情节轻微、依法不需要判处刑罚的不起诉 9 件 10 人，促成刑事和解 1 件，最大限度减少社会对立面，厚植党的执政根基依法开展社区矫正监督工作，全年对我县 26 名被宣告缓刑的社区矫正人员进行监督，有效防止了脱管、漏管现象的发生。

立足职能参与社会治理。树牢“办信就是办民生连民心”的理念，全面落实领导办信、当面接谈、视频接访、下访巡访、律师参与等制度，推行窗口人工服务、“12309”电话服务、中国检察网自助服务，努力让群众“跑一次”为上限、“不用跑”为常态，全年共接待群众来信来访 20 余次，办理控告申诉案件 2 件，做到 7 日内程序性回复、3 个月内实质性结果答复。强化机关内部一体联动和政法各机关的有机衔接，认真落实《人民检察院审查案件听证工作规定》，全年召开不诉案件听证会 4 次，努力通过“有温度的检察”解心结、暖人心。坚持“谁执法谁普法”，深入学习新时代“枫桥经验”，持续开展送法进农村、企业、社区、机关活动 6 次，努力把矛盾解决在萌芽、化解在基层，促进社会治理。探索延伸未成年检察职能，持续推动“一号检察建议”贯彻落实，充分发挥法治副校长作用，常态化开展法治进校园活动3次、“保护少年的你·新时代检察宣传周”系列活动1次，荣获共青团拉萨市委员会颁发的“优秀青少年维权岗”称号。

三、依法能动履职，以“四大检察”融合发展提升法律监督质效

秉持客观公正，切实加强刑事检察。转变执法理念，改变执法方式方法，适应司法体制改革后捕诉一体办案模式，提高全流程全链条意识，整合批捕、公诉、监督等多项办案业务，刑事侦查“提前介入”，规范有效，捕后引导取证成效明显，案件质效提升，退回补充侦查，延长审查期限案件大幅度下降。共受理各类批捕、公诉刑事案件 31 件 33 人，审结率 93.5%，起诉案件人民法院有罪判决率 100%。发挥检察建议监督作用，向公安机关制发纠违通知书 1 份、检察意见书 2 份，办理羁押必要性审查 1 件 3 人，为维护当雄县社会治安稳定和经济发展提供了有力司法保障。对 2017 年 1 月至 2021

年12月期间办结的45件55人案件开展执法司法回头看活动，全面检视执法司法薄弱环节，有效纠治执法司法纪律作风问题，不断提升了人民群众对我院工作的满意度，进一步巩固了政法队伍教育整顿成果。落实认罪认罚从宽制度，依照法律规定对21件21人落实认罪认罚从宽制度，向人民法院发出量刑建议13份，为法官最终准确定罪量刑提供了有力参考，取得了良好效果。

强化精准监督，持续做实民事检察。积极开辟案源，狠抓案件办理。共受理民事监督案件8件，审结办理8件，提出各类检察建议4件，法院采纳4件。更新办案理念，转变民事检察工作倾向，加大释法说理，疏导教育和化解矛盾的力度。拓宽案源渠道，加强与县人民法院的沟通联系，进一步畅通民事案件监督渠道。开展专项监督，深入摸排虚假诉讼案件线索，对非诉执行案件办理中存在的违法情形案件进行监督，初见成效。进一步延伸推进执法司法案件“回头看”活动成效，正在对民事裁判、民事执行、民事检察监督的案件开展“回头看”。

聚焦案结事了政和，稳步推进行政检察。转变监督理念，坚持“双赢多赢共赢”，既监督司法公正，又促进依法行政。深化行政检察监督，办理各类行政检察监督案件7件，对行政机关不当履职提出检察建议3份，督促其整改。开展行政检察监督专项活动，助力农民工依法讨薪。

坚持双赢多赢共赢，创新开展公益诉讼检察。结合地域实际，找准公益诉讼切入点，强化制度建设。共办理公益诉讼案件线索85件，立案54件，发出检察建议22件，持续开展专项监督，按照上级院公益诉讼推进会要求，积极与相关行政部门协调配合、共同磋商，对食品安全、安全生产、生态环境、英烈保护等领域开展专项监督，制发检察建议21件，相关行政部门积极采纳并及时整改，整改回复率达100%。

四、持续深化改革，以检察改革创新驱动发展

积极推进财物统管制度改革。坚持标准先行，按照“托高补低”的原则，细化经费保障标准。把握关键环节，做好财务人员配备、清产核资、资产划转等工作，严防国有资产流失。抓好业务培训，采取多种方式培训财务人员，为推进改革提供保障。加强统筹协调，与上级院、县财政局加强沟通协调，及时研究解决有关问题，加快推进改革。

圆满完成内设机构改革。全面落实县级人民检察院内设机构改革方案，突出业务机构建设、行政扁平化管理要求，改革后内设机构由原来的5个精简为3个。择优选拔中层干部3名，“80后”占100%，法律本科以上学历100%，平均年龄33岁，较好地实现了队伍建设年轻化、知识化。加强班子建设，按照《党政干部选拔任用工作条例》配齐领导班子，2名同志进入领导班子，为做好新时代检察工作奠定了坚实的组织基础。结合机构改革和队伍建设需求，解决11名干警职务职级待遇，占全院干警58%，有效激发广大干警干事创业的激情与活力。

全面深化司法责任制综合配套改革。总结制定“捕诉一体”办案流程，全面开展员额检察官、检察官助理、司法行政三类人员分类管理和业绩考评工作，完善检察官业绩考评体系，确保依法用权、规范办案。深化落实“案－件比”质效评价标准，引领检察官办案追求极致，提高效率。常态化落实领导干部带头办案和检察长列席审判委员会制度，院领导带头办理各类案件77件，列席审判委员会1次，对1件疑难复杂敏感案件发表检察监督意见。把科技强检作为重要支撑，检察工作网2.0版建设工作走在前列。

五、全面从严管党治检，以检察自身建设锻炼过硬检察铁军

抓实思想政治建设。坚持以习近平新时代中国特色社会主义思想为指导，深悟践行习近平法治思想。认真落实《中国共产党政法工作条例》，严格执行重大事项请示报告制度，向县委和上级检察院请示报告工作5次，把党的绝对领导贯穿到检察工作全过程和各方面。强化党组织政治功能，推动党建引领检察业务工作，推进党建与业务融合发展。

抓牢素质素能培养。优化人才资源配置，积极开展业务培训，队伍素能持续增强，结构明显优化。根据拉萨市院党组统一安排，赴北京检察机关开展检察受援工作回访1次，学习首都检察机关信息化建设、公益诉讼检察、民事行政检察等方面的先进

工作经验。选派23人次干警分别到国家检察官学院、国家检察官学院(西藏分院)、市委党校、县委党校参加业务知识培训和政治理论学习。全年共组织召开组织生活会1次、各类学习会议22次,组织开展主题党日活动6次。落实区市检察机关关于选派优秀年轻干部与高海拔地区开展交流学习的要求,选派1名干警到那曲市色尼区检察院进行为期一年交流学习,接收那曲市聂荣县检察院1名干警到我院交流学习。

六、主动接受监督,以检察自觉促进权力运行更加规范

依法行使宪法赋予检察机关的法律监督职权,坚持维护宪法权威,始终牢固树立接受人大监督意识,广泛听取人大代表意见,自觉把检察工作置于人大监督之下,牢固树立监督者更要接受监督的理念,自觉接受人大及其常委会的法律监督、政协民主监督。一年来,向县人民代表大会报告全面工作1次,向县人大常委会报告工作情况2次。健全常态化人大代表、政协委员联络机制,主动邀请人大代表、政协委员参加普法宣传和相关检察开放日活动,近距离了解、感受检察工作,认真听取意见建议,及时改进检察工作。向人大代表、政协委员赠订《检察日报》8份,进一步拓宽监督渠道,主动接受监督。发布案件程序性信息30条,发布重要案件信息1条,公开法律文书24份,安排律师阅卷2次,开展流程监控7件。填报过问或干预、插手检察办案等重大事项8件,同比增长19%。利用"两微一端"检察新媒体发布检察信息300余条,提高人民群众对检察工作的知情权、参与权、监督权。

各位代表,过去一年检察工作所取得的成绩,得益于县委的坚强领导,县人大及其常委会的有力监督,县政府、政协、社会各界和人民群众关心、支持、厚爱和帮助,在此我代表县人民检察院表示最诚挚的感谢!

在充分肯定取得成绩的同时,我们也清醒地认识到工作中还存在的问题,主要有:一是服务中心大局的成效还不够突出,保障新发展格局的举措还需细化;二是检察供给能力与幸福美好生活需求存在差距,以党建引领服务人民的路径还需拓宽;三是在提升队伍素能、推进全面从严治检上还不够,改进作风狠抓落实工作中暴露的能力欠缺、作风虚浮等问题整改还需久久为功;四是在破解监督质效难题上还需更多实招硬招。五是目标推进总体较为缓慢,部分常规工作滞后于时间进度,重点工作推进效果不够明显。对上述问题,我们将紧盯不放,认真解决。

2023年工作安排

2023年,县人民检察院总体思路是:坚持以习近平新时代中国特色社会主义思想为指导,认真学习贯彻党的二十大精神、习近平法治思想,全面落实《中共中央关于加强新时代检察机关法律监督工作的意见》和市委具体举措,紧紧围绕县委县政府重大决策部署,坚持党建引领、服务大局、精耕业务、创新品牌,紧盯"质量建设年"各项工作任务,坚持依法能动履职,强作风、重落实、提效能,推动"四大检察""十大业务"全面协调充分发展,不断开创当雄检察工作高质量发展新局面。

一是提高政治站位,坚决捍卫"两个确立"。在强化学习贯彻、抓实政治建检上抓落实、提效能,认真学习贯彻党的二十大精神。扛牢意识形态政治责任,严格落实意识形态责任制,建立完善意识形态工作联席会议制度,加强意识形态阵地管理。巩固党史学习教育成果,提升党建工作水平,推动党史学习教育常态化、办好实事日常化、制度建设长效化,忠诚拥护"两个确立",坚决做到"两个维护"。

二是聚焦主责主业,推动当雄检察工作高质量发展。在狠抓薄弱环节,着力补齐短板上抓落实、提效能。对标先进兄弟院加强研究谋划、经验借鉴,逐项制定加强和改进措施,强化工作品牌创新,着力攻坚难点、抓紧疏通堵点、持续打造亮点。树立考评思维意识,聚焦案件质量评价指标,坚持月调度推进、季度分析通报、半年述职展示,全年考核激励,形成精细化管理、高效率办案的合力,强化业务分析、案件评查、司法责任制落实等效能管理措施,推动质量建设,实现业绩提升。

三是主动服务大局,切实维护当雄社会长治久

安和高质量发展。坚持依法能动履职，自觉、主动融入市域社会治理。严厉打击网络违法犯罪和金融领域犯罪，常态化开展扫黑除恶，严格落实少捕慎诉慎押刑事司法政策，抓好一号至八号检察建议落实，推动诉源治理。积极开展健全检企沟通联系长效工作机制，把优化法治化营商环境做得更实。落实好“河（湖、林）长＋检察长”协作机制，积极参与县域支流生态保护，做好大气污染综合治理，提升生态环境综合保护水平。

四是全面加强管党治检治院，锻造干净忠诚担当的检察铁军。在夯实队伍基础，强化自身建设上抓落实、提效能。切实强化科学管理，优化全面全员全时考核，健全科学合理的绩效考核机制，树立客观公正的考核指标，激发能动履职的积极性。积极畅通司法行政人员与检察官、检察辅助人员互通渠道，扩展系统内外交流锻炼机制，积极争取选派优秀干警到上级院或地方部门挂职交流，进一步夯实检察队伍，构建能者上、庸者下、劣者汰的选人用人机制，形成“物尽其用、人尽其才”的良好工作氛围，不断激发全院干警内生动力。

各位代表，在新的一年里，县检察院将在县委和上级检察机关的坚强领导下，深刻学习领会党的二十大精神，深刻学习领会区市县委全会精神以及本次会议精神，忠诚履职，开拓进取，全面加强检察机关党的建设，不断提升检察机关依法能动履职水平，不忘初心、牢记使命，踔厉奋发、勇毅前行，努力为谱写社会主义现代化当雄新篇章贡献检察智慧与力量。

名词解释

[1] 认罪认罚从宽制度：是指犯罪嫌疑人、被告人自愿如实供述自己的罪行，承认指控的犯罪事实，愿意接受处罚的，可以依法从宽处理的制度。

[2] “案－件比”：是指发生的具体“案”与案进入司法程序后所经历的有关诉讼环节统计出来的“件”形成的对比关系，是体现办案质效的指标。案件退查、延期、上诉等情形多，“件”就越多，“案－件比”越高，办案质效就差；反之，“件”数越低，“案”经历的诉讼环节越少，办案质效就高。

[3] 公开听证：检察机关在案件审查过程中，通过召开案件听证会的形式，广泛听取由人大代表、政协委员和社会人士组成的听证员的意见，以及案件当事人、辩护人、相关办案人员的意见，是检察机关更好履行法律监督职责，保障人民群众知情权、参与权、监督权重要举措。

[4] “三个规定”：即《领导干部干预司法活动、插手具体案件处理的记录、通报和责任追究规定》《司法机关内部人员过问案件的记录和责任追究规定》《关于进一步规范司法人员和当事人、律师、特殊关系人、中介组织接触交往行为的若干规定》，简称“三个规定”。

当雄县2022年国民经济和社会发展计划执行情况与2023年国民经济和社会发展计划的报告

——在当雄县第十三届人民代表大会第四次会议上

当雄县发展和改革委员会

（2022年12月28日）

一、2022年国民经济和社会发展计划执行情况

今年以来，面对新冠肺炎疫情的冲击，我县经济发展供需两端持续承压等异常严峻复杂，全县上下在区市党委、政府的坚强领导下，坚持以习近平新时代中国特色社会主义思想为指导，特别是习近平总书记关于西藏工作的重要指示和新时代党的治藏方略，坚决贯彻党的十九届历次全会精神，锚定“四件大事”，实现“四个确保”，聚力“四个创建”“四个走在前列”和当好“七个排头兵”工作要求，主动作为，精准施策，坚持一手抓疫情防控、一手抓经济社会发展，全力以赴稳住经济基本盘，多措并举开展当雄县保民生、稳经济、促发展工作。

我县全年，实现地区生产总值24.99亿元，同比下降0.6%；全社会固定资产投资完成同比下降72.5%；规模以上工业增加值完成0.55亿元，同比下降54.2%；社会消费品零售总额完成17.04亿元，同比下降12.6%；农牧民人均可支配收入达25050元，同比增长7.6%。截至12月31日，县本级一般公共预算完成6036万元，同比下降70.16%。

（一）全力打好疫情阻击战。面对突发疫情，我县坚决贯彻落实区市党委、政府决策部署和工作要求，坚持“外防输入、内防反弹”总策略和“动态清零”总方针不动摇，迅速反映、科学布控、精准施策，第一时间采取隔离管控、密接排查、消毒消杀等防疫措施，将疫情歼灭在初发阶段，做到了及时阻断传播源。疫情防控取得阶段胜利。8月11日发生第一例病例以来，历时33天成功打赢疫情防控歼灭战，8月26日，当雄县全域新冠肺炎疫情实现社会面清零；9月5日当雄县全域有序复工复产，实现动态清零；9月13日起，全县实现本土零新增，11月15日全县有序恢复堂食和学校毕业班复学工作，自有序恢复生产生活秩序以来，当雄县按照“先大后小、先急后缓、先线上后线下、错峰限流”原则，优先恢复超市、粮油店、蔬菜店等保供市场主体，结合实际逐步开放食品生产、理发店、维修店、干洗店、快递物流、餐饮业等民生保障类企业，累计复工复产项目68个、复商复市商户715家。

（二）筑牢重要民生商品保供稳价体系。

面对疫情期间大量的防疫物资需求，我们根据自治区、拉萨市关于重要民生商品保供稳价工作指示，开展了稳价保供工作，组织了几个物资保供单位企业，当雄县粮储局、县雄迈公司和粮食公司、个体工商户昌盛超市等，保障疫情间粮油、蔬菜、百货商品的稳价供应，为扎实做好今冬明春重要民生商品保供稳价工作奠定了基础。另外，县卫健委和应急管理局等单位在当雄县疫情指挥部统一指挥下，保证了疫情期间防疫医疗物资和应急救灾物资供给等。同时在疫情期间，我县民政局共接收25

个单位社会各界爱心企业（人士）慈善资金共计175.65万元，接收捐赠物资共计77.82万件，折合人民币111.99万元，所有物资合部用于全县疫情防控工作，为全面筑牢疫情期间重要物资保供稳价体系提供保障。

（三）统筹谋划稳定县域经济大盘。一是组建专班统一领导。成立当雄县第十三届人民政府经济工作领导小组，调动县相关单位开展稳经济工作，形成扁平化工作体系。认真贯彻落实自治区《关于稳经济若干临时性措施》及《拉萨市关于落实自治区〈关于稳经济若干临时性措施〉的配套措施》，召开多次调度会议，集中学习、集体研判、走访宣传，针对配套措施，细化具体措施，明确牵头、配合单位及执行期限，逐条逐项清单式罗列政策的享受对象、补助标准及补助流程，做好当雄县保民生、稳经济、促发展工作，推动疫情后的复工复产工作；二是进一步谋划产业发展布局。为进一步明朗我县疫情后的产业发展方向，县稳经济工作小组结合各单位各行业部门已定规划，制定县域能源文旅等资源分布图、各乡镇主导产业分布图等，为今后优势产业开发，推动经济复苏奠定了基础。

（四）兜牢民生底线，全力促进民生福祉。一是做好城乡居民基本养老保险征缴工作。2022年，当雄县企业职工基本养老保险参保和机关事业单位基本养老保险参保、城乡居民养老保险参保（不含领取待遇）、失业保险参保人数、工伤保险参保均已超额完成目标任务，社保卡二期综合应用已进行推广宣传覆盖全县，惠民补贴资金已全部实现“一卡通”发放；二是落实城乡困难帮扶政策。今年，我县着力开展对城乡困难帮扶政策。共有城镇低保235户329人，兑现资金279.71万元；农村低保487户1707人，兑现资金403.26万元；临时救助13人，兑现资金3.87万元；特困分散供养21人，兑现资金20.41万元。集中供养生活补贴42人，兑现资金10.44万元；0—16岁残疾儿童康复补贴160人，兑现资金39.80万元。阳光家园重度智力残疾6人，发放补贴资金0.9万元；重症精神监护人95人，发放补贴资金22.92元；残疾人“两项补贴”对象989人，兑现资金153.55万元；事实无人抚养7人，兑现资金5.04万元。根据稳经济若干临时性工作措施，县民政局兑现完成城乡低保、非低保享受残疾人、新冠确诊补贴等共计2740人，兑现资金335.86万元。所有兑现资金全部实现了社会化方式进行发放；三是实施外来务工人员临时性补助。一是自疫情以来处理了6次欠薪纠纷。二是疫情期间协助104名外来务工人员返乡。按照市局下发的《明确外来务工人员临时性生活补助》要求，县住建局分两批次发放，享受该政策的共137名滞留务工人员，发放资金90900元。

（五）带动农牧民、高校毕业生就业。农牧民培训就业工作。2022年，我县实现城镇新增就业682人，职业介绍1296人次，实现农牧民转移就业10430人，实现收入10813.29万元，城镇调查事业率控制在4%以内，开展农牧民转移就业培训、创业培训共31期1823人。根据区市关于稳经济临时性措施要求，我县发放企业吸纳农牧民就业补贴政策4.95万元，吸纳农牧民就业人数165人。高校毕业生就业创业工作。在各级党委政府合力扶持下，疫情特殊情况下，我县通过开发县域各类岗位、加强援藏战略合作开展技能培训及鼓励企业吸纳就业等多措并举，有效解决了2022年毕业生就业问题，已完成既定的应届高校毕业生就业任务，总体就业率达到99.03%。开展针对高校生各类纾困政策宣讲活动3场次，发放宣传册515本，积极兑现企业各类吸纳就业奖励4.95万元，兑现高校毕业生就业创业补贴资金共503万元。

（六）全力助企纾困，稳定市场预期。落实中小微企业、个体工商户帮扶政策。疫情以来，组织协调县农业银行和税务局等单位打好税费金融“组合拳”，全力助企纾困稳定市场预期。实施延期还本付息。对县域3家小微企业主体做了贷款的展期和续贷（延期还本付息），涉及金额3543万元，延期3077.43万元。扩大减免房租范围。全县范围内摸底排查国有房屋出租情况，当雄县国资国企符合减租条件的国有房屋出租总数109间，涉及公司3家，房屋分布5处，应免租金144.9万元，已免租金144.9万元；草拟《当雄县2022年国有房屋租金减免政策公告》，在一定范围内进行公示，扩大减租政策的知悉率，畅通投诉咨询渠道，及时解决承租人困惑。加大企业退税减税力度。截至12月底，减免13户纳税人小规模纳税人阶段性免征增值税税款47.29万元，16户纳税人享受增值税留抵退税共9251.76万元，28户纳税人享受制造业中小微企业继续延缓缴纳部分税费共170.15万元。多渠道为企业减费让利。全面落实小微企业和个体工商户用水、用电、用气“欠费不停供”政策，对37家公建单位用户、6家酒店（宾馆）等非居民进行了水表底度核查，缓交水费金额达13.5万元。对中小微企业个体工商户居民用户疫情期间产生电费361.53万元，缓交减免违约金4.1万元。非居民单位性质用户产生71.84万元，目前按提交材料减免违约金0.35万元；全面落实电信网络费用减免，中国电信对中小微企业专线用户9户，优惠资金2710元（年优惠32520元），网吧及酒店客户减免全额月使用费，优惠酒店12家，优惠资费63元/户；实施农村客运班线企业补贴政策，对一家公司营运车辆5台，补贴资金125.96万元。

（七）坚定实施扩大内需战略，加大有效投资。促进消费持续恢复。加快重启“助企惠民乐购西藏”消费促进活动，进一步扩大消费券覆盖面，今年，全县共有32家商户参与拉萨市“助企惠民·悦享消费”促销报名活动，活动总优惠金额166.2万元，带动交易421.4万元，活动受到了商家及消费者的一致好评。发挥投资关键作用。2022年已开（复）工项目77个，依据统计入库数据，截至年底，我县完成固定资产投资3.63亿元。其中市级重点项目15个，已开（复）工13个，完成入统投资1.48亿元，县级重点项目5个，已开（复）工5个，完成入统投资0.74亿元。

（八）聚焦改善民生，推进民生项目。一是改善农村教学条件。已下达当雄县教育系统工勤人员用房建设项目概算批复，由市政投资代建，目前正在办理招标工作。总投资3976万元，实施当雄县羊八井镇中心小学风雨操场建设等7个风雨操场建设项目，投资600万元实施当雄县龙仁乡郭庆村幼儿园搬迁项目；二是推进医疗设施建设。投资1100万元实施当雄县人民医院传染病房建设项目，投资1000万元实施当雄县标准化疾控中心建设项目。概算批复总投资6044.62万元，推进当雄县乡镇供氧项目；三是治理改善城乡环境。注重农村交通道路改善，投资2155.95万元实施当雄县羊八井镇拉多村1组公路工程，新建实施羊八井镇恰玛村道路改建项目、当雄县曲登村1组桥梁修复性养护工程、当雄县G109至龙仁1组公路修复性养护工程。此外，积极争取项目资金，当雄县城市政管网改造升级项目8000万元专项债已全部争取到位，建设当雄县水厂应急水源项目，能够保障县城应急用水需求；四是提升无线通信覆盖率。实施当雄县所辖境内无线通信覆盖项目，已完成移动公司、电信集团、联通公司21个点位项目，改善了全县无线通信网络质量；五是全力确保极高海拔搬迁群众增收致富。投资1640万元实施当雄县纳木湖乡高海拔生态搬迁点配套产业项目，投资1160万元实施当雄县纳木湖乡高海拔生态搬迁畜产品销售项目，有效解决“稳得住、能增收”的问题。

（九）贯彻“两山”理念改善生态环境。一是强化生态文明示范区建设。成功创建自治区生态文明建设示范县、乡、村18个。高标准编制完成《当雄县生态文明建设规划（2021—2025年）》《当雄县“十四五”生态环境保护规划》，同时编制印发《乡镇生态文明建设规划》及《村居生态文明建设示范方案》；二是高效完成中央环保督察问题整改。接到市整改督办组转班中央督察组转办督办问题的案件12批次12件（属实2件，部分属实6件，不属实4件），全部办结销号。全县自治区、拉萨市专项督察中共涉及整改问题14条，已整改落实14条，整改率100%；三是进一步推动清洁能源项目。我县涉及自治区能源保供项目有2个，分别是龙源羊八井光伏（一期、二期）储能（6兆瓦）项目、国家电投当雄光伏储能（10兆瓦）项目。目前羊易光伏电站电化学储能项目已完成全容量并网发电，龙源电站储能项目已完成设备基础施工，下一步准备调运相关设备进场安装。

新冠对于一座旅游县城影响深刻，但在区、市、县党委政府大力领导下，我县沉着有效开展了一系列稳经济举措，带动了县域经济的复苏。但是我县经济社会发展仍存在一些短板弱项，主要表现在：有效需求收缩，投资和消费的增长潜力还有待进一步挖掘和提升；部分指标回落超预期，经济下行压力增大；在库项目推进缓慢，投资保持增长难度较大；招商引资落地率不高；三产发展动力仍显不足，回升压力较大。实体经济发展仍然面临诸多困难。对于这些问题，我们将高度重视，切实采取措施认真加以解决。

二、2023 年国民经济和社会发展计划

党的二十大召开为我们指明了前进方向，我们始终坚持习近平新时代中国特色社会主义思想的指导，充分认识并精准把握当前我县经济运行的形势，高效统筹疫情防控和经济社会发展，高效统筹做好全县经济和社会发展工作，按照当雄“125”发展思路，保持战略定力，抓住经济社会发展的主要矛盾，解决好关系国计民生的关键问题，把稳增长放在更加突出位置，继续坚持好前期政策，保好就业、保好民生、保好市场主体。围绕经济社会发展目标预期，2023 年重点做好以下工作。

（一）做好复商复市，激发市场活力。一是促进消费持续恢复。积极配合“助企惠民，悦享消费”活动，我县加油站、餐饮、宾馆等行业 32 家商户参与活动，助推服务业恢复发展。二是稳市场主体。开展农牧民施工合作社等市场主体发展情况调研，大力推动产销对接工作。扩大消费是目的，提升消费质量是关键，努力推广合作社产品“三品一标”认证，利用平台资源，提升农牧民对品牌标准化、品牌化建设。三是构建新型县域商贸体系。推进当雄县域内商贸大厦建设，利用富民大厦和城投大厦，形成集商贸、餐饮及娱乐为一体的商业综合体系，激发消费潜力，拉动经济增长。同时扩张乡镇商业中心，引导商超在乡级成立分店等，确保乡镇物资供应。深化国有资本运行乡镇供销社，聘请净土公司等第三方运营，实现工业品下行，农产品上行、物资保供保通。推动构建覆盖城乡的商贸市场网络体系，推进城乡物流配送网格一体化，促进商贸流通体系向偏远乡村延伸。

（二）防范各类风险，维护社会稳定。一是落实精准防控稳定生活秩序。持续开展新冠疫苗接种工作，贯彻落实国务院、自治区及拉萨市关于疫情防控各项政策措施，根据疫情形势及时调整安排部署，有效防范疫情风险。二是保障粮食能源安全。开展校园食品安全守护、餐饮质量安全提升、农村假冒伪劣食品治理、“3 · 15”晚会曝光问题食品排查整治等专项行动，保持联合执法监管高压态势，确保粮食能源等安全工作。三是加强安全生产检查。全县各领域开展安全生产检查，下基层检查调研，发现隐患自查自纠及时整改，确保各类风险防患于未然，共同维护社会稳定。

（三）积极争取资金，扩大有效投资。一是加大项目谋划力度。提前谋划项目前期工作，加大项目建设力度和项目库建设力度，全面调研分析，谋划大项目乃至超大项目落地。二是加快补齐基础设施短板。加快实施当雄县县城集中供暖二期工程，有效利用清洁能源，改善县内供暖条件。重点推进当雄县城市更新市政管网改造升级工程，改善县城区范围内给水压力不足等一系列基础设施短板弱项问题。三是落实好对口援助资金。确保援藏资金 80% 以上用于基层和改善民生，并向“乡村振兴”建设行动计划倾斜，推动中央决策部署落地见效。四是不断强化责任落实。强力推进基建项目县级领导牵头挂帅制度，强化项目单位担当作为意识，压实项目单位主体责任。五是加快预算执行进度。进一步加强涉及中央直达资金和涉农整合资金项目建设进度，对结余资金和连续两年未使用完的结转资金按规定收回统筹使用。

（四）拓宽发展思路，产业提质增效。一是逐步构建现代牧业体系。打响有身份证的牦牛肉品牌，积极拓展销售渠道，重点在牦牛产业上游、中游上寻求突破，加快延伸产品附加值。开发中游物流销售渠道，依托羊八井天选牧场物流基地、中央厨房、冷链物流等项目建设，加强具有集中采购和跨区配送能力的冷链物流集散中心，县域标准化仓储冷链设施建设，完善农副产品流通标准化体系，确保产业链供应链稳定。随着畜牧业产业的提档升级，电商产业发展的大背景，更需要发挥电子商务县级服务中心、乡级服务站点作用，完善电子商务网点基础运营（农特产品上行展销厅、培训区、电商创业孵

化区），组织农牧民电商普及培训，成立标准化合作社，推进农产品全链条、一站式外销。二是恢复工业产值。针对我县工业企业深受疫情冲击问题，开展好“政企合作”，政府部门加大招商引资力度，投资效应最大化，增强财政实力，为供水公司等企业给予财政支援，解决企业生存棘手问题。做深做足水文章，深刻分析我县天然饮用水发展的瓶颈，积极协调对接大型央企共同开发天然水资源，借助大型企业平台，有效扩大我县天然饮用水知名度，助推品牌建设，提升市场占有率。三是深入挖掘清洁能源资源。充分发挥当雄风、光、地热资源优势，探索碳汇经济发展模式，加强基础设施建设，简化审批流程，落实优惠税收政策优化营商环境，吸引社会优质资本及先进技术来我县投资。推进当雄县域屋顶光伏资源开发，协助三峡集团光伏一体化发电项目（2.78 亿元）落地，推动羊易地热电站（二期）项目（4.8 亿元）建设，谋划羊八井地热资源开发利用思路。四是打造全域旅游新格局。严抓项目建设管理，完善旅游基础设施，促进形成点、线、面、环的景点布局，推动旅游产业由“门票经济”向“产业经济”转变；文化＋数字，开发文化遗产旅游路线。积极利用“藏王墓”、羊八井地热发电试验工业遗迹、亚运圣火采集点、藏北八塔等资源，申报文化遗产保护项目，加大宣传推广，加大区域公共品牌知名度。依托丰富的文化资源，开发“研学游”和“红色旅游”路线，提升游客体验；提升旅游景区质量，全力创建 A 级及智慧景区。按照“十四五”期间景区创建计划表落实，特别加大纳木错景区 AAAAA 级景区创建，依托 A 级景区品牌和服务，完成景区软硬件设施提档升级。

（五）稳推利民项目，改善民生质量。一是推动牧区公路建设项目更多向进村入户倾斜。推进较大人口规模自然村（组）通硬化路建设，有序推进建制村通双车道公路改造、窄路基路面拓宽改造或错车道建设。二是深入实施美丽乡村幸福家园建设。农房建设满足质量安全和抗震设防要求，加强农房周边地质灾害综合治理，加快移交运营县域“厕所革命”建设成果。三是持续改善农村义务教育学校基本办学条件。多渠道增加农村普惠性学前教育资源供给，巩固提升初中阶段教育普及水平，组织培训教育。四是完善乡村医疗卫生体系。加快补齐公共卫生服务短板，完善基层公共卫生设施，加强乡镇卫生院发热门诊或诊室等设施条件建设，持续提升村卫生室标准化建设和健康管理水平。

（六）绿色铺底，创建“生态文明高地”。一是狠抓生态环境质量。大力实施蓝天碧水净土保护、山水林田湖草沙冰系统治理，争取在 2023 年前完成剩余 5 个乡镇、15 个村居的自治区生态文明建设示范创建工作。二是倡导绿色生产生活方式。推进节能降耗和循环利用。做好碳达峰碳中和工作，加快企业资源节约与综合利用技术改造，完善重点企业能耗、水耗的监督管理制度，鼓励和支持企业使用高效节能产品，推进农村环境建设和综合整治，构建优美洁净的城乡人居环境，加快补齐城乡环境基础设施短板，打造生态宜居的城乡居住空间。三是推进“两山”实践创新基地建设。全面启动当雄县“绿水青山就是金山银山”实践创新基地建设，以示范引领能力促进现代化建设。积极探索“绿水青山就是金山银山”当雄路径、当雄模式和当雄经验，全力打造国家生态文明高地，当雄典范案例，推动美丽西藏，美丽中国建设。

各位代表！2023 年，我县经济发展环境的复杂性、严峻性、不确定性持续上升，经济和社会发展将继续面临新的挑战，我们要坚持以习近平新时代中国特色社会主义思想为指导，保持战略定力，坚定发展信心，完整、准确、全面贯彻新发展理念，主动融入新发展格局，推动经济社会长治久安和高质量发展。要坚守疫情要防住、经济要稳住、发展要安全的底线，高效统筹疫情防控和经济社会发展，最大程度保护人民生命安全和身体健康，最大限度减少疫情对经济社会发展的影响，要统筹发展和安全，坚持“两个至上”理念，为经济社会发展营造安全稳定环境，努力实现全年经济社会发展预期目标，迈好党的二十大开头第一步。

关于当雄县2022年财政预算执行情况和2023年财政收支预算的报告

——在当雄县第十三届人民代表大会第四次会议上

当雄县财政局

（2022年12月28日）

一、2022年财政预算执行情况

2022年全县经济下行态势明显，留抵退税冲减财政收入显著，叠加前所未有的疫情冲击，财政收支矛盾持续凸显，财政收入大幅下滑，支出稳定增长，地方债压力依旧，财政在紧平衡下负重前行，坚持积极的财政政策更加积极有为，减税降费、保障民生、助力乡村振兴和支持抗疫，全面落实“三稳”，扎实做好“三保”，持续优化支出、盘活存量，有效应对疫情带来的不利影响，助力稳住全县经济大盘，保障基层财政正常运转，有力维护经济社会稳定。

（一）2022年财政预算执行情况

当雄县十三届人大三次会议批准的2022年全县财政总财力183839万元。其中：一般公共预算收入24400万元，上级补助收入116393万元，国有资本经营预算调入46万元，动用预算稳定调节基金43000万元。

在年度预算执行过程中，根据财力变化情况，经当雄县第十三届人大常务委员会第九次会议批准，2022年全县公共预算总财力达到224608万元，比上年决算增加4365万元，约增长2%。其中：县本级一般公共预算收入达到6036万元（剔除增值税留抵退税4636万元），比上年同期下降70.16%；上级补助收入180092万元，比年初增长54.73%；国有资本经营预算调入116万元，动用预算稳定调节基金43000万元。

一般公共预算支出完成181754万元，增长2%，为年初预算数的98.92%。其中：一般公共服务支出34885万元；公共安全支出13259万元；教育支出46105万元；科学技术支出1244万元；文化旅游体育与传媒支出2183万元；社会保障和就业支出7921万元；卫生健康支出9998万元；节能环保支出903万元；城乡社区支出12029万元；农林水支出41677万元；交通运输支出753万元；资源勘探工业信息等支出3448万元；商业服务业等支出1万元；自然资源海洋气象等支出777万元；住房保障支出2612万元；粮油物资储备支出92万元；灾害防治及应急管理支出470万元；债务付息支出436万元；上解上级支出354万元；其他支出2410万元。安排预算稳定调解基金42500万元，收支总量相抵后，收支平衡。

政府性基金预算财力达到8805万元，增长43.94%，其中：政府性基金收入完成739万元；上级补助收入66万元；专项债券转贷收入8000万元；全年基金预算支出完成8123万元；年末结转682万元（综合管网专债项目结转）。

国有资本经营预算财力达到568万元，其中：国有资本经营预算收入完成386万元；上级补助收入182万元。国有资本经营预算支出完成40万元；调入一般公共预算资金116万元；年末结转412万元。

以上财政收支决算执行数待上级财政审核批复后，将专题向县人大常委会报告。

二、2023 年财政收支预算草案

根据《中华人民共和国预算法》《预算法实施条例》的规定，结合我县实际，认真编制完成了 2023 年当雄县财政预算草案。

（一）预算编制指导思想

坚持以习近平新时代中国特色社会主义思想为指导，全面贯彻落实党的二十大精神、习近平总书记关于西藏的重要指示和新时代党的治藏方略，坚持“稳字当头、稳中求进、进中求好”工作总基调，聚焦县委、县政府决策部署，紧紧围绕当雄“125”发展思路，保障重点支出，压减一般性支出，运用零基预算，坚持量入为出，提高财政资金的使用效益，强化预算约束和绩效管理，不断提高预算编制的科学性和精准性。

（二）预算编制基本原则

量入为出，量力而行。强化零基预算运用，坚持能增能减、有保有压的预算分配机制，合理确定支出预算规模。树牢政府“过紧日子”思想，厉行勤俭节约，严控一般性支出。加强重大政策等财政承受能力评估，确保财政可持续。

科学精准，强化执行。预算编制应与经济社会发展水平相适应，与集中财力办大事相统一，与保障部门正常履职相一致，与本级财力供给相匹配。约束预算行为，加快预算执行。严控预算执行追加，除特殊情况外，一律不予追加。

数字赋能，增强管理。健全预算编制全过程管理体系。加强项目库管理，预算支出全部以项目形式纳入预算项目库，未纳入项目库的项目一律不得安排预算。严控预算执行调整调剂情形。

规范透明，提升绩效。加大预算信息公开力度。提升部门绩效自评质量，将开展部门整体支出绩效自评作为预算安排的前置条件，完善事前绩效评估结果运用机制，提升财政资源配置效率和资金使用效益。

严肃纪律，压实责任。压实部门单位预算编制主体责任，坚持先有预算、后有支出，严禁无预算、超预算安排支出。严肃财经纪律，落实巡视巡察、审计和财政监督查出问题与预算安排有效衔接。

（三）2023 年预算总体情况

1. 一般公共预算。2023 年全县一般公共预算总财力 172993 万元。其中，一般公共预算收入 14100 万元；上级补助收入 116393 万元；动用预算稳定调节基金 42500 万元。全县一般公共预算支出安排 172993 万元，比上年下降 6%，收支平衡。

按支出功能分类：一般公共服务支出 39476 万元；公共安全支出 13259 万元；教育支出 37107 万元；科学技术支出 1200 万元；文化旅游体育与传媒支出 3250 万元；社会保障和就业支出 7510 万元；卫生健康支出 9240 万元；节能环保支出 1500 万元；城乡社区支出 8300 万元；农林水支出 39349 万元；交通运输支出 980 万元；资源勘探工业信息等支出 560 万元；商业服务业等支出 360 万元；自然资源海洋气象等支出 1250 万元；住房保障支出 2750 万元；粮油物资储备支出 250 万元；灾害防治及应急管理支出 710 万元；债务付息支出 746 万元；预备费 2076 万元（1.2%）；其他支出 2600 万元。

2. 政府性基金预算。2023 年全县政府性基金预算财力 1778.69 万元。其中，国有土地使用权出让收入 1500 万元；专项债券利息收入 266 万元；转移性收入 12.69 万元。全县政府性基金预算支出安排 1778.69 万元。

3. 国有资本经营预算。2023 年纳入当雄县国有资本经营预算编制的企业 2 户。受全国经济下行与新冠肺炎疫情双重影响，2023 年全县国有资本经营预算财力 412 万元（为上年结转），全县国有资本预算支出安排 412 万元。

以上预算数均为预计数，截至 2022 年 12 月 13 日，拉萨市尚未全部下达 2023 年提前告知数，本级财政将以最终数做预算调整，并按法定程序提请县人大常委会审议。

三、凝心聚力，勇毅前行，奋力谱写经济高质量发展新篇章

一是多措并举持续涵养财源，提升财政保障能力。支持项目建设，做强基础财源；支持产业发展，壮大支柱财源；发展实体经济，培植优质财源；支持招商引资，涵养后续财源。加大挖潜增收力度，

强化收入征管，确保财政收入及时足额均衡入库。充分发挥财政政策资金的杠杆与保障作用，大力促进财政可持续增收。加大存量资金盘活力度。优化支出结构，不断加大教育、科技、就业和社会保障、卫生健康、农业农村、生态环保等重点领域的保障力度。

二是聚焦高原经济高质量发展，推进质的有效提升。把发展质量摆在更加突出的位置，推动加快构建新发展格局。一方面，兼顾稳增长和防风险需要，加强财政资源统筹，支持建设现代化产业体系，坚持把发展经济的着力点放在实体经济上；聚焦产业短板，支持传统产业高端化、智能化、绿色化发展，加大对创新企业的支持力度，提高产业配套能力，增加产业链韧性和竞争力；强化财政的引导作用，撬动社会资本积极参与战略性新兴产业投资。另一方面，政策执行上更加精准有效，坚持稳中求进工作总基调，落实落细财政政策。既要保证财政支出强度，又要把握好预算支出时度效，切实推进改革发展稳定，增强风险防范化解能力。

三是坚守“人民至上”初心，不断增强民生福祉。实施就业优先战略，支持就业技能培训，增加城乡居民收入。保障教育投入，支持办好人民满意的教育。支持公共卫生应急体系建设，更好守护人民健康。支持构建可持续的社会保障体系，不断满足人民群众多层次多样化需求。支持公共文化服务提升，进一步丰富群众文化生活。巩固脱贫攻坚成果，全面推进乡村振兴。保障新冠肺炎疫情防控支出。支持推进平安当雄建设，全力守护社会安定、人民安宁。聚焦群众“急难愁盼”问题，支持民生项目建设。

四是持续深化财政管理体制，提高财政效能。加大“三本预算”的统筹力度，建立健全预算支出定额标准体系，强化增量与存量资源统筹，完善结余资金收回使用机制，存量资金与下年预算安排紧密挂钩。推进部门和单位整体支出绩效自评工作。强化预决算信息公开工作，主动接受社会监督。牢固树立过紧日子思想，严格压减一般性支出。防范化解政府债务风险，确保债务风险可控。坚持“三保”支出优先顺序，切实兜牢兜实“三保”底线。强化本级财政库款运行监测，保障库款支出需求。

五是进一步加强财政监管，规范财经秩序。建立健全监督检查长效机制，巩固地方财经秩序专项整治行动成果。加大监督检查和会计培训力度，推动各单位内控体系健全规范，进一步维护财经秩序。建立健全财政支出等日常监督机制，规范收支行为。

各位代表，2023 年财政工作意义重大、任务艰巨，我们将更加紧密团结在以习近平同志为核心的党中央周围，以党的二十大精神为指引，深入践行新发展理念，全面贯彻县委县政府决策部署，奋力谱写财政改革发展新篇章，用新的伟大奋斗走好新的赶考之路，在推动高原经济高质量发展上展现更大作为。

当雄县2022年国民经济和社会发展统计公报

2022年，在习近平总书记和党中央、国务院的特殊关怀下，在区市党委、政府的正确领导下，在县委的团结带领下，当雄县统计局坚持以习近平新时代中国特色社会主义思想为指导，坚持稳中求进的工作总基调，立足新发展阶段、贯彻新发展理念、融入新发展格局、推动高质量发展，呈现出社会稳定、经济发展、民族团结、宗教和顺、人民安居乐业、各项事业欣欣向荣的良好局面。

一、综合

区划及面积：截至年底，共有6个乡2个镇，29个村（居）民委员会。县域国土面积1.02万平方千米。

经济总量：2022年实现地区生产总值24.99亿元，按可比价计算，比2021年下降0.6%。其中：第一产业增加值4.86亿元，同比增长6.2%；第二产业增加值9.7亿元，同比增长0.1%；第三产业增加值10.43亿元，同比下降7.8%。

产业结构：2022年，三次产业比重依次为19.45 ∶ 38.82 ∶ 41.74。

财政收支：一般公共预算收入0.14亿元，同比下降93.07%。完成一般公共预算支出16.94亿元，同比下降4.94%；其中，农林水事务支出下降15.3%，医疗卫生同比增长105.88%，教育同比增长25.25%。

二、农牧业

畜禽产量：2022年，全县牲畜存栏468061头（只匹），其中牛314408头，绵羊116019只，山羊33645只，马3989匹，当年出栏138782头（只），其中牛86773头，羊52009只。当年总增9130头（只、匹），幼畜成活数3629头（只、匹），出栏率29.65%。肉类产量14190.98吨，同比增加1614.14吨；奶产量17342.82吨，同比增加620.48吨；毛绒产量156.92吨，同比减少7.32吨；皮产量1339901张，同比增加9253张。

农林牧渔业总产值实现96035.12万元，同比增长9.8%，其中畜牧业90770.97万元，同比增长11.4%。

三、工业和招商引资

工业：2022年，全县拥有规模以上工业企业8家，规上工业总产值完成14866.8万元，规模以上工业增加值完成5469万元，同比下降54.2%。

招商引资：2022年，招商引资实际到位资金4.27亿元，同比下降11.04%。

四、固定资产投资

固定资产投资：2022年，当雄县全社会固定资产投资完成3.82亿元，同比下降72.5%。

五、贸易、旅游

贸易、服务业：2022年，完成社会消费品零售总额170376.8万元，同比下降12.6%。

旅游业：2022年接待区内外游客5.761万人次，同比下降89.97%，实现旅游收入880.44万元，同比下降89.76%。

六、教育、卫生、文化

教育事业：2022年，共有学校10所；普通中学在校生2479人，小学在校生5637人。全县小学适龄儿童入学率达到99.96%，初中入学率达到100.4%，学前毛入学率88.42%。

卫生事业：2022年，共有各类卫生机构9个，其中，乡镇卫生院8个，实有床位数63个。各类卫生技术人员292人，执业（助理）医师71人。

七、人口、居民生活、社会保障

人口变动：2022年，共有户籍户数12515户，其中城镇2314户，农村10201户。户籍人口55520人，同比增加357人，其中男27818人，女27702人；

其中城镇人口 4572 人,农村人口 50948 人。

居民生活:2022 年,农村居民人均可支配收入 25050 元,同比增长 7.6%,城镇居民人均可支配收入 35547.5 元,同比增长 12.43%。

社会保障:城乡居民基本养老保险参保人数 29610 人;城乡基本医疗保险参保人数 48014 人;失业保险参保人数 2312 人。

索 引

说明

一、本索引采用主题分析法编制。索引范围包括篇目、类目、部(门)目、条目等。
二、本索引按主题词首字汉语拼音音序(同音按音调)排列,若首字拼音相同则按第二字音序排列,以此类推。
三、索引款目后的数字表示内容所在的页码,数字后的拉丁字母(a、b、c)表示栏别(从左至右)。
四、篇目、类目、部(门)目用黑体字。

A

B

C

D

H

J

K

L

M

N

P

Q

R

S

T

W

X

Y

Z